Le Journal
d'Anne Frank

Texte établi par
Otto H. FRANK et Mirjam PRESSLER

Nouvelle édition courante adaptée du néerlandais par
Nicolette OOMES et Philippe NOBLE
à partir de la traduction de l'édition critique par
Philippe NOBLE et Isabelle ROSSELIN-BOBULESCO

Avant-propos et Épilogue traduits du néerlandais par
Nicolette OOMES

CALMANN-LÉVY

ISBN : 2-253-00127-9 - 1ère publication - LGF
ISBN : 978-2-253-00127-0 - 1ère publication - LGF

Avant-propos

Anne Frank a tenu son journal du 12 juin 1942 au 1er août 1944. Jusqu'au printemps de 1944, elle écrivit ses lettres pour elle seule, jusqu'au moment où elle entendit, à la radio de Londres, le ministre de l'Éducation du gouvernement néerlandais en exil dire qu'après la guerre il faudrait rassembler et publier tout ce qui avait trait aux souffrances du peuple néerlandais pendant l'occupation allemande. Il citait à titre d'exemple, entre autres, les journaux intimes.

Frappée par ce discours, Anne Frank décida de publier un livre après la guerre, son journal devant servir de base.

Elle commença à recopier et réécrire celui-ci, corrigeant et supprimant les passages qu'elle considérait comme peu intéressants, ou en ajoutant d'autres en puisant dans sa mémoire. Parallèlement, elle continuait à tenir son journal originel, celui qui, dans l'édition critique [1], est appelé « version a », par opposition à la « version b », la deuxième, réécrite. Sa dernière lettre date du 1er août 1944. Le 4 août, les huit clandestins étaient arrêtés et emmenés par la police allemande.

Le jour même de leur arrestation, Miep Gies et Bep Voskuyl mirent à l'abri les écrits du journal d'Anne Frank. Miep Gies les cacha dans son bureau et les remit, sans les avoir lus, à Otto Frank, le père d'Anne, lorsqu'on eut la certitude qu'Anne n'était plus de ce monde.

Après mûre réflexion, Otto Frank décida d'exaucer le vœu de sa fille en faisant éditer les écrits qu'elle avait

---

1. *Les Journaux d'Anne Frank*, Calmann-Lévy, 1989, 762 p., pour l'édition française.

laissés. A cette fin, il composa à partir des deux versions d'Anne, l'originale (version a) et la retouchée (version b), une troisième version (version c), abrégée. Le texte devait en effet paraître dans une collection où la longueur des volumes était prédéterminée par l'éditeur néerlandais.

Lorsque le livre parut aux Pays-Bas, en 1947, il n'était pas encore d'usage d'évoquer sans contrainte la sexualité, en particulier dans des ouvrages destinés à la jeunesse. Une autre raison majeure avait présidé à la suppression de certains passages : le désir d'Otto Frank de préserver la mémoire de sa femme et de ses autres compagnons d'infortune de l'Annexe : Anne Frank avait écrit son journal entre treize et quinze ans, et manifestait ouvertement ses antipathies comme ses sympathies.

Otto Frank mourut en 1980. Il léguait par testament l'original des journaux de sa fille au Rijksinstituut voor Oorlogsdocumentatie (Institut national néerlandais pour la documentation de guerre), à Amsterdam.

L'authenticité du journal n'ayant cessé d'être mise en doute depuis les années cinquante, les chercheurs de l'Institut firent expertiser l'intégralité des écrits du journal. Une fois l'authenticité établie sans aucun doute possible, ils publièrent l'ensemble des documents composant le journal d'Anne Frank, assorti des résultats de leurs recherches, comprenant entre autres une enquête sur le milieu familial d'Anne, sur les circonstances de son arrestation et de sa déportation, une analyse des matériaux ayant servi de support au journal, une expertise graphologique, et un historique de la diffusion du journal.

Le ANNE FRANK-Fonds de Bâle, en sa qualité de légataire universel d'Otto Frank, détient également l'ensemble des droits d'auteur de sa fille ; il décida d'insérer dans une nouvelle version des passages tirés des textes désormais disponibles. Cette nouvelle version n'enlève rien de sa valeur au travail éditorial accompli par Otto Frank, qui a apporté au journal sa diffusion et sa signification politique. L'écrivain et traductrice allemande Mirjam Pressler a été chargée de la nouvelle rédaction. Elle a repris intégralement la version d'Otto Frank, qu'elle a complétée par divers passages des versions a et b du journal. La version présentée par Mirjam Pressler avec l'autorisation du ANNE FRANK-Fonds est ainsi plus longue que la précédente, d'au moins vingt-cinq pour cent. Elle devrait permettre au lecteur d'acquérir une connaissance plus approfondie de l'univers d'Anne Frank.

A la fin des années quatre-vingt-dix, cinq pages inconnues du manuscrit refirent surface. Avec l'autorisation du Fonds Anne Frank de Bâle, un long passage daté du 8 février 1944 a été ajouté à la fin de la lettre préexistante qui portait cette date. Un bref fragment du 20 juin 1942 n'a pas été repris ici, dans la mesure où une version plus détaillée du même passage figure déjà dans le journal. Enfin la lettre du 7 novembre 1942 est transférée au 30 octobre 1943, sa vraie date, ainsi qu'il a été établi récemment. Pour de plus amples informations, on voudra bien se reporter à la 5e édition de *De dagboeken van Anne Frank*, Institut néerlandais de documentation sur la guerre (N.I.O.D.), Amsterdam, Editions Bert Bakker, 2001.

Lorsqu'elle écrivit sa deuxième version (version b), Anne Frank avait déjà choisi les pseudonymes qu'elle voulait donner aux différents personnages du livre, dans l'optique d'une éventuelle publication. Elle s'en était même attribué un, Anne Aulis, qu'elle changea ensuite pour Anne Robin. Otto Frank ne conserva pas le pseudonyme d'Anne ni celui de la famille Frank, mais respecta ceux qu'elle avait donnés aux autres clandestins. Leurs protecteurs de l'époque, désormais reconnus dans le monde entier, méritent à présent d'être désignés sous leur vrai nom.

Les noms de tous les autres personnages sont conformes à ceux qui figurent dans l'édition critique. Le Rijksinstituut a choisi des initiales fictives pour toutes les personnes ayant manifesté le désir de rester anonymes.

Les vrais noms des clandestins étaient :

— famille Van Pels (d'Osnabrück) : Augusta (née le 29.9.1890), Hermann (né le 31.3.1889), Peter (né le 9.11.1927) ; appelés respectivement par Anne : Petronella, Hans et Alfred Van Daan, et dans le livre : Petronella, Hermann et Peter Van Daan ;

— Fritz Pfeffer (né en 1889 à Giessen) : appelé par Anne et dans le livre : Albert Dussel.

NOTE SUR LA PRÉSENTE ÉDITION

Ce volume présente la version définitive en langue française du journal d'Anne Frank. Ainsi que l'a montré l'édition critique publiée en France en 1989, Anne Frank a rédigé successivement deux versions de son journal. En d'autres termes, Anne Frank a tenu son journal pendant plus de deux ans (juin 1942-août 1944), mais en a retravaillé le texte dans les derniers mois, parce que la rédaction primitive ne répondait plus à ses ambitions d'écrivain.

La présente édition comporte donc, à côté de la version du journal retouchée par Anne Frank elle-même, des extraits de sa première rédaction, repris sans aucun changement. La rédaction de cette édition a été confiée à l'écrivain et traductrice allemande Mirjam Pressler à l'initiative de l'ANNE FRANK-Fonds de Bâle. Mirjam Pressler en a profité pour rétablir les passages supprimés par Otto Frank pour des raisons de décence ou de discrétion. Enfin, cette édition est présentée au public français dans la traduction de Ph. Noble et Isabelle Rosselin-Bobulesco, qui était déjà celle de l'édition critique.

Note des éditeurs.

Je vais pouvoir, j'espère, te confier toutes sortes de choses, comme je n'ai encore pu le faire à personne, et j'espère que tu me seras d'un grand soutien.

28 SEPTEMBRE 1942 (ajout) [1]

Jusqu'à maintenant, j'ai trouvé en toi un grand soutien, comme auprès de Kitty à qui j'écris régulièrement, j'aime beaucoup mieux cette façon d'écrire dans mon journal et maintenant j'ai vraiment du mal à attendre le moment de te retrouver pour écrire. Oh, comme je suis contente de t'avoir emporté !

---

1. Les « ajouts » en italique correspondent à des notations postérieures d'Anne Frank.

Je vais commencer au moment où je t'ai reçu, c'est-à-dire quand je t'ai vu sur la table de mes cadeaux d'anniversaire (car j'étais là quand on t'a acheté, mais ça ne compte pas).

Vendredi 12 juin, j'étais déjà réveillée à six heures, et c'est bien compréhensible puisque c'était mon anniversaire.

Mais à six heures, je n'avais pas le droit de me lever, alors j'ai dû contenir ma curiosité jusqu'à sept heures moins le quart. Là je n'y tenais plus, je suis allée dans la salle à manger, où Moortje (le chat) m'a souhaité la bienvenue en me donnant des petits coups de tête. Un peu après sept heures, je suis allée voir Papa et Maman et ensuite je suis venue au salon pour déballer mes cadeaux, c'est *toi* que j'ai vu en premier, peut-être un de mes plus beaux cadeaux. Et puis un bouquet de roses, deux branches de pivoines, et une petite plante. Papa et Maman m'ont donné un chemisier bleu, un jeu de société, une bouteille de jus de raisin, qui, à mon idée, a un petit goût de vin (on fait le vin avec du raisin), puis un puzzle, un petit pot de pommade ; un billet de deux florins et demi et un bon pour deux livres, un livre, la *Camera obscura*, mais Margot l'a déjà, alors je l'ai échangé ; un plat de petits gâteaux faits maison (par moi bien sûr, car faire des petits gâteaux, c'est mon fort en ce moment), beaucoup de bonbons, et une tarte aux fraises faite par Maman, une lettre de mamie, juste à temps, mais évidemment c'est un hasard.

Ensuite Hanneli est venue me chercher et nous sommes parties à l'école. Pendant la récréation, j'ai offert des galettes au beurre aux professeurs et aux élèves ; et puis il a fallu retourner au travail.

Puis je suis rentrée à cinq heures car j'étais allée au cours de gymnastique (même si je n'en ai pas le droit parce que mes bras et mes jambes se déboîtent) et pour mon anniversaire j'ai choisi qu'on joue tous au volley. Quand je suis arrivée à la maison, Sanne Ledermann était déjà là et j'avais ramené Ilse Wagner, Hanneli Goslar et Jacqueline Van Maarsen, parce qu'elles sont dans ma

10

classe. Avant, Hanneli et Sanne étaient mes deux meilleures amies, et quand on nous voyait ensemble on disait toujours voilà Anne, Hanne et Sanne. Je n'ai connu Jacqueline Van Maarsen qu'au lycée juif et maintenant elle est ma meilleure amie. Ilse est la meilleure amie de Hanneli, et Sanne est à une autre école, où elle a ses amies.

LUNDI 15 JUIN 1942

Dimanche après-midi, j'ai eu ma petite réception d'anniversaire. Rin-tin-tin a beaucoup plu à mes camarades de classe. J'ai eu deux broches, un marque-page et deux livres. En plus, tante Hélène a apporté un puzzle, tante Stéphanie une adorable petite broche ; et tante Leny un livre formidable, *Daisy à la montagne*.

Les filles du club m'ont donné un livre superbe, les *Contes et légendes des Pays-Bas*, mais elles se sont trompées et m'ont acheté le tome II alors j'ai échangé deux livres contre le tome I.

En prenant mon bain ce matin, je me disais que ce serait vraiment merveilleux d'avoir un chien comme Rin-tin-tin. Je l'appellerais Rin-tin-tin aussi et, à l'école, je le laisserais toujours chez le concierge ou par beau temps dans la remise à vélos.

Maintenant, je vais parler un peu de la classe et de l'école, en commençant par les élèves. Betty Bloemendaal fait un peu pauvre, mais elle l'est aussi je crois. Elle est très bonne en classe, mais c'est parce qu'elle travaille beaucoup, car elle commence déjà à peiner un peu. C'est une fille assez calme.

Jacqueline Van Maarsen passe pour ma meilleure amie, mais je n'ai encore jamais eu de véritable amie, au début je pensais que ce serait Jacque, mais elle m'a drôlement déçue.

D. Q. est une fille très nerveuse qui oublie toujours quelque chose et attrape des punitions sans arrêt. Elle est de bonne composition, surtout avec G. Z.

E. S. est tellement pipelette que ça n'est même plus drôle. Quand elle te demande quelque chose, il faut toujours qu'elle te tripote les cheveux ou les boutons de tes vêtements. On dit que E. ne peut pas me sentir, mais cela ne me gêne pas du tout puisque je ne la trouve pas très sympathique non plus.

Henny Mets est une fille marrante et sympa, sauf qu'elle parle très fort et que, lorsqu'elle joue dans la rue, elle fait la bête. C'est bien dommage qu'elle ait pour amie une certaine Beppy, qui a une influence déplorable sur elle, parce qu'elle dit des choses vraiment sales et dégoûtantes.

Sur J. R., il y aurait des chapitres à écrire. J. est une fille crâneuse, chuchoteuse, désagréable, elle joue les grandes personnes, elle est sournoise et faux jeton. Elle a complètement embobiné Jacque et c'est très dommage. J. pleure pour un rien, elle est chichiteuse et fait tout un cinéma. Mademoiselle J. veut toujours avoir raison. Elle est très riche et a une armoire pleine de robes vraiment mignonnes, mais qui font beaucoup trop dame. Mademoiselle se croit très belle, mais c'est tout le contraire. J. et moi, on ne peut pas se voir.

Ilse Wagner est une fille marrante et sympa, mais elle est très chipoteuse et peut se plaindre pendant des heures. Ilse m'aime plutôt bien, elle est aussi très bonne en classe mais paresseuse.

Hanneli Goslar ou Lies, comme on l'appelle à l'école, est une fille un peu bizarre, en général elle est timide et, chez elle, très insolente. Elle va toujours tout raconter à sa mère. Mais elle dit franchement ce qu'elle pense et ces derniers temps surtout, je l'apprécie beaucoup.

Nannie Van Praag-Sigaar est une drôle de petite fille, en avance pour son âge, je la trouve plutôt gentille. Elle a d'assez bons résultats, il n'y a pas grand-chose à dire de Nannie Van Praag-Sigaar.

Eefje de Jong est une fille formidable, je trouve. Elle n'a que douze ans, mais c'est une vraie dame. Elle me traite comme un bébé. Elle est aussi très serviable, et c'est pourquoi je l'aime bien.

G. Z. est la plus jolie fille de la classe, elle a un visage adorable, mais elle n'est pas très douée et je crois qu'elle va redoubler, mais évidemment je ne lui dirai pas.

A mon grand étonnement, G. n'a pas redoublé.

Et enfin moi, dernière des douze filles, assise à côté de G. Z.

Des garçons, il y a beaucoup à dire, et en même temps pas grand-chose.

Maurice Coster est un de mes nombreux admirateurs, mais il est plutôt du genre casse-pieds.

Sallie Springer dit vraiment des choses dégoûtantes et on raconte qu'il a déjà couché avec une fille. Mais je le trouve quand même super parce qu'il est très marrant.

Emiel Bonewit est l'admirateur de G. Z., mais G. n'en a rien à faire. Il est plutôt barbant.

Robert Cohen aussi était amoureux de moi, mais je ne peux plus le supporter, il est faux jeton, menteur, pleurnicheur, ridicule, casse-pieds, et il se fait un tas d'idées.

Max Van de Velde est un péquenot de Medemblik, mais tout à fait acceptable, dirait Margot.

Herman Koopman, lui aussi, est dégoûtant, tout comme Jopie de Beer, un vrai dragueur et un coureur celui-là.

Leo Blom est copain comme cochon avec Jopie de Beer et il est contaminé par ses saletés.

Albert de Mesquita est un garçon qui vient de la sixième de l'école Montessori et a sauté une classe, il est très intelligent.

Leo Slager vient de la même école, mais il est moins doué.

Ru Stoppelmon est un drôle de petit bonhomme d'Almelo qui est arrivé en cours d'année.

Jacques Kocernoot est derrière nous avec Pim et nous rions comme des folles (G. et moi).

Harry Schaap est encore le garçon le plus présentable de la classe, il est plutôt gentil.

Werner Joseph *idem*, mais il est renfermé et donne l'impression d'être ennuyeux.

Sam Salomon est un vrai petit voyou de la zone, un sale gamin (admirateur !).

Appie Riem est plutôt orthodoxe ; mais un sale gamin lui aussi.

Maintenant il faut que j'arrête, la prochaine fois j'aurai encore tant de choses à écrire, donc à te raconter, à bientôt, c'est si bon de t'avoir.

C'est une sensation très étrange, pour quelqu'un dans mon genre, d'écrire un journal. Non seulement je n'ai jamais écrit, mais il me semble que plus tard, ni moi ni personne ne s'intéressera aux confidences d'une écolière de treize ans. Mais à vrai dire, cela n'a pas d'importance, j'ai envie d'écrire et bien plus encore de dire vraiment ce que j'ai sur le cœur une bonne fois pour toutes à propos d'un tas de choses. Le papier a plus de patience que les gens : ce dicton m'est venu à l'esprit par un de ces jours de légère mélancolie où je m'ennuyais, la tête dans les mains, en me demandant dans mon apathie s'il fallait sortir ou rester à la maison et où, au bout du compte, je restais plantée là à me morfondre. Oui, c'est vrai, le papier a de la patience, et comme je n'ai pas l'intention de jamais faire lire à qui que ce soit ce cahier cartonné paré du titre pompeux de « Journal », à moins de rencontrer une fois dans ma vie un ami ou une amie qui devienne l'ami ou l'amie avec un grand A, personne n'y verra probablement d'inconvénient.

Me voici arrivée à la constatation d'où est partie cette idée de journal ; je n'ai pas d'amie.

Pour être encore plus claire, il faut donner une explication, car personne ne comprendrait qu'une fille de treize ans soit complètement seule au monde, ce qui n'est pas vrai non plus : j'ai des parents adorables et une sœur de seize ans, j'ai, tout bien compté, au moins trente camarades et amies, comme on dit, j'ai une nuée d'admirateurs, qui ne me quittent pas des yeux et qui en classe, faute de mieux, tentent de capter mon image dans un petit éclat de miroir de poche. J'ai ma famille et un chez-moi. Non, à première vue, rien ne me manque, sauf l'amie avec un grand A. Avec mes camarades, je m'amuse et c'est tout, je n'arrive jamais à parler d'autre chose que des petites histoires de tous les jours, ou à me rapprocher d'elles, voilà le hic. Peut-être ce manque d'intimité vient-il de moi, en tout cas le fait est là et malheureusement, on ne peut rien y changer. De là ce journal. Et pour renforcer encore dans mon imagination l'idée de l'amie tant attendue, je ne veux pas me contenter d'aligner les faits dans ce journal comme ferait n'importe qui d'autre, mais je veux faire de ce journal l'amie elle-même et cette amie s'appellera Kitty.

Idiote. Mon histoire ! on n'oublie pas ces choses-là.

Comme on ne comprendra rien à ce que je raconte à Kitty si je commence de but en blanc, il faut que je résume l'histoire de ma vie, quoi qu'il m'en coûte.

Mon père, le plus chou des petits papas que j'aie jamais rencontrés, avait déjà trente-six ans quand il a épousé ma mère, qui en avait alors vingt-cinq. Ma sœur Margot est née en 1926, à Francfort-sur-le-Main en Allemagne. Le 12 juin 1929, c'était mon tour.

J'ai habité Francfort jusqu'à l'âge de quatre ans.

Comme nous sommes juifs à cent pour cent, mon père est venu en Hollande en 1933, où il a été nommé directeur de la société néerlandaise Opekta, spécialisée dans la préparation de confitures. Ma mère, Edith Frank-Holländer, est venue le rejoindre en Hollande en septembre. Margot et moi sommes allées à Aix-la-Chapelle, où habitait notre grand-mère. Margot est venue en Hollande en décembre et moi en février et on m'a mise sur la table, parmi les cadeaux d'anniversaire de Margot.

Peu de temps après, je suis entrée à la maternelle de l'école Montessori, la sixième. J'y suis restée jusqu'à six ans, puis je suis allée au cours préparatoire. En CM2, je me suis retrouvée avec la directrice, Mme Kuperus, nous nous sommes fait des adieux déchirants à la fin de l'année scolaire et nous avons pleuré toutes les deux, parce que j'ai été admise au lycée juif où va aussi Margot.

Notre vie a connu les tensions qu'on imagine, puisque les lois antijuives de Hitler n'ont pas épargné les membres de la famille qui étaient restés en Allemagne. En 1938, après les pogroms, mes deux oncles, les frères de maman, ont pris la fuite et se sont retrouvés sains et saufs en Amérique du Nord, ma grand-mère est venue s'installer chez nous, elle avait alors soixante-treize ans.

A partir de mai 1940, c'en était fini du bon temps, d'abord la guerre, la capitulation, l'entrée des Allemands, et nos misères, à nous les juifs, ont commencé. Les lois antijuives se sont succédé sans interruption et notre liberté de mouvement fut de plus en plus restreinte. Les juifs doivent porter l'étoile jaune ; les juifs doivent rendre leurs vélos, les juifs n'ont pas le droit de prendre le tram ; les juifs n'ont pas le droit de circuler en autobus, ni même dans une voiture particulière ; les juifs ne peuvent faire leurs courses que de trois heures à cinq heures, les juifs ne peuvent aller que chez un coiffeur juif ; les juifs n'ont pas le droit de sortir dans la rue de huit heures du soir à six heures du matin ; les juifs n'ont pas le droit de fréquenter les théâtres, les cinémas et autres lieux de divertissement ; les juifs n'ont pas le droit d'aller à la piscine, ou de jouer au tennis, au hockey ou à d'autres sports ; les juifs n'ont pas le droit de faire de l'aviron ; les juifs ne peuvent pratiquer aucune sorte de sport en public. Les juifs n'ont plus le droit de se tenir dans un jardin chez eux ou chez des amis après huit heures du soir ; les juifs n'ont pas le droit d'entrer chez des chrétiens ; les juifs doivent fréquenter des écoles juives, et ainsi de suite, voilà comment nous vivotions et il nous était interdit de faire ceci ou de faire cela. Jacque me disait toujours : « Je n'ose plus rien faire, j'ai peur que ce soit interdit. »

Dans l'été de 1941, grand-mère est tombée gravement malade, il a fallu l'opérer, et on a un peu oublié mon anniversaire. Comme d'ailleurs dans l'été de 1940, parce que la guerre venait de se terminer aux Pays-Bas. Grand-mère est morte en janvier 1942. Personne ne sait à quel point *moi*, je pense à elle et comme je l'aime encore. Cette année, en 1942, on a voulu rattraper le temps perdu en fêtant mon anniversaire et la petite bougie de grand-mère était allumée près de nous.

Pour nous quatre, tout va bien pour le moment, et j'en suis arrivée ainsi à la date d'aujourd'hui, celle de l'inauguration solennelle de mon journal, 20 juin 1942.

SAMEDI 20 JUIN 1942

Chère Kitty,

Je commence sans plus attendre ; je suis bien tranquille en ce moment, Papa et Maman sont sortis et Margot est allée jouer au ping-pong chez son amie avec des copains.

Moi aussi, je joue beaucoup au ping-pong ces derniers temps, à tel point que nous avons fondé un club de cinq filles. Le club s'appelle « La Petite Ourse moins deux » ; c'est un nom tiré par les cheveux mais il faut dire qu'il repose sur une erreur. Nous voulions choisir un nom tout à fait original et, comme nous étions cinq, nous avons pensé aux étoiles, à la Petite Ourse. Nous pensions que la Petite Ourse avait cinq étoiles, mais nous nous sommes trompées car elle en a sept, tout comme la Grande Ourse. D'où le « moins deux ». Comme les cinq joueuses adorent les glaces, surtout en été, et que le ping-pong, ça donne chaud, les parties se terminent généralement par une virée chez les deux glaciers les plus proches qui sont ouverts aux juifs, l'Oasis ou Delphes. Nous ne prenons plus la peine de chercher porte-monnaie ou argent ; à l'Oasis, il y a généralement tant de monde que, dans le lot, il se trouve toujours quelques généreux messieurs de notre connaissance ou un admirateur quelconque pour nous offrir plus de glaces que nous ne pourrions consommer en une semaine.

Tu seras sans doute étonnée qu'à mon âge je parle déjà d'admirateurs. Hélas (ou dans certains cas pas du tout hélas), ce mal semble impossible à éviter dans notre école. Dès qu'un garçon me demande s'il peut m'accompagner en vélo jusqu'à la maison et que la conversation s'engage, je peux être sûre que neuf fois sur dix, le jeune homme en question aura la fâcheuse habitude de prendre immédiatement feu et flamme et ne me quittera plus des yeux. Au bout d'un certain temps, ses sentiments amoureux finissent par se refroidir un peu, d'autant plus que je me moque pas mal des regards éperdus et continue à pédaler de bon cœur. S'ils vont trop loin, je fais un peu tanguer mon vélo, mon cartable tombe, le jeune homme, par galanterie, est bien obligé de descendre et, le temps qu'il me rende le cartable, j'ai déjà trouvé un autre sujet de conversation. Et je ne parle que des plus inoffensifs, il y en a aussi dans le lot, naturellement, qui vous envoient des baisers ou essaient de s'emparer d'un bras, mais avec moi ils se trompent d'adresse, soit je mets pied à terre et je refuse d'accepter plus longtemps leur compagnie, soit je fais l'offensée et leur dis sans mâcher mes mots qu'ils n'ont plus qu'à rentrer chez eux.

Et voilà, j'ai jeté les bases de notre amitié, à demain.

Bien à toi,

Anne

DIMANCHE 21 JUIN 1942

Chère Kitty,

Toute la sixième LII tremble, la cause en est naturellement l'approche du conseil de classe. La moitié de la classe fait des paris sur qui va passer et qui va redoubler, les deux garçons qui sont derrière nous, C. N. et Jacques Kokernoot, nous font mourir de rire, ma voisine G. Z. et moi, ils ont parié l'un avec l'autre tout leur argent pour les vacances. « Toi, tu passes », « Non », « Si », « Non », « Si », du matin au soir, ni les regards suppliants de G. pour demander le silence ni mes remarques fielleuses ne parviennent à les calmer. A mon avis, un quart de la classe devrait redoubler, il y a de tels abrutis, mais les profs sont les gens les plus capricieux qui soient, peut-être que cette fois-ci, exceptionnellement, ils feront un caprice dans le bon sens. Pour mes amies et moi, je ne me fais pas trop de soucis, nous nous en sortirons. Il n'y a que les maths qui m'inquiètent un peu. Enfin, on verra bien. En attendant, on se serre les coudes.

Avec mes professeurs, je m'entends assez bien, il y en a neuf en tout, sept hommes et deux femmes. M. Keesing, le petit vieux des mathématiques, était très en colère contre moi pendant un moment parce que je bavardais sans arrêt, après une série d'avertissements, j'ai fini par me faire punir. Une rédaction avec pour sujet : « Une pipelette. » Une pipelette, qu'est-ce qu'on peut bien écrire là-dessus ? On verrait plus tard, après avoir noté la punition, j'ai remis mon cahier de texte dans mon cartable et j'ai essayé de me tenir tranquille. Le soir, tous mes devoirs terminés, mon regard est tombé sur le sujet de la rédaction. En suçotant le bout de mon stylo, je commençai à réfléchir au sujet ; raconter n'importe quoi en écrivant le

18

plus gros possible, c'est à la portée de tout le monde, mais trouver une preuve convaincante de la nécessité du bavardage, voilà le grand chic. A force de réfléchir, j'ai eu soudain une idée et j'ai rempli les trois pages imposées, plutôt contente de moi. Comme arguments, j'avais avancé que bavarder est le propre des femmes, que j'allais faire de mon mieux pour me contrôler un peu, mais que je ne pourrais jamais me défaire de cette habitude, étant donné que ma mère était aussi bavarde que moi, sinon plus, et que l'on peut difficilement changer les caractères héréditaires.

Mes arguments ont beaucoup amusé M. Keesing, mais quand j'ai repris mon heure de bavardage au cours suivant, la deuxième punition est tombée. Cette fois, le sujet était : « Une pipelette incorrigible. » J'ai remis ce second devoir et, pendant deux cours, Keesing n'a pas eu à se plaindre. Mais au cours d'après, il a trouvé que je recommençais à dépasser les bornes. « Anne Frank, comme punition pour bavardage, vous me ferez une rédaction sur le sujet : "Coin, coin, coin", dit Mademoiselle Cancan. » Toute la classe a éclaté de rire. Moi aussi, même si mon imagination s'épuisait sur le thème du bavardage. Il fallait trouver autre chose, qui sorte de l'ordinaire. Mon amie Sanne, une poétesse de talent, me proposa de m'aider à mettre la rédaction en vers de la première à la dernière ligne. Je jubilais. En me donnant ce sujet idiot, Keesing voulait se payer ma tête, avec mon poème on verrait bien qui rirait le dernier. Le poème était très réussi ! Il parlait d'une maman cane et d'un papa cygne, et de leurs trois petits canards, que leur père tua en les mordant parce qu'ils faisaient trop de coin-coin. Heureusement, Keesing prit bien la plaisanterie, il lut le poème dans notre classe en y ajoutant ses commentaires et en fit même profiter d'autres classes. Depuis, j'ai le droit de parler et je ne suis jamais punie, au contraire, Keesing me reprend toujours en plaisantant.

Bien à toi,

Anne

Chère Kitty,

Il fait une chaleur torride, tout le monde étouffe et cuit, et par ces températures je suis obligée d'aller partout à pied. C'est maintenant que je me rends compte comme on est bien dans le tram, surtout s'il est à plate-forme, mais ce plaisir nous est défendu à nous les juifs, nos pieds doivent nous suffire. Hier, entre midi et deux heures, je devais aller chez le dentiste dans la Jan Luykenstraat, c'est très loin des Stadstimmertuinen où se trouve notre école, et l'après-midi j'ai failli m'endormir pendant les cours.

Heureusement, les gens vous offrent à boire sans qu'on ait à le demander, l'assistante du dentiste est vraiment gentille. Le bac est le seul moyen de transport qui nous soit encore permis, sur le quai Jozef Israëls il y a un petit bateau dont le conducteur nous a pris tout de suite quand nous lui avons demandé de traverser. Ce n'est certainement pas la faute des Hollandais si nous les juifs, nous avons tant de misères.

J'aimerais tant ne pas aller à l'école, mon vélo a été volé pendant les vacances de Pâques et Papa a confié celui de Maman à des amis chrétiens. Mais heureusement, les vacances approchent à grands pas, plus qu'une semaine et les ennuis seront oubliés.

Hier matin, il m'est arrivé une chose agréable, je passais devant la remise à vélos quand quelqu'un m'a appelée. Je me suis retournée et j'ai vu derrière moi un joli garçon que j'avais rencontré la veille chez Wilma. C'est un petit-cousin de Wilma et Wilma est une camarade qui au début avait l'air très gentille et l'est aussi, mais elle ne fait que parler de garçons à longueur de journée et ça commence à m'agacer.

Il s'est approché, l'air un peu timide, et s'est présenté : « Hello Silberberg. » J'étais un peu étonnée et me demandais ce qu'il voulait, mais je n'ai pas tardé à le savoir. Hello voulait profiter de ma présence et m'accompagner à l'école. « Puisque de toute façon tu vas du même côté, je veux bien faire le chemin avec toi », répondis-je et nous sommes partis ensemble. Hello a déjà seize ans et a toujours des tas de choses intéressantes à raconter, ce matin il m'attendait encore et il va sans doute continuer à le faire par la suite.

Anne

Chère Kitty,

Jusqu'à aujourd'hui, je n'ai pas trouvé un instant pour t'écrire. Jeudi, j'ai passé tout l'après-midi chez des amis. Vendredi, nous avons eu de la visite et ainsi de suite jusqu'à aujourd'hui. Hello et moi, nous avons eu le temps de faire connaissance depuis une semaine, il m'a beaucoup parlé de lui, il vient de Gelsenkirchen et est venu aux Pays-Bas sans ses parents, il vit chez ses grands-parents. Ses parents sont en Belgique, il n'a aucun moyen de les rejoindre là-bas. Hello avait une petite amie, Ursul, je la connais, l'exemple même de la fille douce et insipide, depuis qu'il m'a rencontrée, Hello a découvert qu'Ursul l'endormait. Il faut croire que je suis une sorte de remède contre le sommeil, on est loin de s'imaginer tout ce à quoi on peut servir ! Jacque a dormi chez moi samedi soir. L'après-midi, Jacque était chez Hanneli et je me suis ennuyée à mourir.

Hello devait venir chez moi ce soir, mais vers six heures, il a appelé, j'ai pris le téléphone et il a dit :

« Bonjour, c'est Helmuth Silberberg, pourrais-je parler à Anne, s'il vous plaît ?

— Oui, Hello, c'est Anne.

— Bonjour, Anne, comment vas-tu ?

— Très bien, merci.

— Je voulais te dire qu'à mon grand regret, je ne pourrai pas venir ce soir, mais j'aimerais quand même bien te parler, si tu es d'accord, je suis chez toi dans dix minutes.

— Oui, d'accord, à tout de suite ! ! ! !

— A tout de suite, j'arrive. »

Je raccroche, je me précipite pour me changer et j'arrange un peu mes cheveux. Puis, tout excitée, je me penche par la fenêtre. Enfin, il est arrivé. Incroyable mais vrai, je n'ai pas dégringolé les escaliers, mais j'ai attendu calmement son coup de sonnette. Je suis descendue et il m'a tout de suite dit ce qui l'amenait.

« Dis donc, Anne, ma grand-mère te trouve trop jeune pour que je te fréquente et m'a dit d'aller chez les Löwenbach, mais tu le sais peut-être, je ne sors plus avec Ursul !

— Non, comment ça, vous vous êtes disputés ?

— Non, au contraire, j'ai dit à Ursul que de toute façon, nous ne nous entendions pas bien et qu'il valait mieux ne plus sortir ensemble, mais qu'elle était toujours la bienvenue chez nous et que j'espérais l'être aussi chez elle. En fait, je croyais qu'elle tournait autour d'un autre garçon et je l'ai traitée en conséquence. Mais ce n'était pas vrai du tout et mon oncle m'a dit de présenter mes excuses à Ursul, mais naturellement je ne voulais pas et j'ai préféré rompre, mais j'avais bien d'autres raisons. Et maintenant ma grand-mère veut que j'aille chez Ursul et pas chez toi, mais je ne suis pas d'accord et je n'en ai pas l'intention, les gens âgés ont parfois des idées rétrogrades, mais je suis incapable de m'y plier. J'ai besoin de mes grands-parents, mais en un sens, eux aussi ont besoin de moi. Le mercredi soir, je suis toujours libre parce que mes grands-parents croient que je suis à mon cour de gravure sur bois, mais en fait je vais à un Club du parti sioniste où je n'ai pas le droit d'aller parce que mes grands-parents sont très opposés au sionisme, je ne suis pas un partisan fanatique mais je suis plutôt pour, et ça m'intéresse. Mais ces derniers temps, ils cafouillent tellement que j'ai décidé de laisser tomber, et j'irai pour la dernière fois mercredi soir. Après, je serai libre le mercredi soir, le samedi soir, le samedi après-midi, le dimanche après-midi et ainsi de suite.

— Mais si tes grands-parents ne veulent pas, tu ne vas tout de même pas le faire derrière leur dos !

— L'amour ne se commande pas. »

On est arrivés devant la librairie Blankevoort, et là j'ai vu Peter Schiff avec deux autres garçons ; c'était la première fois depuis longtemps qu'il me disait bonjour et ça m'a fait très plaisir.

Lundi soir, Hello est venu chez nous pour faire connaissance avec Papa et Maman, j'avais acheté des gâteaux et des bonbons, il y avait du thé, des biscuits, de tout, mais ni Hello ni moi n'avions envie de rester tranquillement assis sur nos chaises, nous sommes allés nous promener et il ne m'a ramenée chez moi qu'à huit heures dix. Papa était très fâché, il a trouvé que j'exagérais de rentrer si tard, j'ai dû promettre qu'à l'avenir, je serais à la maison à huit heures moins dix. Il m'a invitée chez lui samedi prochain.

Et puis Wilma m'a raconté que Hello était venu chez elle un soir et qu'elle lui avait demandé : « Qui est-ce que tu préfères, Ursul ou Anne ? », et il a répondu : « Ça te regarde pas. » Mais en partant (ils n'avaient plus bavardé ensemble de toute la soirée), il a dit : « Anne bien sûr, au revoir et surtout ne le dis à personne. » Et hop, il a disparu. Tout indique que Hello est amoureux de moi, et pour une fois, ça me plaît bien. Margot dirait que c'est un garçon tout à fait acceptable, je le trouve aussi, pour ne pas dire plus. Maman le couvre de fleurs, elle aussi, un garçon bien (de sa personne) et poli et gentil avec ça ; je suis contente que Hello plaise tant à toute ma famille, sauf qu'il n'est pas du goût de mes amies, qu'il trouve d'ailleurs très bébêtes, et il a bien raison. Jacque me taquine sans arrêt au sujet de Hello ; je ne suis pas du tout amoureuse, ça non, j'ai bien le droit d'avoir des amis, personne n'y trouve à redire.

Maman veut toujours savoir avec qui j'aimerais me marier plus tard, mais je crois qu'elle ne devinera jamais que c'est Peter, parce que je leur soutiens le contraire sans sourciller. J'aime Peter comme je n'ai jamais aimé personne et j'essaie de me persuader sans cesse que si Peter est toujours avec toutes ces autres filles, c'est uniquement pour cacher ses sentiments ; il croit peut-être que Hello et moi, nous sommes amoureux, mais ce n'est pas vrai du tout car ce n'est qu'un copain ou comme dirait Maman mon chevalier servant.

Bien à toi,

Anne

23

Chère Kitty,

Vendredi, la distribution des prix au Théâtre juif s'est bien passée, mon bulletin n'est pas si mauvais, j'ai une seule note en dessous de la moyenne, un cinq en algèbre, et pour le reste que des sept, deux huit et deux six. A la maison, ils étaient contents, mais en matière de notes, mes parents sont très différents des autres, ils se moquent bien qu'un bulletin soit bon ou mauvais, ce qui compte pour eux, c'est que je sois en bonne santé, pas trop insolente et que je m'amuse, si ces trois conditions sont remplies, le reste suivra.

Moi, c'est le contraire, je n'aime pas les mauvaises notes, on m'a acceptée au lycée sous condition parce qu'en principe j'aurais dû faire une septième année à la sixième école Montessori, mais quand il a fallu que tous les enfants juifs aillent dans les écoles juives, M. Elte nous a prises à l'essai, Lies Goslar et moi, après quelques tergiversations. Lies aussi est passée dans la classe supérieure mais avec examen de rattrapage très dur en géométrie.

Pauvre Lies, chez elle, elle a bien du mal à travailler sérieusement ; elle a sa petite sœur qui joue dans sa chambre toute la journée, un bébé trop gâté de bientôt deux ans. Si Gabi n'obtient pas ce qu'elle veut, elle se met à crier, et si Lies ne s'occupe pas d'elle, c'est Mme Goslar qui crie. Dans ces conditions, il est impossible que Lies travaille bien, et les innombrables leçons particulières qu'on lui donne sans arrêt ne peuvent pas y changer grand-chose. Chez les Goslar, tu parles d'une organisation ! Les parents de Madame habitent la porte à côté, mais prennent tous leurs repas avec eux, en plus il y a une bonne, le bébé, Monsieur, toujours distrait et absent, et Madame, toujours nerveuse et irritée, qui en attend encore un. Dans cette pétaudière, cette pauvre empotée de Lies est toute perdue.

Ma sœur Margot a eu aussi son bulletin, brillant comme d'habitude. Si cela existait chez nous, elle serait sûrement

24

passée dans la classe supérieure avec les félicitations du jury, c'est un vrai crack !

Papa est très souvent à la maison ces derniers temps, il n'a plus de raison d'aller au bureau, ça doit être triste de se sentir inutile. M. Kleiman a pris la direction d'Opekta et M. Kugler celle de Gies & Co, la société d'épices (artificielles), qui n'a été fondée qu'en 1941.

Il y a quelques jours, comme nous faisions notre promenade autour de la place, Papa a commencé à parler d'entrer dans la clandestinité, il disait qu'il nous serait très difficile de vivre complètement coupés du monde. Je lui ai demandé pourquoi il parlait de nous cacher : « Anne, répondit-il, tu sais que depuis plus d'un an, nous entreposons chez d'autres gens des vêtements, des vivres et des meubles, nous voulons encore moins nous faire prendre. Aussi, nous allons partir de nous-mêmes au lieu d'attendre qu'on vienne nous chercher.

— Mais quand alors, Papa ? Le ton grave de Papa m'inquiétait.

— Ne te tracasse pas, nous nous occuperons de tout, profite bien de ta vie insouciante pendant qu'il en est encore temps. »

Ce fut tout. Oh, puisse la réalisation de ces sombres paroles être aussi tardive que possible ! On sonne, c'est Hello, je m'arrête.

Bien à toi,

Anne

MERCREDI 8 JUILLET 1942

Chère Kitty,

Depuis dimanche matin, on dirait que des années se sont écoulées, il s'est passé tant de choses qu'il me semble que le monde entier s'est mis tout à coup sens dessus dessous, mais tu vois, Kitty, je vis encore et c'est le principal, dit Papa. Oui, c'est vrai, je vis encore, mais ne me demande pas où ni comment. J'ai l'impression que tu ne comprends rien à ce que je te dis aujourd'hui, c'est pourquoi je vais commencer par te raconter ce qui s'est passé dimanche après-midi.

A trois heures (Hello s'était absenté pour revenir un peu plus tard) quelqu'un a sonné à la porte, je n'ai rien entendu parce que j'étais paresseusement étendue sur une chaise longue à lire au soleil, sur la terrasse. Margot est apparue tout excitée à la porte de la cuisine. « Il est arrivé une convocation des S.S. pour Papa, a-t-elle chuchoté, Maman est déjà partie chez M. Van Daan. » (Van Daan est un ami et un associé de Papa.)

Ça m'a fait un choc terrible, une convocation, tout le monde sait ce que cela veut dire, je voyais déjà le spectre de camps de concentration et de cellules d'isolement et c'est là que nous aurions dû laisser partir Papa. « Il n'est pas question qu'il parte », affirma Margot pendant que nous attendions Maman dans le salon. « Maman est allée chez Van Daan demander si nous pouvons nous installer demain dans notre cachette. Les Van Daan vont se cacher avec nous. Nous serons sept. » Silence. Nous ne pouvions plus dire un mot, la pensée de Papa, qui, sans se douter de rien, faisait une visite à l'hospice juif, l'attente du retour de Maman, la chaleur, la tension, tout cela nous imposait le silence.

Soudain, la sonnette retentit de nouveau. « C'est Hello », dis-je. « N'ouvre pas », dit Margot en me retenant mais ce n'était pas la peine, nous entendions Maman et M. Van Daan parler en bas avec Hello, puis ils sont entrés et ont refermé la porte derrière eux. A chaque coup de sonnette, Margot et moi devions descendre sur la pointe des pieds voir si c'était Papa, on n'ouvrait à personne d'autre.

On nous fit sortir du salon, Margot et moi, Van Daan voulait parler seul à Maman.

Quand Margot et moi nous sommes retrouvées dans notre chambre, elle m'a raconté que la convocation n'était pas pour Papa mais pour elle. Ça m'a fait encore un choc et j'ai commencé à pleurer. Margot a seize ans, ils font donc partir seules des filles aussi jeunes, mais heureusement, elle n'irait pas, Maman était formelle, et c'est sans doute à cela que Papa avait fait allusion quand il m'avait parlé de nous cacher.

Nous cacher, mais où, en ville, à la campagne, dans une maison, une cabane, où, quand, comment ?... Cela faisait beaucoup de questions que je ne pouvais pas poser mais qui revenaient sans cesse. Margot et moi avons commencé à ranger dans un cartable ce dont nous avions le plus besoin, la première chose que j'y ai mise, c'était ce cahier cartonné, puis des bigoudis, des mouchoirs, des livres de classe, un peigne, des vieilles lettres, la perspective de la cachette m'obsédait et je fourrais n'importe quoi dans la sacoche, mais je ne le regrette pas, je tiens plus aux souvenirs qu'aux robes.

A cinq heures, Papa est enfin rentré, nous avons téléphoné à M. Kleiman pour lui demander de venir le soir même. Van Daan est parti chercher Miep. Miep est arrivée, a emporté chez elle dans un sac des chaussures, des robes, des vestes, des sous-vêtements et des chaussettes et a promis de revenir dans la soirée. Après quoi, notre maison est redevenue silencieuse ; nous n'avions faim ni les uns ni les autres, il faisait encore chaud et tout était très étrange. Nous avions loué notre grande chambre du haut à un certain M. Goldschmidt, un divorcé d'une trentaine d'années, qui apparemment n'avait rien à faire ce soir-là et s'est incrusté chez nous jusqu'à dix heures, pas moyen de se débarrasser de lui, quoi qu'on dise.

Miep et Jan Gies sont arrivés à onze heures, Miep travaille avec Papa depuis 1933 et est devenue une grande amie, tout comme Jan, son mari de fraîche date. Une fois encore, des chaussures, des bas, des livres et des sous-vêtements ont disparu dans le sac de Miep et les grandes poches de Jan ; à onze heures et demie, ils disparaissaient à leur tour.

J'étais morte de fatigue et j'avais beau savoir que ce serait ma dernière nuit dans mon lit, je me suis endormie tout de suite et Maman a dû me réveiller à cinq heures et demie. Heureusement, il faisait un peu moins étouffant que dimanche ; des trombes de pluie chaude sont tombées toute la journée. Tous les quatre, nous nous sommes couverts d'habits, comme pour passer la nuit dans une glacière et cela dans le seul but d'emporter d'autres vêtements. Aucun juif dans notre situation ne se serait risqué à quitter sa maison avec une valise pleine d'habits.

J'avais mis deux chemises, trois culottes, une robe, et par-dessus une jupe, une veste, un manteau d'été, deux paires de bas, des chaussures d'hiver, un bonnet, une écharpe et bien d'autres choses encore, j'étouffais déjà avant de sortir, mais personne ne s'en souciait. Margot a bourré son cartable de livres de classe, est allée chercher son vélo dans la remise et a suivi Miep qui l'emmenait vers des horizons inconnus de moi. En effet, j'ignorais encore quelle serait notre mystérieuse destination.

A sept heures et demie, nous avons refermé à notre tour la porte derrière nous, le seul à qui il me restait à dire adieu, c'était Moortje, mon petit chat, qui allait trouver un bon refuge chez les voisins, ainsi que l'indiquait une petite lettre adressée à M. Goldschmidt.

Les lits défaits, les restes du petit déjeuner sur la table, une livre de viande pour le chat à la cuisine, tout donnait l'impression que nous étions partis précipitamment. Mais nous nous moquions bien des impressions, tout ce que nous voulions, c'était partir, partir et arriver à bon port, et rien d'autre.

La suite à demain.

Bien à toi,

Anne

JEUDI 9 JUILLET 1942

Chère Kitty,

Nous marchions sous la pluie battante, Papa, Maman et moi, chacun portant un cartable et un sac à provisions, bourrés jusqu'à ras bord d'objets les plus hétéroclites. Les ouvriers qui allaient au travail à cette heure matinale nous lançaient des regards de pitié ; sur leurs visages se lisait clairement leur regret de ne pouvoir nous proposer aucune sorte de véhicule, le jaune éclatant de l'étoile en disait assez long.

C'est seulement dans la rue que Papa et Maman m'ont dévoilé par bribes leur plan pour nous cacher. Depuis des mois, nous avions fait sortir de la maison autant de mobilier et de vêtements que possible et nous nous apprêtions à partir nous cacher de nous-mêmes le 16 juillet. La convocation avait avancé de dix jours notre départ, si bien qu'il nous fallait nous contenter d'appartements moins bien arrangés.

La cachette se trouvait dans les bureaux de Papa. C'est un peu difficile à comprendre quand on ne connaît pas la situation, c'est pourquoi je vais donner quelques explications supplémentaires. Papa n'a pas eu beaucoup de personnel, MM. Kugler, Kleiman et Miep, et en plus Bep Voskuyl, la sténodactylo qui a vingt-trois ans ; tous étaient au courant de notre arrivée. A l'entrepôt, le chef magasinier, M. Voskuyl, le père de Bep, à qui nous n'avions rien dit, et deux manutentionnaires.

Le bâtiment est distribué ainsi : au rez-de-chaussée se trouve un grand entrepôt qui sert au stockage, il est partagé en différents compartiments, comme la pièce à moudre, où l'on moud la cannelle, les clous de girofle et l'ersatz de poivre, et la réserve. A côté de la porte de l'entrepôt se trouve la porte d'entrée du bâtiment, qui par l'intermédiaire d'une porte intérieure donne accès à un escalier. En haut de l'escalier, on arrive devant une porte en verre dépoli, sur lequel on lisait autrefois « BUREAU » en lettres noires. C'est le grand bureau de devant, très grand, très clair, très plein. Dans la journée, Bep, Miep et M. Kleiman y travaillent, en traversant un petit cabinet avec un coffre-fort, une penderie et un grand placard de stockage, on parvient au bureau de la direction, petit, renfermé et sombre. Autrefois se tenaient là M. Van Daan et M. Kugler, aujourd'hui le seul occupant. On peut aussi atteindre le bureau de Kugler en venant du couloir, mais seulement par une porte vitrée qui s'ouvre de l'intérieur, mais non de l'extérieur, et à partir du bureau de Kugler, en suivant l'étroit couloir, en passant devant la remise à charbon et en montant quatre marches, le joyau de tout le bâtiment, le bureau privé. Meubles imposants en bois sombre, linoléum et tapis par terre, radio, lampe élégante, la classe quoi, à côté une grande et vaste cuisine avec chauffe-eau et une gazinière à deux feux et à côté, des toilettes. Voilà pour le premier étage. Du couloir d'en bas, un simple escalier de bois monte à l'étage supérieur. En haut, il y a un petit passage, baptisé palier. A droite et à

gauche du palier, une porte, celle de gauche mène au bâtiment sur rue, avec la réserve d'épices, la pièce intermédiaire, la pièce devant, le grenier de devant et les combles.
De l'autre côté de ce bâtiment sur rue, un escalier long,
hyper-raide, un vrai casse-pattes hollandais descend à la
deuxième porte d'entrée.

A droite du palier se trouve « l'Annexe ». Nul ne soup-
çonnerait que tant de pièces se cachent derrière cette simple
porte peinte en gris. Une marche devant la porte et on y est.
Juste en face de l'entrée, un escalier raide, à gauche un petit
couloir et une pièce, pièce destinée à devenir la salle de
séjour et la chambre à coucher de la famille Frank, à côté
une pièce plus petite, chambre à coucher et salle d'étude des
deux demoiselles Frank. A droite de l'escalier, une pièce
sans fenêtre, avec lavabo et toilettes séparés, et aussi une
porte donnant sur notre chambre, à Margot et à moi. Quand,
en haut de l'escalier, on ouvre la porte, on est surpris de
trouver dans cette vieille bâtisse une pièce aussi grande,
claire et spacieuse. Dans cette pièce se trouvent une cuisinière (sa présence est due au fait que c'était autrefois le
laboratoire de Kugler) et un évier. La cuisine donc, et en
même temps la chambre à coucher des époux Van Daan, le
salon, la salle à manger et la salle d'étude communautaire.
Une toute petite pièce de passage sera l'appartement de
Peter Van Daan. Et puis, comme en façade, un grenier et des
combles. Voilà, je t'ai présenté toute notre belle Annexe !

Bien à toi,

Anne

VENDREDI 10 JUILLET 1942

Chère Kitty,

Il est très probable que ma description à rallonge de
notre habitation t'a fortement ennuyée, mais je trouve
qu'il faut quand même que tu saches où j'ai atterri ; comment j'ai atterri, tu l'apprendras de toutes mes prochaines
lettres.

D'abord la suite de mon histoire, car elle n'est pas terminée, comme tu le sais. A notre arrivée au 263 Prinsen-

gracht, Miep s'est dépêchée de nous faire prendre le long couloir, monter l'escalier de bois et de nous amener directement en haut, à l'Annexe. Elle a refermé la porte derrière nous et nous nous sommes retrouvés tout seuls, Margot était arrivée bien avant nous, avec son vélo, elle nous attendait. Notre salle de séjour et les autres pièces étaient pleines d'un fouillis indescriptible, tous les cartons qu'on avait envoyés au bureau au cours des mois précédents étaient empilés par terre et sur les lits ; la petite chambre était bourrée de literie jusqu'au plafond. Si nous voulions dormir le soir dans des lits à peu près bien faits, il fallait s'y mettre tout de suite et ranger tout le fourbi. Maman et Margot étaient incapables du moindre effort, elles s'étaient allongées sur les lits à même le sommier, étaient fatiguées, exténuées, et je ne sais quoi encore, mais Papa et moi, les deux rangeurs de la famille, voulions commencer sans plus attendre.

Nous avons passé toute la journée à déballer des cartons, à remplir des placards, à planter des clous et à ranger, jusqu'au soir, où nous nous sommes écroulés dans des lits bien propres. Nous n'avions rien mangé de chaud de toute la journée, mais cela ne nous avait pas arrêtés, Maman et Margot étaient trop fatiguées et trop tendues pour manger, Papa et moi avions trop de travail. Mardi matin, nous avons repris là où nous nous étions arrêtés lundi, Bep et Miep sont allées faire les courses en se servant de nos tickets de rationnement, Papa a amélioré le camouflage des fenêtres, qui était insuffisant, nous avons frotté le sol de la cuisine et une fois de plus, nous nous sommes activés du matin au soir. Jusqu'à mercredi, je n'ai pour ainsi dire pas eu un seul instant pour réfléchir au grand changement qui s'était produit dans ma vie ; c'est alors seulement, pour la première fois depuis notre installation, que l'occasion s'est présentée de te rapporter les événements et en même temps de prendre pleinement conscience de ce qui m'était arrivé et de ce qui allait m'arriver encore.

Bien à toi,

Anne

Chère Kitty,

Papa, Maman et Margot ont encore du mal à s'habituer au carillon de la Westertoren [1], qui sonne tous les quarts d'heure. Moi pas, je l'ai tout de suite aimé, et surtout la nuit, c'est un bruit rassurant. Il t'intéressera peut-être de savoir quelle impression cela me fait de me cacher, eh bien, tout ce que je peux te dire, c'est que je n'en sais encore trop rien. Je crois que je ne me sentirai jamais chez moi dans cette maison, ce qui ne signifie absolument pas que je m'y sens mal, mais plutôt comme dans une pension de famille assez singulière où je serais en vacances. Une conception bizarre de la clandestinité, sans doute, mais c'est la mienne. L'Annexe est une cachette idéale, et bien qu'humide et biscornue, il n'y en a probablement pas de mieux aménagée ni de plus confortable dans tout Amsterdam, voire dans toute la Hollande. Avec ses murs vides, notre petite chambre faisait très nue. Grâce à Papa, qui avait emporté à l'avance toute ma collection de cartes postales et de photos de stars de cinéma, j'ai pu enduire tout le mur avec un pinceau et de la colle et faire de la chambre une gigantesque image. C'est beaucoup plus gai comme ça et quand les Van Daan nous rejoindront, nous pourrons fabriquer des étagères et d'autres petites bricoles avec le bois entreposé au grenier. Margot et Maman se sentent un peu retapées, hier Maman a voulu se remettre aux fourneaux pour faire de la soupe aux pois, mais pendant qu'elle bavardait en bas, elle a oublié la soupe qui a brûlé si fort que les pois, carbonisés, collaient au fond de la casserole.

Hier soir, nous sommes descendus tous les quatre dans le bureau privé et avons mis la radio de Londres, j'étais tellement terrorisée à l'idée qu'on puisse nous entendre que j'ai littéralement supplié Papa de remonter avec moi ; Maman a compris mon inquiétude et m'a accompagnée. Pour d'autres choses aussi, nous avons très peur d'être

---

1. Littéralement : « Tour de l'Ouest », c'est le clocher de l'église Westerkerk, toute proche du 263 Prinsengracht, où se trouvait l'Annexe.

vus ou entendus par les voisins. Dès le premier jour, nous avons cousu les rideaux, en fait on peut difficilement parler de rideaux car ce ne sont que de vilains bouts de tissu ternes, de forme, de qualité et de motif totalement disparates, que nous avons cousus ensemble, Papa et moi, tout de travers comme de vrais amateurs ; ces œuvres d'art sont fixées devant les fenêtres par des punaises et n'en seront plus décrochées jusqu'à la fin de notre clandestinité.

L'immeuble de droite est occupé par une filiale de la maison Keg de Zaandam, celui de gauche par un atelier de menuiserie, donc les employés ne sont plus là après les heures de travail, mais les bruits pourraient quand même traverser. Aussi avons-nous interdit à Margot de tousser la nuit, bien qu'elle ait attrapé un mauvais rhume et nous lui faisons avaler de la codéine en grandes quantités. Je me réjouis beaucoup de l'arrivée des Van Daan, prévue pour mardi ; on aura un peu plus de chaleur humaine et aussi moins de silence.

C'est le silence qui me rend si nerveuse le soir et la nuit, et je donnerais cher pour qu'un de nos protecteurs reste dormir ici.

Nous ne sommes pas trop mal ici, car nous pouvons faire la cuisine et écouter la radio en bas, dans le bureau de Papa. M. Kleiman et Miep et aussi Bep Voskuyl nous ont tellement aidés, ils nous ont déjà apporté de la rhubarbe, des fraises et des cerises, et je ne crois pas que nous allons nous ennuyer de si tôt. Nous avons aussi de quoi lire et nous allons acheter encore un tas de jeux de société. Évidemment, nous n'avons pas le droit de regarder par la fenêtre ou de sortir. Dans la journée, nous sommes constamment obligés de marcher sur la pointe des pieds et de parler tout bas parce qu'il ne faut pas qu'on nous entende de l'entrepôt. Hier nous avons eu beaucoup de travail, nous avons dû dénoyauter deux paniers de cerises pour la firme, M. Kugler voulait en faire des conserves. Nous allons transformer les cageots des cerises en étagères à livres.

On m'appelle.

Bien à toi,

Anne

L'idée de ne jamais pouvoir sortir m'oppresse aussi plus que je ne suis capable de le dire et j'ai très peur qu'on nous découvre et qu'on nous fusille, évidemment une perspective assez peu réjouissante.

DIMANCHE 12 JUILLET 1942

Il y a un mois exactement, ils étaient tous très gentils avec moi parce que c'était mon anniversaire, mais maintenant je sens chaque jour que je m'éloigne un peu plus de Maman et de Margot, aujourd'hui j'ai travaillé dur et tout le monde m'a encensée et cinq minutes plus tard, les voilà qui recommencent à me houspiller.

Ils n'ont pas du tout la même façon de s'adresser à Margot ou à moi, on voit bien la différence, par exemple Margot a cassé l'aspirateur et nous n'avons pas eu de courant de toute la journée. Maman lui a dit : « Mais, Margot, on voit bien que tu n'as pas l'habitude de travailler, sinon tu aurais su qu'on n'éteint pas un aspirateur en tirant sur le fil. » Margot a répondu quelque chose et l'affaire a été enterrée. Mais cet après-midi, je voulais recopier une partie de la liste de courses de Maman parce qu'elle a une écriture très difficile à lire, mais elle m'en a empêchée, elle m'a passé un bon savon et toute la famille s'en est mêlée.

Je ne suis pas comme eux et j'en prends clairement conscience, surtout ces derniers temps. Ils sont tellement sentimentaux entre eux, et moi, je préfère l'être toute seule. Et puis, ils n'arrêtent pas de dire comme on est bien tous les quatre, et comme on sait vivre en harmonie, mais ils ne songent pas un instant que je peux être d'un avis contraire.

Papa est le seul à me comprendre de temps en temps, mais généralement, il prend le parti de Maman et de Margot. Et puis, je ne supporte pas non plus que devant d'autres gens, ils racontent que j'ai pleuré ou disent que je suis très raisonnable, ça m'agace au plus haut point, et quand il leur arrive de parler de Moortje, ça me met hors de moi car c'est mon point faible et mon point sensible. Moortje me manque à chaque instant de la journée et personne ne sait à quel point je pense à lui ; chaque fois, j'en ai les larmes aux yeux. Moortje est si mignon et je l'aime tellement, je rêve à des projets pour le faire revenir.

Je m'invente toujours de beaux rêves, mais la réalité, c'est que nous devons rester ici jusqu'à la fin de la guerre. Nous n'avons jamais le droit de sortir et ne pouvons recevoir de visite que de Miep, de son mari Jan, de Bep Voskuyl, de M. Voskuyl, de M. Kugler, de M. Kleiman, et de Mme Kleiman mais elle ne vient pas car elle trouve cela trop dangereux.

SEPTEMBRE 1942 (ajout)

Papa est toujours si gentil, il me comprend si parfaitement, et j'aimerais bien pouvoir me confier à lui sans éclater aussitôt en sanglots, mais il paraît que c'est une question d'âge. J'aimerais bien ne jamais m'arrêter d'écrire, mais cela deviendrait beaucoup trop ennuyeux.

Jusqu'à présent, je n'ai pratiquement fait que noter des pensées dans mon journal et je n'ai pas encore réussi à écrire des histoires intéressantes que je pourrais lire plus tard devant tout le monde. Mais dorénavant, je vais essayer de ne pas être sentimentale ou de l'être moins, et d'être plus fidèle à la réalité.

VENDREDI 14 AOÛT 1942

Chère Kitty,

Je t'ai laissée tomber pendant un mois, mais il faut dire que je n'ai pas assez de nouvelles pour te raconter chaque jour de belles histoires. Les Van Daan sont arrivés le 13 juillet. Nous pensions qu'ils viendraient le 14, mais comme les Allemands ont commencé à affoler de plus en plus de gens entre le 13 et le 16 juillet en envoyant des convocations de tous les côtés, ils ont jugé qu'il valait mieux partir un jour plus tôt qu'un jour plus tard. A neuf heures et demie (nous en étions encore au petit déjeuner) est arrivé Peter, le fils des Van Daan, un garçon de bientôt seize ans, un dadais timide et plutôt ennuyeux dont la compagnie ne promet pas grand-chose. Madame et Monsieur ont fait leur entrée une demi-heure plus tard ; à notre grande hilarité, Madame transportait dans son carton à chapeau un grand pot de chambre. « Sans pot de chambre, je ne me sens pas chez moi », déclara-t-elle, et le pot fut d'ailleurs le premier à trouver une place attitrée sous le divan. Monsieur, lui, n'avait pas son pot mais portait sous le bras sa table à thé pliante. Le premier jour où nous avons été réunis, nous avons mangé ensemble dans la bonne humeur et au bout de trois jours, nous avions tous les sept l'impression d'être devenus une grande famille. Les Van Daan, on s'en doute, avaient beaucoup à nous raconter sur leur semaine supplémentaire de séjour dans le monde habité. Nous étions très intéressés, en particulier, par ce qu'il était advenu de notre maison et de M. Goldschmidt.

M. Van Daan raconte : « Lundi matin, à neuf heures, M. Goldschmidt nous a téléphoné pour me demander de passer le voir. Je suis venu immédiatement et j'ai trouvé Goldschmidt dans tous ses états. Il m'a montré une lettre que la famille Frank avait laissée et qui lui demandait d'apporter le chat chez les voisins, ce qu'il voulait faire et que j'approuvai. Il craignait une perquisition, c'est pourquoi nous avons inspecté toutes les pièces pour faire un peu de rangement, et débarrassé la table. Soudain, j'ai vu sur le bureau de Madame un bloc-notes portant une adresse à Maastricht. Je savais que Madame avait fait exprès de le laisser en évidence, mais j'ai pris un air étonné et effrayé, et j'ai pressé M. Goldschmidt de brûler le papier compromettant. Jusque-là, j'avais prétendu tout ignorer de votre disparition, mais quand j'ai vu le papier, j'ai eu une bonne idée. J'ai dit : "Monsieur Goldschmidt, je crois comprendre tout d'un coup à quoi se rapporte cette adresse. Je me rappelle très bien qu'il y a six mois environ, un officier de haut rang est passé au bureau, il avait bien connu M. Frank dans sa jeunesse et lui a promis de l'aider en cas de besoin, et cet officier était en effet cantonné à Maastricht. Il a dû tenir parole et faire passer

M. Frank par je ne sais quel moyen en Belgique et, de là, en Suisse. Vous n'avez qu'à le dire aux amis des Frank, s'ils viennent demander de leurs nouvelles, mais bien entendu, ce n'est pas la peine de parler de Maastricht.'' Sur ce, je suis parti. La plupart des amis sont au courant, car l'histoire m'est déjà revenue aux oreilles de différents côtés. »

Nous avons trouvé l'anecdote très amusante, mais avons ri bien plus encore de l'imagination des gens en entendant le récit de M. Van Daan à propos d'autres amis. Ainsi, une famille de la Merwedeplein nous avait vus passer tous quatre à bicyclette, le matin de bonne heure, et une autre dame assurait qu'on nous avait fait monter dans un camion militaire.

Bien à toi,

Anne

VENDREDI 21 AOÛT 1942

Chère Kitty,

Notre cachette est devenue une cachette digne de ce nom. En effet, M. Kugler a jugé plus prudent de mettre une bibliothèque devant notre porte d'entrée (parce qu'on fait de nombreuses perquisitions à la recherche de vélos cachés) mais naturellement une bibliothèque pivotante qui peut s'ouvrir comme une porte. C'est M. Voskuyl qui s'est chargé de fabriquer l'objet. (Nous avons mis M. Voskuyl au courant de la présence des sept clandestins, il est le dévouement personnifié.) Maintenant, pour descendre, nous sommes d'abord obligés de baisser la tête, puis de sauter. Au bout de trois jours, nous avions tous le front couvert de bosses parce que tout le monde se cognait à l'encadrement de la porte basse. Peter a essayé d'adoucir le choc en y clouant un morceau de tissu rembourré de laine de bois. Espérons que ça marchera ! Je n'apprends pas grand-chose, j'ai décidé de me mettre en vacances jusqu'en septembre. Ensuite, Papa veut me donner des leçons, mais il nous faudra d'abord acheter tous les livres de classe nécessaires.

Notre vie ici ne connaît pas beaucoup de changement. Aujourd'hui, on a lavé les cheveux de Peter, mais cela n'a rien d'extraordinaire, M. Van Daan et moi sommes toujours comme chien et chat. Maman me prend toujours pour un bébé, et je ne peux pas le supporter. Peter ne m'est pas devenu plus sympathique, il est ennuyeux, paresse toute la journée sur son lit, donne deux trois coups de marteau et retourne faire un somme. Quelle andouille !

Ce matin, Maman a recommencé à me faire un de ses affreux sermons et je ne le supporte pas, nos idées sont diamétralement opposées. Papa est un chou, même s'il lui arrive de se fâcher cinq minutes contre moi.

Dehors, il fait beau et chaud, et malgré tout nous en profitons autant que possible en allant nous étendre au grenier sur le lit-cage.

Bien à toi,

Anne

21 SEPTEMBRE 1942 (ajout)

Ces derniers temps, M. Van Daan est tout miel avec moi, je ne dis rien mais je n'en pense pas moins.

MERCREDI 2 SEPTEMBRE 1942

Chère Kitty,

M. et Mme Van Daan se sont fait une scène violente, je n'ai encore jamais rien vu de pareil, car il ne viendrait pas à l'idée de Papa et Maman de hurler ainsi. La raison de la dispute était si insignifiante qu'un seul mot était encore de trop, mais bon, tous les goûts sont dans la nature.

Bien sûr, c'est très désagréable pour Peter, il est coincé entre les deux, mais personne ne le prend plus au sérieux parce qu'il est terriblement douillet et paresseux. Hier, il était passablement inquiet d'avoir la langue bleue au lieu de rouge ; ce symptôme insolite a disparu cependant aussi vite qu'il était venu. Aujourd'hui, il se promène avec une grosse écharpe autour du cou parce qu'il a le torticolis et en plus, Monsieur se plaint d'un lumbago. Il est également sujet à des douleurs entre cœur, reins et poumons ; bref, un vrai hypocondriaque ! (C'est bien le mot, non ?)

Ce n'est pas le grand amour entre Maman et Mme Van Daan, les occasions de frictions ne manquent pas, pour ne citer qu'un exemple, je te raconterai que Madame a retiré de l'armoire à linge commune tous ses draps sauf trois, elle a évidemment décidé que le linge de Maman pouvait servir à toute la famille. Elle va déchanter quand elle s'apercevra que Maman a suivi son exemple.

En plus, Madame est furieuse qu'on utilise son service plutôt que le nôtre. Elle essaie sans arrêt de savoir où nous avons bien pu mettre de côté nos assiettes ; elles sont moins loin qu'elle ne pense car elles se trouvent au grenier dans des cartons, derrière un tas de réclames pour Opekta. Tant qu'on se cachera ici, les assiettes seront hors d'atteinte, et c'est tant mieux ! Je fais toujours des maladresses, hier j'ai laissé glisser une assiette creuse du service de Madame, qui s'est cassée. « Oh, fait-elle rageuse, tu peux pas faire attention, c'est *ma* seule qui me reste. » (Note bien, Kitty, que les deux dames ici présentes parlent un néerlandais abominable, je n'ose rien dire des messieurs, ils se sentiraient terriblement offensés, si tu entendais leur charabia, tu serais pliée en deux ; nous n'y faisons même plus attention, de toute façon il ne sert à rien de les reprendre, quand je parlerai de Maman ou de Mme Van Daan, je ne reproduirai pas leur jargon original, mais j'écrirai un néerlandais correct.)

La semaine dernière, un petit incident est venu rompre la monotonie de notre vie, à cause d'un livre sur les femmes et de Peter. Il faut que tu saches que Margot et Peter ont le droit de lire presque tous les livres que nous prête M. Kleiman, mais ce livre-ci, qui parle de femmes, les adultes préféraient le garder pour eux. Cela excita immédiatement la curiosité de Peter. Que pouvait-il bien y avoir de défendu dans ce livre ? Il l'a subtilisé à sa mère pendant qu'elle était en train de bavarder en bas et a emporté son butin sous les combles. Pendant deux jours, tout s'est bien passé ; Mme Van Daan était parfaitement au courant de son manège, mais s'est bien gardée d'en parler jusqu'à ce que Monsieur découvre le pot aux roses. Lui, en revanche, s'est mis en colère, il a confisqué le livre et cru l'affaire réglée. Cependant il avait compté sans la curiosité de son fils, que l'énergique intervention du papa n'avait nullement désarçonné. Peter échafaudait des plans pour finir malgré tout la lecture de ce livre particulièrement intéressant. Entre-temps, Madame avait demandé à Maman son avis sur la question. Maman estimait que ce n'était pas un livre pour Margot, mais elle ne trouvait rien à redire à la plupart des autres. « Vous savez, madame Van Daan, dit Maman, il y a une grande différence entre Margot et Peter : premièrement, Margot est une fille et les filles sont toujours plus mûres que les garçons. Deuxièmement, Margot a souvent lu des livres sérieux et ne recherche pas ce qui ne lui est plus interdit. Et troisièmement, Margot est beaucoup plus en avance et plus raisonnable, ce qui s'explique par ses quatre années de lycée. » Madame l'a reconnu, mais elle continuait à penser qu'en principe, il ne fallait pas laisser des enfants lire des livres d'adultes.

Entre-temps, Peter avait trouvé le bon moment, celui où personne ne s'occupait du livre ni de lui. A sept heures et demie du soir, pendant que toute la famille écoutait la radio dans le bureau privé, il a repris son trésor et l'a emporté sous les combles. Il devait normalement être redescendu à huit heures et demie, mais le livre était si captivant qu'il n'a pas vu le temps passer, et il arriva en bas de l'escalier du grenier au moment précis où son père entrait dans la pièce. On imagine la suite, tape, gifle, bourrade, voilà le livre sur la table et Peter sous les combles. L'affaire en était là lorsque la famille s'est réunie pour dîner. Peter est resté là-haut, personne n'a fait attention à lui et il a dû aller se coucher sans manger.

Nous poursuivions notre repas en bavardant gaiement quand un sifflement strident a retenti, tout le monde a posé sa fourchette et nous nous sommes tous regardés, pâles de frayeur. Puis nous avons entendu la voix de Peter crier dans le tuyau du poêle : « Je m'en fous, je ne descendrai pas. » M. Van Daan s'est levé d'un bond, laissant tomber sa serviette, et rouge de colère, il a crié : « Ça suffit maintenant. »

Papa l'a pris par le bras, craignant le pire, et les deux messieurs sont montés au grenier ; tout en protestant et en trépignant, Peter a fini par atterrir dans sa chambre, la porte s'est refermée et nous avons repris notre repas. Madame voulait mettre de côté une tartine pour son fifils. Monsieur était inflexible : « S'il ne présente pas immédiatement des excuses, il dormira au grenier. » Nous avons protesté en disant qu'il était suffisamment puni d'aller se coucher sans manger, Peter risquait de s'enrhumer et il n'y aurait pas moyen de faire venir un médecin.

Peter n'a pas demandé pardon, il était déjà remonté au grenier, M. Van Daan ne s'en est plus mêlé mais s'est aperçu le lendemain matin que le lit de Peter était défait, à sept heures il était retourné au grenier, mais les paroles amicales de Papa ont réussi à le convaincre de redescendre. Trois jours de mines renfrognées, de silences butés, et tout a fini par rentrer dans l'ordre.

Bien à toi,

Anne

LUNDI 21 SEPTEMBRE 1942

Chère Kitty,

Aujourd'hui, je vais te donner les dernières nouvelles de l'Annexe. On a installé une lampe au-dessus de mon divan pour que je puisse éventuellement tirer sur une ficelle et éteindre en cas de coups de feu. Cependant, je ne peux pas le faire pour le moment, puisque notre fenêtre est entrouverte jour et nuit.

La section masculine des Van Daan a construit un garde-manger très confortable en bois teinté avec une vraie moustiquaire. Cette œuvre d'art se trouvait jusqu'à présent dans la chambre de Peter, mais a été transférée au grenier pour profiter de plus de fraîcheur, et à la place on a mis une étagère. Je lui ai conseillé de mettre la table à cet endroit avec une jolie nappe et d'accrocher au mur son unique placard, là où se trouve maintenant la table, ça pourra faire un petit coin accueillant, même si je n'aimerais pas beaucoup y dormir.

Mme Van Daan est insupportable. Ceux du dessus n'arrêtent pas de me réprimander pour mon bavardage incessant. Mais je les laisse dire. Madame a trouvé un nouveau truc, maintenant elle a décidé qu'elle ne voulait plus laver les casseroles, et quand il reste une petite bricole, elle ne la met pas dans un récipient en verre mais la laisse se gâter dans la casserole. Et quand Margot a beaucoup de casseroles à nettoyer l'après-midi, Madame s'exclame : « Och ! Margotchen, Margotchen, tu en as du travail. »

M. Kleiman m'apporte chaque semaine quelques livres pour jeunes filles, la série des Joop ter Heul me plaît énormément. J'aime beaucoup, en général, tous les Cissy Van Marxveldt, j'ai déjà lu quatre fois *Folie d'un été* et les situations grotesques me font encore rire.

J'aide Papa à faire l'arbre généalogique de sa famille et il me raconte une histoire sur chacun.

Le travail de classe a commencé, je fais beaucoup de français et m'enfonce dans la tête cinq verbes irréguliers par jour.

Peter s'est mis à son anglais avec force soupirs. Quelques livres de classe viennent d'arriver, j'avais emporté de chez nous une large provision de cahiers, de crayons, de gommes et d'étiquettes. Pim (c'est le petit nom de Papa) exige des leçons de néerlandais, je n'y vois aucun inconvénient, en compensation de son aide en français et dans d'autres matières. Mais il fait des bourdes invraisemblables.

J'écoute souvent Radio Orange [1], récemment il y a eu un discours du prince Bernhardt, ils attendent un enfant aux alentours du mois de janvier, a-t-il dit. Je suis bien contente, ici ils ne comprennent pas que j'aime autant la famille royale.

L'autre soir, nous nous disions que j'étais encore très ignorante, si bien que le jour suivant je me suis mise au travail avec ardeur, je n'ai vraiment pas envie d'être encore en sixième à quatorze ou quinze ans. Ensuite, dans le cours de la conversation, on a dit que je n'avais le droit de lire presque rien. Maman a en ce moment *Rois, valets*

---

1. Radio Orange : la radio du gouvernement néerlandais en exil à Londres.

et dames, il m'est naturellement défendu de le lire (contrairement à Margot), je ne suis pas encore assez mûre, comme ma brillante sœur. Puis nous avons parlé de mon ignorance en philosophie, en psychologie et physiologie, toutes choses dont en effet je ne sais rien, peut-être que j'en saurai un peu plus l'année prochaine ! (Je me suis hâtée de chercher ces mots difficiles dans le Koenen !)

J'en suis venue à la terrible conclusion que je n'ai qu'une seule robe à manches longues et trois gilets pour l'hiver. Papa m'a permis de tricoter un pull de laine de mouton blanche, la laine n'est pas très belle, mais j'espère que sa chaleur compensera. Il nous reste quelques vêtements chez d'autres gens, mais malheureusement on ne pourra les récupérer qu'après la guerre, s'ils sont encore là.

Je venais de te parler de Madame dans ma lettre quand elle est arrivée, et hop je ferme le livre.

« Hé, Anne, tu me fais voir ce que tu écris !

— Non, madame.

— Juste la dernière page ?

— Non plus, madame. »

J'ai eu une sacrée trouille parce qu'à cette page, elle ne se trouvait pas décrite sous son meilleur jour.

Ainsi, chaque jour, il se passe quelque chose, mais je suis trop paresseuse et trop fatiguée pour tout noter.

Bien à toi,

Anne

VENDREDI 25 SEPTEMBRE 1942

Chère Kitty,

Papa a un vieil ami, M. Dreher, un homme dans les soixante-quinze ans, très dur d'oreille, pauvre et malade avec à ses côtés un appendice encombrant, une femme de vingt-sept ans plus jeune, pauvre elle aussi, les bras et les jambes couverts de bracelets et d'anneaux, vrais ou en toc, vestiges de jours meilleurs. Ce M. Dreher a déjà bien souvent cassé les pieds de Papa et j'ai toujours admiré la patience angélique avec laquelle il répondait au téléphone à ce pauvre bougre. Quand nous étions encore à la maison, Maman conseillait à Papa de mettre un gramophone devant le téléphone, pour dire toutes les trois minutes : « Oui, monsieur Dreher... non, monsieur Dreher », puisque de toute façon le vieux ne comprenait rien aux réponses détaillées de Papa. Aujourd'hui, M. Dreher a appelé au bureau et demandé à M. Kugler s'il voulait passer chez lui. M. Kugler n'en avait pas envie et a promis d'envoyer Miep. Miep s'est décommandée. Là-dessus, Mme Dreher a téléphoné trois fois, mais comme Miep avait prétendu être absente tout l'après-midi, elle a dû imiter la voix de Bep au téléphone. En bas (au bureau) et en haut aussi, c'était le fou rire général et maintenant, chaque fois que le téléphone sonne, Bep dit : « Tiens, voilà Mme Dreher ! » Ce qui fait que Miep se met à rire avant de décrocher et répond aux gens très impoliment, en pouffant. Tu vois, une affaire aussi sympa que la nôtre, il n'y en a pas deux au monde, les directeurs s'amusent comme des petits fous avec les employées ! Le soir, je vais de temps en temps bavarder un peu chez les Van Daan. On y mange des gâteaux antimites avec de la mélasse (ils étaient dans une boîte en fer dans une penderie pleine de naphtaline) et on s'amuse. L'autre jour, nous avons parlé de Peter. J'ai raconté que Peter me caresse souvent la joue et que je n'aime pas ça. En bons parents qu'ils sont, ils m'ont demandé si je ne pouvais pas aimer Peter, parce que lui m'aimait sûrement beaucoup, j'ai pensé « oh pitié », et j'ai dit : « Oh ! non » ; tu imagines un peu ! Puis j'ai dit que Peter était un peu ours et qu'à mon avis il était timide, comme tous les garçons qui n'ont pas l'habitude de fréquenter des filles.

Je dois dire que le comité de clandestinité Annexe (section messieurs) est plein d'imagination. Écoute un peu leur nouvelle trouvaille pour montrer à M. Broks, représentant de la société Opekta, ami et conservateur clandestin de nos biens, une lettre de nous ! Ils envoient une lettre tapée à la machine à un commerçant de Flandre zélandaise, client indirect d'Opekta, en lui demandant d'utiliser pour la réponse un formulaire à remplir et de le renvoyer dans l'enveloppe jointe. Sur cette enveloppe, Papa écrit l'adresse. Quand cette enveloppe leur revient de Zélande, ils enlèvent le formulaire et mettent à la place un mot que Papa aura écrit à la main. Ainsi, Broks pourra le lire sans avoir de soupçons. Ils ont choisi la Zélande parce que c'est près de la Belgique et que la lettre peut facilement avoir passé la frontière en fraude, et parce que personne n'a le droit de s'y rendre sans autorisation spéciale. Un simple représentant comme Broks n'obtiendra certainement pas cette autorisation.

Hier soir, Papa a encore fait toute une comédie, il était abruti de sommeil et s'est écroulé sur son lit, là il a eu froid aux pieds, je lui ai mis mes chaussons de nuit. Cinq minutes plus tard, il les avait déjà reposés à côté de son lit. Puis la lumière le dérangeait et il a enfoncé sa tête sous les couvertures. Quand on a éteint la lumière, il a montré tout doucement le bout du nez, c'était trop comique. Ensuite, nous étions en train de dire que Peter appelle Margot la mère Margot, soudain la voix de Papa que nous croyions endormi est montée des profondeurs : « Café », il voulait dire « Mère café ». Muschi (le chat) est de plus en plus gentil et doux avec moi, mais j'ai encore un peu peur de lui.

Anne

DIMANCHE 27 SEPTEMBRE 1942

Chère Kitty,

Aujourd'hui, j'ai eu comme on dit chez nous une « discussion » avec Maman, mais l'embêtant c'est que je ne peux pas m'empêcher de fondre en larmes, je n'y peux rien, Papa est *toujours* gentil avec moi, et il me comprend bien mieux. Ah, dans ces moments-là, je ne peux vraiment pas supporter Maman et c'est comme si elle ne me connaissait pas, car, vois-tu, elle ne sait même pas ce que je pense des choses les plus anodines. Nous parlions des bonnes, et nous disions qu'on devait les appeler « aides ménagères » et qu'après la guerre, ce serait sûrement obligatoire, mais je n'en étais pas si convaincue, et puis elle a dit que je parle toujours de « plus tard » et que je prends des airs d'adulte, mais ce n'est pas vrai du tout, et j'ai bien le droit de faire des châteaux en Espagne, ce n'est pas si grave, ce n'est pas la peine d'en faire un plat. Papa, au moins, me défend, sans lui j'aurais bien du mal à tenir le coup ici.

Je ne m'entends pas bien non plus avec Margot. Même si dans notre famille, on n'en vient jamais aux éclats de voix comme au-dessus, c'est loin d'être toujours drôle pour moi. Margot et Maman ont des caractères qui me sont si étrangers, je comprends mieux mes amies que ma propre mère, c'est navrant, non ?

Pour la énième fois, Mme Van Daan est mal lunée, elle est d'une humeur massacrante et, de plus en plus, elle met sous clef ses affaires personnelles. Dommage que Maman ne riposte pas à chaque disparition d'affaires Van Daan par une disparition d'affaires Frank.

Certaines personnes semblent éprouver un plaisir particulier à éduquer non seulement leurs propres enfants mais aussi ceux de leurs amis, les Van Daan sont du lot. Chez Margot, il n'y a rien à redire, elle est par nature la bonté, la gentillesse et l'intelligence mêmes, mais je prends largement sur moi sa part d'indiscipline. Plus d'une fois, à table, c'est un feu croisé de réprimandes et de réponses insolentes. Papa et Maman prennent toujours ma défense avec vigueur, sans eux, je ne pourrais pas reprendre constamment la lutte avec autant d'assurance. Bien qu'ils me répètent sans cesse d'être moins bavarde, de ne pas me mêler des affaires des autres et d'être plus effacée, j'échoue plus souvent que je ne réussis et sans la patience de Papa, il y a longtemps que j'aurais abandonné tout espoir de satisfaire un jour aux exigences parentales, qui n'ont pourtant rien d'abusif.

Si je ne prends pas beaucoup d'un légume vert que je n'aime pas du tout et mange des pommes de terre à la place, Van Daan et surtout Madame sont choqués et me trouvent bien trop gâtée. Je m'entends dire aussitôt : « Allons, Anne, reprends un peu de légumes. »

Je réponds : « Non merci, madame, les pommes de terre me suffisent. »

« Les légumes verts sont très bons pour la santé, ta mère le dit elle-même, prends-en encore un peu », insistet-elle jusqu'à ce que Papa s'interpose et confirme mon refus.

Alors Madame fait sa sortie : « Vous auriez dû voir comment ça se passait chez nous, là au moins on savait élever les enfants, ce n'est pas une éducation, Anne est beaucoup trop gâtée, moi je ne le tolérerais jamais, si Anne était ma fille... »

Voilà par où commencent et finissent toutes ses tirades : « Si Anne était ma fille », heureusement, ce n'est pas le cas. Mais pour en revenir à notre sujet, hier les profondes réflexions de Madame furent suivies d'un silence. Puis Papa répondit : « Je trouve Anne très bien élevée ; au moins, elle a appris à ne pas répondre à vos longs sermons. Et pour ce qui est des légumes, je ne vous dirai qu'une chose, vice versa. » Madame était battue, et à plate couture, ce vice versa était naturellement une allusion à Madame, qui le soir ne supporte pas les haricots ni aucune sorte de choux parce que ça lui donne des « vents ». Mais moi aussi je pourrais en dire autant. Qu'elle est bête. C'est trop drôle de voir avec quelle facilité Mme Van Daan pique un fard, et moi pas, bien fait, et au fond d'elle-même ça a le don de l'exaspérer !

Bien à toi,

Anne

LUNDI 28 SEPTEMBRE 1942

Chère Kitty,

J'étais loin d'avoir fini ma lettre d'hier quand j'ai dû cesser d'écrire. Je ne résiste pas à l'envie de te raconter un autre conflit, mais avant de commencer, juste un mot : je trouve incroyable que des adultes puissent se quereller si vite, si souvent et à propos des détails les plus futiles ; jusqu'à présent, j'étais persuadée que les chamailleries étaient réservées aux enfants et s'atténuaient par la suite. Bien sûr, il y a parfois de vraies raisons de se quereller mais, ici, les prises de bec ne sont rien d'autre que des chamailleries. Comme celles-ci sont notre lot quotidien, je devrais déjà y être habituée ; mais je ne le suis pas et je ne le serai sans doute pas non plus tant que je ferai les frais de presque toutes les discussions (c'est le mot qu'on emploie ici à la place de dispute, tout à fait incorrect bien sûr, mais il ne faut pas en demander trop à des Allemands !).

Rien, mais alors rien, en moi ne trouve grâce à leurs yeux, chaque trait de mon comportement et de mon caractère, chacune de mes manières, est la cible de leurs cancans et de leurs ragots, et à en croire certaines personnes qualifiées, il faudrait que j'avale avec le sourire des mots durs et des criailleries à mon adresse, chose dont je n'ai pas du tout l'habitude. C'est au-dessus de mes forces ! Je ne songe pas un instant à me laisser insulter sans riposter, je vais leur montrer qu'Anne Frank n'est pas née d'hier, ils n'en croiront pas leurs oreilles et ils ne tarderont pas à fermer leur grande gueule quand je leur aurai fait comprendre que ce n'est pas à mon éducation mais à la leur qu'ils devraient s'attaquer d'abord. En voilà des façons ! Bande de rustres. Jusqu'à présent, je reste sans voix devant tant de grossièreté et surtout... de bêtise (Mme Van Daan !), mais dès que j'y serai habituée, et cela ne saurait tarder, je leur rendrai la monnaie de leur pièce sans me gêner, et ils seront bien obligés de changer de ton ! Suis-je vraiment aussi mal élevée, prétentieuse, têtue, indiscrète, bête, paresseuse, etc., qu'ils veulent bien le dire là-haut ? Mais non, sûrement pas, je sais bien que je n'ai pas toujours raison et que j'ai beaucoup de défauts, mais tout de même, ils y vont un peu fort ! Si tu savais, Kitty, comme il m'arrive d'écumer sous ces bordées d'injures et de sarcasmes et le moment n'est plus très éloigné où toute ma colère rentrée explosera.

Bon, j'arrête sur le sujet, je t'ai assez ennuyée avec mes histoires de disputes et pourtant je ne peux pas m'empêcher de te raconter une autre discussion de table du plus haut intérêt. De fil en aiguille, on en était venus à parler de l'extrême modestie de Pim. Cette modestie est un fait établi dont les gens les plus idiots ne sauraient douter. Soudain, Madame, qui veut toujours être le point de mire de la conversation, s'est exclamée : « Moi aussi, je suis très modeste, bien plus modeste que mon mari ! »

On n'a pas idée ! Cette phrase illustre bien sa modestie !

M. Van Daan, se sentant obligé d'expliquer ce « que mon mari », a remarqué d'un ton très calme : « Je ne cherche pas du tout à être modeste, j'ai eu l'occasion de m'apercevoir dans ma vie que les gens sans modestie font beaucoup mieux leur chemin que les modestes ! » Puis se tournant vers moi : « Ne sois surtout pas modeste, Anne, car cela ne t'avancera à rien. » Maman approuvait tout à fait ce point de vue.

Mais comme toujours, il fallait que Mme Van Daan ajoute son grain de sel à cette discussion éducative, cependant cette fois, au lieu de s'en prendre directement à moi, elle s'est adressée à mes parents en ces termes : « Vous avez tout de même une curieuse conception de la vie, de dire une chose pareille à Anne, dans mon jeune temps, il en allait autrement, mais d'ailleurs, je suis sûre qu'il en va toujours autrement, sauf dans une famille moderne comme la vôtre ! » Cette dernière remarque visait les méthodes d'éducation modernes si souvent défendues par Maman.

Mme Van Daan était cramoisie d'excitation. Quelqu'un qui rougit s'excite encore plus en s'échauffant et perd vite ses moyens devant l'adversaire. Maman, sans rougir, elle, et voulant en finir le plus vite possible avec cette discussion, n'eut besoin que d'un instant de réflexion avant de répliquer : « Madame Van Daan, moi aussi, vous savez, je trouve bien préférable d'être un peu moins modeste dans la vie. Mon mari, Margot et Peter sont tous les trois extrêmement modestes ; votre mari, Anne, vous et moi ne sommes pas modestes, mais nous ne nous laissons pas marcher sur les pieds à tout propos. »

Mme Van Daan : « Mais, madame, je ne vous comprends pas, je suis vraiment très très modeste, qu'est-ce qui vous prend de me dire que je ne suis pas modeste ? »

Maman : « Je n'ai rien dit de tel, mais personne n'aurait l'idée de vous qualifier de modeste. »

Madame : « J'aimerais bien savoir en quoi je manque de modestie ! Si je ne m'occupais pas de moi, personne d'autre ne le ferait, et je n'aurais plus qu'à mourir de faim, et c'est bien la preuve que je suis tout aussi modeste que votre mari. »

Devant ce plaidoyer ridicule, Maman n'a pu s'empêcher de rire, Madame s'en est irritée et a poursuivi son beau discours par une longue série de superbes expressions germano-néerlandaises ou néerlando-germaniques, jusqu'au moment où cette oratrice-née s'est tellement empêtrée dans ses mots qu'elle a voulu se lever de sa chaise et quitter la pièce, lorsque soudain son regard est tombé sur moi. J'aurais aimé que tu sois là pour le voir, par malheur, juste au moment où Madame nous tournait le dos, j'avais secoué la tête d'un air atterré et ironique, sans le faire exprès et bien involontairement, tant j'avais été fascinée par son flot de paroles, alors Madame est revenue sur ses pas et s'est mise à crier fort, en allemand, avec méchanceté et grossièreté, comme une vraie poissarde, épaisse et rougeaude, ça faisait plaisir à voir. Si j'avais du talent, j'aurais choisi de la dessiner dans cette attitude tant elle était comique, la pauvre folle ! Mais j'ai appris au moins une chose, celle-ci : on ne connaît vraiment les gens qu'après avoir eu une bonne dispute avec eux, alors seulement on peut juger de leur caractère !

Bien à toi,

Anne

MARDI 29 SEPTEMBRE 1942

Chère Kitty,

On vit de drôles de choses quand on doit se cacher ! Figure-toi que n'ayant pas de baignoire, nous nous lavons dans un baquet et que comme il n'y a d'eau chaude qu'au bureau (quand j'emploie ce mot, je veux toujours dire l'ensemble de l'étage du dessous), tous les sept, nous devons profiter de cet avantage à tour de rôle. Mais comme, tous les sept, nous sommes aussi très différents et que le niveau de pudibonderie est plus élevé chez les uns que chez les autres, chaque membre de la famille s'est choisi son recoin personnel.

Peter prend ses bains à la cuisine, bien que la cuisine ait une porte vitrée. Quand il a l'intention de prendre un bain, il vient nous prévenir un par un et nous informe que pendant une demi-heure, nous ne devrons pas passer devant la cuisine. Il se satisfait de cette précaution. Monsieur prend ses bains tout là-haut, chez lui, la tranquillité d'une pièce isolée l'emporte sur l'inconvénient de monter plusieurs étages en portant de l'eau chaude. Pour l'instant, Madame se passe de bains, elle attend d'avoir trouvé la meilleure place. Papa prend ses bains dans le bureau privé, Maman dans la cuisine derrière un écran de cheminée, Margot et moi avons choisi de barboter dans le bureau de devant. Le samedi après-midi, on tire les rideaux, nous nous lavons dans le noir, et celle dont ce n'est pas le tour regarde par la fenêtre entre les rideaux et s'amuse de la bizarrerie des passants.

Depuis la semaine dernière, cette salle de bains ne me plaît plus et je suis allée à la recherche d'une installation plus confortable. C'est Peter qui m'a donné une idée, installer mon baquet dans les grandes toilettes du bureau. Là je peux m'asseoir, allumer la lumière, fermer la porte à clé, vider l'eau moi-même sans l'aide de personne et j'y suis à l'abri des regards indiscrets. C'est dimanche que j'ai inauguré ma belle salle de bains, et si bizarre que cela paraisse, je la préfère à tout autre endroit.

Mercredi, le plombier était en bas pour déplacer vers le couloir les tuyaux d'alimentation et d'écoulement des toilettes du bureau. Ce changement a eu lieu en prévision d'un hiver froid et d'un gel possible des canalisations. Cette visite du plombier était tout sauf agréable pour nous, non seulement nous ne pouvions pas faire couler d'eau dans la journée, mais nous devions aussi nous abstenir d'aller aux toilettes.

Bien sûr, ce n'est pas très décent de te raconter comment nous avons remédié à cet inconvénient, mais je ne suis pas assez prude pour éviter de parler de ces choses. Depuis que nous nous cachons, Papa et moi nous sommes procuré un pot improvisé, autrement dit, à défaut d'un vase de nuit, nous avons sacrifié à cet effet un bocal en verre. Durant la visite des plombiers, nous avons mis ces bocaux dans la pièce, et nous y avons conservé nos besoins du jour. Cela m'a paru bien moins gênant que de devoir rester sans bouger et sans parler toute la journée. Tu n'as pas idée du supplice que c'était pour Mademoiselle Coin-Coin. Normalement, nous sommes déjà obligés de chuchoter ; le silence et l'immobilité totale sont encore dix fois pires.

Après trois jours de compression constante, mon derrière était tout ankylosé et douloureux. Un peu de gymnastique le soir m'a soulagée.

Bien à toi,

Anne

JEUDI 1er OCTOBRE 1942

Chère Kitty,

Hier, j'ai eu une peur bleue, à huit heures on a entendu un coup de sonnette retentissant ; j'ai tout de suite pensé que quelqu'un venait, tu devines qui. Mais quand on m'a assuré que c'était des petits plaisantins ou le facteur, je me suis un peu tranquillisée. Maintenant, pendant la journée, c'est le calme plat ; Levinsohn, un petit pharmacien et chimiste juif, travaille dans la cuisine pour M. Kugler. Il connaît la maison de fond en comble, aussi avons-nous tout le temps peur qu'il ait l'idée d'aller jeter un coup d'œil dans l'ancien laboratoire. Nous ne faisons pas plus de bruit que des souriceaux. Qui aurait pu croire, il y a trois mois, qu'Anne vif-argent serait obligée et capable de rester immobile pendant des heures ?

Le 29, c'était l'anniversaire de Mme Van Daan. Ce n'était pas une grande fête, mais elle a tout de même eu droit à des fleurs, des petits cadeaux et des bonnes choses. Un bouquet d'œillets rouges offert par Monsieur son époux semble être de tradition dans la famille.

Pour en rester à Madame, je te dirai que ses tentatives de flirt avec Papa sont pour moi une source continuelle d'irritation. Elle lui caresse la joue et les cheveux, relève sa jupe très haut, fait, paraît-il, de l'esprit et essaie d'attirer l'attention de Pim. Heureusement, Pim ne la trouve ni belle ni drôle et ne se laisse donc pas prendre à ses minauderies. Je suis plutôt jalouse, comme tu sais, alors ça m'insupporte. Après tout, Maman ne le fait pas à Monsieur, je le lui ai dit en face.

Peter a parfois des trouvailles amusantes. Nous avons au moins un goût commun, qui déclenche les rires, celui de nous déguiser. Nous avons fait une apparition, lui dans une robe très moulante de sa mère, moi dans son costume, avec tout l'attirail, chapeau et casquette compris. Ils étaient pliés en deux, les adultes, et nous, nous n'étions pas en reste.

Bep a acheté au Bijenkorf deux jupes pour Margot et moi. Le tissu ne vaut pas tripette, et ressemble à ce jute dont on fait les sacs à pommes de terre. Ces choses, qu'on n'aurait jamais osé vendre dans un magasin autrefois, coûtent aujourd'hui respectivement 24 et 7,75 florins.

Autre réjouissance en perspective, Bep a commandé auprès de je ne sais quelle association des cours de sténographie par correspondance pour Margot, Peter et moi. Tu vas voir quels parfaits sténographes nous serons l'année prochaine. En tout cas, je trouve qu'il est absolument essentiel d'apprendre ce langage secret.

J'ai une douleur affreuse à l'index (de la main gauche, heureusement) et je ne peux pas repasser, tant mieux !

M. Van Daan préfère que je vienne m'asseoir à côté de lui à table car Margot ne mange plus assez à son goût, et moi je suis contente de changer. En ce moment, dans le jardin, il y a toujours un petit chat noir qui se promène, il me fait penser à *mon* petit Moortje, cet amour. Maman ne cesse de me reprendre, surtout à table, c'est pourquoi j'apprécie ma nouvelle place, maintenant c'est à Margot de la subir, ou plutôt de ne pas la subir car Maman ne lui fait pas de remarques acides, à elle, cette fille modèle ! Ces temps-ci, je n'arrête pas de la taquiner en la traitant de fille modèle et ça l'agace au plus haut point, mais peut-être qu'elle va enfin changer, il serait grand temps.

Pour finir cette macédoine de nouvelles, une plaisanterie particulièrement spirituelle de M. Van Daan. Qu'est-ce qui fait 999 fois clic et une fois clac ? Un mille-pattes avec une jambe de bois !

Au revoir,

Anne

Chère Kitty,

Hier, ils m'ont tous taquinée parce que j'étais allongée à côté de M. Van Daan sur son lit. Si jeune, quelle honte ! et autres réflexions du même genre. C'est d'un goût ! Jamais je ne voudrais dormir avec M. Van Daan, dans le sens le plus courant bien sûr.

Hier, nous avons eu un nouvel accrochage et Maman s'est mise dans tous ses états, elle a raconté tous mes péchés à Papa et a éclaté en sanglots. Moi aussi bien sûr et j'avais déjà si mal à la tête. J'ai fini par dire à Papa que je l'aime, *lui*, beaucoup plus que Maman, il m'a répondu que cela me passerait, mais je n'en crois rien. Je ne peux pas supporter Maman et je dois me faire violence pour ne pas la rabrouer sans arrêt et garder mon calme, je pourrais la gifler, je ne comprends pas pourquoi j'ai une telle aversion pour elle. Papa a dit que quand Maman ne se sent pas bien ou a mal à la tête, je devrais proposer de moi-même de l'aider, mais je ne le ferai pas car je ne l'aime pas, et puis ça ne me vient pas du cœur. Je peux très bien m'imaginer que Maman mourra un jour, mais si Papa devait mourir, je ne m'en remettrais jamais. C'est vraiment très méchant de ma part, mais c'est ainsi que je le sens. J'espère que Maman ne lira *jamais* « ceci », ni tout le reste.

Ces derniers temps, on me permet de lire des livres qui s'adressent plutôt aux adultes. Je suis en train de lire *L'Enfance d'Eva*, de Nico Van Suchtelen, je ne vois pas grande différence entre les romans pour jeunes filles et ce livre.

Eva croyait que les enfants poussent sur les arbres comme des pommes, et que la cigogne vient les cueillir quand ils sont mûrs pour les apporter aux mamans. Mais la chatte de son amie a eu des petits qui sont sortis de son ventre, alors elle a pensé que la chatte, comme les poules, pond des œufs et les couve, et que les mamans qui attendent un bébé vont quelques jours à l'avance en haut et pondent un œuf pour le couver ensuite ; quand l'enfant est né, les mamans sont encore un peu faibles d'être restées accroupies aussi longtemps. Eva voulait un enfant elle aussi, alors elle a pris une écharpe de laine et l'a étalée sur le sol pour que l'œuf y tombe, puis elle s'est accroupie et s'est mise à pousser. Elle a commencé à glousser, mais pas d'œuf. Finalement, après une longue attente, il est sorti quelque chose, mais pas un œuf, une saucisse. Oh, comme elle était honteuse. Et la bonne croyait qu'elle était malade. C'est drôle, non ? Dans *L'Enfance d'Eva,* il est aussi question de vendre le corps de femmes dans des ruelles en échange d'un tas d'argent. Je mourrais de honte à la place de ce genre de type. Et puis, on raconte qu'Eva a eu ses premières règles, moi j'ai vraiment hâte, au moins je serai adulte. Papa recommence à ronchonner et menace de me confisquer mon journal, oh, frayeur insurmontable ! A partir de maintenant, je vais le cacher.

Anne Frank

MERCREDI 7 OCTOBRE 1942

Je rêve que...

Je vais en Suisse. Papa et moi dormons dans la même chambre et le bureau des garçons devient ma pièce personnelle où je me tiens et reçois mes visites. On m'a fait une surprise en y installant un ameublement entièrement neuf avec guéridon, bureau, fauteuils et divan, le luxe, quoi. Au bout de quelques jours, Papa me donne 150 florins, en argent suisse bien sûr, mais je parlerai en florins, et me dit qu'avec cette somme, je n'ai qu'à acheter tout ce que je juge nécessaire, pour moi toute seule, je peux la dépenser tout de suite (ensuite j'aurai 1 florin chaque semaine et je pourrai acheter ce que je voudrai). Je pars faire mes courses avec Bernd et j'achète :

3 chemisiers d'été à 0,50 fl = 1,50 florin ;
3 pantalons d'été à 0,50 fl = 1,50 florin ;

3 chemisiers d'hiver à 0,75 fl = 2,25 florins ;
3 pantalons d'hiver à 0,75 fl = 2,25 florins ;
2 jupons à 0,50 fl = 1 florin ;
2 soutiens-gorge (petite taille) à 0,50 fl = 1 florin ;
5 pyjamas à 1 fl = 5 florins ;
1 peignoir d'été à 2,50 fl = 2,50 florins ;
1 peignoir d'hiver à 3 fl = 3 florins ;
2 liseuses à 0,75 fl = 1,50 florin ;
1 petit coussin à 1 fl = 1 florin ;
1 paire de chaussons d'été à 1 fl = 1 florin ;
1 paire de chaussons d'hiver à 1,50 fl = 1,50 florin ;
1 paire de chaussures d'été (école) à 1,50 fl = 1,50 florin ;
1 paire de chaussures d'été (belles) à 2 fl = 2 florins ;
1 paire de chaussures d'hiver (école) à 2,50 fl : 2,50 florins ;
1 paire de chaussures d'hiver (belles) à 3 fl = 3 florins ;
2 tabliers à 0,50 fl = 1 florin ;
25 mouchoirs à 0,05 fl = 1,25 florin ;
4 paires de bas de soie à 0,75 fl = 3 florins ;
4 paires de chaussettes longues à 0,50 fl = 2 florins ;
4 paires de socquettes à 0,25 fl = 1 florin ;
2 paires de bas épais à 1 fl = 2 florins ;
3 pelotes de laine blanche (caleçon, bonnet) : 1,50 florin ;
3 pelotes de laine bleue (pull, jupe) : 1,50 florin ;
3 pelotes de laine de couleur (bonnet, écharpe) : 1,50 florin ;
châles, ceintures, collerettes, boutons = 1,25 florin ;
2 robes pour la classe (été), 2 robes pour la classe (hiver), 2 belles robes (été), 2 belles robes (hiver), 1 jupe d'été, 1 belle jupe d'hiver, 1 jupe d'hiver pour la classe, 1 imperméable, 1 manteau d'été, 1 manteau d'hiver, 2 chapeaux, 2 bonnets. Au total 108 florins ;
2 sacs, 1 robe de patinage, 1 paire de patins à glace + chaussures, 1 boîte (avec poudre, crème nourrissante, crème granuleuse, démaquillant, huile solaire, coton, boîte de pansements, rouge à joues, rouge à lèvres, crayon à sourcils, sels de bains, talc, eau de Cologne, savon, houppette) ;

4 tricots à 1,50 fl, 4 corsages à 1 fl, divers articles à 10 fl et livres, petits cadeaux 4,50 florins.

Chère Kitty,

Aujourd'hui, je n'ai que des nouvelles sinistres et déprimantes à te donner. Nos nombreux amis juifs sont emmenés par groupes entiers. La Gestapo ne prend vraiment pas de gants avec ces gens, on les transporte à Westerbork, le grand camp pour juifs en Drenthe, dans des wagons à bestiaux.

Miep nous a parlé de quelqu'un qui s'est échappé de Westerbork. Westerbork doit être épouvantable. On ne donne presque rien à manger aux gens, et encore moins à boire, car ils n'ont de l'eau qu'une heure par jour et un W.C. et un lavabo pour plusieurs milliers de personnes. Ils dorment tous ensemble, hommes, femmes et enfants ; les femmes et les enfants ont souvent la tête rasée. Il est presque impossible de fuir, les gens du camp sont tous marqués par leurs têtes rasées et pour beaucoup aussi par leur physique juif.

S'il se passe déjà des choses aussi affreuses en Hollande, qu'est-ce qui les attend dans les régions lointaines et barbares où on les envoie ? Nous supposons que la plupart se font massacrer. La radio anglaise parle d'asphyxie par les gaz ; c'est peut-être la méthode d'élimination la plus rapide.

Je suis complètement bouleversée. Miep raconte toutes ces horreurs de façon si poignante, elle est elle-même très agitée. L'autre jour, par exemple, une vieille femme juive paralysée était assise devant sa porte, elle attendait la Gestapo qui était allée chercher une voiture pour la transporter. La pauvre vieille était terrifiée par le bruit des tirs qui visaient les avions anglais et les éclairs aveuglants des projecteurs. Pourtant Miep n'a pas osé la faire entrer, personne ne l'aurait fait. Ces messieurs les Allemands ne sont pas avares de punitions.

Bep n'est pas très gaie non plus, son fiancé doit partir en Allemagne. Chaque fois que des avions survolent nos maisons, elle tremble que leur cargaison de bombes, qui va souvent jusqu'à un million de kilos, ne tombe sur la tête de Bertus. Des plaisanteries du genre : il n'en recevra sans doute pas un million et une bombe suffit, me paraissent un peu déplacées. Bertus est loin d'être le seul à partir, tous les jours des trains s'en vont, bondés de jeunes gens. Lorsqu'ils s'arrêtent à une gare sur le trajet, ils essaient parfois de se glisser hors du train et de se cacher ; un petit nombre d'entre eux y réussit peut-être. Je n'ai pas fini ma complainte. As-tu déjà entendu parler d'otages ? C'est leur dernière trouvaille en fait de punition pour les saboteurs. C'est la chose la plus atroce qu'on puisse imaginer. Des citoyens innocents et haut placés sont emprisonnés en attendant leur exécution. Si quelqu'un commet un acte de sabotage et que le coupable n'est pas retrouvé, la Gestapo aligne tout bonnement quatre ou cinq de ces otages contre un mur. Souvent, on annonce la mort de ces gens dans le journal. A la suite d'un « accident fatal », c'est ainsi qu'ils qualifient ce crime. Un peuple reluisant, ces Allemands, et dire que j'en fais partie ! Et puis non, il y a longtemps que Hitler a fait de nous des apatrides, et d'ailleurs il n'y a pas de plus grande hostilité au monde qu'entre Allemands et juifs.

Bien à toi,

Anne

MERCREDI 14 OCTOBRE 1942

Chère Kitty,

Je suis débordée. Hier, j'ai commencé par traduire un chapitre de *La Belle Nivernaise* en notant le vocabulaire. Puis fait un *sale* problème et ensuite traduit trois pages de grammaire française. Aujourd'hui, grammaire française et histoire.

J'en ai marre de faire tous les jours ces sales problèmes. Papa aussi les trouve impossibles et j'y arrive presque mieux que lui, mais à vrai dire, on n'est pas plus doué l'un que l'autre si bien qu'on doit toujours faire appel à Margot.

Je travaille ma sténo avec acharnement, j'adore ça, c'est moi la plus avancée de nous trois.

J'ai fini de lire *Les Stormer*, c'est bien, mais beaucoup moins que *Joop ter Heul*, on y trouve d'ailleurs généralement le même vocabulaire, ce qui est tout à fait normal chez le même auteur. Du reste, Cissy Van Marxveldt écrit super bien. Je ferai certainement lire ses livres à mes enfants.

Et puis j'ai lu un tas de petites pièces de théâtre de Körner, j'aime sa façon d'écrire. Par exemple, *Hedwig, Der Vetter aus Brehen, Die Gouvernante, Der Grüne Domino* et bien d'autres encore.

Maman, Margot et moi sommes à nouveau très copines, c'est tout de même bien plus agréable. Hier soir, Margot et moi étions toutes les deux dans mon lit, on était serrées comme des sardines mais c'était ça le plus drôle, elle m'a demandé si je voulais bien lui laisser lire mon journal ; j'ai dit oui pour certains passages et puis j'ai demandé la même chose pour le sien, et elle est d'accord, et puis nous nous sommes mises à parler de l'avenir, et je lui ai demandé ce qu'elle voulait devenir plus tard, mais elle ne veut pas le dire et elle en fait un grand mystère, mais j'ai cru comprendre qu'elle pense à l'enseignement, bien sûr je peux me tromper, mais à mon avis, ce sera dans ces eaux-là. A vrai dire, je ne devrais pas être aussi curieuse.

Ce matin, j'étais allongée sur le lit de Peter après l'en avoir chassé, il était fou de rage, mais ça m'est égal, il pourrait être un peu plus gentil avec moi parce que pas plus tard qu'hier soir, je lui ai donné une pomme.

J'ai demandé un jour à Margot si elle me trouvait très laide, elle a dit que j'avais l'air rigolote et que j'avais de jolis yeux, plutôt vague, tu ne trouves pas ? Bon, à la prochaine fois !

Anne Frank

P.-S. Ce matin, nous sommes tous passés sur la balance. Margot pèse maintenant 120 livres, Maman 124, Papa 141, Anne 87, Peter 134, Madame 106, Monsieur 150.

Depuis trois mois que je suis ici, j'ai pris 17 livres, énorme, non ?

Chère Kitty,

Ma main tremble encore, même si nous avons eu deux heures pour nous remettre de notre frayeur. Tu dois savoir que nous avons dans la maison cinq appareils Minimax contre l'incendie. Comme ils sont très malins, en bas, ils ont oublié de nous prévenir que le menuisier, ou je ne sais pas trop comment on l'appelle, devait remplir les appareils. La conséquence était que nous ne faisions pas du tout attention jusqu'au moment où, dehors, sur le petit palier (en face de notre porte-bibliothèque), j'ai entendu des coups de marteau. J'ai tout de suite pensé au menuisier et j'ai averti Bep, qui était en train de déjeuner, qu'elle ne pouvait pas redescendre. Papa et moi nous postons à la porte pour savoir quand l'homme partirait. Au bout d'un quart d'heure de travail, on l'a entendu de l'autre côté poser son marteau et ses outils sur notre bibliothèque (du moins c'est ce que nous avons supposé) et frapper à notre porte. Nous avons pâli, avait-il donc tout de même surpris un bruit et voulait-il examiner de plus près cette mystérieuse installation ? Il semble bien, il continuait à taper, à tirer, à pousser et à secouer. Je me suis presque évanouie tant j'avais peur que cet inconnu ne réussisse à démanteler notre belle cachette. Et j'étais juste en train de me dire que le plus gros de ma vie était derrière moi lorsque nous avons entendu la voix de M. Kleiman : « Ouvrez, c'est moi. » Nous avons ouvert aussitôt. Que s'était-il passé ? Le crochet qui maintient la porte-bibliothèque fermée s'était coincé, c'est pourquoi personne n'avait pu nous prévenir de la présence du menuisier. L'homme était redescendu et Kleiman voulait venir chercher Bep, mais n'arrivait toujours pas à ouvrir la porte. Je t'assure que je n'étais pas peu soulagée. L'homme dont je pensais qu'il voulait s'introduire chez nous avait pris dans mon imagination des formes de plus en plus imposantes, à la fin il avait l'air d'un géant et c'était un fasciste de la pire espèce. Enfin, heureusement, cette fois nous nous en sommes tirés à bon compte.

Nous nous sommes bien amusés lundi, Miep et Jan ont passé la nuit chez nous. Margot et moi étions allées dormir pour une nuit dans la chambre de Papa et Maman pour laisser notre place aux Gies. Le menu de fête était succulent. Il y eut une petite interruption, la lampe de Papa a provoqué un court-circuit et nous nous sommes retrouvés tout d'un coup dans le noir. Que faire ? Nous avions des plombs de rechange, mais le plomb devait être remplacé tout au fond de l'entrepôt, qui était plongé dans l'obscurité et à cette heure, la tâche n'avait rien d'agréable. Cependant, les messieurs s'y sont risqués et au bout de dix minutes, nous avons pu ranger toute notre illumination aux chandelles.

Ce matin, je me suis levée de bonne heure, Jan était déjà habillé, il devait partir à huit heures et demie, donc à huit heures, il prenait déjà son petit déjeuner en haut. Miep n'avait pas fini de s'habiller. Elle était encore en chemise quand je suis entrée.

Miep porte exactement les mêmes culottes de laine que moi pour faire du vélo. Margot et moi sommes allées nous habiller à notre tour, et nous étions en haut bien plus tôt que d'habitude. Après un petit déjeuner agréable, Miep nous a quittés pour descendre au bureau. Il pleuvait à torrents et elle était contente de ne pas être obligée d'aller au travail en vélo. J'ai fait les lits avec Papa et ensuite j'ai appris cinq verbes irréguliers français, quel courage, non ? Margot et Peter lisaient dans notre chambre, et Muschi était assis près de Margot sur le divan, je les ai rejoints après mes irrégularités françaises et j'ai lu l'*Éternel Chant des forêts*, un très beau livre, mais très étrange, je l'ai presque fini.

La semaine prochaine, Bep viendra à son tour nous rendre une visite nocturne.

Bien à toi,

Anne

Très chère Kitty,

Je suis folle d'inquiétude, Papa est malade. Il a une forte fièvre et des plaques rouges, on dirait la rougeole. Et nous ne pouvons même pas appeler le médecin, rends-toi compte ! Maman le fait bien transpirer, cela fera peut-être baisser la fièvre.

Ce matin, Miep nous a raconté que le logement des Van Daan sur le Zuider Amstellaan a été vidé de ses meubles. Nous ne l'avons pas encore annoncé à Madame, elle est déjà tellement « nervös » en ce moment et nous n'avons pas envie d'entendre de nouvelles jérémiades sur son beau service et ses jolies chaises, qu'elle a laissés chez elle. Nous aussi, nous avons dû abandonner presque tout ce que nous avions de beau, à quoi sert de se lamenter ?

Papa veut maintenant me faire lire Hebbel et des livres d'autres auteurs allemands célèbres. J'arrive maintenant assez bien à lire en allemand. Seulement, la plupart du temps, je chuchote au lieu de lire en silence. Mais ça passera. Papa a sorti de la grande bibliothèque les pièces de Goethe et de Schiller, il veut m'en lire des passages tous les soirs. Nous avons déjà commencé *Don Carlos*.

Pour suivre le bon exemple de Papa, Maman m'a fourré dans les mains son livre de prières. Pour la forme, j'ai lu quelques prières en allemand, je les trouve belles mais cela ne me dit pas grand-chose. Pourquoi veut-elle m'obliger à toutes ces bondieuseries ? Demain, nous allumons le poêle pour la première fois, nous allons sûrement être envahis de fumée ; la cheminée n'a pas été ramonée depuis longtemps, espérons que ce machin va tirer !

Bien à toi,

Anne

LUNDI 2 NOVEMBRE 1942

Chère Kitty,

Vendredi soir, Bep était chez nous, c'était plutôt une bonne soirée, mais elle n'a pas bien dormi parce qu'elle a bu du vin. Sinon, rien de spécial. Hier, j'avais un mal de tête épouvantable et je me suis couchée tôt. Margot recommence à m'agacer.

Ce matin, j'ai commencé à trier un fichier du bureau qui s'était renversé et qui était tout mélangé. Ça m'a rendue à moitié folle et j'ai demandé à Margot et à Peter de m'aider, mais ils étaient bien trop paresseux tous les deux. Alors je l'ai remis à sa place tel quel, je serais trop bête de le faire toute seule.

Anne Frank

P.-S. J'oubliais de te donner une nouvelle capitale : je vais probablement avoir bientôt mes règles. Je m'en aperçois parce qu'il y a une sorte de semence gluante dans ma culotte et maman me l'a prédit. Je meurs d'impatience, ça a tellement d'importance, dommage seulement que je ne puisse pas mettre de serviettes hygiéniques car on n'en trouve plus non plus, et les tampons de Maman ne conviennent qu'aux femmes qui ont déjà eu un enfant.

22 JANVIER 1944 (ajout)

Je ne pourrais jamais écrire une chose pareille aujourd'hui !

En rouvrant mon journal après un an et demi, je suis très étonnée de voir à quel point j'étais une vraie godiche. Malgré moi, je sais que même si je le voulais de toutes mes forces, je ne redeviendrais jamais comme j'étais. Mes sautes d'humeur, mes jugements sur Margot, Maman et Papa, je les comprends aussi parfaitement que si je les avais écrits hier, mais que j'aie pu parler d'autres choses avec autant de sans-gêne me paraît inimaginable. J'ai vraiment honte en relisant les pages où j'aborde des sujets que je préfère me représenter sous un plus beau jour. J'ai vraiment manqué de délicatesse ! Mais bon, assez sur ce sujet.

Ce que je comprends aussi très bien, c'est la nostalgie et le regret de Moortje. Consciemment, mais plus souvent encore inconsciemment, j'avais et j'ai depuis mon arrivée ici une soif de confiance, d'amour et de tendresse. Ce

besoin est tantôt plus fort, tantôt plus faible, mais il est
toujours là.

Chère Kitty,

Les Anglais remportent enfin quelques victoires en
Afrique, et Stalingrad n'est pas encore tombée, donc les
messieurs sont très gais et nous avons eu droit ce matin à
du café et à du thé. Sinon, rien de spécial.

Cette semaine, j'ai beaucoup lu et peu travaillé, c'est
ainsi qu'il faut faire dans le monde pour aller loin.
Demain, c'est l'anniversaire de Peter, mais je t'en parlerai
encore. Maman et moi nous entendons mieux ces derniers
temps, mais pas au point de nous faire des confidences,
et Papa est préoccupé par quelque chose dont il ne veut
pas parler, mais il est toujours aussi chou.

On a rallumé le poêle depuis quelques jours et toute la
pièce est pleine de fumée, je préfère de loin le chauffage
central, et je ne suis sûrement pas la seule. Pour qualifier
Margot, je ne trouve pas d'autre mot que peste, elle
m'agace jour et nuit au plus haut point.

Anne Frank

LUNDI 9 NOVEMBRE 1942

Chère Kitty,

Hier, c'était l'anniversaire de Peter, il a eu seize ans. A
huit heures, j'étais déjà en haut et j'ai regardé les cadeaux
avec Peter. On lui a donné, entre autres, le jeu de la
Bourse, un rasoir et un briquet. Ce n'est pas qu'il fume
tellement, au contraire, mais c'est élégant. La plus grande
surprise, c'est M. Van Daan qui nous l'a faite en nous
annonçant à une heure que les Anglais avaient débarqué
à Tunis, à Alger, à Casablanca et à Oran. C'est le commencement de la fin, disaient-ils tous, mais Churchill, le
Premier ministre anglais, qui avait probablement entendu

en Angleterre la même exclamation, a dit : « Ce débarquement est un fait décisif, mais il ne faut pas croire que c'est le commencement de la fin. Je dirais plutôt que cela signifie la fin du commencement. » Tu sens la nuance ? Il y a pourtant des raisons d'optimisme, Stalingrad, la ville russe qu'ils défendent depuis trois mois, n'est toujours pas tombée aux mains des Allemands.

Pour respecter l'état d'esprit qui règne à l'Annexe, il faut bien que je dise un mot de notre approvisionnement en vivres. (Il faut que tu saches que ceux du dessus sont de vraies fines gueules !) Notre pain nous est fourni par un boulanger très gentil que connaît Kleiman. Naturellement, nous n'en avons pas autant qu'à la maison, mais la quantité suffit. Nos cartes d'alimentation sont également achetées clandestinement. Leur prix augmente constamment, de 27 fl il est déjà passé à 33 fl. Et tout ça pour une simple feuille de papier imprimé !

Pour avoir en réserve des denrées non périssables en plus de nos cent boîtes de conserve, nous avons acheté 270 livres de légumes secs. Tout n'est pas pour nous, on a pensé aussi au personnel du bureau. Les légumes secs étaient dans des sacs pendus à des crochets dans notre petit couloir (derrière la porte camouflée). Sous le poids, les coutures des sacs ont craqué à certains endroits.

Nous avons donc décidé d'entreposer au grenier nos provisions pour l'hiver et nous avons chargé Peter de la corvée de les monter. Cinq des six sacs avaient déjà atterri là-haut indemnes et Peter était justement en train de hisser le n° 6, lorsque la couture inférieure du sac s'est rompue et qu'une pluie, non, une grêle de haricots rouges a jailli dans les airs et s'est répandue dans l'escalier. Le sac contenait environ cinquante livres, cela faisait un bruit de fin du monde ; en bas, ils étaient persuadés que la vieille maison avec tout son contenu leur tombait sur la tête. Peter a eu un instant de frayeur, puis a éclaté de rire en me voyant en bas de l'escalier, tel un îlot perdu au milieu des vagues de haricots, car je baignais dans une masse rouge jusqu'aux chevilles. Nous nous sommes vite mis à les ramasser, mais les haricots sont si glissants et si petits qu'ils roulent dans tous les recoins et les trous possibles et imaginables. Chaque fois que quelqu'un monte l'escalier, il se penche pour prendre une poignée de haricots et la remettre à Madame. J'ai failli oublier de dire que la maladie de Papa est complètement passée.

Bien à toi,

Anne

P.-S. La radio vient d'annoncer qu'Alger est tombée. Le Maroc, Casablanca et Oran sont déjà aux mains des Anglais depuis quelques jours. On n'attend plus que Tunis.

MARDI 10 NOVEMBRE 1942

Chère Kitty,

Formidable nouvelle, nous allons héberger un huitième pensionnaire !

Oui, c'est vrai, nous avons toujours pensé qu'il y avait ici largement de quoi loger et nourrir une huitième personne. Nous avions seulement trop peur d'imposer une charge supplémentaire à Kugler et à Kleiman. Mais comme les sinistres nouvelles du dehors concernant les juifs se faisaient de plus en plus sombres, Papa a tâté le terrain auprès de nos deux éléments décisifs, et ceux-ci ont entièrement approuvé le projet. Le danger n'est pas moins grand pour sept que pour huit, ont-ils remarqué à juste titre. Quand ce point a été réglé, nous avons passé en revue toutes nos connaissances pour trouver une personne seule qui puisse s'intégrer à notre vie de famille clandestine. Elle n'a pas été difficile à dénicher. Après que Papa eut écarté toute la famille des Van Daan, notre choix s'est porté sur un dentiste du nom de Albert Dussel. Il vit avec une chrétienne, une jolie femme beaucoup plus jeune que lui et avec qui il n'est probablement pas marié, mais c'est un détail. Il a la réputation d'un homme calme et bien élevé, et à en juger par un contact superficiel, il a semblé sympathique aussi bien aux Van Daan qu'à nous. Miep le connaît aussi, si bien qu'on peut la charger d'exécuter notre plan. S'il vient, Dussel devra dormir dans ma chambre à la place de Margot, qui aura pour couche le lit-cage.

66

Nous lui demanderons s'il peut apporter aussi de quoi plomber des dents creuses.

Bien à toi,

Anne

JEUDI 12 NOVEMBRE 1942

Chère Kitty,

Miep est venue nous dire qu'elle était allée chez le Dr Dussel. Dès que Miep est entrée dans la pièce, Dussel lui a demandé si elle ne pouvait pas lui procurer une cachette. Il était ravi que Miep lui dise qu'elle en avait une et qu'il devait s'y rendre le plus tôt possible, de préférence dès samedi. Cela lui paraissait assez peu probable, il avait encore son fichier à mettre à jour, deux clients à soigner et sa caisse à faire. C'est ce que Miep nous a rapporté ce matin. Nous n'étions pas d'accord pour attendre aussi longtemps. Tous ces préparatifs entraînent des explications à un grand nombre de gens, que nous préférions laisser en dehors de cette affaire ; Miep veut demander si Dussel ne peut pas s'arranger pour arriver tout de même samedi. Dussel a dit que non et va venir lundi. Je trouve bizarre qu'il ne saute pas sur toute proposition qui se présente, s'il est arrêté dans la rue, il ne pourra plus finir son fichier ni soigner les gens, alors pourquoi ce délai ? Pour ma part, je trouve stupide que Papa ait cédé.

Sinon, rien de neuf.

Bien à toi,

Anne

MARDI 17 NOVEMBRE 1942

Chère Kitty,

Dussel est arrivé. Tout s'est passé comme prévu : Miep lui avait dit de se trouver à onze heures du matin à un endroit précis devant la poste, un monsieur viendrait le chercher. Juste à l'heure, Dussel se tenait à l'endroit convenu, M. Kleiman s'est dirigé vers lui, l'a averti que le monsieur en question ne pouvait venir pour l'instant et lui a demandé de venir voir Miep à son bureau. Kleiman a pris le tram pour revenir au bureau et Dussel a suivi à pied le même chemin.

A onze heures vingt, Dussel frappait à la porte d'entrée. Miep lui a fait enlever son pardessus pour qu'on ne voie plus l'étoile et l'a conduit au bureau privé, où Kleiman l'a occupé jusqu'au départ de la femme de ménage. Sous le prétexte que le bureau privé n'était plus disponible, elle a emmené Dussel au premier, a ouvert la bibliothèque pivotante et est entrée sous les yeux ahuris du brave homme. Nous étions tous les sept en haut assis autour de la table à attendre le nouveau pensionnaire, avec du cognac et du café. D'abord, Miep l'a conduit dans notre séjour ; il a tout de suite reconnu nos meubles, mais était encore bien loin de s'imaginer que nous nous trouvions juste au-dessus de sa tête. Quand Miep le lui a annoncé, il s'en est presque évanoui de saisissement. Mais par bonheur, Miep n'a pas attendu trop longtemps et l'a amené en haut. Dussel s'est écroulé sur une chaise et nous a tous regardés un moment sans mot dire, comme s'il voulait d'abord bien lire la vérité sur nos visages. Ensuite, il a balbutié : « Mais... *aber*, vous *sind* pas en Belgique ? Est-ce que *der Militär* n'est pas venu, la voiture, la fuite, *nicht* réussie ? » Nous lui avons expliqué toute l'affaire, que nous avions fait courir cette histoire de militaire et de voiture tout exprès pour lancer sur une fausse piste les gens et les Allemands qui pourraient nous rechercher. Dussel est de nouveau resté sans voix devant tant d'ingéniosité et de toute la journée n'a rien su faire d'autre que de lancer des regards étonnés autour de lui, en inspectant de plus près notre Annexe si pratique et si confortable.

Nous avons déjeuné ensemble, il a fait une petite sieste puis a pris le thé avec nous, a rangé les quelques affaires que Miep avait apportées à l'avance et a commencé à se sentir chez lui. Surtout quand on lui a donné le règlement dactylographié de l'Annexe (fabrication Van Daan) :

Établissement spécialisé dans le séjour temporaire des juifs et assimilés.

Ouvert toute l'année. Cadre plaisant, calme et boisé en plein cœur d'Amsterdam. Pas de voisinage immédiat. Desservi par les lignes de tram 13 et 17, accessible également en voiture ou à bicyclette. Ou à pied, dans certains cas où les autorités allemandes n'autorisent pas l'usage de ces moyens de transport. Appartements et chambres meublés ou vides, disponibles en permanence, avec ou sans pension.

Loyer gratuit.

Cuisine diététique, sans matière grasse.

Eau courante dans la salle de bains (malheureusement sans bain) et le long de divers murs intérieurs et extérieurs. Excellents foyers de chauffage. Rangements spacieux pour denrées de toute nature. Deux grands coffres-forts modernes.

Station radiophonique privée, reliée directement à Londres, New York, Tel-Aviv et de nombreux autres émetteurs. Cet équipement est à la disposition de tous les résidents à partir de six heures du soir, le choix des stations est libre, à cette réserve près que les programmes allemands ne sauraient être écoutés qu'exceptionnellement, par exemple pour une diffusion de musique classique. Il est formellement interdit d'écouter en cachette et de répandre des informations allemandes (quelle qu'en soit la source).

Heures de repos : de dix heures du soir à sept heures et demie du matin. Dix heures et quart le dimanche. En raison des circonstances, des heures de repos sont également prévues dans la journée, d'après les interdictions de la direction. Ces heures de repos doivent être strictement observées pour des raisons de sécurité publique ! ! !

Congés : suspendus jusqu'à nouvel ordre dans la mesure où ils se dérouleraient à l'extérieur.

Expression orale : obligation permanente de parler à voix basse, toutes les langues de culture sont autorisées, donc l'allemand est exclu.

Lecture et détente : interdiction de lire des livres allemands, à l'exception d'ouvrages scientifiques et classiques, tout le reste est autorisé.

Exercices de gymnastique : quotidiens.

Chant : uniquement à voix basse et après six heures du soir.

Film : sur demande.

Cours : un cours de sténographie par correspondance chaque semaine. Cours d'anglais, français, mathématiques et histoire à tout moment. Paiement des cours en leçons données par les élèves, par exemple en néerlandais.

Service spécial pour petits animaux domestiques, avec soins de qualité (excluant la vermine, pour laquelle une autorisation spéciale est requise).

Heures de repas : petit déjeuner tous les jours, sauf dimanche et fêtes, à neuf heures du matin, dimanche et fêtes vers onze heures et demie du matin.

Déjeuner, relativement complet. De une heure et quart à deux heures moins le quart.

Dîner, froid ou chaud, heure à déterminer en fonction du service des informations.

Obligations à l'égard de la colonne de ravitaillement : disponibilité totale pour aider aux tâches de bureau.

Bains : le dimanche, le baquet est à la disposition de tous les pensionnaires à partir de neuf heures. Les bains peuvent être pris dans les toilettes, à la cuisine, dans le bureau privé ou le bureau de devant, à la convenance de chacun. Boissons alcoolisées sur prescription médicale uniquement.

Fin.

Bien à toi,

Anne

Chère Kitty,

Comme nous nous y attendions tous, Dussel est très gentil. Il était naturellement d'accord pour partager la petite chambre avec moi ; à vrai dire, je ne suis pas vraiment ravie qu'un étranger se serve de mes affaires, mais pour la bonne cause il faut accepter certaines choses, et c'est avec plaisir que je fais ce petit sacrifice ; si nous pouvons sauver un de nos amis, tout le reste devient secondaire, a dit Papa, et il a entièrement raison. Le premier jour, Dussel m'a tout de suite posé une foule de questions, comme les horaires de la femme de ménage, les heures d'utilisation de la salle de bains, et le moment où l'on peut aller aux toilettes. Tu vas rire, mais ce n'est pas si simple dans une cachette. Dans la journée, nous devons nous tenir suffisamment tranquilles pour qu'ils ne nous entendent pas en dessous, et s'il vient quelqu'un du dehors comme la femme de ménage par exemple, nous devons nous surveiller doublement. J'ai expliqué tout cela par le menu à Dussel mais une chose m'a étonnée, c'est qu'il ait la comprenette si difficile, il demande tout deux fois et ne se rappelle toujours pas ce qu'on lui a dit.

Ça va peut-être lui passer, il est peut-être encore sous le coup de la surprise. Au demeurant tout va bien, Dussel nous a apporté beaucoup de nouvelles du monde extérieur, qui nous manque depuis si longtemps. C'est affligeant tout ce qu'il nous a dit, d'innombrables amis et relations sont partis pour une terrible destination. Soir après soir, les voitures vertes ou grises de l'armée passent, ils sonnent à chaque porte et demandent s'il y a des juifs dans la maison, si oui, toute la famille doit les suivre immédiatement, si non, ils poursuivent leur chemin. Personne ne peut se soustraire à son sort à moins de se cacher. Souvent, ils ont des listes et ne sonnent que là où ils sont sûrs de tomber sur un riche butin. Ils reçoivent souvent des primes par personne capturée, tant par tête. On dirait la chasse aux esclaves, telle qu'elle se pratiquait autrefois. Mais il n'y a pas de quoi rire, la situation est bien trop tragique, souvent le soir à la nuit tombée, je vois marcher ces colonnes de braves gens innocents, avec des enfants en larmes, marcher sans arrêt, sous le commandement de quelques-uns de ces types, qui les frappent et les maltraitent jusqu'à les faire tomber d'épuisement, ou presque. Rien n'est épargné, vieillards, enfants, bébés, femmes enceintes, malades, tout, tout est entraîné dans ce voyage vers la mort.

Comme nous avons la vie facile ici, facile et tranquille. Nous n'aurions pas à nous inquiéter de toute cette détresse, si nous ne craignions pas tant pour tous ceux qui nous sont si chers et que nous ne pouvons plus aider. Je me sens mauvaise d'être dans un lit bien chaud alors que mes amies les plus chères ont été abattues ou se sont effondrées.

Je suis effrayée moi-même à la pensée de ceux à qui je me suis toujours sentie si profondément liée et qui sont maintenant livrés aux mains des bourreaux les plus cruels qui aient jamais existé. Et tout cela, pour la seule raison qu'ils sont juifs.

Bien à toi,

Anne

VENDREDI 20 NOVEMBRE 1942

Chère Kitty,

Nous ne savons pas très bien quelle attitude adopter. Jusqu'à présent, assez peu de nouvelles concernant les juifs étaient parvenues jusqu'à nous et il nous avait paru préférable de conserver autant que possible notre bonne humeur. Les rares fois où Miep laissait échapper une allusion au sort effroyable de quelqu'un que nous connaissions, Maman ou Mme Van Daan éclatait en sanglots, si bien que Miep avait choisi de ne plus rien dire. Mais Dussel a été immédiatement assailli de questions, et les histoires qu'il nous a racontées étaient si atroces et si barbares qu'elles ne pouvaient pas entrer par une oreille et sortir par l'autre. Pourtant, quand ces nouvelles auront un peu décanté, nous recommencerons sans doute à plaisanter et à nous taquiner ; nous ne nous aidons pas nous-mêmes, ni ceux du dehors, en restant sombres comme nous le sommes tous en ce moment, et à quoi sert-il de faire de l'Annexe une Annexe mélancolique.

Dans tout ce que je fais, je ne peux pas m'empêcher de penser aux autres, à ceux qui sont partis et quand quelque chose me fait rire, je m'arrête avec effroi et me dis que c'est une honte d'être aussi gaie. Mais faut-il donc que je pleure toute la journée ? Non, c'est impossible et ce cafard va bien finir par passer.

A cette tristesse vient s'en ajouter une autre, mais d'origine personnelle et qui paraît négligeable auprès de la détresse dont je viens de parler. Pourtant je ne peux m'empêcher de te dire que ces derniers temps, je commence à me sentir très seule, il y a un trop grand vide autour de moi. Autrefois, je n'y réfléchissais pas autant et mes petits plaisirs et mes amies occupaient toute ma pensée. Aujourd'hui, je pense soit à des choses tristes, soit à moi-même. Et en fin de compte j'ai découvert que Papa, malgré sa gentillesse, ne peut pas remplacer à lui seul tout mon petit monde d'autrefois. Il y a longtemps que Maman et Margot ne comptent plus dans mes sentiments. Mais pourquoi t'ennuyer avec de telles sottises, je suis terriblement ingrate, Kitty, je le sais, mais souvent la tête m'en tourne lorsque je me fais trop gronder et qu'en plus je ne cesse de penser à toutes ces choses sinistres !

Bien à toi,

Anne

SAMEDI 28 NOVEMBRE 1942

Chère Kitty,

Nous avons consommé beaucoup trop de lumière et dépassé notre ration d'électricité, conséquence : surcroît d'économie et coupure de courant en perspective. Quinze jours sans lumière, agréable non ? Mais qui sait, cela va peut-être s'arranger ! A partir de quatre heures ou quatre heures et demie, il fait trop sombre pour lire et nous tuons le temps avec toutes sortes de bêtises. Devinettes, gymnastique dans le noir, conversation anglaise ou française, critique de livres, on finit par s'en lasser à la longue. Depuis hier soir, j'ai trouvé une nouvelle distraction, lorgner les pièces éclairées des voisins avec des jumelles puissantes. Dans la journée, nous ne devons pas écarter les rideaux d'un centimètre, mais lorsqu'il fait si sombre, cela n'a plus d'importance. Je ne m'étais jamais doutée que les voisins pouvaient être des gens si intéressants, du moins les nôtres. J'en ai surpris quelques-uns à table, une famille était en train de regarder un film et le dentiste d'en face de soigner une vieille dame anxieuse. M. Dussel, dont on disait toujours qu'il s'entendait à merveille avec les enfants et aimait tous les enfants, se révèle le plus vieux jeu des donneurs de leçons et un faiseur de sermons interminables sur les bonnes manières. Comme j'ai le rare privilège (!) que le grand-duc du savoir-vivre daigne partager avec moi une chambre malheureusement très exiguë et que je suis de l'avis général la plus mal élevée des trois jeunes, j'ai bien du mal à esquiver les remontrances et réprimandes à répétition et à faire la sourde oreille. Tout cela ne serait pas si grave si Monsieur n'était pas un tel cafteur et n'avait pas choisi Maman pour adresser ses rapports. Quand j'ai essuyé ses foudres, Maman y met aussi du sien et la tempête commence à souffler de son côté, et si je suis dans mon jour de chance, Madame me rappelle à l'ordre cinq minutes plus tard, et cette fois, c'est en haut que le tonnerre gronde !

Ne va pas t'imaginer que c'est facile d'être le point de mire des critiques d'une famille de clandestins chicaneurs. Le soir dans mon lit, quand je réfléchis à mes nombreux péchés et aux défauts qu'on me prête, je me perds tellement dans cette énorme masse de choses à considérer que je me mets à rire ou à pleurer selon mon humeur du moment. Et je m'endors avec le sentiment bizarre de vouloir être autrement que je ne suis ou d'être autrement que ne le veux ou ne suis. Oh, mon Dieu, tu vas t'y perdre à ton tour, excuse-moi, mais je déteste raturer, et jeter du papier est interdit en ces temps de grande pénurie. Je ne peux donc que te conseiller de ne pas relire cette dernière phrase et de ne surtout pas chercher à l'approfondir, car tu n'en sortirais pas !

Bien à toi,

Anne

Chère Kitty,

Cette année, Hanouka et la Saint-Nicolas tombaient presque en même temps, il n'y avait qu'un jour de décalage. Nous avons fêté Hanouka sans beaucoup de cérémonie, échangé quelques surprises et puis allumé la bougie. Comme on manque de bougies, on ne les allume que dix minutes, mais tant qu'il y a des chants, l'ambiance y est. M. Van Daan a fabriqué un chandelier en bois, donc ce problème-là aussi est réglé.

Samedi, le soir de la Saint-Nicolas était beaucoup plus réussi. Bep et Miep avaient piqué notre curiosité en ne cessant de chuchoter avec Papa durant tout le repas, si bien que nous nous doutions qu'il se préparait quelque chose. Et en effet, à huit heures, nous avons tous descendu l'escalier de bois et pris le couloir plongé dans l'obscurité (je tremblais d'effroi et j'aurais voulu me retrouver en haut, en lieu sûr !) pour entrer dans la pièce intermédiaire, où nous pouvions allumer la lumière car elle n'a pas de fenêtre. A ce moment-là, Papa a ouvert le grand placard. Nous avons tous poussé un « Oh, que c'est joli ! ». Dans un coin se dressait une grande corbeille décorée de papier cadeau et surmontée d'un masque de Pierre le Noir. Nous avons vite emporté la corbeille là-haut. Elle contenait un cadeau amusant pour chacun, accompagné d'un petit poème de circonstance. Tu connais certainement les poèmes de la Saint-Nicolas, et je ne vais pas te les recopier. J'ai reçu un bonhomme en brioche, Papa des serre-livres, etc. En tout cas, les idées étaient bien trouvées et comme aucun de nous n'avait jamais fêté la Saint-Nicolas de sa vie, cette première était particulièrement bien venue.

Bien à toi,

Anne

P.-S. Nous avions naturellement aussi des cadeaux pour ceux d'en bas, rien que des choses du bon vieux temps, et quant à Miep et Bep, un peu d'argent ne fait jamais de mal.

Aujourd'hui, nous avons appris que le cendrier pour Van Daan, le cadre à photo pour Dussel et les serre-livres pour Papa ont tous été confectionnés par Voskuyl lui-même. Je n'arrive pas à croire que quelqu'un puisse être aussi adroit de ses mains !

JEUDI 10 DÉCEMBRE 1942

Chère Kitty,

M. Van Daan était autrefois dans le commerce des saucisses, de la viande et des épices. Il a été engagé dans la maison pour ses compétences en matière d'épices, mais maintenant, il nous fait découvrir son côté saucisse, ce qui est loin de nous être désagréable. Nous avions commandé (clandestinement bien sûr) une grande quantité de viande pour la mettre en conserve, au cas où nous connaîtrions des temps difficiles. Il voulait préparer des chipolatas, de la saucisse de Gueldre, et de la saucisse sèche. Le spectacle en valait la peine, les morceaux de viande passaient d'abord au hachoir deux ou trois fois, puis tous les ingrédients étaient mélangés à la masse de viande et introduits dans un boyau à l'aide d'un cornet. Nous avons mangé les chipolatas le midi même avec la choucroute, mais les saucisses de Gueldre, destinées aux conserves, devaient d'abord sécher, et pour cela, on les a accrochées à un bâton, fixé par deux cordes au plafond. Tous ceux qui entraient dans la pièce et apercevaient cette exposition de saucisses éclataient de rire ; il faut dire que c'était une vue des plus comiques. Dans la pièce, c'était une pagaille invraisemblable ; M. Van Daan, affublé d'un tablier de Madame, trônait dans toute sa largeur (il paraissait beaucoup plus gros qu'en réalité) et s'attaquait à la viande, ses mains sanglantes, sa tête rouge et son tablier maculé lui donnaient l'apparence d'un vrai boucher. Madame faisait tout à la fois, apprendre le néerlandais dans son livre, tourner la soupe, surveiller la viande, soupirer et se lamenter sur sa côte cassée. Voilà ce qui arrive aux dames d'un certain âge (!) qui font des exercices de gymnastique les plus idiots pour perdre leur gros derrière !

Dussel avait une inflammation à l'œil et le tamponnait avec de la camomille près du poêle. Pim, assis sur une chaise dans le mince rayon de soleil qui filtrait par la fenêtre, était poussé d'un côté à l'autre ; de plus, ses rhumatismes le faisaient sûrement souffrir car il se tenait plutôt courbé et surveillait les moindres gestes de M. Van Daan d'un air renfrogné. Il ressemblait tout à fait à un petit vieillard infirme de l'hospice. Peter faisait des bonds avec le chat (nommé Muschi) tout autour de la pièce, Maman, Margot et moi épluchions des pommes de terre, et finalement aucun de nous ne s'appliquait à ce qu'il faisait pour mieux regarder Van Daan.

Dussel a ouvert son cabinet dentaire. Pour rire un peu, je vais te raconter comment s'est déroulée la première consultation. Maman faisait du repassage, et Madame, la première à y passer, s'est assise sur une chaise au milieu de la pièce. Dussel a commencé à déballer ses instruments d'un air important, a demandé de l'eau de Cologne en guise de désinfectant et de la vaseline pour remplacer la cire. Dussel a regardé dans la bouche de Madame, a touché une dent et une molaire et, chaque fois, Madame s'est recroquevillée comme si elle mourait de douleur en émettant des sons incohérents. Après un examen prolongé (du moins pour Madame, car il n'a pas duré plus de deux minutes), Dussel a commencé à gratter un petit trou, mais penses-tu, rien à faire, Madame a lancé bras et jambes dans tous les sens, si bien qu'à un moment donné, Dussel a lâché son instrument... qui est resté planté dans la dent de Madame. C'est là qu'on a vu le vrai spectacle ! Madame se débattait, pleurait (pour autant que ce soit possible, avec ce genre d'instrument dans la bouche), essayait de retirer le grattoir mais ne réussissait qu'à l'enfoncer encore un peu plus. Dussel, les mains sur les hanches, observait la scène avec un calme olympien. Le reste de l'assistance riait à gorge déployée ; c'était méchant, naturellement, car je suis sûre que j'aurais crié encore beaucoup plus fort. Après maints tortillements, coups de pied, cris et hurlements, Madame a fini par extirper le grattoir et Dussel a poursuivi son travail comme si de rien n'était. Il a fait si vite que Madame n'a pas eu le temps de recommencer, mais il faut dire qu'il avait plus d'aide qu'il n'en avait jamais eu de sa vie ; deux assistants, ce n'est pas si mal. Monsieur et moi formions une bonne équipe. La scène rappelait une gravure du Moyen Age, avec une légende du style *Charlatan à l'œuvre*. Cependant, la patiente ne montrait guère de patience, il fallait qu'elle surveille « sa » soupe et « son » dîner. Une chose est sûre, Madame n'est pas près de se refaire soigner !

Bien à toi,

Anne

DIMANCHE 13 DÉCEMBRE 1942

Chère Kitty,

Je suis installée bien confortablement dans le bureau de devant et je regarde au-dehors par l'entrebâillement des lourds rideaux. Ici, c'est la pénombre, mais j'ai juste assez de lumière pour t'écrire.

C'est un drôle de spectacle de voir les gens marcher, on dirait qu'ils sont tous terriblement pressés et qu'ils s'en emmêlent presque les pieds. Les cyclistes, impossible de les suivre à la vitesse où ils vont, je ne vois même pas quel genre de personne se trouve sur le véhicule. Les gens du quartier n'ont pas l'air bien ragoûtant et surtout les enfants ne sont pas à prendre avec des pincettes, des vrais gamins de la zone, au nez morveux ; je comprends à peine leur jargon. Hier après-midi, nous étions en train de nous baigner ici, Margot et moi, et je lui ai dit : « Si nous pêchions à la ligne, un par un, tous les enfants qui passent par ici, que nous les plongions dans le bain et que nous les lavions et reprisions leurs habits avant de les laisser repartir, alors... » sur quoi Margot m'a répondu : « Ils seraient tout aussi sales et déguenillés le lendemain. » Mais qu'est-ce que je raconte, il y a aussi d'autres choses à voir, des voitures, des bateaux et la pluie. J'entends le tram et les enfants et cela me distrait.

Nos pensées ont aussi peu de variété que notre vie, elles tournent sans cesse comme un manège, des juifs à la nourriture, et de la nourriture à la politique. Soit dit en passant, à propos de juifs, hier, comme si c'était une des merveilles du monde, j'en ai vu deux à travers le rideau, ça m'a fait une drôle d'impression, celle de les avoir trahis et d'épier en secret leur malheur. Juste en face, une péniche est amarrée où un batelier vit avec femme et enfants, il a un petit roquet. Ce petit chien, nous n'en connaissons l'existence que par ses aboiements et par le bout de sa queue, que nous voyons dépasser quand il court le long du bord du bateau.

Pouah ! Voilà qu'il s'est mis à pleuvoir et la plupart des gens se sont abrités sous leur parapluie, je ne vois plus que des imperméables, et parfois une nuque coiffée d'un bonnet. En fait, je n'ai plus besoin de les voir, je commence à les connaître par cœur, ces femmes, boursouflées par les pommes de terre, avec leur manteau rouge ou vert et leurs talons usés, un cabas sous le bras, le visage renfrogné ou épanoui, selon l'humeur du mari.

Bien à toi,

Anne

MARDI 22 DÉCEMBRE 1942

Chère Kitty,

L'Annexe a appris avec satisfaction que chacun aura droit à un quart de livre de beurre supplémentaire pour Noël. Le journal annonce une demi-livre mais c'est réservé aux heureux mortels qui reçoivent leur carte d'alimentation de l'État et non aux juifs qui se cachent et qui, pour faire des économies, en achètent au marché noir quatre au lieu de huit.

Tous les huit, nous allons faire des gâteaux avec ce beurre, ce matin j'ai préparé des biscuits et deux tartes. Il y a un travail fou en haut et Maman m'a interdit d'aller lire ou apprendre mes leçons avant que tous les travaux ménagers soient terminés. Mme Van Daan est au lit, avec sa côte fêlée, elle râle toute la journée, n'arrête pas de se faire poser de nouveaux bandages et n'est satisfaite de rien. Je serai contente de la voir à nouveau sur pied et remettre elle-même de l'ordre dans ses affaires, car il faut dire une chose en sa faveur, elle est extrêmement active et ordonnée, et en plus, tant qu'elle est en forme physiquement et moralement, elle est gaie. Comme si je n'entendais pas assez de « chut, chut » dans la journée, parce que je fais toujours « trop » de bruit, Monsieur mon compagnon de chambre s'est mis en tête de me lancer la nuit aussi des « chut » à tout bout de champ. Je n'ai même pas le droit de me retourner ; je refuse de me laisser impressionner et la prochaine fois, je lui renverrai son « chut ». Il devient de jour en jour plus agaçant et plus égoïste, des petits gâteaux si généreusement promis, je n'en ai plus vu la couleur, passé la première semaine. C'est surtout le dimanche qu'il me fait enrager, quand il allume la lumière si tôt le matin, pour faire dix minutes de gymnastique.

Ces minutes me paraissent des heures, à moi pauvre victime, car les chaises — qui rallongent mon lit — frottent sans cesse sous ma tête endormie. Après avoir terminé ses exercices d'assouplissement à grand renfort de moulinets, Monsieur s'attaque à sa toilette. Son caleçon est accroché au portemanteau, il y va en premier, revient, sa cravate sur la table, nouvel aller et retour en bousculant et en heurtant les chaises au passage. Mais je ne veux pas t'imposer ma complainte sur les vieux messieurs désagréables, cela ne s'arrangera pas pour autant, et toutes les représailles possibles, telles que dévisser la lampe, fermer la porte à clé, cacher ses habits, je dois malheureusement y renoncer pour préserver la paix. Ah, je deviens si raisonnable ! Ici, il faut être raisonnable en tout, pour apprendre, pour écouter, se taire, aider, être gentille, céder et que sais-je encore ! J'ai bien peur d'épuiser beaucoup trop vite toutes mes réserves de raison, qui déjà ne sont pas si grandes, et de ne plus en avoir pour après la guerre.

Bien à toi,

Anne

80

Chère Kitty,

Ce matin, on n'a pas arrêté de me déranger et je n'ai pu terminer ce que j'avais commencé. Nous avons une nouvelle occupation, remplir des sachets de jus de viande (en poudre). Ce jus est fabriqué par Gies & Co ; M. Kugler ne trouve pas de remplisseurs et si nous nous en chargeons, cela revient beaucoup moins cher. C'est un travail comme on en fait dans les prisons, c'est d'un rare ennui et ça vous donne le tournis et le fou rire. Dehors, il se passe des choses affreuses, ces pauvres gens sont emmenés de force jour et nuit, sans autre bagage qu'un sac à dos et un peu d'argent. En plus, ces affaires leur sont enlevées en cours de route. Les familles sont écartelées, hommes, femmes et enfants sont séparés. Des enfants qui rentrent de l'école ne trouvent plus leurs parents. Des femmes qui sont allées faire des courses trouvent à leur retour leur maison sous scellés, leur famille disparue. Les chrétiens néerlandais vivent dans l'angoisse eux aussi, leurs fils sont envoyés en Allemagne, tout le monde a peur. Et chaque nuit, des centaines d'avions survolent les Pays-Bas, en route vers les villes allemandes, où ils labourent la terre de leurs bombes et, à chaque heure qui passe, des centaines, voire des milliers de gens, tombent en Russie et en Afrique. Personne ne peut rester en dehors, c'est toute la planète qui est en guerre, et même si les choses vont mieux pour les Alliés, la fin n'est pas encore en vue.

Et nous, nous nous en tirons bien, mieux même que des millions d'autres gens, nous sommes encore en sécurité, nous vivons tranquilles et nous mangeons nos économies, comme on dit. Nous sommes si égoïstes que nous parlons d'« après la guerre », que nous rêvons à de nouveaux habits et de nouvelles chaussures, alors que nous devrions mettre chaque sou de côté pour aider les autres gens après la guerre, pour sauver ce qui peut l'être.

Les enfants ici se promènent avec pour tout vêtement une blouse légère et des sabots aux pieds, sans manteau, sans bonnet, sans chaussettes, sans personne pour les aider. Ils n'ont rien dans le ventre, mais mâchonnent une carotte, quittent une maison froide pour traverser les rues froides et arriver à l'école dans une classe encore plus froide. Oui, la Hollande est tombée si bas qu'une foule d'enfants arrêtent les passants dans la rue pour leur demander un morceau de pain.

Je pourrais te parler pendant des heures de la misère causée par la guerre, mais cela ne réussit qu'à me déprimer encore davantage. Il ne nous reste plus qu'à attendre le plus calmement possible la fin de ces malheurs. Les juifs, aussi bien que les chrétiens et la terre entière, attendent, et beaucoup n'attendent que la mort.

Bien à toi,

Anne

SAMEDI 30 JANVIER 1943

Chère Kitty,

Je bous de fureur et je ne peux pas le montrer, je voudrais taper du pied, crier, secouer Maman un bon coup, pleurer, que sais-je encore, pour tous les mots méchants, les regards moqueurs, les accusations qui me transpercent chaque jour comme autant de flèches d'un arc tendu à l'extrême et qui sont si difficiles à extirper de mon corps. Je voudrais crier à Maman, à Margot, à Van Daan, à Dussel et aussi à Papa : « Laissez-moi tranquille, laissez-moi enfin dormir une nuit sans tremper mon oreiller de larmes, sans que les yeux me brûlent et que la migraine me martèle la tête. Laissez-moi partir, disparaître de tout, loin du monde ! » Mais c'est impossible, je ne peux pas leur montrer mon désespoir, les laisser plonger un regard dans les plaies qu'ils m'ont infligées, je ne supporterais pas leur pitié et leur bonhomie moqueuse, elles aussi me feraient hurler. Tout le monde me trouve prétentieuse quand je parle, ridicule quand je me tais, insolente quand je réponds, roublarde quand j'ai une bonne idée, paresseuse quand je suis fatiguée, égoïste quand je mange une bouchée de trop, bête, lâche, calculatrice, etc. Toute la journée, je m'entends dire que je suis une gosse insupportable et même si j'en ris et fais semblant de m'en moquer, ça me fait de la peine, et je voudrais demander à Dieu de me donner une autre nature qui ne provoquerait pas l'hostilité des gens.

C'est impossible, ma nature m'a été donnée une fois pour toutes, et je ne saurais être mauvaise, je le sens. Je me donne beaucoup plus de mal pour satisfaire tout le monde qu'ils ne sont capables d'imaginer, j'essaie de garder un rire de façade parce que je ne veux pas leur montrer mes souffrances.

Plus d'une fois, après des reproches sans fondement, j'ai lancé à la tête de Maman : « Je n'en ai rien à faire de ce que tu me dis, tu n'as qu'à ne plus t'occuper de moi, de toute façon, je suis un cas désespéré. » Naturellement, je m'entendais répondre que j'étais insolente, on me boudait un peu pendant deux jours, puis on oubliait tout et on recommençait à me traiter comme les autres. Il m'est impossible d'être tout miel un jour et de leur cracher ma haine au visage le lendemain, je choisis plutôt le juste milieu, qui n'a rien de juste, je tais ce que je pense et j'essaie de les mépriser autant qu'ils me méprisent. Ah, si seulement j'en avais la force !

Bien à toi,

Anne

VENDREDI 5 FÉVRIER 1943

Chère Kitty,

Bien que je ne t'aie plus parlé de nos disputes depuis longtemps, la situation n'a pas changé. Au début, M. Dussel prenait au tragique ces différends vite oubliés, mais il commence à s'y habituer et n'essaie plus de jouer les conciliateurs.

Margot et Peter ne sont pas du tout ce qu'on peut appeler « jeunes », ils sont tous les deux d'un tel ennui et d'une telle passivité. Moi, je suis tout le contraire et on me dit en permanence : « On ne verrait pas Margot et Peter faire ça, prends donc exemple sur ta gentille sœur. » Je ne supporte pas.

Je t'avouerai que je n'ai absolument pas envie de devenir comme Margot, je la trouve beaucoup trop faible et indifférente, elle se laisse convaincre par tout le monde et elle cède sur tout.

Je veux avoir un peu plus de volonté ! Mais ce genre de théories, je les garde pour moi, je les ferais pleurer de rire si j'utilisais cet argument. A table, l'atmosphère est généralement tendue, heureusement les éclats sont souvent évités grâce aux mangeurs de soupe. Les mangeurs de soupe sont tous ceux qui viennent d'en bas pour prendre un bol de soupe.

A midi, M. Van Daan a recommencé à dire que Margot mange trop peu. « Sûrement pour garder la ligne », a-t-il ajouté d'un ton moqueur. Maman, qui soutient toujours Margot, a répondu d'un ton vif : « J'en ai assez de vos remarques stupides. » Madame s'est empourprée, Monsieur a regardé dans le vide sans rien dire.

Souvent aussi, quelqu'un nous fait rire. Récemment, Madame a lâché une superbe ânerie. Elle parlait du passé, elle racontait comme elle s'entendait bien avec son père et comme elle aimait flirter. « Et vous savez, poursuivait-elle, si un monsieur a les mains baladeuses, disait mon père, tu n'as qu'à lui dire : "Monsieur, je suis une dame", et il comprendra. » Nous avons éclaté de rire comme à une bonne plaisanterie.

Même Peter, pourtant si calme d'habitude, provoque parfois notre hilarité. Il a le malheur d'adorer les mots étrangers, mais de ne pas en connaître le sens. Un après-midi, nous ne pouvions nous rendre aux toilettes en raison d'une visite au bureau ; lui a eu une urgence mais n'a pas tiré la chasse. Pour nous prévenir de la présence d'une odeur peu agréable, il a fixé sur la porte des W.C. un petit écriteau portant « *S.V.P. gaz* ». Naturellement, il voulait dire « Attention, gaz », mais trouvait *S.V.P.* plus chic. Que le vrai sens soit « s'il vous plaît », il n'en avait pas la moindre idée.

Bien à toi,

Anne

Chère Kitty,

Pim s'attend au débarquement d'un jour à l'autre. Churchill a eu une pneumonie, il se remet lentement. Gandhi, l'indépendantiste indien, en est à sa énième grève de la faim. Madame prétend être fataliste. Qui a le plus peur quand on tire ? Personne d'autre que Petronella Van Daan. Jan nous a apporté la lettre pastorale des évêques aux fidèles ; elle était très belle et exaltante. « Néerlandais, ne restez pas immobiles, que chacun lutte avec ses propres armes pour la liberté du pays, de son peuple et de sa foi ! Aidez, donnez, n'hésitez pas ! » Ils ne se gênent pas pour le proclamer du haut de leur chaire. Est-ce que cela servira ? Sûrement à ceux de notre croyance.

Imagine-toi un peu ce qui vient encore de nous arriver ! Le propriétaire de l'immeuble l'a vendu sans en avertir Kugler et Kleiman. Un matin, le nouveau propriétaire est venu visiter l'immeuble en compagnie d'un architecte. Heureusement, M. Kleiman était là, il leur a montré toute la maison à l'exception de l'Annexe, il a prétendu avoir oublié chez lui la clé de la porte de communication. Le nouveau propriétaire n'a pas posé de question. Espérons qu'il ne voudra pas revenir pour voir l'Annexe, nous serions dans de beaux draps. Papa a vidé une boîte à fiches pour Margot et moi et l'a remplie de fiches qui ont encore un côté vierge. Ce sera notre fichier de lecture, nous y inscrirons toutes les deux les livres que nous avons lus, les auteurs et la date. J'ai appris quelques mots nouveaux, *bordel* et *cocotte*, je me suis procuré un petit calepin spécial pour les noter.

Nouveau mode de partage du beurre et de la margarine. Chacun reçoit sa portion à tartiner dans son assiette. Le partage est très inégal. Les Van Daan, qui préparent toujours le petit déjeuner, s'octroient une fois et demie autant que nous. Mes vieux ont bien trop peur des disputes pour dire quoi que ce soit. Dommage, je trouve qu'à des gens comme ça, il faut toujours rendre la monnaie de leur pièce.

Bien à toi,

Anne

Chère Kitty,

Madame a un nouveau surnom, nous l'appelons Mrs. Beaverbrook. Tu ne comprends évidemment pas pourquoi, mais je vais t'expliquer : à la radio anglaise, un certain Mr. Beaverbrook parle souvent des bombardements sur l'Allemagne, qu'il trouve beaucoup trop faibles. Mme Van Daan contredit toujours tout le monde, même Churchill et le bulletin d'information, mais elle est en parfait accord avec Mr. Beaverbrook. Nous avons donc trouvé que le mieux, ce serait qu'elle épouse Mr. Beaverbrook, et comme elle a paru flattée, elle s'appelle dorénavant et sans plus attendre Mrs. Beaverbrook.

Nous allons avoir un nouveau magasinier, l'ancien doit partir en Allemagne, c'est triste mais cela nous arrange car le nouveau ne connaîtra pas la maison. Nous avons toujours peur des magasiniers.

Gandhi a recommencé à manger.

Le marché noir est florissant. Nous engraisserions comme des oies si nous avions de quoi payer ces prix exorbitants. Notre marchand de légumes achète ses pommes de terre à la Wehrmacht et les livre en sacs dans le bureau privé. Il sait que nous nous cachons, et c'est pourquoi il prend soin de venir toujours pendant la pause de midi, quand les magasiniers sont partis.

Nous ne pouvons pas respirer sans éternuer ni tousser, tant on moud de poivre en ce moment. Tous ceux qui montent nous saluent en faisant « atchoum », Madame déclare qu'elle ne veut plus descendre, elle tomberait malade si elle respirait encore plus de poivre.

Je trouve que l'entreprise de Papa n'est pas du tout marrante, que des gélifiants et du poivre fort. Tant qu'à être négociant en denrées alimentaires, mieux vaut avoir des friandises ! Ce matin, j'ai encore essuyé un orage fracassant de réprimandes ; les expressions grossières tombaient comme des éclairs et les oreilles me tintaient de « Anne méchante, Van Daan gentils, *donderwetter-wetter* ».

Bien à toi,

Anne

Chère Kitty,

Hier soir, nous avons eu un court-circuit, en plus ça tiraillait sans arrêt. J'ai toujours aussi peur des coups de feu et des avions, et je vais retrouver Papa dans son lit presque toutes les nuits pour y chercher du réconfort. Ça paraît peut-être très puéril mais je voudrais bien t'y voir, on ne s'entend même plus parler tant les canons tonnent. Mrs. Beaverbrook, la fataliste, s'est presque mise à pleurer, et disait d'une toute petite voix tremblotante : « Oh, c'est si désagréable, oh, ils tirent si fort. » Autrement dit : « J'ai si peur ! » A la lumière des bougies, ce n'était pas aussi effrayant que dans le noir ; je tremblais comme si j'avais de la fièvre et suppliais Papa de rallumer la bougie. Il ne s'est pas laissé fléchir, on est resté dans le noir. Soudain, des mitrailleuses se sont mises à tirer, c'est dix fois pire que les canons, Maman s'est levée d'un bond et a allumé la bougie, à la grande irritation de Pim. A ses protestations, elle a répondu d'un ton ferme : « Anne n'est tout de même pas un vieux soldat. » Et l'affaire fut close.

Est-ce que je t'ai déjà parlé des autres angoisses de Madame ? Je ne crois pas. Pour être informée de toutes les péripéties de l'Annexe, il faut que tu les connaisses aussi. Une nuit, Madame a entendu des voleurs au grenier, elle a distingué très nettement des bruits de pas et a eu si peur qu'elle a réveillé son mari, juste à ce moment-là, les voleurs ont disparu, et le seul bruit que Monsieur a entendu, c'était le battement du cœur affolé de la fataliste. « Oh, mon Dieu ! Putti (le surnom affectueux de Monsieur), ils ont sûrement emporté les saucisses et tous nos légumes secs, et Peter, est-il seulement encore dans son lit ? » « Ils ne l'ont sûrement pas embarqué, t'inquiète pas et laisse-moi dormir. » Mais pas question, Madame avait trop peur pour se rendormir. Quelques nuits plus tard, toute la famille d'en haut est réveillée par le bruit de ces fantômes. Peter est monté au grenier avec une lampe de poche et, vrrrt, qu'est-ce qui s'est sauvé ? Un tas de gros rats !

Quand nous avons su qui étaient les voleurs, nous avons fait dormir Muschi au grenier et les hôtes indésirables ne sont plus revenus, du moins... pas la nuit.

Il y a quelques jours, Peter est monté dans les combles (il n'était que sept heures et demie et il faisait encore jour) pour y chercher de vieux journaux. Pour redescendre l'escalier, il était obligé de se tenir à la trappe, il a posé la main sans regarder et... a failli rouler en bas de l'escalier, de peur et de douleur. Sans le savoir, il avait posé la main sur un énorme rat, qui lui avait mordu le bras à pleines dents. Le sang traversait son pyjama quand il est arrivé vers nous, pâle comme un linge et les genoux tremblants. Pas étonnant, caresser un gros rat n'est déjà pas si drôle, et se faire mordre par-dessus le marché, c'est vraiment épouvantable.

Bien à toi,

Anne

VENDREDI 12 MARS 1943

Chère Kitty,

Permets-moi de te présenter Maman Frank, protectrice des enfants ! Ration de beurre supplémentaire pour les jeunes, problème de la jeunesse d'aujourd'hui ; sur tous les sujets, Maman prend la défense de la jeunesse et obtient presque toujours satisfaction après une bonne dose de disputes.

Un bocal de langue en conserve s'est avarié. Repas de gala pour Muschi et Moffi.

Tu ne connais pas encore Moffi, pourtant il était déjà dans l'affaire avant que nous nous cachions. Son domaine est l'entrepôt et le bureau, et sa fonction est d'éloigner les rats de nos stocks. Le choix politique de son nom est lui aussi facile à expliquer. Pendant un moment, la maison Gies & Co avait deux chats, un pour l'entrepôt et un pour le grenier. Il arrivait que les deux bêtes se rencontrent, ce qui entraînait toujours de grandes batailles. Celle de l'entrepôt était toujours l'attaquant, mais celle du grenier finissait toujours par avoir le dessus. Comme en politique : le chat de l'entrepôt était l'Allemand et on l'avait surnommé Moffi [1] et celui du grenier, l'Anglais ou Tommi. Par la suite, on s'est débarrassé de Tommi, et Moffi nous fait tous bien rire.

Nous avons mangé tant de haricots rouges et blancs que je ne peux plus en voir. Rien que d'y penser, j'en ai mal au cœur.

La distribution de pain le soir a été entièrement supprimée.

Papa vient de dire qu'il n'était pas de bonne humeur, il a encore des petits yeux tout tristes, le pauvre.

Je ne peux pas lâcher *On frappe à la porte* d'Ina Boudier-Bakker. L'histoire de la famille est particulièrement bien écrite, mais tout ce qu'il y a autour sur la guerre, les écrivains ou l'émancipation des femmes est moins bien, mais à vrai dire, cela ne me passionne pas vraiment.

Terribles bombardements en Allemagne.

M. Van Daan est de mauvaise humeur, cause : pénurie de cigarettes.

La discussion sur la question faut-il manger ou non nos boîtes de conserve s'est terminée en notre faveur.

Aucune paire de chaussures ne me va plus, à part des chaussures de ski qui sont très peu pratiques dans la maison. Une paire de sandales de paille tressée à 6,50 fl ne m'a fait qu'une semaine avant de rendre l'âme. Peut-être que Miep me dénichera quelque chose au marché noir.

Il faut que je coupe les cheveux de Papa ; Pim affirme qu'il n'ira jamais chez un autre coiffeur après la guerre, tant je m'acquitte bien de ma tâche. Si seulement je lui entaillais moins souvent l'oreille !

Bien à toi,

Anne

JEUDI 18 MARS 1943

Chère Kitty,

La Turquie entre en guerre. Grande agitation. Attendons avec impatience les nouvelles à la radio.

---

1. Moffi, diminutif de « Mof », l'équivalent néerlandais de « boche ».

Chère Kitty,

En une heure, la déception avait succédé à la joie et avait fini par prendre le dessus. La Turquie n'est pas encore en guerre, le ministre turc a seulement parlé d'une levée prochaine de la neutralité. Sur le Dam, un vendeur de journaux criait : « La Turquie choisit le camp de l'Angleterre ! » On lui a arraché les journaux des mains. C'est ainsi que la réconfortante rumeur est parvenue jusqu'à nous.

Les billets de mille florins sont retirés de la circulation ; c'est un coup dur pour tous les trafiquants du marché noir, mais plus encore pour les autres formes d'argent noir ou pour ceux qui se cachent. Quand on veut changer un billet de mille florins, on doit déclarer exactement comment on l'a obtenu et en faire la preuve. On peut encore s'en servir pour payer ses impôts, mais seulement jusqu'à la semaine prochaine. Les billets de 500 florins ont été déclarés périmés en même temps. Gies & Co avait encore de l'argent noir en billets de 1 000 florins, ils ont payé leurs impôts d'avance pour une longue période, de cette façon, ils ont pu tout blanchir.

Dussel vient de recevoir une petite roulette, cela va sûrement bientôt être mon tour de subir un examen approfondi.

Dussel ne se plie absolument pas au règlement de l'Annexe, non seulement il écrit des lettres à sa femme, mais il entretient aussi une aimable correspondance avec diverses autres personnes. Il demande à Margot, en sa qualité de professeur de néerlandais à l'Annexe, de corriger les lettres qu'il a écrites en hollandais. Papa lui a strictement interdit de continuer, Margot a cessé ses corrections mais, pour ma part, je crois qu'il ne va pas tarder à reprendre sa correspondance. Le Führer de tous les Germains a parlé devant des soldats blessés. C'était triste à entendre. Questions et réponses se succédaient à peu près comme ceci :

« Je m'appelle Heinrich Scheppel.
— Blessé à quelle bataille ?
— A Stalingrad.

— Quelles blessures ?

— Deux pieds gelés et une fracture du bras gauche. »

La radio nous a transmis cette atroce séance de guignol exactement de cette façon. On aurait dit que les soldats étaient fiers de leurs blessures, plus il y en avait, mieux c'était. L'un d'eux arrivait à peine à sortir un mot, sous le coup de l'émotion de pouvoir tendre la main (si du moins il lui en restait une) au Führer.

J'ai laissé tomber par terre le savon parfumé de Dussel. J'ai marché dessus et maintenant il en manque un gros morceau. J'ai déjà demandé à Papa de le dédommager, surtout que Dussel ne reçoit qu'une savonnette par mois.

Bien à toi,

Anne

JEUDI 25 MARS 1943

Chère Kitty,

Hier soir, Maman, Papa, Margot et moi étions bien tranquillement ensemble quand, tout à coup, Peter entre et chuchote à l'oreille de Papa, j'entends quelque chose comme « un tonneau renversé dans l'entrepôt » et « des bruits suspects à la porte ». Margot avait compris la même chose, mais a essayé de me calmer un peu car j'étais naturellement livide et au comble de l'agitation.

Nous avons attendu toutes les trois ; pendant ce temps, Papa était descendu avec Peter et moins de deux minutes plus tard, Mme Van Daan, qui écoutait la radio, nous a rejointes en disant que Pim lui avait demandé d'éteindre la radio et de remonter sans bruit. Mais c'est bien connu, quand on essaie de marcher tout doucement, les marches d'un vieil escalier craquent justement deux fois plus fort. Cinq minutes après, nous avons vu revenir Peter et Pim, blancs jusqu'à la racine des cheveux, qui nous ont fait part de leur aventure. Ils s'étaient postés en bas de l'escalier et avaient attendu, sans résultat, mais soudain, en effet, ils ont entendu deux coups sonores, comme si, quelque part dans la maison, on avait claqué deux portes ; d'un bond, Pim était en haut, Peter prévenait Dussel qui finissait par monter avec beaucoup de manières et à grand bruit. Maintenant, il s'agissait de se transporter, en chaussettes, un étage plus haut auprès de la famille Van Daan. Monsieur avait un gros rhume et s'était déjà couché, nous nous sommes donc réunis à son chevet pour échanger à voix basse nos soupçons. Chaque fois que Monsieur était pris d'une quinte de toux, Madame et moi pensions entrer en transes, de peur ; jusqu'au moment où l'un d'entre nous a eu l'idée lumineuse de lui donner de la codéine, la toux a cessé immédiatement.

L'attente durait, durait, mais nous n'entendions plus rien et nous supposions tous que les voleurs, ayant entendu des pas dans la maison jusque-là silencieuse, avaient pris leurs jambes à leur cou. Le malheur, c'était qu'en bas, la radio était encore réglée sur l'Angleterre et les chaises disposées en cercle autour d'elle ; or, si la porte avait été forcée et que la défense passive s'en aperçoive et avertisse la police, l'affaire pourrait avoir des conséquences extrêmement désagréables. Aussi M. Van Daan s'est levé, a enfilé veste et pantalon, a mis un chapeau et est descendu derrière Papa avec mille précautions, suivi de Peter qui, pour plus de sécurité, s'était armé d'un lourd marteau. En haut, les dames, y compris Margot et moi, attendions dans l'angoisse, mais cinq minutes plus tard, ces messieurs ont reparu pour dire que tout était calme dans la maison. D'un commun accord, nous avons décidé de ne pas faire couler d'eau ni de tirer la chasse des toilettes ; mais comme la tension avait porté sur l'estomac de tous les pensionnaires, tu imagines la puanteur qui y régnait lorsque l'un après l'autre, nous sommes allés y déposer notre commission.

Quand il y a un problème, les choses arrivent toujours en série ; et de fait, numéro 1, le carillon de la Westertoren, qui a toujours un effet si rassurant, ne marchait pas, en plus, M. Voskuyl était parti plus tôt ce soir-là et nous ne savions pas si Bep avait pu trouver la clé ou si elle avait oublié de fermer la porte d'entrée. Mais pour le moment, ça n'avait guère d'importance, la soirée n'était pas très avancée et nous étions toujours dans l'incertitude ; quoiqu'un peu rassurés tout de même, puisque depuis huit heures et quart, le moment où le voleur avait pénétré dans la maison, jusqu'à dix heures et demie, nous n'avions plus rien entendu de suspect. A la réflexion, il nous paraissait très invraisemblable qu'un voleur ait forcé une porte si tôt dans la soirée, à une heure où il peut encore y avoir des passants dans la rue. En outre, l'idée était venue à l'un d'entre nous qu'il était possible que le chef magasinier de nos voisins, la firme Keg, soit encore au travail, car dans l'affolement et avec des cloisons aussi minces, on pouvait facilement confondre les bruits, et l'imagination y met souvent du sien à des moments aussi critiques.

Nous nous sommes donc étendus sur nos lits, mais certains d'entre nous ne trouvaient pas le sommeil, Papa, Maman et M. Dussel se réveillaient souvent et avec un peu d'exagération, je peux dire que je n'ai pas fermé l'œil. Ce matin, les messieurs sont redescendus et ont secoué la porte d'entrée pour vérifier qu'elle était bien fermée, mais tout était en ordre !

L'épisode, pourtant loin d'être drôle, a bien sûr fait l'objet d'un récit haut en couleur à tout le personnel, car après coup, il est facile de rire de ce genre de choses et seule Bep nous a pris au sérieux.

Bien à toi,

Anne

P.-S. Les W.C. étaient complètement bouchés ce matin et à l'aide d'un long bâton en bois, Papa a dû triturer toutes les recettes de confitures de fraises (notre papier hygiénique actuel) et quelques kilos de caca pour dégager la cuvette. Ensuite, on a brûlé le bâton.

SAMEDI 27 MARS 1943

Chère Kitty,

Nous avons terminé le cours de sténo, nous commençons maintenant à nous entraîner à la vitesse, qu'est-ce qu'on devient bons ! Pour te dire encore un mot de mes activités « à tuer le temps » (je les appelle ainsi parce que nous ne faisons rien d'autre que d'essayer d'accélérer le déroulement des journées pour que la fin de notre vie clandestine arrive plus vite). J'adore la mythologie et surtout les dieux grecs et romains. Ici, ils n'y voient qu'une lubie passagère, ils n'avaient encore jamais entendu parler d'une gamine de mon âge qui s'intéresse aux dieux. Eh bien voilà, c'est moi la première.

M. Van Daan a un rhume, ou plutôt la gorge un peu irritée. Il en fait tout un plat. Gargarismes à la camomille, palais badigeonné à la teinture de myrrhe, Dampo[1] sur la poitrine, le nez, les dents et la langue, et avec tout ça, une humeur de chien !

Rauter, un de ces Boches haut placés, a tenu un discours : « Tous les juifs doivent avoir quitté les pays germaniques avant le 1er juillet. Du 1er avril au 1er mai, la province d'Utrecht sera nettoyée (comme s'il s'agissait de cancrelats), du 1er mai au 1er juin, les provinces de Nord-Hollande et Sud-Hollande. » Comme un troupeau de bétail pitoyable, malade et délaissé, ces pauvres gens sont emmenés vers des abattoirs malsains. Mais il vaut mieux que je n'en dise pas plus, mes pensées ne font que me donner des cauchemars ! Au moins une bonne nouvelle, la section allemande de la bourse du travail a brûlé à la suite d'un sabotage. Quelques jours plus tard, c'était le tour de l'état civil. Des hommes en uniforme de la police allemande ont ligoté les sentinelles et fait disparaître des paperasses importantes.

Bien à toi,

Anne

JEUDI 1er AVRIL 1943

Chère Kitty,

Pas le cœur à faire des blagues (voir la date), au contraire, aujourd'hui, j'aurais de bonnes raisons de citer le dicton : un malheur n'arrive jamais seul. Premièrement, notre réconfort, M. Kleiman, a eu hier une sérieuse gastrorragie et doit garder le lit au moins trois semaines. Je

---

1. Une marque de baume.

dois te dire que M. Kleiman a souvent des gastrorragies, qui semblent échapper à tout traitement. Deuxièmement, Bep a la grippe. Troisièmement, M. Voskuyl entre la semaine prochaine à l'hôpital. Il a sans doute un ulcère à l'estomac, et il va falloir l'opérer. Et quatrièmement, les directeurs de Pomosinwerke sont venus de Francfort pour discuter des nouvelles livraisons d'Opekta ; Papa avait préparé cette discussion point par point avec Kleiman, il est impossible de renseigner aussi bien M. Kugler en un rien de temps. Les messieurs de Francfort sont arrivés, Papa tremblait déjà en pensant au résultat de la discussion. « Si seulement je pouvais être là, pourquoi ne suis-je pas en bas ! » s'écriait-il. « Tu n'as qu'à coller ton oreille au plancher, ces messieurs vont venir dans le bureau privé et tu entendras tout. » Le visage de Papa s'est éclairé et hier, à dix heures et demie du matin, Margot et lui (deux oreilles valent mieux qu'une !) ont pris position sur le sol. Les conversations ne se sont pas terminées le matin, mais l'après-midi, Papa n'était pas en état de poursuivre sa campagne d'écoute, il était rompu à force de se tenir dans cette position inhabituelle et incommode. Je l'ai remplacé à deux heures et demie, quand nous avons entendu des voix dans le couloir. Margot me tenait compagnie ; à un moment donné, la conversation traînait tellement en longueur et était si ennuyeuse que je me suis endormie brusquement sur le linoléum dur et froid. Margot n'osait pas me secouer de peur qu'on nous entende au-dessous, et pas question de crier. J'ai dormi une bonne demi-heure avant de me réveiller en sursaut et j'avais tout oublié de l'importante discussion. Heureusement, Margot avait fait plus attention.

Bien à toi,

Anne

VENDREDI 2 AVRIL 1943

Chère Kitty,

J'ai un terrible péché de plus sur ma liste. Hier soir, j'étais couchée et j'attendais que Papa vienne prier avec moi et me dire bonne nuit lorsque Maman est entrée dans la chambre, s'est assise sur mon lit, et a demandé d'une voix timide : « Anne, Papa n'est pas prêt, pourquoi ne pas prier ensemble ? » « Non, Mansa », ai-je répondu.

Maman s'est levée, est restée un instant près de mon lit, puis a marché lentement vers la porte. Tout d'un coup, elle s'est retournée et, le visage contracté, a dit : « Je ne veux pas me mettre en colère contre toi ; l'amour ne se commande pas ! » Quelques larmes coulaient sur son visage lorsqu'elle est sortie. Je suis restée dans mon lit sans bouger et je me trouvais odieuse de l'avoir repoussée avec autant de brutalité, mais je savais aussi que je ne pouvais pas lui faire d'autre réponse. Je suis incapable d'hypocrisie et de prier avec elle contre mon gré, c'était tout simplement impossible. J'avais pitié de Maman, une très grande pitié, car pour la première fois de ma vie, je me suis aperçue que ma froideur ne la laisse pas indifférente. J'ai lu le chagrin sur son visage quand elle a parlé de l'amour qui ne se commande pas. La vérité est dure à dire, et pourtant, la vérité est que c'est elle-même qui m'a repoussée, c'est elle-même qui m'a rendue insensible à tout amour de sa part, par ses remarques blessantes, la rudesse de ses moqueries sur des sujets qui, pour moi, ne prêtent pas à la plaisanterie. De même que je me recroqueville chaque fois qu'elle me lance ses mots durs, de même son cœur s'est recroquevillé lorsqu'elle s'est aperçue que tout amour avait vraiment disparu entre nous.

Elle a passé la moitié de la nuit à pleurer et n'a pas dormi jusqu'au matin. Papa évite de me regarder, et quand il le fait, je lis dans ses yeux ces paroles : « Comment peux-tu être aussi désagréable, comment oses-tu faire tant de peine à ta mère ! »

Tous, ils attendent que je présente des excuses, mais c'est un cas où je ne peux pas le faire parce que j'ai dit une chose qui est vraie et que Maman devra de toute façon savoir un jour ou l'autre. Je suis, et je parais indifférente aux larmes de Maman et au regard de Papa, parce qu'ils ressentent tous deux pour la première fois un peu de ce que je remarque sans cesse. Tout ce que je puis éprouver, c'est de la pitié pour Maman, qui devra retrouver elle-même une ligne de conduite. Pour ma part, je continue à me taire, à me montrer froide et ailleurs non plus, je ne reculerai pas devant la vérité parce que, repoussée plus longtemps, elle est d'autant plus difficile à entendre !

Bien à toi,

Anne

MARDI 27 AVRIL 1943

Chère Kitty,

Toute la maison retentit de disputes. Maman et moi, Van Daan et Papa, Maman et Madame, tout le monde en veut à tout le monde, joyeuse ambiance, non ? La liste bien connue des péchés d'Anne a été remise sur le tapis dans toute son ampleur.

Samedi dernier, ces messieurs de l'étranger sont revenus en visite. Ils sont restés jusqu'à six heures, nous nous tenions tous en haut et n'osions pas remuer le petit doigt. Quand personne d'autre ne travaille dans l'immeuble ou aux alentours, les gens qui sont dans le bureau privé entendent le moindre pas. J'ai de nouveau la bougeotte, ce n'est pas drôle, crois-moi, de rester si longtemps immobile.

M. Voskuyl est déjà à l'hôpital central, M. Kleiman a repris son travail, sa gastrorragie a pu être enrayée plus vite que d'habitude. Il nous a raconté que les pompiers avaient encore aggravé les dégâts subis par l'état civil, au lieu d'éteindre l'incendie ils ont tout inondé avec leurs lances. Bien fait !

L'hôtel Carlton est en ruine, deux avions anglais avec à leur bord une pleine cargaison de bombes incendiaires sont tombés exactement sur le Foyer des officiers. Tout l'angle de la Vijzelstraat et du Singel a brûlé.

Les attaques aériennes sur les villes allemandes se renforcent de jour en jour. Nous n'avons plus une nuit de calme, le manque de sommeil me fait des cernes sous les yeux.

Notre nourriture est misérable. Petit déjeuner de pain sec, ersatz de café. Dîner, depuis quinze jours : épinards ou salade. Pommes de terre de vingt centimètres de long, au goût douceâtre et pourri. Les candidats à l'amaigrissement n'ont qu'à prendre pension à l'Annexe ! Ceux d'en haut se répandent en jérémiades, mais nous, nous ne prenons pas les choses au tragique.

Tous les hommes qui ont combattu ou été mobilisés en 1940 sont appelés à travailler pour le Führer dans des camps de prisonniers de guerre. Sûrement une mesure prise en prévision du débarquement !

Bien à toi,

Anne

SAMEDI 1er MAI 1943

Chère Kitty,

Dussel a eu son anniversaire. Les jours précédents, il faisait semblant de ne pas vouloir en entendre parler, mais quand Miep est arrivée avec un grand cabas à provisions débordant de paquets, il était aussi excité qu'un petit enfant. Sa Lolotte lui a envoyé des œufs, du beurre, des gâteaux secs, de la limonade, du pain, du cognac, du pain d'épice, des fleurs, des oranges, du chocolat, des livres et du papier à lettres. Il a arrangé une « table d'anniversaire » qui est restée exposée trois grands jours, ce vieux schnock ! Ne crois surtout pas qu'il souffre de la faim, nous avons trouvé dans son placard du pain, du fromage, de la confiture et des œufs. C'est honteux, pour ne pas dire plus, de la part d'un homme que nous avons eu la bonté de recueillir ici dans le seul but de le sauver de la mort, de se remplir ainsi la panse dans notre dos sans rien nous donner. Nous avons bien tout partagé avec lui, nous ! Mais nous avons été encore plus scandalisés par sa mesquinerie vis-à-vis de Kleiman, de Voskuyl et de Bep : il ne leur donne rien du tout. Les oranges dont Kleiman aurait tant besoin pour se soigner l'estomac, Dussel les trouve encore plus saines pour le sien.

Cette nuit, j'ai dû rassembler quatre fois mes affaires, tant ça tirait fort. Aujourd'hui j'ai rempli une mallette où j'ai fourré les objets de première nécessité en cas de fuite. Mais Maman dit avec raison : « Fuir, pour aller où ? » Les

Pays-Bas tout entiers doivent payer pour la grève d'un grand nombre de travailleurs. C'est pourquoi l'état de siège a été proclamé, et un ticket de beurre retenu sur la ration de chacun. Les enfants font les polissons !

Ce soir j'ai lavé les cheveux de Maman, ce qui n'est pas si simple par les temps qui courent. Nous sommes obligés de nous servir d'un savon vert gluant parce que nous n'avons plus de shampooing, et en plus Mans n'arrive plus à se démêler les cheveux correctement, car le peigne familial n'a plus que dix dents.

Bien à toi,

Anne

DIMANCHE 2 MAI 1943

Chère Kitty,

En pensant de temps à autre à nos conditions de vie ici, j'en arrive le plus souvent à la conclusion que, par rapport aux autres juifs qui ne se cachent pas, nous sommes ici dans une sorte de paradis, mais que plus tard, quand tout sera redevenu normal, j'aurai du mal à imaginer que nous, qui à la maison fûmes toujours si proprets, étions, on peut le dire, tombés si bas. « Tombés », dans le sens du mot qui se rapporte aux bonnes manières. Par exemple, depuis que nous sommes ici, nous avons sur notre table une toile cirée qui, à force d'être utilisée, n'est généralement pas des plus propres. Souvent, j'essaie bien de lui redonner un peu de lustre, mais avec un torchon, plus trous que torchon, et qui a été neuf longtemps avant que nous nous cachions, on n'est pas beaucoup plus avancé, même en frottant de toutes ses forces. Les Van Daan dorment depuis le début de l'hiver sur un drap de flanelle que l'on ne peut pas laver ici, parce que la poudre de savon avec ticket est beaucoup trop rare et en plus très mauvaise. Papa porte un pantalon effiloché et sa cravate présente aussi des signes d'usure. Et aujourd'hui, la gaine de Maman a craqué de vieillesse et on ne peut plus la réparer, tandis que Margot se promène avec un soutien-gorge trop petit de deux tailles !

Maman et Margot ont passé tout l'hiver avec trois tricots à elles deux et les miens sont si petits qu'ils ne m'arrivent même pas au nombril ! Bien sûr, ce sont des choses sur lesquelles on peut passer, mais pourtant, je me demande parfois avec horreur comment nous allons faire, nous qui vivons et nous débrouillons avec des objets usés, depuis ma culotte jusqu'au blaireau de Papa, pour retrouver plus tard notre position d'avant-guerre.

DIMANCHE 2 MAI 1943

Les sentiments sur la guerre à l'Annexe :

M. Van Daan. Cet honorable personnage a, de notre avis à tous, une grande clairvoyance politique. Mais nous prédit tout de même qu'il nous faudra séjourner ici jusqu'à fin 43. C'est bien long, mais encore supportable. Mais qui nous donne l'assurance que cette guerre, qui ne cause que dommages et chagrin, sera terminée à ce moment-là ? Et qui peut nous donner l'assurance qu'entre-temps, il ne nous sera rien arrivé, à nous et aux complices de notre clandestinité ? Personne, bien sûr ! Et c'est pourquoi nous vivons chaque jour dans une grande tension. Tension due à l'attente et à l'espoir mais aussi à la peur, lorsque l'on entend du bruit dans la maison ou dehors, quand il y a beaucoup de tirs ou que le journal publie de nouvelles « notifications », car il peut arriver chaque jour que plusieurs de nos complices soient obligés de se cacher eux-mêmes avec nous. « Clandestinité » est devenu un mot tout à fait courant. Combien de gens n'entrent-ils pas dans la clandestinité ! Ils ne représentent naturellement qu'un petit pourcentage et pourtant, plus tard, nous serons sûrement étonnés du nombre de personnes de bonne volonté aux Pays-Bas, des juifs et aussi des chrétiens en fuite, avec ou sans argent. Et c'est incroyable aussi, le nombre de gens dont on entend dire qu'ils ont une fausse carte d'identité.

Mme Van Daan. Quand cette belle dame (comme elle seule aime à le croire) a appris qu'il était moins difficile qu'autrefois de se procurer une fausse carte d'identité, elle a proposé immédiatement d'en faire faire pour nous tous.

Comme si c'était une broutille et que l'argent pousse sur le dos de Papa et de M. Van Daan.

Quand Mme Van Daan sort les pires énormités, Putti saute souvent au plafond. Mais ça se comprend parce qu'un jour Kerli[1] dit : « Plus tard, je vais me faire baptiser » et le lendemain, c'est : « J'ai toujours voulu aller à Jérusalem, car je ne me sens bien qu'en compagnie de juifs ! »

Pim est un grand optimiste, mais il a toujours de bonnes raisons à donner.

M. Dussel, lui, invente tout à sa fantaisie, et quand quelqu'un veut contredire son altesse, il se fait mal recevoir. Je crois que M. Albert Dussel a l'habitude de se faire écouter chez lui comme un oracle ; mais Anne Frank ne mange pas de ce pain-là.

Les opinions des autres pensionnaires de l'Annexe ne sont pas intéressantes, seuls ces quatre-là comptent en politique, à vrai dire deux seulement, mais Madââââme Van Daan et Dussel estiment qu'ils ont leur mot à dire.

MARDI 18 MAI 1943

Chère Kit,

J'ai été spectatrice d'un combat aérien acharné entre avions allemands et anglais. Malheureusement, quelques alliés ont dû sauter de leur appareil en feu. Notre laitier, qui habite Halfweg, a vu quatre Canadiens assis au bord de la route, dont l'un parlait couramment hollandais. Il a demandé du feu au laitier pour sa cigarette et lui a raconté que l'équipage de leur appareil se composait de six personnes. Le pilote avait été brûlé vif et leur cinquième camarade s'était caché quelque part. La police en vert est venue chercher ces quatre hommes en parfaite santé. Comment est-il possible de garder une telle présence d'esprit après un aussi formidable saut en parachute !

---

1. « Putti » et « Kerli » étaient les surnoms que M. et Mme Van Daan se donnaient entre eux.

Bien que la chaleur soit apparemment arrivée, nous sommes obligés d'allumer nos poêles un jour sur deux pour brûler nos épluchures de légumes et nos détritus. Nous ne pouvons rien jeter dans les poubelles : parce qu'il nous faut toujours compter avec la présence du magasinier. Une petite imprudence a si vite fait de vous trahir !

Tous les étudiants doivent signer une liste des autorités certifiant « qu'ils sympathisent avec tous les Allemands et sont favorables à l'ordre nouveau ». Quatre-vingts pour cent d'entre eux ont refusé de renier leur conscience et leur conviction, mais le résultat ne s'est pas fait attendre. Tous les étudiants qui n'ont pas signé doivent aller en camp de travail en Allemagne. Que restera-t-il de la jeunesse des Pays-Bas, si tous doivent aller trimer en Allemagne ?

Cette nuit, les détonations étaient trop fortes et Maman avait fermé la fenêtre ; j'étais dans le lit de Pim. Tout d'un coup, au-dessus de nos têtes, Madame bondit de son lit, comme si Muschi l'avait mordue, et aussitôt après un grand coup sec. A en juger par le bruit, on aurait pu croire qu'une bombe incendiaire était tombée à côté de mon lit. J'ai hurlé : « Lumière, lumière ! » Pim a allumé la lampe. J'étais sûre qu'en quelques minutes, la pièce s'embraserait. Mais rien de tel ne s'est produit. Nous nous sommes jetés dans l'escalier pour aller voir ce qui se passait en haut. Monsieur et Madame avaient vu par la fenêtre une lueur rose, Monsieur pensait qu'il y avait un incendie dans le voisinage et Madame croyait que notre maison avait pris feu. Au coup qui avait suivi, Madame avait sauté sur ses jambes flageolantes. Pendant que Dussel restait en haut pour fumer une cigarette, nous sommes retournés nous coucher. Il s'était à peine écoulé un quart d'heure que les tirs recommençaient. Madame se leva à l'instant même et descendit dans la chambre de Dussel, pour y trouver le calme qui lui était refusé auprès de son époux. Dussel l'accueillit en ces termes : « Venez dans mon lit, mon enfant ! » Ce qui nous a fait rire aux larmes. Nous avions oublié la canonnade, notre peur était comme effacée.

Bien à toi,

Anne

Chère Kitty,

Le poème d'anniversaire que m'a écrit Papa est trop beau pour que je t'en prive.

Comme Pim compose en vers allemands, Margot a dû s'atteler à la traduction. Juge toi-même si Margot ne s'est pas acquittée à la perfection de la tâche qu'elle s'est imposée elle-même. Après l'habituel résumé des événements de l'année, le poème continue ainsi :

Toi, notre benjamine, qui pourtant n'es plus une enfant,
Tu n'as pas la vie facile ; chacun prétend
Te faire la leçon, souvent à ton grand dam :
« Tu peux en croire notre expérience ! »
« Nous savons tout, fais-nous confiance,
Et connaissons les bonnes manières. »
Voilà ton lot depuis l'année dernière.
De ses propres défauts, nul n'est jamais gêné,
Ainsi a-t-on beau jeu de te morigéner.
Les fautes d'autrui, elles, pèsent lourd
Et nous, tes parents, ne pouvons pas toujours
Trancher les différends avec sérénité :
Reprendre les aînés passe pour déplacé.
Est-on parmi de vieux barbons
Qu'il faut gober tous leurs sermons
Comme on prend une amère potion ;
C'est pour garder la paix de la maison.
Toi-même tu ne l'aurais pas voulu,
Mais quand toujours on apprend et on lit,
On aurait bien du mal à découvrir l'ennui.
Mais voilà une autre question, pire tourment :
« Que vais-je mettre ? Mes vêtements
Sont trop petits. Je n'ai plus de pantalon,
Mon chemisier est grand comme un napperon.
Et mes chaussures, comme elles me blessent,
Tout me torture, quelle tristesse. »
Oui, avec dix centimètres en plus,
Rien ne vous va, bien entendu.

Quant au passage sur les repas, Margot n'a pas pu le faire rimer et je le laisse entièrement de côté. Alors, il n'est pas beau, mon poème ? En outre, j'ai été très gâtée, on m'a donné de très jolies choses. Entre autres, un gros livre qui traite de mon sujet préféré, la mythologie de Hellas et de Rome. Je n'ai pas à me plaindre non plus de manquer de bonbons, tous ont puisé dans leurs dernières réserves. En tant que Benjamine de la maisonnée clandestine, j'ai été vraiment beaucoup plus fêtée qu'il ne me revenait normalement.

Bien à toi,

Anne

MARDI 15 JUIN 1943

Chère Kitty,

Il s'est passé une foule de choses, mais je pense le plus souvent que mon bavardage oiseux t'ennuie beaucoup et que tu es bien contente de ne pas recevoir trop de lettres. Je vais donc te rapporter les nouvelles en les résumant.

Monsieur Voskuyl n'a pas été opéré de l'estomac : quand il a été sur la table d'opération et qu'on lui a ouvert l'estomac, les médecins se sont aperçus qu'il avait un cancer incurable, déjà trop avancé pour qu'on puisse l'opérer. Ils se sont contentés de lui refermer l'estomac, de le garder trois semaines au lit et de lui donner une bonne nourriture avant de le renvoyer chez lui. Mais ils ont commis une sottise impardonnable, à savoir de dire exactement à ce pauvre homme ce qui l'attend. Il n'est plus en état de travailler, reste chez lui au milieu de ses huit enfants et rumine sa fin prochaine. Il me fait énormément pitié et je suis très triste que nous ne puissions pas nous montrer dans la rue, sinon j'irais certainement très souvent lui rendre visite, pour lui changer les idées. Pour nous, c'est une catastrophe que ce bon Voskuyl ne soit plus là pour nous tenir au courant de ce qui se passe dans l'entrepôt et des bruits qu'on y entend. Il était notre meilleure aide et notre meilleur soutien en matière de prudence, il nous manque beaucoup.

Le mois prochain, nous serons touchés à notre tour par la remise des postes de radio. Kleiman a chez lui, clandestinement, un poste « baby », dont nous hériterons en remplacement de notre gros Philips. C'est bien dommage de devoir livrer ce beau meuble, mais dans une maison où des gens se cachent, mieux vaut ne pas provoquer les autorités. Nous mettrons la petite radio en haut, naturellement. Là où il y a des juifs clandestins, et de l'argent clandestin, une radio clandestine est tout indiquée.

Tout le monde essaie de récupérer un vieux poste à donner à la place de sa « source de réconfort ». C'est tout à fait vrai, chaque fois que les nouvelles du dehors s'aggravent, la radio nous aide en nous répétant de sa voix miraculeuse que nous ne devons pas nous laisser abattre : « Tête haute, courage, d'autres temps viendront ! »

Bien à toi,

Anne

DIMANCHE 11 JUILLET 1943

Chère Kitty,

Pour revenir une fois de plus sur le thème de l'éducation, je te dirai que je me donne beaucoup de mal pour être serviable, aimable et gentille et faire en sorte que la pluie de réprimandes se transforme en un petit crachin. C'est fichtrement dur d'avoir une conduite exemplaire avec des gens qu'on ne peut pas voir en peinture, et quand le cœur n'y est pas. Mais je m'aperçois vraiment que je m'en tire mieux avec un peu d'hypocrisie au lieu de m'en tenir à ma vieille habitude, qui était de dire carrément mon opinion à chacun (bien que personne ne me demande jamais mon avis ou n'y attache de l'importance) et bien entendu, il m'arrive très souvent de sortir de mon rôle et de ne pas pouvoir contenir ma fureur devant certaines injustices, si bien que, quatre semaines durant, on clabaude sur la fille la plus insolente du monde. Tu ne me trouves pas à plaindre, par moments ? Heureusement que je ne suis pas du genre ronchonneur, je finirais par maigrir et ne plus pouvoir conserver ma bonne humeur. Le plus souvent, je considère ces sermons sous l'angle humoristique, mais j'y réussis mieux quand c'est quelqu'un d'autre qui en prend pour son grade, et non pas moi qui en fais les frais.

D'autre part, j'ai décidé (après mûre réflexion) de laisser un peu tomber la sténo. D'abord pour pouvoir consacrer encore plus de temps à mes autres matières et en second lieu à cause de mes yeux, car c'est une vraie catastrophe. Je suis devenue très myope et devrais avoir des lunettes depuis longtemps (ouh, de quelle chouette j'aurais l'air !), mais bon, avec les clandestins, tu sais... Hier, toute la maisonnée n'avait qu'un sujet de conversation, les yeux d'Anne, parce que Maman avait suggéré d'envoyer Mme Kleiman avec moi chez l'oculiste. Cette proposition m'a fait chanceler un instant sur mes jambes, car ce n'est pas une mince affaire. Dans la rue. Rends-toi compte. Dans la rue. C'est inimaginable. Au début, c'était la panique, puis je me suis sentie toute joyeuse. Mais les choses n'étaient pas si simples, car les diverses autorités qui ont à décider d'une telle initiative n'arrivaient pas à se mettre d'accord si rapidement. Il fallait d'abord peser toutes les difficultés et tous les risques, même si Miep voulait se mettre en route avec moi sans plus tarder. Je sortais déjà mon manteau gris de la penderie, mais il était si serré qu'il avait l'air d'appartenir à ma petite sœur. L'ourlet était décousu et le manteau ne boutonne plus. Je suis vraiment curieuse de voir la suite des événements, mais je pense que le projet sera abandonné, car entre-temps, les Anglais ont débarqué en Sicile et Papa s'attend de nouveau à un « dénouement rapide ».

Bep nous donne beaucoup de tâches de bureau à faire, à Margot et à moi, nous nous sentons toutes les deux importantes et cela l'aide beaucoup. Classer de la correspondance et remplir le livre des ventes est à la portée de tous, mais nous le faisons avec une exactitude scrupuleuse. Miep est toujours chargée comme un baudet, elle ne fait que traîner des paquets. Presque tous les jours, elle réussit à dénicher quelque part des légumes, qu'elle apporte sur son vélo, dans de grands cabas. C'est elle encore qui, chaque samedi, nous apporte cinq livres de bibliothèque. Nous attendons toujours le samedi, le jour des livres, avec impatience, comme des petits enfants qui vont avoir un cadeau. Les autres gens ne savent pas tout ce que les livres représentent quand on est enfermé. La lecture, l'étude et la radio, voilà nos seules distractions.

Bien à toi,

Anne

MARDI 13 JUILLET 1943

La meilleure table

Hier après-midi, j'avais demandé à Dussel, avec la permission de Papa, s'il voulait bien avoir l'obligeance d'accepter (poli, non ?) que je puisse faire usage de notre petite table deux après-midi par semaine, de quatre heures à cinq heures et demie. De deux heures et demie à quatre heures, j'y suis tous les jours, pendant que Dussel fait la sieste, et le reste du temps, chambre et table sont son domaine réservé. A côté, dans notre pièce commune, il y a beaucoup trop de monde l'après-midi, on ne peut pas y travailler, et d'ailleurs à ce moment-là, Papa aime bien aussi se tenir à son bureau. J'avais donc de bonnes raisons et ma question était de pure politesse. Mais que crois-tu que le savant docteur Dussel a répondu ? « Non. » Un non sec et catégorique.

J'étais indignée et je ne me suis pas laissé démonter, et lui ai donc demandé les raisons de ce « non ». Mais bien mal m'en a pris. Voici la salve que j'ai déclenchée :

« Moi aussi je dois travailler, si je ne peux pas le faire l'après-midi, il ne me reste absolument plus de temps, j'ai mon travail à terminer, sinon je l'aurai commencé pour rien, ton travail à toi n'a rien de sérieux, à quoi ça ressemble, cette mythologie, tricoter ou lire non plus ce n'est pas travailler, je suis à cette table et j'y resterai ! » Je lui ai répondu : « Monsieur Dussel, mon travail est parfaitement sérieux, à côté je ne peux pas travailler l'après-midi, et je vous demande respectueusement de reconsidérer ma demande ! » Sur ces mots, Anne, offensée, a tourné les talons et fait comme si le savant docteur n'était que du vent. Je bouillais de fureur, trouvais Dussel terriblement impoli (ce qu'il était), et me trouvais moi-même très aimable.

Le soir, quand j'ai pu prendre Papa à part, je lui ai dit comment l'affaire avait tourné et j'ai discuté avec lui de ce qui me restait à faire, car je ne voulais pas renoncer mais préférais m'en tirer toute seule. Pim me donna plus ou moins la marche à suivre, mais insista pour que j'attende le lendemain, car j'étais trop excitée.

Je n'ai pas suivi ce conseil et le soir, après la vaisselle, j'ai attendu Dussel. Papa était assis à côté de nous dans la pièce, ce qui me donnait un grand calme.

Je commençai : « Monsieur Dussel, je crois que vous pensez qu'il ne vaut pas la peine de reconsidérer l'affaire avec moi, mais je vous demande de le faire tout de même. »

Avec son plus charmant sourire, Dussel remarqua : « Je suis toujours et à tout moment disposé à reparler de cette affaire, déjà réglée toutefois entre-temps ! »

Je poursuivis alors la conversation, interrompue sans cesse par Dussel : « A votre arrivée ici, il était convenu que cette chambre nous servirait à tous les deux, donc, si le partage était équitable, vous devriez avoir le matin et moi, tout l'après-midi ! Mais je ne le demande même pas ; et deux après-midi par semaine, ce n'est que justice, il me semble. »

Là, Dussel a bondi, comme piqué par une aiguille : « La justice, ce n'est pas à toi d'en parler, et puis moi, qu'est-ce que je deviens ? Je vais demander à M. Van Daan s'il veut bien me construire un petit cagibi au grenier où je pourrai me tenir, je n'ai pas de place pour travailler tranquille, avec toi, on passe son temps à se quereller : si ta sœur, Margot, qui a de meilleures raisons à faire valoir, m'adressait la même requête, je ne songerais pas à refuser, mais toi »... et de nouveau il a été question de mythologie et de tricot, et de nouveau Anne s'est sentie offensée. Cependant je n'en fis rien paraître et laissai Dussel vider son sac : « Enfin, avec toi, il n'y a pas moyen de s'entendre. Tu es une égoïste éhontée, une seule chose t'intéresse, obtenir ce que tu veux, et tous les autres doivent s'effacer, jamais je n'ai vu une enfant pareille. Mais en fin de compte, je vais tout de même être obligé de te donner satisfaction, sinon plus tard je m'entendrai dire : Anne

Frank a raté son examen parce que M. Dussel ne voulait pas lui céder la table ! »

Et il continuait... et il en rajoutait, à la fin c'était devenu un tel flot que je ne pouvais presque plus le suivre. Un moment je pensais : « Je m'en vais lui donner un de ces coups sur la tronche, il ira valser contre le mur avec tous ses mensonges », et l'instant d'après je me disais : « Reste calme, ce type ne mérite pas que tu te mettes dans cet état ! » Enfin M. Dussel n'a plus eu de bile à cracher et, le visage partagé entre une expression de courroux et de triomphe, il est sorti de la pièce, son manteau bourré de victuailles.

J'ai couru trouver Papa et lui ai fait le récit complet de la conversation, pour autant qu'il ne l'avait pas suivie. Pim a décidé alors de parler à Dussel le soir même ; ainsi fut fait, et leur discussion dura plus d'une demi-heure. Ils se sont d'abord demandé si Anne avait vraiment besoin de la table, oui ou non. Papa a rappelé qu'ils avaient déjà abordé le sujet, mais qu'il avait alors fait mine de se ranger à l'avis de Dussel pour ne pas donner tort au plus vieux des deux face à la plus jeune ; pourtant, même alors, Papa trouvait que ce n'était pas juste. Dussel estimait que je n'avais pas à le présenter comme un intrus qui confisquait toutes les affaires, mais Papa le contredit catégoriquement sur ce point, car il m'avait entendue lui-même et savait que je n'avais pas dit un mot en ce sens. Et l'échange se poursuivait, Papa prenant ma défense sur le chapitre de l'égoïsme et de ma façon de « travailloter », Dussel continuant à bougonner.

Finalement, Dussel a tout de même dû céder et j'ai eu droit à deux après-midi par semaine pour travailler sans être dérangée. Dussel avait l'air tout dépité, il est resté deux jours sans me parler et a fait valoir qu'il avait besoin de la table de cinq heures à cinq heures et demie naturellement.

Un homme de cinquante-quatre ans qui a encore des habitudes aussi pédantes et mesquines, c'est la nature qui l'a fait ainsi et il ne se corrigera jamais.

Chère Kitty,

Nouveau cambriolage, mais pour de bon cette fois ! Ce matin à sept heures, Peter est descendu comme d'habitude à l'entrepôt et a vu tout de suite que la porte de l'entrepôt, comme celle de la rue, était ouverte. Il a immédiatement prévenu Pim qui, dans le bureau privé, a réglé la radio sur l'Allemagne et a fermé la porte à clé. Ils sont alors remontés ensemble. Les consignes ordinaires en pareil cas : ne pas se laver, rester immobile, être fin prêt et habillé à huit heures, et ne pas aller aux toilettes, ont comme d'habitude été suivies à la lettre. Tous les huit, nous étions heureux d'avoir si bien dormi cette nuit-là et de n'avoir rien entendu. Mais nous étions un peu indignés que, de toute la matinée, personne ne se soit montré à notre étage et que M. Kleiman nous ait tenus en haleine jusqu'à 11 heures et demie. Il nous a raconté que les cambrioleurs avaient enfoncé la porte extérieure avec une pince-monseigneur et forcé la serrure de celle de l'entrepôt. Dans celui-ci, cependant, il n'y avait pas grand-chose à voler et c'est pourquoi les malfaiteurs ont tenté leur chance un étage plus haut. Ils ont pris deux petites caisses contenant 40 florins, des carnets de chèques postaux et bancaires en blanc et, le plus grave, toute notre allocation de sucre, d'une valeur de 150 florins.

M. Kugler pense que ce cambrioleur appartenait à la même confrérie que celui qui était venu, il y a six semaines, et qui avait essayé d'ouvrir les trois portes (celle de l'entrepôt et les deux portes d'entrée), mais sans y parvenir.

L'affaire a de nouveau provoqué quelques remous dans notre bâtiment, mais l'Annexe ne semble plus pouvoir vivre autrement. Bien sûr, nous étions contents que les machines à écrire et la caisse aient été bien cachées dans notre penderie.

Bien à toi,

Anne

P.-S. Débarquement en Sicile. Encore un pas qui nous rapproche de... !

110

Chère Kitty,

Dimanche, le quartier nord a subi un bombardement très dur. Les destructions doivent être effroyables, des rues entières sont en ruine et il faudra encore beaucoup de temps pour dégager les gens ensevelis. Jusqu'à présent, il y a deux cents morts et des blessés sans nombre ; les hôpitaux sont pleins à craquer. On entend parler d'enfants qui cherchent le corps de leurs parents dans les ruines fumantes. J'en ai des frissons, quand je repense à ce grondement étouffé et trépidant dans le lointain, que nous ressentions comme un signe annonciateur de l'anéantissement.

VENDREDI 23 JUILLET 1943

En ce moment, Bep peut se procurer à nouveau des cahiers, surtout des journaux et des grands livres, tout à fait appropriés pour ma comptable de sœur ! On vend aussi d'autres cahiers, mais ne me demande pas quel genre, ni pour combien de temps. En ce moment, les cahiers portent la mention « DISPONIBLE SANS TICKET » ! Comme tout ce qui est encore « sans ticket », ça ne vaut pas un clou.

Ces cahiers se composent de douze feuilles de papier grisâtre aux lignes serrées et imprimées de travers. Margot se demande si, à la même adresse où nous avions eu nos leçons de sténo, elle ne pourrait pas suivre un cours de calligraphie ; je lui ai fortement conseillé. Maman ne veut absolument pas que je le fasse aussi, à cause de mes yeux, mais ce sont des bêtises, je trouve. Que je fasse ça ou autre chose, cela revient au même.

Comme tu n'as pas encore connu de guerre, Kitty, et que malgré toutes mes lettres tu n'as qu'une vague idée de la clandestinité, je vais te dire, pour t'amuser, quel est le premier souhait de chacun d'entre nous le jour où nous sortirons d'ici. Margot et M. Van Daan voudraient se plonger jusqu'aux cheveux dans un bain bien chaud et y rester plus d'une demi-heure. Mme Van Daan préférerait aller aussitôt manger des gâteaux. Dussel ne connaît que sa Charlotte, Maman sa tasse de café, Papa ira chez les Voskuyl, Peter en ville et au cinéma et moi, de bonheur, je ne saurais pas par quoi commencer. Ce qui me manque le plus, c'est une maison à moi, de la liberté de mouvement et enfin d'être aidée de nouveau dans mon travail, donc retour à l'école ! Bep nous a proposé des fruits. Oh, c'est donné. Raisins : 5 florins le kilo ; groseilles à maquereau : 0,70 florin la livre ; pêches : 0,50 florin la pièce ; melon : 1,50 florin le kilo. Et dire que tous les soirs, ils mettent dans le journal en lettres géantes : « GONFLER LES PRIX, C'EST DE L'ESCROQUERIE ! »

LUNDI 26 JUILLET 1943

Chère Kitty,

Hier, nous avons eu une journée très agitée et nous en sommes encore tout excités. Tu pourrais d'ailleurs nous demander quel jour se passe ici sans excitation. Le matin au petit déjeuner, nous avons eu pour la première fois une préalerte, mais nous nous en moquons, car cela signifie qu'il y a des avions au-dessus de la côte. Après le petit déjeuner, je suis allée m'étendre une heure, car j'avais une forte migraine, puis je suis descendue au bureau. Il était à peu près deux heures. A deux heures et demie, Margot avait fini son travail de bureau ; elle n'avait pas encore pris ses affaires que les sirènes se mettaient à mugir, donc me voilà qui remonte avec elle. Il était temps, nous n'étions pas en haut depuis cinq minutes que des tirs violents ont commencé, si bien que nous nous sommes postées dans le couloir. Et ma foi oui, voilà la maison qui tremble et les bombes qui tombent. Je serrais contre moi mon « sac de fuite », plus pour avoir quelque chose à tenir que pour fuir, puisque de toute façon nous ne pouvons pas sortir ou alors, dans le pire des cas, la rue représente un aussi grand danger pour notre vie qu'un bombardement. Au bout d'une demi-heure, le bruit des avions a diminué, mais l'activité dans la maison a augmenté. Peter est descendu de son poste d'observation du grenier de devant,

112

Dussel était dans le bureau sur la rue, Madame se sentait plus en sécurité dans le bureau privé, M. Van Daan avait suivi les opérations du haut des combles, et nous, sur le palier, nous nous sommes dispersés à notre tour pour voir monter les colonnes de fumée au-dessus de l'I.J.[1] Bientôt une odeur d'incendie se répandit partout et l'on aurait dit qu'un épais brouillard stagnait dehors. Un grand incendie n'est certainement pas un beau spectacle, mais pour nous l'affaire était passée et nous nous sommes remis à nos occupations respectives. Le soir au dîner : alerte aérienne. Nous avions de bonnes choses à manger, mais le bruit de la sirène a suffi à me couper l'appétit. Mais il ne s'est rien passé et trois quarts d'heure après l'alerte était finie. La vaisselle était rangée : alerte, tirs, une masse d'avions. « Oh, Seigneur ! Deux fois le même jour, c'est vraiment beaucoup ! » pensions-nous les uns et les autres, mais rien à faire, c'était une nouvelle pluie de bombes, cette fois de l'autre côté, à Schipol d'après les Anglais. Les avions piquaient, montaient, l'air sifflait et c'était très très effrayant, à chaque instant je pensais : « Il va tomber, on va y passer. »

Je t'assure qu'en me couchant à neuf heures, j'avais du mal à tenir sur mes jambes. A minuit pile, je me réveille : des avions. Dussel était en train de se déshabiller, cela ne m'a pas arrêtée, au premier tir j'ai bondi hors de mon lit, réveillée comme une puce. Jusqu'à une heure à côté, à une heure et demie au lit, à deux heures, retour près de Papa et il en passait encore et encore au-dessus de nous. Les tirs ont cessé et j'ai pu rentrer chez moi. Je me suis endormie à deux heures et demie. Sept heures. Je me dresse brusquement dans mon lit. Van Daan était avec Papa. Ma première pensée a été : des cambrioleurs. J'ai entendu Van Daan dire « tout » et j'ai pensé qu'ils avaient tout volé. Mais non, cette fois c'était une merveilleuse nouvelle, la meilleure que nous ayons entendue depuis des mois, peut-être depuis le début de la guerre : Mussolini s'est retiré et l'empereur-roi d'Italie a pris la tête du gouvernement. Nous étions fous de joie. Après toutes les hor-

---

1. L'I.J. en Y est le bras de mer canalisé qui relie Amsterdam à la mer du Nord et où se trouve en partie le port.

reurs d'hier, enfin un peu de bonheur et... d'espoir. Espoir de voir finir la guerre, espoir de paix. Kugler est passé nous voir et nous a dit que Fokker avait été durement touché. Entre-temps, nous avions eu ce matin une nouvelle alerte avec un passage d'avions et ensuite une préalerte. Je suis submergée d'alertes, je manque de sommeil et je n'ai pas envie de travailler, mais pour l'instant l'attente de nouvelles d'Italie nous tient éveillés, et l'espoir pour la fin de l'année...

Bien à toi,

Anne

JEUDI 29 JUILLET 1943

Chère Kitty,

Mme Van Daan, Dussel et moi étions en train de faire la vaisselle et une chose rarissime, qui n'allait pas manquer de les frapper, c'est que j'étais particulièrement silencieuse. Pour prévenir les questions, j'ai donc cherché à la hâte un sujet de conversation plutôt neutre, et j'ai pensé que le livre *Henri Van de Overkant* répondrait à cette exigence. Mais je m'étais méprise ; quand je n'ai pas Madame sur le dos, c'est M. Dussel. Voici l'affaire : M. Dussel nous avait chaudement recommandé ce livre, comme un excellent titre. Seulement, Margot et moi l'avons trouvé tout le contraire d'excellent ; le personnage du petit garçon était plein de vérité, mais le reste... je préfère ne rien en dire. C'est à peu près la remarque que je fis pendant la vaisselle, et cela m'a valu un torrent de reproches :

« Que peux-tu comprendre, toi, au psychisme d'un homme adulte ? Un enfant, ce n'est pas si difficile (!). Tu es beaucoup trop jeune pour ce genre de livre, un homme de vingt ans ne le comprendrait même pas. » (Pourquoi donc a-t-il tant recommandé ce livre à Margot et à moi, justement ?) Maintenant, Dussel et Madame poursuivaient à l'unisson : « Tu es au courant de beaucoup trop de choses qui ne sont pas de ton âge, tu as une éducation totalement inadaptée. Plus tard, quand tu seras plus âgée, tu n'auras plus aucun plaisir, tu diras : "Tout ça, je l'ai déjà vu dans les livres il y a vingt ans." Il faut te dépêcher si tu veux trouver un mari ou tomber amoureuse, sinon tout va sûrement te décevoir. En théorie, tu connais déjà tout, mais ce qui te manque, c'est la pratique ! » Qui ne s'imagine ma situation ? J'étais tout étonnée moi-même de pouvoir répondre avec calme : « Vous pensez peut-être que je suis mal élevée, mais tout le monde n'est pas du même avis, loin de là ! »

C'est sûrement une marque de bonne éducation de me monter toujours contre mes parents, parce que c'est souvent ce qu'ils font, et ne rien dire de ces choses à une fille de mon âge, c'est sans doute excellent. Les résultats d'une telle éducation, on ne les connaît que trop. Sur le moment, j'aurais pu gifler ces deux-là, en train de se moquer de moi. J'étais hors de moi, et je pourrais vraiment compter les jours (si je savais où m'arrêter) qui me séparent du moment où je serai délivrée de « ces gens-là ».

Cette Mme Van Daan c'est un drôle de numéro ! Il faut prendre exemple sur elle, prendre des exemples... mais seulement les mauvais. Mme Van Daan est connue pour être indiscrète, égoïste, retorse, calculatrice et jamais satisfaite. Ajoutons-y vanité et coquetterie. Elle est, sans conteste, une petite personne absolument désagréable. Avec Mme Van Daan, je pourrais remplir des volumes entiers et, qui sait, je le ferai peut-être un jour. Un petit vernis extérieur, c'est à la portée de tout le monde. Madame est aimable avec les inconnus et surtout avec les hommes, et c'est pourquoi on se trompe à son sujet quand on ne la connaît pas encore bien.

Maman la trouve trop bête pour perdre une minute à parler d'elle, Margot la trouve trop insignifiante, Pim trop laide (au propre et au figuré !) et après un long parcours, car je n'ai jamais de jugements préconçus, je suis arrivée à la conclusion qu'elle mérite les trois qualificatifs, et beaucoup, beaucoup plus encore. Elle a tant de défauts, pourquoi en citerais-je un en particulier ?

Bien à toi,

Anne

P.-S. Le lecteur voudra bien tenir compte du fait que, lorsque cette histoire a été écrite, la colère de l'auteur n'était pas encore retombée !

MARDI 3 AOÛT 1943

Chère Kitty,

En politique, tout va pour le mieux. En Italie, le parti fasciste est interdit. Un peu partout, le peuple se bat contre les fascistes, quelques militaires prennent part au combat. Comment ce pays peut-il continuer à faire la guerre à l'Angleterre ? Notre belle radio a été emportée la semaine dernière, Dussel était très fâché que Kugler la remette à la date prévue. Dussel baisse de plus en plus dans mon estime, il est déjà à peu près tombé en dessous de zéro. Tout ce qu'il dit sur la politique, l'histoire, la géographie et d'autres sujets est tellement ridicule que j'ose à peine le répéter. Hitler disparaîtra dans l'Histoire. Le port de Rotterdam est plus grand que celui de Hambourg. Les Anglais sont des imbéciles, de ne pas ensevelir en ce moment l'Italie sous les bombes, etc.

Nous avons eu un troisième bombardement, j'ai serré les dents et je me suis exercée au courage. Mme Van Daan, qui a toujours dit « qu'ils viennent », « mieux vaut une fin effrayante que pas de fin du tout », est maintenant la plus peureuse de nous tous, ce matin elle tremblait comme un roseau et a même éclaté en sanglots. Son mari, avec qui elle vient de faire la paix après une semaine de dispute, l'a consolée ; le spectacle suffisait presque à me rendre sentimentale. Avoir des chats ne présente pas que des avantages, et Muschi vient de le prouver sans équivoque. Toute la maison est infestée de puces, le fléau s'étend de jour en jour.

M. Kleiman a semé de la poudre jaune dans les moindres recoins, mais les puces s'en moquent. Cela nous rend tous nerveux, on a sans arrêt l'impression que quelque chose vous grattouille le bras, la jambe ou d'autres parties du corps, aussi beaucoup de membres de la maisonnée font des exercices de gymnastique pour se regarder derrière le cou ou la jambe tout en restant debout. Nous voyons maintenant les conséquences du manque d'exercice ; nous sommes beaucoup trop raides pour bien tourner le cou. Il y a longtemps que la vraie gymnastique a disparu de nos occupations.

Bien à toi,

Anne

MERCREDI 4 AOÛT 1943

Chère Kitty,

Depuis plus d'un an que nous sommes des Annexiens, tu connais assez bien notre vie, mais je ne peux pas te renseigner sur tout ; la différence avec ce qui se passe à des époques normales et chez des gens normaux est tellement grande. Cependant, pour te permettre de jeter un regard plus précis sur notre vie, je vais désormais te décrire de temps en temps une portion d'une journée ordinaire. Aujourd'hui, je commence par la soirée et la nuit :

A neuf heures du soir commence à l'Annexe l'agitation du coucher, et c'est vraiment toujours une agitation sans nom. On déplace les chaises, on retourne la literie, on plie des couvertures, rien ne reste à sa place de la journée. Je dors sur le petit divan, qui a moins de 1,50 m de long. Ici, des chaises doivent donc servir de rallonge ; un édredon, des draps, des oreillers, des couvertures, tous tirés du lit de Dussel, où ils résident dans la journée.

A côté, on entend d'horribles craquements, le lit en accordéon de Margot ; autres couvertures de divan et oreillers, le tout pour rendre un peu plus confortables les lattes de bois. En haut, on croirait entendre le tonnerre, ce n'est que le lit de Madame. Il faut savoir qu'on le pousse vers la fenêtre pour permettre à son altesse à la liseuse rose de recevoir d'agréables picotements dans ses petites narines.

Neuf heures : après Peter, j'entre dans la salle de bains où a lieu une toilette approfondie, et il n'est pas rare (seulement pendant les mois, les semaines ou les jours de grande chaleur) qu'une petite puce soit entraînée dans

117

l'eau du lavage. Ensuite, se laver les dents, se boucler les cheveux, se faire les ongles, manier de petits cotons imbibés d'eau oxygénée (sert à décolorer les poils noirs de moustache), le tout en une petite demi-heure.

Neuf heures et demie : peignoir de bain passé à la va-vite, savon dans une main, pot, épingles à cheveux, culotte, bigoudis et cotons dans l'autre, je sors en coup de vent de la salle de bains, avant d'être rappelée le plus souvent à cause des cheveux dont les courbes gracieuses, mais pas très appétissantes pour mon successeur, déparent le lavabo.

Dix heures : fenêtres calfeutrées, bonne nuit. Dans la maison, un bon quart d'heure durant, craquements de lits et soupirs de ressorts fatigués, puis le silence se fait, si du moins les voisins du dessus ne se disputent pas sur l'oreiller.

Onze heures et demie : la porte de la salle de bains grince. Un mince rai de lumière tombe dans la chambre. Chaussures qui craquent, un grand manteau, encore plus grand que l'homme qui le porte... Dussel revient de son travail nocturne dans le bureau de Kugler. Dix minutes de traînements de pieds sur le sol, de froissement de papier, ce sont les victuailles à cacher dans le placard, et un lit qu'on fait. Puis la silhouette disparaît de nouveau, et l'on n'entend plus de temps en temps qu'un petit bruit suspect monter des W.C.

Environ trois heures : je suis obligée de me lever pour une petite commission dans la boîte en fer placée sous mon lit, sous laquelle, par précaution, on a mis un petit tapis de caoutchouc, en prévision d'éventuelles fuites. Dans ces cas-là, je retiens toujours mon souffle, car le jet retentit dans la boîte comme une cascade de montagne. Puis la boîte revient à sa place et une silhouette en chemise de nuit blanche, qui chaque soir arrache à Margot ce cri : « Oh, cette chemise de nuit, quelle indécence », se recouche. Un petit quart d'heure, une certaine personne continue à écouter les bruits de la nuit. Tout d'abord, s'il n'y a pas un voleur en bas, puis les bruits venus des divers lits, en haut, à côté et dans la chambre, bruits d'où l'on peut généralement déduire si les différents occupants de la maison dorment ou passent la nuit dans un demi-sommeil. Ce dernier cas n'a rien de réjouissant, surtout lorsqu'il concerne un membre de la maisonnée répondant au nom de Dr Dussel.

D'abord j'entends un petit bruit comparable à celui d'un poisson happant l'air, et qui se répète une dizaine de fois, puis on s'humecte les lèvres avec application, en alternant avec de petits clappements de langue, suivis de rotations prolongées dans le lit, d'un côté et d'autre, et de déplacements d'oreillers. Cinq minutes de calme complet, puis cette succession d'événements se répète au moins trois fois, après quoi le docteur a probablement réussi à s'assoupir pour un moment. Il peut arriver aussi que, la nuit, à des moments variables entre une et quatre heures du matin, il y ait des tirs. Je ne m'en rends jamais complètement compte avant de m'être levée machinalement. Parfois je suis tellement plongée dans mes rêves, que je pense aux verbes irréguliers français ou à une des querelles d'en haut. C'est seulement quand tout est fini que je m'aperçois qu'on a tiré et que je suis restée tranquillement dans ma chambre. Mais le plus souvent, les choses se passent comme je l'ai dit plus haut. Vite, un oreiller et un mouchoir à la main, on enfile peignoir et pantoufles, et au petit trot jusqu'à Papa, exactement comme Margot l'a écrit dans mon poème d'anniversaire :

> La nuit, à la première détonation,
> Une porte grince, et qui fait irruption ?
> Un mouchoir, un oreiller et une petite fille...

Une fois parvenue près du grand lit, le plus gros de ma frayeur est passé, sauf si ça tire très fort.

Sept heures moins le quart : drrrrrr... le petit réveille-matin qui peut élever la voix à toute heure du jour (quand on le demande et parfois même sans cela). Crac... pang... Madame l'a arrêté. Knak... Monsieur s'est levé. On fait bouillir de l'eau, et vite à la salle de bains.

Sept heures et quart : la porte grince une nouvelle fois. Dussel peut aller à la salle de bains. Une fois seule, on fait entrer la lumière... et le nouveau jour a commencé à l'Annexe.

Bien à toi,

Anne

119

Chère Kitty,

Aujourd'hui nous passons à la pause des bureaux. *Il est midi trente :* toute la bande respire. Au moins Van Maaren, l'homme au passé obscur, et de Kok[1] sont rentrés chez eux. En haut, on entend les coups étouffés de l'aspirateur qui passe sur le beau et d'ailleurs unique « tapis » de Madame. Margot prend quelques livres sous le bras et va donner son enseignement « pour enfants qui ont du mal à suivre », car c'est à cela que Dussel fait penser.

Pim s'installe dans un coin avec son inséparable Dickens, pour trouver un peu de calme quelque part. Maman se hâte de monter un étage plus haut aider l'industrieuse maîtresse de maison et moi je vais à la salle de bains pour lui redonner un peu d'allure, ainsi qu'à moi-même.

Une heure moins le quart : l'Annexe se remplit peu à peu. D'abord M. Gies, puis Kleiman ou Kugler, Bep et parfois, en coup de vent, Miep.

Une heure : tout le monde écoute religieusement la B.B.C. Ils sont tous rassemblés autour de la radio « baby » et ce sont les seules minutes où les membres de l'Annexe ne se coupent pas la parole, car celui qui parle, même M. Van Daan ne peut le contredire.

Une heure et quart : grande distribution. Chacun de ceux d'en bas a droit à une tasse de soupe et à une part de dessert, si jamais il y en a. M. Gies s'installe avec satisfaction sur le divan ou s'adosse au bureau. Le journal, sa tasse et le plus souvent le chat à côté de lui.

En l'absence de l'un de ces trois accessoires, il ne manquera pas de protester. Kleiman raconte les dernières nouvelles de la ville ; dans ce domaine, il est en effet une excellente source de renseignements. Kugler monte l'escalier en trombe, un coup bref et énergique à la porte, et il entre en se frottant les mains, bien luné et expansif ou morose et silencieux, selon l'atmosphère du jour.

Deux heures moins le quart : les mangeurs se lèvent et chacun retourne à ses occupations. Margot et Maman à la

---

1. Il s'agit des magasiniers.

vaisselle, Monsieur et Madame sur le divan, Peter au grenier, Papa sur le divan, Dussel sur le sien et Anne au travail. Commence maintenant l'heure la plus calme de la journée ; quand tous dorment, personne n'est dérangé. Dussel rêve de bonnes choses à manger, c'est ce que trahit son visage, et je ne le regarde pas longtemps, car le temps passe vite et à quatre heures, le pédant docteur est déjà debout montre en main, parce que je lui laisse la table avec une minute de retard.

Bien à toi,

Anne

SAMEDI 7 AOÛT 1943

Chère Kitty,

Il y a quelques semaines, j'ai commencé à écrire une histoire, une histoire totalement inventée et j'y ai pris un tel plaisir que les fruits de ma plume sont en train de s'accumuler.

LUNDI 9 AOÛT 1943

Chère Kitty,

Cette fois, suite de l'emploi du temps de l'Annexe.
Après la pause des gens du bureau, voici le déjeuner.
M. Van Daan, c'est lui qui ouvre la marche. On le sert le premier, il prend de tout en abondance, quand le menu lui plaît. Participe généralement à la conversation, proclame toujours son opinion et, cela fait, il n'y a plus rien à y redire, car si quelqu'un s'y risque, il faut l'entendre. Oh... il peut grogner comme un chat en colère... j'aime mieux ne pas m'y frotter... Quand on l'a subi une fois, on ne recommence pas. Il a l'opinion la plus juste, il est le mieux renseigné sur tout. Bon, c'est vrai, il n'est pas bête ; mais l'autosatisfaction a atteint chez ce monsieur un haut degré.

Madame : au fond, je ferais mieux de ne rien dire. Certains jours, surtout quand un éclat s'annonce, mieux vaut ne pas la regarder en face. Tout bien considéré, c'est elle la responsable de toutes les discussions. Pas le sujet ! Oh non, chacun s'en garde bien, mais on pourrait peut-être l'appeler la provocatrice. Provoquer, ça c'est amusant. Exciter les autres contre Mme Frank et Anne, contre Margot et Monsieur c'est moins facile.

Mais passons à table. Madame ne manque de rien, quoi qu'elle en pense parfois. Les pommes de terre les plus fines, le meilleur morceau, les parties les plus tendres, choisir, telle est la devise de Madame. Les autres auront leur tour, pourvu que j'aie d'abord pris le meilleur. (Exactement ce qu'elle pense d'Anne Frank.) Sa seconde devise, c'est parler ; il suffit que quelqu'un écoute, que cela l'intéresse ou non, peu importe apparemment, elle pense sans doute « ce qu'est Mme Van Daan intéresse tout le monde ».

Sourire coquet, faire semblant de connaître un peu de tout, donner à chacun des conseils maternels, voilà qui ne peut que faire bonne impression. Mais à y regarder à deux fois, ce qu'il y a de bon s'évapore bien vite. Un active, deux enjouée, trois coquette et parfois un gentil minois : voilà Petronella Van Daan.

Le troisième convive : on ne l'entend guère. Le jeune M. Van Daan est généralement silencieux et ne se fait pas remarquer. Et quant à l'appétit : un vrai tonneau des Danaïdes, il n'est jamais plein et devant le repas le plus consistant, il affirme avec un calme olympien qu'il pourrait encore en absorber le double.

Numéro 4, Margot : un appétit de souris, ne parle pas du tout. Les seules choses qu'elle absorbe : légumes verts et fruits. Trop gâtée, estime Van Daan ; trop peu de grand air et de sport, pensons-nous.

A côté Maman : solide appétit, causeuse animée. Personne, à la voir, ne pense comme pour Mme Van Daan : c'est la maîtresse de maison. Où en est la différence ? Eh bien, Madame fait la cuisine et Maman fait la vaisselle et astique.

Numéros 6 et 7 : de Papa et de moi, je ne dirai pas grand-chose. Le premier est le plus effacé de toute la tablée. Il s'assure toujours que les autres sont servis ; il n'a besoin de rien, les meilleures choses sont pour les enfants. Voilà l'exemple du bien, et à côté de lui, le paquet de nerfs de la villa Annexe.

Dussel : prend, ne regarde pas, mange, ne parle pas. Et s'il faut parler, au nom du ciel parlons de mangeaille ; ça n'occasionne pas de disputes, seulement des hâbleries. D'énormes portions s'y engloutissent et on ne dit jamais « non », ni pour les bonnes choses ni, souvent, pour les mauvaises. Pantalon remonté jusqu'à la poitrine, veste rouge, pantoufles vernies noires et des lunettes d'écaille. Ainsi peut-on le voir à la petite table, éternellement travaillant, ne progressant jamais, avec pour seule interruption la sieste, les repas et... la place favorite... les W.C. Trois, quatre, cinq fois par jour, quelqu'un se tient devant la porte des toilettes et serre les fesses. Danse d'un pied sur l'autre et n'y tient presque plus. Tu crois qu'il s'en soucie ? Penses-tu. Sept heures et quart - sept heures et demie, midi et demi - une heure, deux heures - deux heures et quart, quatre heures - quatre heures et quart, six heures - six heures et quart et onze heures et demie - minuit. On peut le noter, ce sont les « séances » fixes. Pas question de s'en écarter, il reste sourd à la voix suppliante qui s'élève de l'autre côté de la porte et l'avertit d'une catastrophe imminente.

Le numéro 9 : n'est pas membre de la famille de l'Annexe, mais est associé à notre vie et à notre table.

Bep a un sain appétit. Ne laisse rien dans son assiette, n'est pas difficile. On peut lui faire plaisir en tout, et c'est justement cela qui nous fait plaisir. Enjouée et de bonne humeur, conciliante et gentille, voilà ses qualités.

MARDI 10 AOÛT 1943

Chère Kitty,

Idée nouvelle : à table, je me parle à moi-même plutôt qu'aux autres, c'est doublement avantageux, d'abord ils sont tous contents de ne pas m'entendre caqueter sans arrêt et deuxièmement, je n'ai plus à m'irriter du jugement d'autrui. Mon opinion, je ne la trouve pas bête, mais les autres si ; raison de plus de la garder pour moi. Même méthode quand je suis obligée de manger quelque chose que je n'aime pas du tout : je prends l'assiette, m'imagine que c'est très bon, regarde le moins possible, et j'ai fini avant de m'en apercevoir. Le matin au lever, encore une chose très désagréable, je bondis de mon lit, je me dis : « Tu retournes t'y pelotonner tout de suite », je vais à la fenêtre, je soulève le camouflage et renifle à l'entrebâillement jusqu'à ce que je sente un peu d'air frais et me réveille. Le lit est démonté le plus vite possible pour écarter toute tentation. Sais-tu comment Maman m'appelle dans ces moments-là ? Une épicurienne. Un drôle de mot, tu ne trouves pas ? Depuis une semaine, nous perdons tous un peu la notion du temps parce que notre cher et précieux carillon de la Westertoren a été apparemment enlevé pour usage industriel et que, de jour comme de nuit, nous ne savons plus exactement l'heure qu'il est. J'ai encore un peu d'espoir qu'ils inventent quelque chose qui rappelle un peu le carillon aux gens du quartier, par exemple un truc en étain, en cuivre ou je ne sais trop quoi. Que je sois en haut, en bas, ou n'importe où, tout le monde admire mes pieds où resplendit une paire de chaussures d'une beauté rare (par les temps qui courent !). Miep les a dégotées pour 27,50 florins. Bordeaux, daim et cuir, à talon bottier assez haut. Je marche comme sur des échasses et j'ai l'air encore bien plus grande que je ne suis. Hier, c'était un jour de malchance. Je me suis enfoncé la tête d'une grosse aiguille dans le pouce droit. Résultat, Margot a dû éplucher les pommes de terre à ma place (à quelque chose malheur est bon) et moi j'écrivais tout tordu. Ensuite, je me suis cogné la tête contre la porte du placard, j'ai failli tomber à la renverse, me suis fait enguirlander à cause de tout le potin que je faisais une fois de plus, n'ai pas eu le droit d'ouvrir le robinet pour me tamponner le front et maintenant je me promène avec une énorme bosse au-dessus de l'œil droit. Pour comble de malheur, mon petit orteil droit est resté coincé dans l'embout de l'aspirateur. Il saignait et me faisait mal, mais j'étais si occupée de mes autres maux que cet inconvénient est passé inaperçu. Grave erreur, car maintenant j'ai un orteil infecté, plus de la pommade, plus de la gaze, plus du sparadrap et je ne peux plus mettre mes glorieuses chaussures.

Dussel a mis notre vie en danger pour la énième fois. Figure-toi que Miep lui apportait un livre interdit, un pamphlet contre Mussolini. En chemin, elle a été heurtée par une moto des S.S. Elle a perdu son sang-froid, a crié : « Abrutis ! » et est remontée sur sa bicyclette. Je préfère ne pas penser à ce qui se serait passé si elle avait dû les suivre au poste.

Bien à toi,

Anne

La corvée du jour, dans la maisonnée : l'épluchage des pommes de terre !

Le premier va chercher les journaux, le deuxième les couteaux (se réserve naturellement le meilleur), le troisième les pommes de terre, le quatrième l'eau.

M. Dussel commence, gratte, pas toujours bien, mais gratte, sans s'arrêter, regarde un peu à gauche et à droite, chacun s'y prend-il bien comme lui ? Non : « Anne, rekarde, che prends le couteau gomme za tans ma main, kratte te haut ten pas ! Nein, so nicht... mais so.

— Je trouve plus facile de faire autrement, monsieur Dussel, dis-je timidement.

— Mais z'est bourdant la meilleûre fazon, tu peux me croire. Bien entendu, za m'est égal, aber libre à doi de choisir. »

Je gratte de plus belle. Je jette un coup d'œil de l'autre côté, où se trouve Papa ; pour lui, le grattage des pommes de terre n'est pas une corvée mais un travail de précision. Quand il lit, il a une ride profonde au front, mais quand il aide à éplucher des pommes de terre, des haricots ou d'autres légumes, on dirait que plus rien ne l'atteint.

Alors il prend sa tête de pomme de terre et jamais il ne fournira une pomme de terre moins bien grattée ; c'est tout simplement impensable quand il a cette expression-là.

Je poursuis mon travail, lève un instant les yeux et j'en sais déjà assez, Madame tente d'attirer l'attention de

Dussel. D'abord, elle lui lance un regard furtif et Dussel fait comme s'il ne s'apercevait de rien, puis elle cligne de l'œil, Dussel continue sa tâche, alors elle rit, Dussel ne lève pas les yeux, Maman se met à rire à son tour, Dussel reste imperturbable. Madame n'est arrivée à rien, elle doit donc s'y prendre autrement. Un silence et puis :

« Putti, mets donc un tablier, demain il faudra encore que j'enlève les taches de ton costume.

— Je ne me salis pas. »

Nouveau silence.

« Putti, pourquoi tu ne t'assois pas ?

— Je suis très bien debout, je préfère rester debout ! »

Pause.

« Putti, regarde, tu éclabousses !

— Oui, mammi, je fais attention ! »

Madame cherche un autre sujet : « Dis donc, Putti, pourquoi ils ne bombardent pas, les Anglais, aujourd'hui ?

— Parce qu'il fait trop mauvais, Kerli !

— Mais pourtant hier, il faisait beau, et il n'y a pas eu d'avions.

— Changeons de sujet, s'il te plaît.

— Pourquoi, on a bien le droit d'en parler ou de donner son avis ?

— Non !

— Et pourquoi pas ?

— Allez, reste tranquille, *mammichen*.

— Monsieur Frank, lui, il répond toujours à sa femme. »

Monsieur lutte, c'est son point sensible, ça l'exaspère, et Madame revient toujours à la charge :

« Ils ne débarqueront jamais ! » Monsieur pâlit, quand Madame s'en aperçoit, elle rougit, mais ça ne l'empêche pas de continuer : « Ces Anglais ne sont bons à rien ! »

La bombe éclate.

« Maintenant, ferme-la, *donnerwetter noch einmal !* »

Maman se mord les lèvres pour ne pas éclater de rire, je regarde droit devant moi.

Ce genre de scènes se répète presque chaque jour, s'ils ne viennent pas de se disputer, car dans ce cas ni Monsieur ni Madame ne desserrent les dents.

Il faut que j'aille chercher d'autres pommes de terre. Je vais au grenier, où Peter est en train d'épucer le chat. Il lève les yeux, le chat le remarque, hop... le voilà qui se sauve dans la gouttière par la fenêtre ouverte.

Peter pousse un juron, je ris et je disparais.

La liberté à l'Annexe

Cinq heures et demie : Bep vient nous offrir la liberté du soir. Aussitôt, la maison se met en branle. Je commence par accompagner Bep en haut où, le plus souvent, elle reçoit déjà une part de notre dessert du soir.

Bep n'est pas plus tôt assise que Madame se met déjà à énumérer tous ses désirs, on ne tarde pas à entendre : « Ah ! Bep, j'ai encore un souhait... » Bep me fait un clin d'œil, Madame ne manque jamais l'occasion d'informer quiconque vient là-haut de ses désirs. C'est sans doute pour cela que personne n'aime y monter.

Six heures moins le quart : Bep s'en va. Je descends deux étages. Voir d'abord dans la cuisine puis dans le bureau privé, et ensuite dans la remise à charbon pour ouvrir la trappe à souris de Muschi. Au bout d'une longue tournée d'inspection, j'échoue dans les appartements de Kugler. Van Daan fouille dans tous les tiroirs et classeurs pour trouver le courrier du jour ; Peter va chercher la clé de l'entrepôt et Moffi ; Pim transporte des machines à écrire en haut ; Margot repère un coin tranquille pour faire son travail de bureau ; Madame met la bouilloire sur le feu ; Maman descend l'escalier, une casserole de pommes de terre dans les mains ; tout le monde sait ce qu'il a à faire.

Peter revient de l'entrepôt. On lui demande d'abord s'il a pensé au pain : oublié. Il se fait tout petit avant d'entrer dans le bureau de devant et se dirige à quatre pattes vers le placard métallique, s'empare du pain et disparaît, ou du moins s'apprête à disparaître quand, avant qu'il ait eu le temps de s'apercevoir de rien, Muschi a bondi au-dessus de lui pour aller s'asseoir sous le bureau. Peter cherche de tous les côtés, ah, voilà le chat, il retourne dans le bureau à quatre pattes et tire l'animal par la queue. Muschi grogne, Peter soupire. Il n'est pas plus avancé. Le chat s'est maintenant installé près de la fenêtre et se lèche, ravi d'avoir échappé à Peter. En dernier recours, Peter tente d'appâter le chat avec le pain et, en effet, Muschi le suit et la porte se referme.

Je suis restée à observer toute la scène, debout dans l'entrebâillement de la porte.

M. Van Daan est en colère, il fait claquer la porte. Nous nous regardons, Margot et moi, et pensons : « Il s'énerve sûrement une fois de plus à cause d'une des idioties de Kugler et, pour l'instant, ne pense pas à Keg. »

Soudain, on entend d'autres pas dans l'escalier. Dussel entre, se dirige vers la fenêtre avec des airs de propriétaire, renifle... se râcle la gorge, éternue et toussote, c'était du poivre, pas de chance. A présent, il poursuit son chemin en direction du bureau de devant. Les rideaux sont ouverts, autrement dit pas de papier à lettres. Il disparaît, le visage renfrogné. Nous nous regardons à nouveau, Margot et moi : « Demain, une feuille de moins pour sa chérie », me dit-elle. J'acquiesce de la tête. Un pas d'éléphant s'éloigne dans l'escalier ; c'est Dussel à la recherche d'une consolation dans l'endroit dont il ne peut se séparer.

Nous continuons à travailler. Tic, tic, tic... On frappe trois fois, c'est l'heure du dîner !

LUNDI 23 AOÛT 1943

Quand sonnent huit heures et demie...
Margot et Maman sont inquiètes : « Chut, Papa, attention Otto, chut... Pim », il est huit heures et demie. « Viens, tu ne dois plus faire couler d'eau ; ne fais pas de bruit en marchant ! » Ces diverses exclamations s'adressent à Papa dans la salle de bains. A huit heures et demie sonnantes, il doit se trouver dans le séjour. Plus une goutte d'eau, plus question d'aller aux toilettes, plus un pas, le silence total. Quand le personnel du bureau n'est pas en dessous, on entend tout à l'entrepôt.

Là-haut, on ouvre la porte à huit heures vingt et, peu après, on frappe trois petits coups sur le sol... les flocons d'avoine, pour Anne. Je grimpe l'escalier et viens chercher mon écuelle de chien. De retour en bas, grande précipitation : brossage des cheveux, vidage du récipient

128

clapotant, remise en place du lit. Silence ! L'heure sonne ! Madame change de chaussures et traîne des pieds en mules dans le séjour, M. Charlie Chaplin est en pantoufles, lui aussi, le calme plat. Maintenant, le tableau de la famille idéale atteint la perfection. J'ai envie de lire ou d'étudier, Margot aussi, tout comme Papa et Maman. Papa est assis (avec son Dickens et un dictionnaire, naturellement) au bord du lit affaissé et couineur, où il n'y a même pas de matelas convenable : deux traversins empilés l'un sur l'autre feraient l'affaire : « Ce n'est pas la peine, c'est très bien comme cela ! »

Une fois plongé dans sa lecture, il ne relève pas la tête, rit de temps en temps, s'efforce à grand-peine de raconter une histoire à Maman malgré elle. « Je n'ai pas le temps ! » Sur son visage se lit une brève déception, puis il reprend sa lecture, lorsqu'il tombe un peu plus tard sur un autre passage amusant ou curieux, il tente à nouveau sa chance : « Il faut absolument que tu lises ça, Maman ! »

Maman est assise sur le lit pliant, elle lit, coud, tricote ou étudie, selon les besoins du moment. Soudain, elle se souvient de quelque chose. Vite, elle le dit : « Anne, tu te rappelles..., Margot, tu veux bien noter... »

Le calme revient peu après. D'un coup sec, Margot ferme son livre, Papa fronce les sourcils en un arc amusant, sa ride de lecture se reforme et le voilà replongé dans son livre, Maman commence à bavarder avec Margot, je suis curieuse de ce qu'elles disent et me mets à écouter. On demande l'avis de Pim...

Neuf heures ! Petit déjeuner !

VENDREDI 10 SEPTEMBRE 1943

Chère Kitty,

Chaque fois que je t'écris, il s'est encore passé quelque chose de spécial, mais la plupart du temps, il s'agit d'événements plutôt désagréables qu'agréables. Cette fois-ci, pourtant, les nouvelles sont bonnes :

Mercredi soir 8 septembre, nous nous étions installés devant la radio pour sept heures, et voilà les premiers mots que nous avons entendus : « *Here follows the best new from whole the war : Italie has capitulated*[1]. » L'Italie a capitulé sans conditions ! A huit heures et quart, Radio Orange commençait à émettre : « Chers auditeurs, peu avant une heure et quart, alors que je venais de finir la chronique du jour, nous parvenait la merveilleuse nouvelle de la capitulation de l'Italie, je peux vous assurer que je n'ai jamais jeté mes papiers au panier avec autant de satisfaction qu'aujourd'hui ! »

On a passé *God Save the King*, l'hymne américain et celui des Russes, *L'Internationale*. Comme toujours, Radio Orange était encourageante mais pourtant pas trop optimiste.

Les Anglais ont débarqué à Naples. L'Italie du Nord est occupée par les Allemands. Dès vendredi 3 septembre, l'armistice était signé, le jour même du débarquement des Anglais en Italie. Les Allemands pestent et tempêtent dans tous les journaux contre la trahison de Badoglio et de l'empereur-roi italien.

Cependant, nous avons également de tristes nouvelles, à propos de M. Kleiman. Tu sais à quel point nous l'aimons tous et que, même s'il est toujours malade, souffre constamment et n'a pas le droit de trop manger ou marcher, il est toujours de bonne humeur et d'un courage admirable. « Quand M. Kleiman arrive, le soleil brille ! » a dit Maman récemment, et elle a tout à fait raison. Il doit aller à l'hôpital pour une opération très désagréable de l'intestin et devra y rester au moins quatre semaines. Si tu l'avais vu nous dire au revoir, on aurait cru qu'il partait seulement faire une petite course, c'est tout.

Bien à toi,

Anne

---

1. Nous allons vous annoncer la meilleure nouvelle de toute la guerre : l'Italie a capitulé.

Chère Kitty,

Les relations internes ici vont de mal en pis. A table, personne n'ose ouvrir la bouche (sauf pour avaler un morceau) parce que soit on t'en veut de ce que tu dis, soit on te comprend de travers. M. Voskuyl vient de temps en temps nous rendre visite. Malheureusement, il n'a vraiment pas le moral. Il ne facilite pas les choses pour sa famille, car une seule pensée l'obsède : « Qu'est-ce que ça peut me faire, de toute façon, je vais mourir bientôt ! » Je peux très bien m'imaginer l'ambiance chez les Voskuyl, quand je pense à quel point ici ils sont déjà tous hargneux. Tous les jours, je prends de la valériane contre l'angoisse et la dépression, mais cela ne m'empêche pas d'être d'humeur encore plus lugubre le jour suivant. Un bon éclat de rire serait plus efficace que dix de ces comprimés, mais nous avons presque oublié ce que c'est de rire. Parfois, j'ai peur que mon visage se déforme et que ma bouche tombe à force d'être sérieuse. Pour les autres, ce n'est pas mieux, ils voient approcher cette masse rocheuse que l'on appelle l'hiver avec de mauvais pressentiments.

Autre fait qui n'a rien pour nous réjouir : Van Maaren, le magasinier, nourrit des soupçons à propos de l'Annexe. Quelqu'un qui a un minimum de cervelle doit bien se rendre compte de quelque chose, quand Miep dit qu'elle va au laboratoire, Bep aux archives, Kleiman qu'il part à la réserve de produits Opekta, et que Kugler affirme que l'Annexe ne fait pas partie de notre immeuble mais de celui du voisin.

Nous resterions totalement indifférents aux opinions de Van Maaren sur la question s'il n'avait pas la réputation d'être un individu peu fiable et s'il n'était pas curieux au point qu'il est impossible de lui raconter des histoires.

Un jour, Kugler a voulu redoubler de précautions, il a enfilé son manteau à une heure moins dix et s'est rendu à la droguerie au coin de la rue. A peine cinq minutes plus tard, il était de retour, s'est faufilé dans l'escalier comme un voleur et nous a rejoints. A une heure et quart, il a voulu partir, mais a rencontré Bep sur le palier, qui l'a averti de la présence de Van Maaren au bureau. Kugler a fait demi-tour et est resté avec nous jusqu'à une heure et demie. Ensuite, les chaussures à la main, il est allé en chaussettes (malgré son rhume) vers la porte du grenier de devant, est redescendu marche par marche et après avoir fait l'équilibriste dans l'escalier pendant un bon quart d'heure pour éviter le moindre craquement, il a atterri dans les bureaux du côté de la rue. Entre-temps, Bep, qui s'était libérée de Van Maaren, est venue chercher Kugler chez nous, mais Kugler était parti depuis longtemps, à ce moment-là il était encore en chaussettes dans l'escalier. Qu'ont dû penser les gens dans la rue quand le directeur a remis ses chaussures dehors ? Ça alors, le directeur en chaussettes !

Bien à toi,

Anne

MERCREDI 29 SEPTEMBRE 1943

Chère Kitty,

C'est l'anniversaire de Mme Van Daan. A part un ticket de rationnement pour du fromage, de la viande et du pain, nous ne lui avons offert qu'un petit pot de confiture. De son mari, de Dussel et du personnel, elle a seulement reçu des fleurs ou des produits alimentaires. Voilà l'époque où nous vivons !

Cette semaine, Bep a failli piquer une crise de nerfs tant elle recevait d'instructions, dix fois par jour on lui demandait de faire des courses, à chaque fois on lui faisait clairement comprendre qu'elle devait se dépêcher, qu'elle devait y retourner ou qu'elle s'était trompée ! Quand on sait qu'en plus elle doit terminer son travail au bureau, que Kleiman est malade, que Miep est enrhumée et reste chez elle, qu'elle-même s'est tordu la cheville, a un chagrin d'amour et un père grognon à la maison, alors tu peux t'imaginer qu'elle s'arrache les cheveux. Nous l'avons consolée et lui avons dit que si à plusieurs reprises elle déclarait fermement qu'elle n'avait pas le temps, la liste des courses se réduirait d'elle-même.

Samedi, s'est déroulé un drame tel qu'on n'en a encore jamais vu ici. Cela a commencé par Van Maaren pour se terminer en dispute générale et en sanglots. Dussel s'est plaint à Maman qu'il était traité en exclu, qu'aucun d'entre nous n'était gentil avec lui, qu'il ne nous avait pourtant rien fait et encore toute une série de douces flatteries auxquelles heureusement, cette fois-ci, Maman ne s'est pas laissé prendre, elle lui a dit qu'il avait vraiment déçu tout le monde et qu'à plusieurs reprises, il avait été une source d'exaspération. Dussel a promis ciel et terre, mais comme d'habitude, rien n'a changé jusqu'à présent.

Les choses vont mal tourner avec les Van Daan, je le vois d'ici ! Papa est furieux car ils nous volent ; ils mettent de côté de la viande et d'autres produits. Quelle foudre s'apprête encore à frapper nos têtes ? Si seulement je n'étais pas aussi étroitement mêlée à toutes ces prises de bec, si seulement je pouvais m'en aller. Ils vont nous rendre fous !

Bien à toi,

Anne

DIMANCHE 17 OCTOBRE 1943

Chère Kitty,

Kleiman est de retour, à la bonne heure ! Il a encore une petite mine, mais cela ne l'empêche pas de partir, plein d'entrain, à la recherche d'acheteurs pour les vêtements des Van Daan. C'est triste, mais Van Daan a entièrement épuisé son argent. Ses derniers 100 florins, il les a perdus dans l'entrepôt, ce qui nous a encore valu des tracas. Comment 100 florins peuvent-ils atterrir le lundi matin dans l'entrepôt ? Pluie de soupçons. En tout cas, les 100 florins ont été volés. Qui est le voleur ?

Mais je parlais du manque d'argent. Madame ne veut se séparer d'aucun de ses vêtements parmi ses piles de manteaux, de robes et de chaussures, le complet de Monsieur n'est pas facile à vendre, la bicyclette de Peter est revenue après inspection. Personne n'en veut. On n'a pas encore vu la fin de cette histoire. Madame sera bien obligée de se défaire de sa fourrure. Son argument comme quoi c'est à la société de nous entretenir ne prendra pas. Là-haut, ils viennent de se disputer à ce propos comme des charretiers et en sont au stade de la réconciliation, avec des « Oh, mon cher Putti » et des « Ah, ma douce Kerli ». La tête me tourne de toutes les insultes qui ont volé à travers cette honorable maison depuis le mois dernier. Papa garde les lèvres pincées, si quelqu'un l'appelle, il lève les yeux d'un air tout effarouché, comme s'il avait peur de devoir à nouveau intervenir pour consolider une situation précaire. Maman a les joues rouges d'énervement, Margot se plaint de maux de tête, Dussel n'arrive pas à dormir, Madame se lamente à longueur de journée, et quant à moi, je perds la boussole. Pour dire vrai, j'oublie parfois avec qui nous sommes fâchés et avec qui nous sommes déjà réconciliés.

Le seul divertissement, c'est d'étudier, et j'y passe beaucoup de temps.

Bien à toi,

Anne

Chère Kitty,

M. Kleiman est de nouveau absent, son estomac ne le laisse pas en paix. Il ne sait pas lui-même si on a pu étancher tout le sang. Pour la première fois, il était vraiment déprimé quand il nous a dit qu'il ne se sentait pas bien et retournait chez lui.

Monsieur et Madame ont encore eu des disputes retentissantes. Voilà pourquoi : les Van Daan n'ont plus d'argent. Ils voulaient vendre un manteau d'hiver et un costume de Monsieur, mais n'ont pas trouvé d'acheteurs. Il en demandait un prix bien trop élevé. Un jour, il y a un certain temps déjà, Kleiman avait parlé d'un ami fourreur ; c'est pourquoi Monsieur a eu l'idée de vendre la fourrure de Madame. Le manteau est en peau de lapin et vieux de dix-sept ans. Madame en a obtenu 325 florins. Une somme énorme. Elle voulait garder l'argent pour s'acheter de nouveaux habits après la guerre, et Monsieur a dû utiliser toute sa force de persuasion pour la convaincre qu'ils avaient un besoin d'argent pressant pour gérer le ménage.

Ces hurlements, ces cris, ces piétinements et ces insultes, tu ne peux pas t'imaginer. C'était à faire peur. Ma famille se tenait en bas de l'escalier, retenant son souffle, prête à séparer les combattants en cas de besoin.

Toutes ces criailleries, ces pleurnicheries et cette nervosité provoquent tant de tension et de fatigue que le soir, je m'écroule sur mon lit en pleurant et remercie le ciel de disposer d'une demi-heure à moi toute seule.

Sinon je vais bien, sauf que je n'ai aucun appétit. J'entends sans arrêt : « Qu'est-ce que tu as mauvaise mine ! » Je dois admettre qu'ils se donnent bien du mal pour que je garde la forme. Sucre de raisin, huile de foie de morue, comprimés de levure et calcium sont tous à l'ordre du jour. Je suis loin de pouvoir toujours maîtriser mes nerfs, c'est surtout le dimanche que je me sens malheureuse. Ces jours-là, l'atmosphère dans la maison est oppressante, somnolente et pesante. Dehors, on n'entend pas un seul chant d'oiseau, un silence mortel, angoissant, s'abat sur tout et son poids s'accroche à moi comme pour m'entraîner dans les profondeurs d'un monde souterrain. Papa, Maman et Margot me laissent complètement indifférente, j'erre d'une pièce à l'autre, je descends puis remonte l'escalier, et me sens comme l'oiseau chanteur dont on a brutalement arraché les ailes et qui, dans l'obscurité totale, se cogne contre les barreaux de sa cage trop étroite. « Sortir, respirer et rire », entends-je crier en moi, je ne réponds même plus, je vais m'allonger sur un divan et dors pour abréger le temps, le silence et la terrible angoisse, à défaut de pouvoir les tuer.

SAMEDI 30 OCTOBRE 1943

Chère Kitty,

Maman est extrêmement nerveuse et c'est toujours très dangereux pour moi. Serait-ce un hasard si Maman et

Papa ne grondent jamais Margot et que tout retombe toujours sur moi ? Hier soir, par exemple : Margot lisait un livre où il y avait de magnifiques illustrations, elle s'est levée, est montée et a mis le livre de côté pour le reprendre un peu plus tard. Je n'avais rien à faire à ce moment-là, je l'ai pris pour regarder les images. Margot est revenue, a vu son livre entre mes mains, a froncé les sourcils et l'a redemandé sur un ton de colère. Je voulais seulement continuer à regarder un peu. Margot s'énervait de plus en plus, Maman s'en est mêlée et a dit : « C'est Margot qui lit ce livre, alors donne-le-lui. » Papa est entré dans la pièce, il ne savait même pas de quoi il retournait, il a vu qu'on faisait du tort à Margot et m'a lancé : « J'aimerais bien t'y voir si Margot se permettait de feuilleter ton livre ! »

J'ai cédé immédiatement, posé le livre et j'ai quitté la pièce, d'un air « offensé », d'après eux. Je n'étais ni offensée ni fâchée, mais seulement triste.

Ce n'était pas juste de la part de Papa de juger avant de connaître l'objet de la discorde. J'aurais rendu de moi-même le livre à Margot, et bien plus vite même, si Papa et Maman ne s'en étaient pas mêlés et n'avaient pas pris aussitôt la défense de Margot comme s'il s'agissait de la pire des injustices.

Que Maman prenne la défense de Margot, cela va de soi, elles se défendent toujours mutuellement, j'y suis si habituée que je suis devenue totalement indifférente aux réprimandes de Maman et à l'humeur irritable de Margot.

Je les aime uniquement parce que c'est Maman et Margot, en tant que personnes elles peuvent aller au diable. Avec Papa, c'est différent, s'il favorise Margot, s'il fait l'éloge de Margot et s'il cajole Margot, je me sens rongée de l'intérieur car je suis folle de Papa, il est mon grand exemple, et je n'aime personne d'autre au monde que Papa.

Il ne se rend pas compte qu'il traite Margot autrement que moi : Margot n'est-elle pas la plus intelligente, la plus gentille, la plus belle et la meilleure ? Mais j'ai tout de même droit à être un peu prise au sérieux ; j'ai toujours été le clown et le vaurien de la famille, j'ai toujours dû payer double pour tout ce que j'ai fait ; une fois en réprimandes et une fois en désespoir au fond de moi. Aujourd'hui, ces caresses superficielles ne me suffisent plus, pas plus que les conversations prétendument sérieuses, j'attends de Papa quelque chose qu'il n'est pas en état de me donner.

Je ne suis pas jalouse de Margot, ne l'ai jamais été, je n'envie pas son intelligence ni sa beauté, je voudrais seulement sentir que Papa m'aime vraiment, pas seulement comme son enfant, mais pour moi-même, Anne. Je me raccroche à Papa parce que je considère Maman chaque jour avec plus de mépris, et qu'il est le seul à retenir mes derniers restes de sentiments familiaux. Papa ne comprend pas que de temps en temps j'ai besoin de soulager mon cœur à propos de Maman, il refuse d'en parler, il évite tout ce qui a trait au comportement de Maman. Et pourtant, c'est Maman, avec tous ses défauts, qui me pèse le plus lourdement sur le cœur. Je ne sais plus sur quel pied danser, je ne peux pas lui montrer du doigt sa négligence, son esprit sarcastique et sa dureté, mais je ne peux pas non plus m'attribuer toujours toutes les fautes.

Je suis en tout à l'opposé d'elle et les heurts sont inévitables. Je ne juge pas le caractère de Maman car ce n'est pas à moi de le faire, je la considère seulement en tant que mère. Pour moi, Maman n'est pas une mère. Je dois moi-même me tenir lieu de mère. Je me suis séparée d'eux, je navigue en solitaire et je verrai bien où j'accoste. Cela vient surtout du fait que je vois en moi-même un très grand exemple de ce que doit être une mère et une femme, et que je n'en retrouve rien chez elle à qui je dois donner le nom de mère.

Je prends toujours la résolution de ne plus regarder les mauvais exemples de Maman, je ne veux voir que ses bons côtés et chercher en moi ce que je ne trouve pas chez elle. Mais je n'y arrive pas et le pire, c'est que ni Papa ni Maman ne comprennent qu'ils ne répondent pas à mon attente et que je les condamne pour cela. Existe-t-il des parents pour satisfaire totalement leurs enfants ? Parfois, je crois que Dieu veut me mettre à l'épreuve maintenant et à l'avenir ; je dois devenir bonne toute seule, sans exemples et sans discours — pour être un jour la plus forte possible ?

Qui d'autre que moi lira un jour ces lettres ? Qui d'autre que moi me consolera ? Car j'ai souvent besoin de consolation, je manque si souvent de force et j'ai plus souvent de raisons d'être mécontente de moi que satisfaite. Je le sais et je ne renonce pas à essayer chaque jour de m'améliorer.

Il n'y a pas de cohérence dans la façon dont on me traite, un jour Anne est très raisonnable et peut tout entendre et le lendemain, Anne n'est encore qu'une petite bécasse qui ne connaît rien à rien et s'imagine avoir appris monts et merveilles dans les livres ! Je ne suis plus le bébé et la petite dernière, qui en plus fait rire tout le monde à chacun de ses actes. J'ai mes idéaux, mes idées et mes projets, mais je n'arrive pas encore à les exprimer clairement.

Ah, tant de choses remontent à la surface quand je suis seule le soir comme d'ailleurs dans la journée, quand je dois supporter les gens qui me portent sur les nerfs ou qui me comprennent toujours de travers. C'est pourquoi en dernier ressort j'en reviens toujours à mon journal, c'est mon point de départ et d'arrivée, car Kitty est toujours patiente, je vais lui promettre de persévérer malgré tout, de me frayer ma propre voie et de ravaler mes larmes. Seulement, j'aimerais tant voir les résultats de mes efforts ou être encouragée, ne serait-ce qu'une fois, par quelqu'un qui m'aime.

Ne me juge pas mal, mais considère-moi plutôt comme quelqu'un qui de temps en temps a le cœur trop lourd.

Bien à toi,

Anne

MERCREDI 3 NOVEMBRE 1943

Chère Kitty,

Pour nous distraire et nous cultiver un peu, Papa a demandé à l'Institut d'enseignement de Leyde son prospectus ; Margot a fureté au moins trois fois dans cette épaisse brochure sans rien trouver à son goût ou à la portée de sa bourse. Papa s'est montré plus rapide, il a voulu écrire à l'Institut pour faire l'essai d'une leçon de « latin niveau élémentaire ». Aussitôt dit, aussitôt fait, la leçon est arrivée, Margot s'est mise au travail pleine d'enthousiasme, et le cours, malgré son prix élevé, a été commandé. Il est bien trop difficile pour moi, même si j'aimerais beaucoup apprendre le latin.

Pour que je me lance moi aussi dans un nouveau sujet, Papa a demandé à Kleiman s'il pouvait se procurer une bible pour enfants afin que je connaisse enfin quelque chose du Nouveau Testament. « Tu veux donner à Anne une bible pour Hanouka ? » demanda Margot, quelque peu stupéfaite. « Oui... euh, je crois que la Saint-Nicolas serait une meilleure occasion », lui a répondu Papa. Jésus n'est tout simplement pas à sa place pour la fête de Hanouka.

Comme l'aspirateur est cassé, il faut que je frotte tous les soirs le tapis avec une vieille brosse. Fermer la fenêtre, allumer la lumière, le poêle aussi, puis épousseter le sol en passant la balayette. « Cela ne va pas durer », me suis-je dit dès la première fois. On ne va pas tarder à se plaindre et, en effet, Maman souffrait de maux de tête à cause des gros nuages de poussière qui restaient en suspens dans la pièce, Margot avait son nouveau dictionnaire latin couvert de saleté et Pim maugréait qu'après tout, le sol n'avait pas changé d'aspect le moins du monde. Voilà comment on est remercié de sa peine. La dernière décision de l'Annexe est d'allumer le poêle à sept heures et demie les dimanches, au lieu de cinq heures et demie du matin. Je trouve qu'il y a là un danger. Que vont s'imaginer les voisins en voyant la fumée sortir de notre cheminée ? De même pour les rideaux ; depuis notre arrivée, ils sont restés fixés exactement à la même place, parfois un de ces messieurs ou de ces dames est pris d'un caprice et veut absolument regarder au-dehors. Conséquence : une tempête de reproches. Réponse : « De toute façon, personne ne le remarque. » Voilà comment commence et se termine toute négligence. « Personne ne le remarque, personne ne peut l'entendre, personne n'y fait attention », facile à dire, mais est-ce bien vrai ? En ce moment, les disputes orageuses se sont calmées, seul Dussel est fâché avec Van Daan. Quand il parle de Madame, on n'entend qu'une seule chose : « cette pauvre cloche » ou « cette vieille andouille » et, inversement, Madame qualifie cet infaillible savant de « vieille demoiselle », « vieille fille toujours piquée au vif », etc. Comme on voit mieux la paille dans l'œil du voisin !

Bien à toi,

Anne

Chère Kitty,

Si tu lis ma pile de lettres à la suite, tu te rendras sûrement compte que je les ai écrites dans des humeurs différentes. Je suis moi-même agacée de voir à quel point je suis influencée par l'humeur régnant à l'Annexe, d'ailleurs je ne suis pas la seule, nous sommes tous dans ce cas. Quand je lis un livre qui m'impressionne, je dois d'abord remettre sérieusement de l'ordre en moi-même avant de me présenter devant les gens, sinon ils trouveraient que j'ai l'esprit un peu tordu. En ce moment, comme tu as déjà dû t'en apercevoir, je traverse une période où je suis déprimée. Je ne pourrais pas vraiment te dire pourquoi, mais je pense que cela vient de ma lâcheté, à laquelle je me heurte sans arrêt. Ce soir, alors que Bep était encore ici, on a sonné longtemps, fort et avec insistance à la porte, je suis devenue livide, j'ai eu des douleurs dans le ventre et des palpitations, et tout cela parce que j'avais peur !

Le soir dans mon lit, je me vois seule dans un cachot, sans Papa ni Maman. Parfois, j'erre sur la route, ou notre Annexe prend feu, ou ils viennent la nuit nous chercher et, pleine de désespoir, je me cache sous le lit. Je vois tout, comme si je le subissais vraiment, avec en plus le sentiment que cela pourrait m'arriver d'un moment à l'autre.

Miep dit souvent qu'elle nous envie car nous sommes tranquilles ici. C'est peut-être vrai, mais notre angoisse, elle n'y pense sûrement pas. Je ne peux pas du tout m'imaginer que pour nous le monde redevienne jamais normal. Il m'arrive de parler d'« après la guerre », mais c'est comme si je parlais de châteaux en Espagne, de quelque chose qui ne se réalisera jamais.

Je nous vois tous les huit dans l'Annexe comme si nous étions un morceau de ciel bleu entouré de gros nuages noirs, si noirs. Sur le cercle bien délimité où nous nous tenons, nous sommes encore en sécurité, mais les nuages avancent toujours plus près, et l'anneau nous séparant du danger qui s'approche ne cesse de se resserrer. Maintenant, le danger et l'obscurité sont tellement imminents que, ne sachant où nous réfugier, nous nous cognons les uns aux autres. Nous regardons tous en bas où les gens se bagarrent, nous regardons tous en haut où c'est calme et beau, et entre-temps, notre cercle est isolé par la masse sombre qui ne nous pousse ni en bas, ni en haut, mais se tient devant nous, mur impénétrable, qui s'apprête à nous détruire mais ne le peut pas encore. Il ne me reste plus qu'à crier et à supplier : « Oh anneau, anneau, élargis-toi et ouvre-toi pour nous ! »

Bien à toi,

Anne

JEUDI 11 NOVEMBRE 1943

Chère Kitty,

J'ai trouvé un bon titre pour ce chapitre : « Ode à mon stylo-plume », *In memoriam*.

Mon stylo-plume a toujours été pour moi un objet précieux ; je lui vouais le plus profond respect, surtout en raison de sa pointe épaisse, car je ne peux écrire tout à fait proprement qu'avec des pointes épaisses. Mon stylo a vécu une vie très longue et passionnante que je vais vous raconter brièvement :

Quand j'avais neuf ans, mon stylo-plume est arrivé dans un petit paquet (enveloppé de coton), en qualité d'« échantillon sans valeur », venu d'aussi loin qu'Aix-la-Chapelle, ville de ma grand-mère, la généreuse donatrice. J'étais couchée avec la grippe alors que le vent de février sifflait autour de la maison. Le glorieux stylo-plume était contenu dans un étui en cuir rouge et fut montré dès le premier jour à toutes mes amies. Moi, Anne Frank, la fière propriétaire d'un stylo-plume.

A l'âge de dix ans, j'ai pu emmener mon stylo à l'école et là, la maîtresse m'a permis de m'en servir. A onze ans, cependant, j'ai dû ranger mon trésor, car la maîtresse de la dernière classe de primaire n'autorisait que les porte-plume et les encriers comme outils d'écriture. Quand j'ai eu douze ans et que je suis entrée au lycée juif, mon stylo a reçu à son plus grand honneur un nouvel étui, où pouvait se loger également un crayon et qui en plus faisait beau-coup plus vrai car il se fermait à l'aide d'une fermeture Éclair. A treize ans, je l'ai emporté à l'Annexe où il a parcouru avec moi d'innombrables carnets et cahiers. A mes quatorze ans, mon stylo venait de passer sa dernière année avec moi et aujourd'hui...

Un vendredi après-midi après cinq heures, je sortais de ma petite chambre et voulais m'asseoir à table pour écrire quand on m'a rudement écartée pour que je fasse place à Margot et à Papa qui devaient travailler leur latin. Le stylo resta sur la table, inutilisé, et sa propriétaire, soupirant car elle devait se contenter d'un tout petit coin de table, se mit à frotter des haricots. Ici, frotter des haricots signifie redonner un air décent à des haricots rouges moisis. A six heures moins le quart, je balayai par terre et jetai la saleté ainsi que les haricots pourris dans un journal puis dans le poêle. Une gigantesque flamme en jaillit et je me réjouis de voir le poêle revivre alors qu'il était agonisant. Le calme était revenu, les latinistes avaient fichu le camp et je m'assis devant la table pour entreprendre le travail prévu, mais j'avais beau chercher, mon stylo restait introuvable. Je regardai une fois encore, Margot s'y mit aussi, et Maman et Papa et Dussel, mais il avait disparu sans laisser de trace. « Peut-être qu'il est tombé dans le poêle avec les haricots ! » suggéra Margot. « Mais bien sûr que non ! » répondis-je. Le soir, cependant, mon stylo ne voulant toujours pas refaire surface, nous avons tous supposé qu'il avait été brûlé, d'autant plus que le celluloïd brûle à merveille. Et en effet, le triste pressentiment se confirma quand le lendemain matin, Papa, en vidant le poêle, retrouva au milieu d'une pelletée de cendres l'attache servant à fixer le stylo. De la plume en or, il ne restait plus rien. « Elle a dû fondre sur une des pierres réfractaires », avança Papa. Il me reste une consolation, même si elle est maigre, mon stylo a été incinéré, comme je veux l'être plus tard.

Bien à toi,

Anne

MERCREDI 17 NOVEMBRE 1943

Chère Kitty,

Événements bouleversants pour l'Annexe. La diphtérie s'est installée chez Bep, aussi lui est-il interdit de nous approcher pendant six semaines. Pour la nourriture comme pour les courses, c'est extrêmement embêtant, sans compter que nous sommes privés de sa compagnie. Kleiman est toujours alité et, depuis trois semaines déjà, il n'a rien mangé d'autre que du lait et de la bouillie diluée. Kugler déborde de travail.

Les leçons de latin par correspondance de Margot lui sont renvoyées corrigées par un professeur. Margot emprunte le nom de Bep, le professeur est très gentil et spirituel, en plus. Il doit certainement être content de tomber sur une élève aussi intelligente.

Dussel est complètement tourneboulé, aucun de nous ne comprend pourquoi. Il a commencé par ne plus desserrer les dents, en haut, et ne plus adresser la parole à M. Van Daan ou à Mme Van Daan. Tout le monde l'a remarqué et comme cela durait depuis plusieurs jours, Maman en a profité pour le mettre en garde contre Madame qui, s'il continuait, pourrait bel et bien lui compliquer la vie. Dussel a affirmé que c'est Van Daan qui avait commencé à se taire et que, par conséquent, il n'avait pas l'intention de rompre le silence. Il faut que tu saches qu'hier, c'était le 16 novembre, cela faisait un an qu'il vivait à l'Annexe. A cette occasion, il a offert à Maman un petit pot de fleurs, mais Mme Van Daan, qui, depuis des semaines déjà, faisait souvent allusion à cette date et s'était appliquée à faire comprendre que, selon elle, Dussel devait faire des cadeaux, n'a rien reçu. Au lieu de nous remercier pour la première fois de notre geste désintéressé, il n'a absolument rien dit. Et quand le 16 au matin, je lui ai demandé s'il fallait lui présenter des félicitations ou des condoléances, il a répondu qu'il acceptait les unes et les autres. Maman, qui voulait faire office de réconciliatrice, n'a pas progressé d'un pouce et en fin de compte, la situation est restée la même.

Je n'exagère pas en disant de Dussel qu'il lui manque une case. Nous nous amusons tous discrètement du fait qu'il n'a pas de mémoire, pas d'opinion et pas de jugement et rions plus d'une fois quand il raconte totalement de travers une nouvelle qu'il vient d'entendre et se met à tout confondre. En outre, à chaque reproche ou accusation, il répond par un tas de belles promesses, mais en réalité, il n'en tient pas une seule.

« Cet homme a un grand esprit mais est si petit dans ses actes ! »

Bien à toi,

Anne

SAMEDI 27 NOVEMBRE 1943

Chère Kitty,

Hier soir avant de m'endormir, Hanneli m'est soudain apparue. Je la voyais devant moi, en haillons, le visage tiré et amaigri. Ses yeux étaient si grands et elle me regardait avec un tel air de tristesse et de reproche que je lisais dans son regard : « Oh Anne, pourquoi m'as-tu abandonnée ? Aide-moi, oh aide-moi, sauve-moi de cet enfer ! » Et je ne peux pas l'aider, je peux seulement assister à la souffrance et à la mort des autres, obligée de rester les bras croisés, et je peux seulement prier Dieu de la ramener jusqu'à nous. C'est justement Hanneli que j'ai vue, personne d'autre, et j'ai compris pourquoi. Je l'ai mal jugée, j'étais trop puérile pour comprendre ses problèmes. Elle était attachée à son amie et c'était comme si je voulais la lui prendre. La pauvre, comme elle a dû se sentir malheureuse, je le sais, je connais si bien ce sentiment ! Parfois,

144

j'avais une brusque vision de ce que pouvait être sa vie, mais pour revenir aussitôt, en égoïste, à mes propres joies et problèmes. C'est méchant, la façon dont je l'ai traitée, et à présent elle me regardait, le visage livide et les yeux suppliants, avec tant de désespoir. Si seulement je pouvais l'aider ! Oh mon Dieu, moi qui ici ai tout ce que je peux souhaiter et elle qu'un destin cruel a touchée si durement. Elle était au moins aussi croyante que moi, elle voulait aussi faire le bien, alors pourquoi ai-je été choisie pour vivre et elle pour mourir peut-être ? Quelle différence existait entre nous ? Pourquoi sommes-nous si loin l'une de l'autre ? A vrai dire, depuis des mois, une année même, je l'ai presque oubliée. Pas complètement, mais, enfin, assez pour ne pas l'imaginer toute seule dans sa détresse. Ah, Hanneli, j'espère que si tu survis jusqu'à la fin de la guerre et reviens chez nous, je pourrai m'occuper de toi pour te dédommager du mal que je t'ai fait.

Mais quand je serai à nouveau en mesure de lui venir en aide, elle n'en aura pas autant besoin que maintenant. Lui arrive-t-il de penser à moi et que ressent-elle ?

Dieu miséricordieux, apporte-lui ton soutien pour qu'au moins elle ne soit pas seule. Oh, j'aimerais que tu lui dises que je pense à elle avec amour et pitié, cela lui donnerait peut-être davantage d'endurance.

Il ne faut plus que j'y pense car je ne m'en sors pas. Je vois toujours ses grands yeux fixés sur moi. Hanneli a-t-elle vraiment la foi, la foi ne lui aurait-elle pas uniquement été imposée du dehors ? Je ne suis même pas capable de répondre, jamais je n'ai pris la peine de le lui demander. Hanneli, Hanneli, si seulement je pouvais te faire partager tout ce dont je profite. Il est trop tard, je ne peux plus rien changer, plus rien réparer des erreurs que j'ai faites. Mais je ne l'oublierai plus jamais et je prierai toujours pour elle !

Bien à toi,

Anne

145

Chère Kitty,

A l'approche de la Saint-Nicolas, nous avons tous pensé malgré nous à la jolie corbeille décorée de l'année dernière et moi, surtout, je trouvais particulièrement dommage de ne rien faire cette année. J'ai longtemps réfléchi jusqu'à ce que me vienne une idée, quelque chose de drôle. Pim a été consulté et, il y a une semaine, nous nous sommes mis au travail afin de rédiger un poème pour chacun de nous.

Dimanche soir à huit heures et quart, nous avons fait notre apparition là-haut, tenant entre nous le grand panier à linge, décoré de petits personnages et de nœuds en papier pelure rose et bleu. Un grand morceau de papier d'emballage marron sur lequel était fixée une lettre recouvrait le panier. Ils étaient tous plutôt étonnés, là-haut, de l'ampleur de la surprise. J'ai détaché la lettre du panier et l'ai lue :

Prologue

Saint Nicolas, cette année encore, est revenu
Même à l'Annexe on s'en est aperçu.
Hélas, nous ne pouvons pas le fêter
Comme nous l'avons fait l'année passée.
Nous pensions alors, pleins d'espoir,
Nous réjouir déjà de la victoire,
Et croyions que pour la Saint-Nicolas,
Chacun serait enfin libre chez soi.
Pourtant ce jour, nous voulons l'honorer,
Mais comme aux cadeaux, inutile de rêver
A autre chose il faut penser
Et dans sa chaussure regarder !

Un grand éclat de rire retentit quand chacun retira sa chaussure de la corbeille. Dans chaque chaussure se trouvait un petit paquet enveloppé dans du papier d'emballage et adressé au propriétaire.

Chère Kitty,

Une grosse grippe m'a empêchée de t'écrire avant aujourd'hui. C'est affreux d'être malade ici, quand j'avais envie de tousser, et hop je me recroquevillais sous la couverture et essayais de calmer ma gorge aussi silencieusement que possible, mais la plupart du temps, l'irritation ne voulait plus du tout partir et il fallait recourir au lait avec du miel, au sucre et aux pastilles. Quand je pense aux traitements qu'ils m'ont imposés en permanence, j'en ai le tournis, suées, cataplasmes, linges mouillés sur la poitrine, linges secs, boissons chaudes, gargarismes, badigeons, immobilité, coussin thermique, bouillottes, citrons pressés et par-dessus le marché, toutes les deux heures, le thermomètre. Est-il possible, en vérité, qu'on guérisse d'une telle manière ? Le pire, c'est que M. Dussel s'est mis à jouer au docteur et a posé sa tête pommadée sur ma poitrine nue pour écouter les bruits à l'intérieur. Non seulement ses cheveux me grattaient horriblement, mais je me sentais gênée, même s'il a fait des études il y a trente ans et possède le titre de docteur. Qu'est-ce qui lui prend, à celui-là, de se pencher sur mon cœur ? Il n'est tout de même pas mon amoureux ! De toute façon, ce qu'il y a de malade ou non à l'intérieur, il ne l'entendra pas, il faut qu'il se fasse déboucher les oreilles parce qu'il commence à ressembler dangereusement à un sourd. Mais assez parlé de la maladie. Je suis toute requinquée, j'ai grandi de un centimètre, j'ai pris un kilo, je suis pâle et impatiente de me plonger dans l'étude.

Ausnahmsweise [1] (il n'y a pas de meilleur mot), les relations internes sont bonnes, personne ne se dispute, mais cela ne va pas durer longtemps, la maison n'a pas été aussi paisible depuis au moins six mois.

Bep est encore isolée de nous, mais notre amie sera bientôt délivrée des bacilles.

Pour Noël, nous avons droit à un supplément d'huile, de bonbons et de mélasse. M. Dussel a offert à Mme Van

----

1. Exceptionnellement.

Daan et à Maman une belle tarte, Miep l'avait fait préparer à la demande de M. Dussel. Avec tout son travail, il a fallu que Miep s'occupe de cela en plus. Margot et moi, nous avons reçu une petite broche fabriquée à partir d'une pièce de deux cents et demi et qui brillait joliment. D'une indescriptible beauté.

Pour Noël, j'ai déjà pensé à Miep et à Bep. En fait, j'ai mis de côté depuis un bon mois le sucre de mes flocons d'avoine. Kleiman a fait faire les fondants pour Noël.

Le temps est maussade, le poêle empeste, la nourriture nous pèse à tous sur l'estomac, ce qui provoque de tous côtés des bruits de tonnerre, la guerre est au point mort, humeur détestable.

Bien à toi,

Anne

VENDREDI 24 DÉCEMBRE 1943

Chère Kitty,

Je t'ai déjà écrit plus d'une fois à quel point nous sommes tous dépendants de l'humeur ambiante ici et, ces derniers temps surtout, je sens que ce mal empire dans mon cas. « Exultant jusqu'au ciel, attristée à en mourir » seraient ici des expressions tout à fait appropriées. « Exultant jusqu'au ciel », quand je pense à notre vie confortable ici et me compare aux autres enfants juifs, et « attristée à en mourir », voilà comment je me sens quand j'entends, comme cet après-midi, Mme Kleiman, venue nous rendre visite, parler du Club de hockey de Jopie, de ses promenades en canoë, de ses représentations théâtrales et des thés chez ses amis. Je ne crois pas être jalouse de Jopie, mais je dois dire qu'il me prend alors une envie terrible de m'amuser comme une folle et de rire à en avoir mal au ventre. Surtout maintenant, en hiver, au moment des congés de Noël et du Nouvel An, nous sommes ici comme des parias, et pourtant je n'ai en fait pas le droit d'écrire ces mots parce que je donne l'impression d'être ingrate, mais peu importe leur opinion, je ne peux pas tout garder pour moi et répéterai une fois de plus les mots de mon introduction, « le papier a de la patience ».

Quand quelqu'un vient de l'extérieur, les vêtements pleins de vent et le visage encore froid, j'ai envie de me cacher la tête sous les couvertures pour ne pas penser : « Quand aurons-nous le droit de respirer l'air frais ? » Et comme je ne peux pas cacher ma tête sous les couvertures, mais dois au contraire la tenir droite et digne, ces pensées me viennent malgré tout, et pas seulement une fois mais plusieurs, des milliers de fois. Tu peux me croire, quand on est enfermé pendant un an et demi, certains jours, on en a assez. Au mépris de toute justice ou de toute ingratitude, il est impossible de chasser ce sentiment. Faire du vélo, danser, siffler, découvrir le monde, me sentir jeune, savoir que je suis libre, voilà à quoi j'aspire et pourtant je ne dois rien en montrer parce que, imagine un peu, si nous nous mettions tous les huit à nous plaindre ou à prendre des airs malheureux, où en serions-nous ?

Il m'arrive de me demander parfois si quelqu'un pourra jamais comprendre ce que je ressens, si quelqu'un pourra voir, au-delà de mon ingratitude, au-delà du fait d'être juive ou non, la petite gamine qui a tant besoin de s'amuser comme une folle ? Je n'en sais rien et je ne voudrais en parler à personne car je sais que je me mettrais à pleurer. Pleurer peut apporter un tel soulagement, si seulement il y a quelqu'un auprès de qui on peut pleurer et en dépit de tout, en dépit de mes théories et de mes efforts, il me manque chaque jour et à chaque instant la mère qui me comprendrait. Et c'est pourquoi je me dis, à chacun de mes gestes et à chaque chose que j'écris, que je voudrais être plus tard, pour mes enfants, la *mams* [1] à laquelle je rêve. La *mams* qui ne prend pas tant au sérieux tout ce que l'on dit, et qui au contraire prend très au sérieux ce que je deviens. Je m'aperçois que je n'arrive pas à le décrire, mais en disant « *mams* », on a déjà tout dit. Tu sais ce que j'ai imaginé pour tout de même appeler Maman d'un petit nom comme « *mams* » ? Je l'appelle souvent Mansa, et de là vient *Mans*. C'est pour ainsi dire

---

1. Petit nom affectueux donné par certains enfants néerlandais à leur mère.

la *mams* imparfaite, que j'aimerais tant gratifier d'un autre jambage au n, qui ne s'en rend pas compte, car sinon elle serait malheureuse. Assez parlé de cela, en écrivant, mon « attristée à en mourir » m'est un peu passé !

Bien à toi,

Anne

Ces derniers temps, alors que nous n'en sommes qu'au premier jour de Noël[1], je ne cesse de penser à Pim et à ce qu'il m'a dit l'année dernière. L'année dernière, quand je ne comprenais pas le sens de ses paroles comme je les comprends aujourd'hui. Si seulement il venait me parler à nouveau, peut-être pourrais-je lui montrer que je le comprends ! Je crois que Pim en a parlé parce que, lui qui sait tant de choses sur les secrets du cœur des autres, n'a pas pu s'empêcher, pour une fois, de se confier ; car d'habitude, Pim ne parle jamais de lui et je ne crois pas que Margot se doute de ce qu'il a pu endurer. Pauvre Pim, il ne pourra pas me convaincre qu'il l'a oublié. Jamais il ne l'oubliera. Il est devenu indulgent, car lui aussi voit les erreurs de Maman. J'espère que je lui ressemblerai un peu, sans que j'aie à endurer les mêmes choses !

Anne

LUNDI 27 DÉCEMBRE 1943

Vendredi soir, j'ai eu pour la première fois de ma vie un cadeau de Noël. Les filles, Kleiman et Kugler nous ont préparé une délicieuse surprise. Miep nous a confectionné un gâteau de Noël, sur lequel était écrit : « Paix en 1944 ». Bep a offert une livre de galettes au beurre d'une qualité d'avant-guerre. Pour Peter, Margot et moi, il y avait une petite bouteille de yaourt et pour les adultes, une bière chacun. Tout était si joliment emballé et de belles images

---

1. Aux Pays-Bas, on parle du premier et du second jour de Noël. Ces jours correspondent respectivement au 25 et au 26 décembre.

étaient collées sur les différents paquets. Sinon, pour nous, les jours de Noël ont passé très vite.

Anne

Hier soir, j'ai encore eu beaucoup de chagrin. Grand-mère et Hanneli me sont de nouveau apparues en rêve. Grand-mère — cette chère Grand-mère, comme nous avons mal compris sa souffrance, comme elle était bonne pour nous, comme elle s'intéressait à tout ce qui nous touchait, elle qui prenait garde de taire le secret terrible avec lequel elle vivait.

Grand-mère était toujours si dévouée et bonne, jamais elle n'aurait abandonné l'un d'entre nous. Dans n'importe quelle circonstance, même si j'avais fait une grosse bêtise, Grand-mère m'excusait toujours. Grand-mère — m'as-tu aimée ou ne m'as-tu jamais comprise, toi non plus ? Je ne sais pas. Comme elle a dû se sentir seule, si seule malgré notre présence. Un être peut se sentir seul, malgré l'amour des autres, s'il n'est le « préféré » de personne. Et Hanneli, est-elle encore en vie ? Que fait-elle ? Oh Dieu, protège-la et ramène-la à nous. Hanneli, chaque fois tu me rappelles ce qu'aurait pu être mon sort, chaque fois je m'imagine à ta place. Pourquoi suis-je souvent triste de ce qui se passe ici, ne devrais-je pas être toujours contente, satisfaite et heureuse, sauf quand je pense à elle et à ses compagnons d'infortune ? Je suis égoïste et lâche. Pourquoi faut-il toujours que je pense aux choses les plus atroces, et que j'aie envie de hurler de frayeur ? Parce que aujourd'hui encore, et malgré tout, je n'ai pas assez confiance en Dieu. Il m'a tant donné, alors qu'en fait je ne l'ai pas encore mérité et pourtant, chaque jour, je continue à faire tant de choses de travers !

On peut pleurer, en pensant à son prochain, on peut même pleurer toute la journée. On peut seulement prier que Dieu fasse un miracle et sauve encore quelques vies. Et j'espère que je le fais assez souvent !

Anne

Chère Kitty,

Depuis les dernières grosses disputes, tout s'est bien passé ici, aussi bien entre nous, Dussel et ceux d'en haut qu'entre Monsieur et Madame. Mais maintenant de gros nuages annoncent l'orage, à propos de... la nourriture. Madame a eu l'idée fâcheuse de faire moins de pommes de terre sautées le matin mais plutôt de les conserver. Maman et Dussel, et nous compris, n'étions pas d'accord avec elle, aussi dorénavant faisons-nous des pommes de terre à part. Mais maintenant, le partage de la graisse ne se fait pas de façon équitable et Maman doit encore mettre le holà. Si le dénouement présente un intérêt quelconque, je te le raconterai. Ces derniers temps, nous avons cuisiné séparément. La viande (eux avec gras, nous sans gras) ; eux de la soupe, nous pas de soupe. Les pommes de terre (eux épluchées, nous pelées). Des achats supplémentaires, et maintenant voilà l'histoire des pommes de terre sautées.

Si seulement nous aussi, nous étions complètement séparés une bonne fois pour toutes !

Bien à toi,

Anne

P.-S. Bep a fait tirer pour moi une carte postale de toute la famille royale. Juliana y a l'air très jeune, tout comme la reine. Les trois filles sont adorables. C'est extrêmement gentil de la part de Bep, tu ne trouves pas ?

DIMANCHE 2 JANVIER 1944

Chère Kitty,

Ce matin, comme je n'avais rien à faire, j'ai feuilleté mon journal et suis tombée à plusieurs reprises sur des lettres traitant du sujet « Maman » en des termes tellement violents que j'en étais choquée et me suis demandé : « Anne, c'est vraiment toi qui as parlé de haine, oh Anne, comment as-tu pu ? » Je suis restée figée, la page à la main, et j'ai cherché à expliquer mon trop-plein de colère et même cette haine qui m'a poussée à tout te confier. J'ai essayé de comprendre et d'excuser l'Anne d'il y a un an, car je n'aurai pas la conscience tranquille tant que je te laisserai sur l'impression de ces accusations sans te dire maintenant, avec le recul, ce qui m'a fait parler ainsi. Je suis et j'étais victime d'humeurs qui m'enfonçaient (au figuré, bien sûr) la tête sous l'eau et ne me laissaient voir que l'aspect subjectif des choses, m'empêchant de tenter de réfléchir calmement aux arguments de la partie adverse et d'agir dans le même esprit que celui que j'ai blessé ou chagriné par mon tempérament fougueux.

Je me suis réfugiée en moi-même, je n'ai regardé que moi, et toute ma joie, mon ironie et mon chagrin, je les ai décrits dans mon journal sans aucune gêne. Ce journal a pour moi de la valeur car, souvent, il est un répertoire de souvenirs, mais sur beaucoup de pages, je pourrais écrire « Dépassé ». J'étais furieuse contre Maman (comme il m'arrive souvent encore), elle ne me comprenait pas, c'est sûr, mais je ne la comprenais pas non plus. Comme elle m'aimait, elle me montrait de la tendresse, mais comme je la mettais souvent dans des situations désagréables et que cela, en plus d'autres circonstances aussi affligeantes, la rendait nerveuse et irritable, on comprend qu'elle m'ait souvent rabrouée.

Je prenais sa réaction beaucoup trop au tragique, me sentais vexée, devenais insolente et difficile avec elle, ce qui augmentait encore son chagrin. C'était donc en fait une alternance d'attitudes blessantes et de chagrin. Ce n'était sûrement pas drôle, ni pour l'une ni pour l'autre, mais cela passe. Mais je ne voulais pas le voir, et j'éprouvais une grande pitié pour moi-même, ce qui se comprend également.

Les phrases trop violentes ne sont que l'expression d'une colère que, dans la vie normale, j'aurais soulagée en trépignant deux ou trois fois dans une chambre fermée ou en jurant derrière le dos de Maman.

La période où, les larmes aux yeux, je condamnais Maman est terminée, je suis devenue plus raisonnable. Le plus souvent, je me tais quand je suis irritée, elle de même, et de ce fait nos relations sont apparemment bien meilleures. Car aimer Maman de l'amour innocent d'un enfant, j'en suis incapable.

Je tranquillise ma conscience en me disant qu'il vaut mieux laisser des injures sur le papier plutôt que d'obliger Maman à les porter dans son cœur.

Bien à toi,

Anne

JEUDI 6 JANVIER 1944

Chère Kitty,

Aujourd'hui, je dois t'avouer deux choses que je vais mettre un certain temps à écrire, mais que je *dois* raconter à quelqu'un et, après tout, tu es la mieux placée pour les entendre parce que je suis sûre que tu les garderas pour toi, toujours et en toutes circonstances. La première concerne Maman. Tu sais que je me suis souvent plainte d'elle et que, pourtant, je me suis toujours donné beaucoup de mal pour être gentille avec elle. Tout d'un coup, je sais exactement ce qui cloche chez elle. Maman nous a dit elle-même qu'elle nous considérait davantage comme des amies que comme ses filles ; c'est bien joli, mais une amie ne peut pas remplacer une mère. J'ai besoin de prendre ma mère en exemple et de la respecter, et ma mère me sert effectivement d'exemple dans la plupart des choses, mais me donne justement l'exemple de ce qu'il ne faut pas faire. J'ai l'impression que Margot a des idées totalement différentes sur tous ces sujets et ne comprendrait jamais ce que je viens de te raconter. Quant à Papa, il évite toutes les discussions qui pourraient concerner Maman. Ma conception d'une mère, c'est une femme qui avant tout montre beaucoup de tact, particulièrement vis-à-vis d'enfants de notre âge, contrairement à Mansa, qui me rit au nez quand je pleure, pas parce que je me suis fait mal, mais pour d'autres choses.

Cela peut paraître ridicule, mais il y a une chose que je ne lui ai jamais pardonnée. Un jour, je devais aller chez le dentiste, Maman et Margot m'accompagnaient et m'avaient permis de prendre mon vélo. En sortant de chez

154

le dentiste, Margot et Maman m'ont dit d'un air tout enjoué qu'elles allaient en ville pour voir ou acheter quelque chose, je ne sais plus exactement. Évidemment, j'avais envie de les accompagner, mais elles ne voulaient pas parce que j'avais mon vélo. De colère, j'en ai eu les larmes aux yeux, et Margot et Maman ont éclaté de rire. J'étais tellement furieuse que je leur ai tiré la langue en pleine rue juste au moment où une petite dame passait qui m'a jeté un regard horrifié. Je suis rentrée en vélo à la maison et j'ai sans doute pleuré encore longtemps. Il est curieux que parmi les innombrables blessures que Maman m'a infligées, ce soit justement celle-ci qui me brûle lorsque je repense à ma colère du moment.

La deuxième m'est très pénible à raconter car elle me concerne. Je ne suis pas pudibonde, Kitty, mais quand ils se mettent à parler en détail de ce qu'ils font aux W.C., j'ai le sentiment que tout mon corps se révolte.

Hier, j'ai lu un article de Sis Heyster qui parlait de la tendance à rougir. Dans cet article, on dirait que Sis Heyster s'adresse à moi seule ; même si je ne rougis pas facilement, ses autres remarques s'appliquent à moi. Elle dit à peu près qu'une jeune fille à l'âge de la puberté se concentre sur elle-même et commence à réfléchir aux miracles qui se produisent dans son corps. C'est aussi mon cas, et ces derniers temps, j'ai l'impression de ressentir une gêne devant Margot, Maman et Papa. Margot, au contraire, est beaucoup plus timide que moi mais pas du tout gênée. Je trouve si étonnant ce qui m'arrive, et non seulement ce qui se voit à la surface de mon corps mais ce qui s'accomplit à l'intérieur. C'est justement parce que je ne parle jamais de moi ni de ces choses à quelqu'un d'autre que je m'en parle à moi-même. Chaque fois que je suis indisposée (et cela n'est arrivé que trois fois), j'ai le sentiment, en dépit de la douleur, du désagrément et de la saleté, de porter en moi un doux secret et c'est pourquoi, même si je n'en récolte que des inconvénients, j'accueille toujours avec joie, en un certain sens, le moment où je vais de nouveau sentir en moi ce secret.

En plus, Sis Heyster écrit que les jeunes filles durant ces années-là ne sont pas tout à fait sûres d'elles-mêmes et découvrent qu'elles sont des personnes, elles aussi, avec leurs idées, leurs pensées et leurs habitudes. Comme je suis venue ici à treize ans à peine, j'ai commencé plus tôt à réfléchir sur moi-même et à m'apercevoir que je suis une personne à part entière. Parfois, le soir dans mon lit, il me prend une terrible envie de me palper les seins et d'écouter les battements tranquilles et réguliers de mon cœur.

Inconsciemment, j'ai déjà éprouvé de tels sentiments avant de venir ici car je sais qu'une fois, alors que je passais la nuit chez Jacque, je n'ai pas pu me retenir tant j'étais curieuse de son corps, qu'elle cachait toujours de mon regard et que je n'ai jamais vu. Je lui ai demandé si, en gage de notre amitié, nous pourrions nous palper mutuellement les seins. Jacque a refusé. De même, j'avais une terrible envie d'embrasser Jacque et je l'ai fait. Je suis en extase, chaque fois que je vois un corps de femme nu, comme une Vénus dans le livre d'histoire de l'art de Springer. Parfois je trouve cela si merveilleux et si beau que je dois faire un effort pour éviter de répandre des larmes.

Si seulement j'avais une amie !

JEUDI 6 JANVIER 1944

Chère Kitty,

Mon désir de parler à quelqu'un a pris de telles proportions que j'ai fini par avoir envie de parler à Peter. Quand il m'arrivait de venir dans sa chambre, là-haut, à la lumière de la lampe, je m'y sentais toujours bien, mais comme Peter est toujours trop timide pour mettre quelqu'un à la porte, je n'osais pas rester longtemps, car j'avais peur qu'il ne me trouve affreusement agaçante. Je continuais à chercher la moindre occasion de parler un moment avec lui et celle-ci s'est présentée hier. Peter a attrapé la manie des mots croisés et y passe toute sa journée, je l'ai aidé et bientôt, nous étions installés l'un en face de l'autre à sa petite table, lui sur la chaise, moi sur le divan. Je me sentais toute drôle quand je regardais droit dans ses yeux bleu foncé et me rendais compte à quel point il était intimidé par cette visite inhabituelle. Je pouvais lire si facilement en lui, son visage portait encore les traces de sa maladresse et de son manque d'assurance mais, en même temps, reflétait vaguement sa conscience d'être un homme. Je comprenais tellement son comportement timide et me sentais si attendrie. J'aurais voulu lui demander : « Parle-moi de toi. Regarde au-delà de mon tragique besoin de bavarder. » Je me suis aperçue qu'en fait, il est plus facile de préparer de telles questions que de les poser. Mais la soirée s'est déroulée sans que rien ne se passe, sauf que je lui ai parlé de cette histoire de rougir, pas de ce que j'ai écrit, bien entendu, mais je lui ai dit qu'il prendrait de l'assurance avec les années.

Le soir dans mon lit, j'ai pleuré et pleuré, mais pourtant, il fallait que personne ne m'entende et je trouvais l'idée d'avoir à implorer les faveurs de Peter tout simplement repoussante. On peut aller très loin pour satisfaire ses envies, comme tu peux t'en apercevoir, car je me proposais de rendre plus souvent visite à Peter et d'arriver à le faire parler, d'une manière ou d'une autre.

Ne va en aucun cas t'imaginer que je suis amoureuse de Peter, absolument pas. Si au lieu d'un garçon, les Van Daan avaient eu une fille ici, j'aurais aussi essayé de me lier d'amitié avec elle.

Ce matin, je me suis réveillée vers sept heures moins cinq, et tout de suite je me suis souvenue très précisément de mon rêve. J'étais assise sur une chaise et en face de moi se trouvait Peter... Schiff, nous feuilletions un livre avec des dessins de Mary Bos. Mon rêve me revenait si clairement à l'esprit que je me rappelais encore en partie les reproductions. Mais ce n'était pas tout, le rêve continuait, soudain le regard de Peter croisait le mien et je fixais longuement ses beaux yeux bruns de velours, alors Peter me dit très doucement : « Si j'avais su, je serais depuis longtemps venu te trouver ! » Brusquement, je me détournai car l'émotion devenait trop forte. Ensuite, je sentis la douceur d'une joue, oh si fraîche et si bienfaisante, contre la mienne, et tout était si bon, si bon...

A ce moment-là, je me suis réveillée, sentant encore sa joue contre la mienne, et le regard de ses yeux bruns au plus profond de mon cœur, si loin qu'il y avait lu à quel point je l'avais aimé et combien je l'aimais encore. Les larmes ont jailli de mes yeux et j'étais très chagrinée, car je le perdais une fois de plus, mais pourtant heureuse car j'étais de nouveau certaine que Peter est toujours l'élu de mon cœur.

C'est étrange comme il m'arrive souvent d'avoir des visions d'une telle précision dans mes rêves. D'abord une nuit, j'ai vu Mamie si nettement que sa peau semblait d'un velours plissé très épais et très doux. Puis m'est apparue Grand-mère[1], en ange gardien, et ensuite Hanneli, qui représente pour moi le symbole du malheur de tous mes amis et de tous les juifs ; aussi, quand je prie pour elle, je prie à la fois pour tous les juifs et pour tous les pauvres gens. Et maintenant, Peter, mon cher Peter, jamais son image ne m'est apparue aussi clairement, je n'ai besoin d'aucune photo de lui, je le vois si bien.

VENDREDI 7 JANVIER 1944

Chère Kitty,

Quelle andouille je fais, je n'ai pas du tout pensé à te raconter l'histoire de mon grand amour. Quand j'étais encore très petite, à l'école maternelle déjà, je m'étais prise de sympathie pour Sally Kimmel. Il n'avait plus son père et vivait avec sa mère chez une tante. Un de ses cousins, Appy, était un beau garçon svelte aux cheveux bruns, qui plus tard est devenu le type même d'un héros de film et qui éveillait beaucoup plus l'admiration que Sally, ce petit gros plein d'humour. Pendant un temps, nous étions souvent ensemble, mais en général, il ne répondait pas à mon amour, jusqu'au moment où Peter s'est trouvé sur mon chemin et où j'ai été frappée de mon premier amour passionné d'enfant. Je lui plaisais également beaucoup et le temps d'un été, nous avons été inséparables. Je pense encore à nous, marchant la main dans la main le long du Zuider Amstellaan, lui dans un costume

---

1. Anne désigne ainsi sa grand-mère maternelle (Oma dans le texte néerlandais), Mamie (Omi) est sa grand-mère paternelle.

de coton blanc, moi dans une courte robe d'été. A la fin des grandes vacances, il est entré en sixième et moi dans la dernière classe de l'école primaire. Il venait me chercher à l'école et inversement, j'allais le chercher. Peter était beau comme un astre, grand, séduisant, mince, le visage sérieux, calme et intelligent. Il avait les cheveux bruns et de magnifiques yeux marron, des joues rouge-brun et un nez pointu. C'est surtout son rire qui me plaisait, il avait alors l'air si coquin et espiègle.

Je suis partie en vacances à la campagne, et quand je suis rentrée, Peter n'habitait plus à son ancienne adresse ; il avait déménagé entre-temps et habitait avec un garçon beaucoup plus vieux. Celui-ci lui a visiblement fait remarquer que je n'étais qu'une gamine et Peter m'a laissé tomber. Je l'aimais tant que je ne voulais pas voir la vérité en face et m'agrippais à lui jusqu'au jour où j'ai fini par comprendre que si je continuais encore longtemps à lui courir après, je serais classée comme une fille à garçons.

Les années ont passé, Peter fréquentait les filles de son âge et ne songeait plus à me dire bonjour. Je suis entrée au lycée juif, beaucoup de garçons de notre classe sont tombés amoureux de moi, cela m'amusait, je me sentais flattée, mais je n'étais pas touchée pour autant. Plus tard, ce fut au tour de Hello de me trouver à son goût, mais comme je l'ai déjà dit, je ne suis plus jamais tombée amoureuse. Il existe un proverbe qui dit : Le temps guérit toutes les blessures, c'est aussi ce qui s'est passé pour moi ; je me suis imaginé que j'avais oublié Peter et qu'il avait cessé définitivement de me plaire. Son souvenir était cependant si vivant qu'il m'arrivait parfois de reconnaître que j'éprouvais de la jalousie envers les autres filles et que c'était pour cette raison qu'il ne me plaisait plus. Ce matin, j'ai remarqué que rien n'a changé, au contraire, alors que je grandissais et mûrissais, mon amour s'amplifiait en moi. Maintenant, je comprends très bien pourquoi Peter me trouvait gamine et, pourtant, le fait qu'il m'ait oubliée me portait à chaque fois un coup douloureux. Son visage est revenu si nettement à ma mémoire que je sais maintenant que personne d'autre ne pourra rester aussi présent en moi. Alors aujourd'hui, je suis complètement troublée. Quand Papa m'a donné un baiser ce matin, j'avais envie de hurler : « Oh, si seulement tu étais Peter ! » Tout me fait penser à lui, et à chaque instant de la journée, je passe mon temps à me répéter intérieurement : « Oh Petel, cher, cher Petel [1]... »

Comment m'en sortir ? Je dois continuer à vivre et prier Dieu de mettre Peter sur mon chemin, si je sors d'ici, et de faire en sorte qu'en lisant mes sentiments dans mes yeux, il me dise : « Oh, Anne, si j'avais su, je serais depuis longtemps venu te trouver. »

Papa m'a dit une fois, alors que nous parlions de sexualité, que je ne pouvais pas encore comprendre le désir, j'ai toujours été sûre qu'au contraire je le comprenais, et maintenant je le comprends tout à fait. Rien ne m'est aujourd'hui plus cher que lui, mon Petel !

J'ai vu mon visage dans la glace et il est si différent de ce qu'il est d'habitude. Mes yeux ont un regard si clair et si profond, mes joues sont teintées de rose, ce qui n'est pas arrivé depuis des semaines, ma bouche est beaucoup plus tendre, j'ai l'air d'être heureuse et pourtant mon expression a quelque chose de triste, mon sourire s'efface aussitôt de mes lèvres. Je ne suis pas heureuse car je devrais savoir que les pensées de Petel ne sont pas auprès de moi, et pourtant, pourtant, je sens continuellement ses beaux yeux fixés sur moi et la douceur de sa joue fraîche contre la mienne...

Oh Petel, Petel, comment pourrais-je jamais me libérer de ton image ? Tout autre que toi n'est-il pas qu'un malheureux ersatz ? Je t'aime, d'un amour si fort qu'il ne pouvait plus croître en mon cœur mais devait apparaître au grand jour et se révéler soudain à moi, dans toute son ampleur. Il y a une semaine, il y a un jour, si tu m'avais demandé : « Parmi tes amis, à qui penserais-tu pour le mariage ? » j'aurais répondu : « A Sally, parce que, auprès de lui, on se sent bien, tranquille et en sécurité ! »

Aujourd'hui, je crierais : « A Petel, car c'est lui que j'aime de tout mon cœur, de toute mon âme, dans un abandon total ! » A une seule condition néanmoins, il n'a pas le droit de toucher autre chose que mon visage.

---

1. Anne appelle ainsi Peter Schiff, par opposition à l'autre Peter, Peter Van Daan.

Ce matin, dans mes pensées, j'étais assise avec Petel sur le bois entassé sous les fenêtres du grenier de devant et après une brève conversation, nous nous sommes mis tous les deux à pleurer et ensuite j'ai senti sa bouche et sa joue si délicieuse ! Oh Petel, viens me retrouver, pense à moi, mon cher Petel adoré !

MERCREDI 12 JANVIER 1944

Chère Kitty,

Depuis quinze jours, Bep est revenue parmi nous, bien que sa petite sœur n'ait pas le droit de retourner à l'école avant la semaine prochaine. Elle-même a cependant gardé le lit pendant deux jours à cause d'un gros rhume. Miep et Jan, eux non plus, n'ont pu se trouver à leur poste pendant deux jours, ils avaient tous les deux l'estomac barbouillé. En ce moment, je suis prise d'une folie de danse classique et autres, et je m'entraîne tous les soirs avec acharnement. A partir d'une combinaison mauve pâle à dentelle de Mansa, j'ai confectionné une robe de danse ultra-moderne. En haut, j'ai fait passer un cordon qui se ferme au-dessus de la poitrine ; un ruban rose froncé complète l'ensemble. J'essaie en vain de transformer mes tennis en ballerines.

Mes membres raidis sont en passe de recouvrer leur souplesse d'antan. Un exercice que je trouve super consiste à s'asseoir sur le sol, à tenir un talon dans chaque main, puis à soulever les deux jambes. Je dois malgré tout utiliser un coussin comme support sinon mon pauvre coccyx est trop malmené. Ici, ils lisent un livre intitulé *Matinée sans nuages*, Maman l'a trouvé particulièrement intéressant car il décrit de nombreux problèmes chez les jeunes. Avec un peu d'ironie, je me suis dit : « Commence par t'occuper de tes propres jeunes ! »

Je crois que Maman pense que Margot et moi entretenons les meilleures relations qui soient avec nos parents et que personne ne s'occupe autant qu'elle de la vie de ses enfants. Dans ce cas, elle ne regarde certainement que Margot, car des problèmes et des pensées comme les

161

miens, je crois qu'elle n'en a jamais. Je ne veux surtout pas mettre dans la tête de Maman qu'un de ses rejetons se révèle tout à fait différent de ce qu'elle imagine, elle en serait vraiment stupéfaite et, malgré tout, ne saurait pas comment s'y prendre autrement ; le chagrin qu'elle ressentirait alors, je veux le lui éviter, d'autant plus que je sais que, pour moi, rien ne pourrait changer. Maman sent bien que Margot l'aime beaucoup plus que moi, mais elle pense que ce n'est que par périodes ! Margot est maintenant si gentille, elle me paraît beaucoup changée, elle n'est plus du tout aussi chipie qu'avant et devient une véritable amie. Elle ne me considère absolument plus comme une petite mioche dont on n'a pas à tenir compte. Il se produit parfois un étrange phénomène : je me vois comme à travers les yeux d'une autre personne. Je me penche tout à mon aise sur les histoires d'une certaine Anne Frank et me mets à feuilleter le livre de ma propre vie comme s'il s'agissait de celle d'une inconnue.

Avant, à la maison, quand je ne réfléchissais pas encore autant, je sentais à certains moments que je n'étais pas à ma place auprès de Mansa, Pim et Margot et que je reste-rais toujours un numéro à part, il m'arrivait de me mettre dans le rôle de l'orpheline pendant six mois, jusqu'à ce que je me punisse et me reproche que tout cela n'était que de ma faute, que je jouais les martyrs alors que j'avais tout pour être heureuse. Ensuite venait une période où je m'efforçais d'être agréable. Chaque matin, quand quel-qu'un descendait l'escalier du grenier, j'espérais que ce serait Maman qui viendrait me dire bonjour. Je l'accueil-lais gentiment car je me réjouissais vraiment de son regard bienveillant. Puis, par une réflexion quelconque, elle me rabrouait et je partais à l'école, totalement découragée. Sur le chemin du retour, je lui trouvais des excuses, me disais qu'elle avait des soucis, j'arrivais à la maison pleine d'enthousiasme, racontais toutes mes histoires jusqu'à ce que se répète un scénario identique à celui du matin et que, l'air perplexe, je quitte la maison avec mon cartable. Parfois, je décidais de rester fâchée, mais une fois rentrée de l'école, j'avais tant de nouvelles histoires que j'avais oublié ma résolution depuis longtemps et que Maman, en toutes circonstances, devait prêter une oreille attentive au récit de toutes mes aventures. Jusqu'à une nouvelle période, où je ne guettais plus les pas dans l'escalier le matin, où je me sentais seule et, le soir, noyais mon oreiller de mes larmes.

Ici, la situation s'est beaucoup aggravée, enfin, tu connais le problème. Mais Dieu m'a envoyé un soutien. Peter... Je serre un instant mon pendentif, y pose un baiser et pense : « Je n'ai rien à faire de toutes ces bêtises ! Petel est près de moi et personne n'en sait rien ! » De cette manière, je peux surmonter toutes les rebuffades.

Qui, ici, pourrait se douter de tout ce qui se passe dans l'âme d'une petite gamine ?

SAMEDI 15 JANVIER 1944

Très chère Kitty,

Cela n'a aucun sens que je te décrive à chaque fois dans les moindres détails nos prises de bec et nos disputes. Je trouve déjà bien suffisant de te dire que nous faisons bande à part pour beaucoup de choses comme la graisse et la viande, que nous les accompagnons de nos propres pommes de terre sautées. Depuis quelque temps, nous mangeons un peu de pain de seigle en plus car à quatre heures, nous attendions déjà avec impatience le repas du soir et ne pouvions plus contrôler les grognements de nos estomacs.

L'anniversaire de Maman approche à grands pas ; Kugler lui a offert un supplément de sucre, source de jalousie du côté des Van Daan car lors de l'anniversaire de Madame, celle-ci n'y a pas eu droit. Mais à quoi bon t'ennuyer avec ces paroles dures, ces crises de larmes et ces conversations hargneuses, du moment que tu sais qu'elles nous ennuient encore plus.

Maman a émis le souhait, irréalisable pour l'instant, de ne plus être obligée de voir la tête de M. Van Daan pendant quinze jours.

Je me demande si on finit toujours par se disputer avec tous ceux qui partagent la même maison depuis si longtemps. Ou peut-être n'avons-nous vraiment pas eu de

163

chance ? Quand, à table, Dussel prend un quart du contenu d'un bol de jus de viande à moitié plein et, mine de rien, oblige les autres à s'en passer, cela me coupe l'appétit et j'aurais envie de bondir pour le pousser de sa chaise et le jeter dehors.

La majorité des gens serait-elle aussi égoïste et rapace ? Je suis très contente d'avoir un peu approfondi ma connaissance de l'espèce humaine, ici, mais je trouve qu'à présent cela suffit ; Peter en disait autant.

La guerre n'a que faire de nos querelles et de nos envies de liberté et d'air frais, aussi devons-nous essayer de vivre au mieux notre séjour. Je suis là à prêcher, mais je crois que si je reste encore longtemps ici, je vais devenir une grande bringue toute desséchée. Et j'ai tant envie de rester encore une vraie gamine !

Bien à toi,

Anne

MERCREDI SOIR 19 JANVIER 1944

Chère Kitty,

Je (encore cette faute !) ne sais pas pourquoi mais je remarque sans cesse qu'à la suite de mon rêve, j'ai changé. Entre parenthèses, j'ai encore rêvé de Peter cette nuit et j'ai vu une fois de plus ses yeux perçants me fixer, mais ce rêve n'était pas aussi beau et aussi clair que le précédent.

Tu sais qu'avant, j'étais toujours jalouse de Margot, par rapport à Papa, aujourd'hui, il n'en reste plus de trace ; il m'arrive encore d'avoir de la peine quand Papa se montre injuste envers moi parce qu'il est nerveux, mais je me dis : « Je ne peux pas vous en vouloir d'être comme vous êtes, vous parlez beaucoup des pensées des enfants et des jeunes, mais vous n'y pigez rien ! » Je désire davantage que les baisers de Papa, que ses cajoleries. Ne suis-je pas affreuse de toujours m'occuper de moi-même ? Moi qui veux être bonne et gentille, ne me faut-il pas avant tout leur pardonner ? Pourtant, je pardonne à Maman, mais j'ai du mal à me contenir quand elle est pleine de sarcasmes et ne cesse de se moquer de moi.

Je sais, je suis loin d'être comme il faudrait ; est-ce que je le deviendrai jamais ?

Anne Frank

P.-S. Papa m'a demandé si je t'avais parlé du gâteau. Pour son anniversaire, Maman a reçu de la part du personnel du bureau un vrai gâteau au moka, comme avant la guerre. Il était vraiment délicieux ! Mais en ce moment, j'ai si peu de place dans mes pensées pour ce genre de choses.

SAMEDI 22 JANVIER 1944

Chère Kitty,

Peux-tu me dire pourquoi les gens cachent si jalousement leur vraie personnalité ? Comment se fait-il qu'en société, je fasse toujours tout autre chose que ce que je devrais faire ? Pourquoi les uns font-ils si peu confiance aux autres ? Je sais, il existe certainement une explication, mais il me semble parfois très triste qu'on ne puisse trouver nulle part, même auprès des gens les plus proches, la moindre complicité. J'ai l'impression que depuis la nuit de mon rêve, je suis devenue plus mûre et beaucoup plus une personne à part entière. Tu seras sans doute abasourdie si je te dis que même les Van Daan ont pris une autre place à mes yeux. Soudain, je ne considère plus les discussions, etc., avec notre parti pris. Comment ai-je pu changer à ce point ? Tu vois, je me suis dit tout d'un coup que si Maman était différente, une vraie *mams*, nos relations ici auraient été totalement différentes. Bien sûr, il est vrai que Mme Van Daan est tout sauf agréable, et pourtant je pense que si Maman n'était pas aussi intraitable à chaque discussion un peu vive, la moitié de nos querelles aurait pu être évitée. En fait, Mme Van Daan a un bon côté : on peut parler avec elle. En dépit de tout son égoïsme, de son avidité et de sa sournoiserie, on peut facilement lui faire reconnaître ses torts du moment qu'on ne provoque pas sa susceptibilité ou son caractère récalcitrant. Les effets de cette méthode ne se prolongent pas jusqu'à la prochaine occasion, mais si on a de la patience, on peut recommencer pour en observer les limites. Toutes les questions d'éducation, les histoires d'enfants gâtés, la nourriture, tout, absolument tout, aurait pris une autre tournure si nous étions restés ouverts et en bons termes au lieu de ne voir que les mauvais côtés. Je sais exactement ce que tu vas dire, Kitty : « Mais, Anne, ces mots viennent-ils de toi ? De toi qui as dû subir de là-haut tant de paroles sévères, de toi, consciente de toutes les injustices qui ont eu lieu ! » Et pourtant, ces mots viennent bien de moi. Je veux tout reconsidérer, sans m'en tenir au proverbe : « Telle mère, telle fille. » Je veux analyser moi-même les Van Daan et distinguer entre ce qui est vrai et ce qui est exagéré. Si je rencontre moi-même une déception, je pourrai alors suivre la même ligne que Papa et Maman, sinon, eh bien, j'essaierai d'abord de les détromper et si je n'y arrive pas je défendrai haut et fort mes opinions et mon jugement. Je saisirai chaque occasion de parler ouvertement à Madame des nombreux sujets de discorde et ne craindrai pas de donner une opinion neutre même si on m'appelle Madame-je-sais-tout.

Mes griefs contre ma famille, je suis obligée de les taire, mais pour ma part, à dater d'aujourd'hui, les médisances font partie du passé, même si cela ne veut pas dire pour autant que je manquerai jamais de les défendre contre qui que ce soit. Jusqu'à présent, j'ai toujours cru dur comme fer que pour les disputes, tous les torts leur revenaient, mais nous étions certainement en grande partie responsables. Nous avions raison sur le fond de la discussion, mais on s'attend tout de même que des personnes raisonnables (parmi lesquelles nous nous comptons !) aient une meilleure notion du comportement à adopter envers les gens. J'espère avoir acquis un peu de cette notion et pouvoir trouver une occasion d'en faire bon usage.

Bien à toi,

Anne

Chère Kitty,

Il m'est arrivé une chose (enfin on ne peut pas vraiment dire arrivé) que moi-même je trouve très surprenante.

Avant, à la maison et à l'école, on parlait des questions sexuelles en faisant des mystères ou de manière répugnante. Les mots qui s'y rapportaient étaient prononcés à voix basse et quand quelqu'un n'était pas au courant, on se moquait de lui. Je trouvais toujours cela ridicule et me disais : « Pourquoi faut-il toujours que les gens en parlent de manière si mystérieuse et agaçante ? » Mais comme il était impossible de rien y changer, je tenais ma langue, dans la mesure de mes moyens, et demandais des renseignements à mes amies. Quand j'en savais déjà beaucoup, Maman m'a dit une fois : « Anne, je vais te donner un bon conseil, ne parle jamais de ces choses-là avec les garçons et ne leur réponds pas s'ils abordent la question ! » Je me rappelle exactement ma réponse : « Bien sûr que non, quelle idée ! » Et les choses en sont restées là.

Au début de notre clandestinité, Papa me racontait souvent des choses que j'aurais préféré entendre de Maman, et j'ai fini par apprendre le reste dans les livres ou dans les conversations. Peter Van Daan n'a jamais été aussi agaçant dans ce domaine que les garçons de l'école, au début peut-être, à de rares occasions, mais jamais pour essayer de m'en faire parler. Madame nous avait dit une fois qu'elle n'avait jamais parlé de ces choses-là avec Peter et, pour autant qu'elle le savait, son mari non plus. Apparemment, elle n'était même pas au courant de la façon dont Peter se renseignait et de ce qu'il savait.

Hier, alors que Margot, Peter et moi, nous épluchions les pommes de terre, la conversation a porté, d'elle-même, sur Moffi.

« Nous ne savons toujours pas quel est le sexe de Moffi ? » demandai-je.

« Si, c'est un mâle », a-t-il répondu. Je me suis mise à rire : « C'est cela, un mâle qui est enceinte. » Peter et Margot ont ri aussi de cette méprise amusante. En fait, Peter avait constaté, environ deux mois auparavant, que

167

Moffi n'allait pas tarder à avoir des petits, son ventre avait visiblement grossi. Cependant, il s'était avéré que le gonflement venait de tous les bons morceaux qu'il avait piqués, les petits n'ont pas grandi, pas plus qu'ils ne sont nés. Peter n'a pas pu s'empêcher de défendre l'accusation. « Non, dit-il, tu peux même venir voir avec moi, une fois, quand je faisais le fou avec lui, j'ai pu observer très nettement que c'était un mâle. »

Je n'étais pas de taille à contenir ma curiosité et l'ai suivi à l'entrepôt. Moffi n'avait cependant pas d'heure de réception et restait introuvable ; nous avons attendu un moment, avons commencé à avoir froid et sommes remontés.

Plus tard dans l'après-midi, je l'ai entendu descendre une deuxième fois ; j'ai rassemblé tout mon courage pour traverser, seule, la maison silencieuse, et j'ai atterri dans l'entrepôt. Sur la table d'emballage se trouvait Moffi, il jouait avec Peter qui venait de le poser sur la balance pour vérifier son poids. « Salut, tu veux voir ? » Et sans s'attarder en préparatifs, il a soulevé le chat, l'a retourné sur le dos, lui a tenu adroitement la tête et les pattes et la leçon a commencé : « Voilà les parties sexuelles mâles, ça ce sont quelques poils isolés et ça, c'est son postérieur. »

Le chat a effectué un nouveau demi-tour et s'est retrouvé debout, sur ses petits bouts de pattes blancs.

Tout autre garçon qui m'aurait montré « les parties sexuelles mâles », je ne lui aurais plus lancé un seul regard. Mais Peter avait continué de parler avec un tel naturel de ce sujet autrement si pénible, avait évité le moindre sous-entendu déplaisant et à la fin m'avait tellement tranquillisée que j'avais fini par trouver cela naturel, moi aussi. Nous avons joué avec Moffi, nous sommes bien amusés, avons bavardé ensemble et finalement, nous sommes dirigés sans hâte vers la porte, traversant le grand entrepôt.

« Tu étais là, quand on a castré Muschi ?

— Absolument, cela se passe très vite, évidemment l'animal est endormi.

— Et ils retirent quelque chose de cet endroit-là ?

— Non, le docteur ne fait que tordre le cordon testiculaire. On ne voit rien de l'extérieur. »

168

J'ai pris mon courage à deux mains, car il ne m'était pas si « naturel » d'en parler.

« Peter, si un *geschleschtsteil* veut bien dire les parties sexuelles, chez les mâles et chez les femelles, cela porte un nom différent.

— Je sais.

— Chez les femelles, cela s'appelle vagin, autant que je sache, chez les mâles, je ne sais plus.

— Bon.

— Mais après tout, ajoutai-je, comment peut-on connaître ces mots, le plus souvent, on les rencontre par hasard.

— Pourquoi ? Moi, je demande là-haut. Mes parents sont plus au courant que moi et ils ont aussi plus d'expérience. »

Nous étions dans l'escalier et je n'ai plus ouvert la bouche.

C'est vrai, avec une fille, je n'en aurais jamais parlé aussi naturellement. D'ailleurs, je suis certaine que Maman entendait tout à fait autre chose, quand elle m'a mise en garde contre les garçons.

Malgré tout, je ne me suis pas sentie tout à fait dans mon état normal de toute la journée, lorsque je me suis remémoré notre conversation, elle m'a quand même semblé singulière. Mais sur un point au moins, j'en sais maintenant davantage : il existe d'autres jeunes, du sexe opposé même, capables d'aborder ce sujet librement et sans faire de blagues.

Peter pose-t-il vraiment beaucoup de questions à ses parents, s'est-il montré hier soir sous son vrai jour ?

Ah, comment savoir ? ! ! !

Bien à toi,

Anne

VENDREDI 28 JANVIER 1944

Chère Kitty,

Ces derniers temps, je me suis passionnée pour les arbres et les tableaux généalogiques des familles royales et j'en suis arrivée à la conclusion qu'une fois que l'on se lance dans les recherches, on est obligé de remonter de plus en plus dans le passé et l'on fait des découvertes de plus en plus intéressantes.

Bien que je consacre une énergie extraordinaire à mes études et que je sois capable de suivre le Home Service à la radio anglaise, je passe encore de nombreux dimanches à sélectionner et à trier les stars de cinéma dans mon importante collection, qui a atteint une dimension des plus respectables. M. Kugler me fait plaisir chaque lundi en m'apportant *Cinema & Theater* ; même si cette gâterie est qualifiée de gaspillage par les habitants de la maison qui ne sont pas des gens du monde, ils s'étonnent chaque fois de la précision avec laquelle je suis capable de donner les noms exacts des acteurs dans un film sorti un an plus tôt. Bep, qui passe souvent ses journées libres au cinéma avec son ami, m'annonce le samedi le titre du film qu'ils se proposent de voir et je lui débite d'une seule traite aussi bien les interprètes des rôles principaux que les critiques. Il n'y a pas si longtemps, Mans a dit que, plus tard, je n'aurais pas besoin d'aller au cinéma car je connaissais sur le bout des doigts l'histoire, les stars et les critiques.

S'il m'arrive de débarquer avec une nouvelle coiffure, ils me regardent tous d'un air désapprobateur et je peux être sûre que l'un d'entre eux va me demander quelle star de cinéma se pavane de la sorte. Quand je leur réponds qu'il s'agit d'une de mes trouvailles, ils ne me croient qu'à moitié. Quant à la coiffure, elle ne tient pas plus d'une demi-heure, puis lasse de leurs jugements négatifs, je finis par me précipiter dans la salle de bains et me dépêche de rétablir ma coiffure à bouclettes ordinaire.

Bien à toi,

Anne

VENDREDI 28 JANVIER 1944

Chère Kitty,

Ce matin, je me suis demandé si tu n'as pas l'impression d'être une vache, qui se trouve sans cesse obligée de

ruminer les vieilles histoires, que cette nourriture monotone finit par faire bâiller bruyamment et qui souhaite en
silence qu'Anne lui déniche du nouveau. Hélas, je sais
que ces vieilles histoires t'ennuient, mais imagine à quel
point cela me rase de les voir refaire surface. A table,
quand les discussions ne portent pas sur la politique ou
les délices d'un repas, Maman ou Madame ressortent du
placard leurs histoires de jeunesse ou Dussel radote sur
l'abondante garde-robe de sa femme, les beaux chevaux
de course, les barques qui prennent l'eau, les garçons qui
savent nager à quatre ans, les douleurs musculaires et les
patients anxieux. Autrement dit, quel que soit le sujet,
quand l'un de nous huit ouvre la bouche, les sept autres
sont capables de terminer l'histoire qu'il a commencée.
La fin de chaque blague, nous la connaissons d'avance, et
celui qui raconte une plaisanterie est le seul à en rire. Les
divers laitiers, épiciers et bouchers des anciennes ménagères, nous nous les imaginons avec une barbe depuis le
temps qu'ils sont portés aux nues ou démolis dans les
conversations à table ; impossible qu'une chose reste
jeune ou fraîche si on en parle à l'Annexe.

Tout cela serait encore supportable si les adultes
n'avaient pas le don de répéter dix fois les histoires que
Kleiman, Jan ou Miep nous servent et de les embellir à
chaque fois de leurs propres inventions, si bien que je dois
souvent me pincer le bras sous la table pour ne pas remettre dans le droit chemin le conteur enthousiaste. Les petits
enfants comme Anne n'ont le droit de corriger les adultes
sous aucun prétexte, quelles que soient leurs gaffes, ou les
mensonges et les inventions qu'ils ont imaginés du début
jusqu'à la fin. Il est un sujet que Kleiman ou Jan aiment
aborder assez fréquemment : se cacher ou entrer dans la
clandestinité. Ils savent très bien que tout ce qui concerne
les autres clandestins ou personnes cachées nous intéresse
au plus haut point et que nous participons aux malheurs
des victimes d'arrestations comme à la joie des prisonniers délivrés. La clandestinité, les cachettes sont devenues des notions aussi familières que l'habitude, autrefois,
de mettre les pantoufles de Papa devant le poêle. Des
organisations comme Vrij Nederland, qui fabriquent de

fausses pièces d'identité, prêtent de l'argent aux clandestins, libèrent des endroits pour en faire des cachettes et offrent du travail aux jeunes chrétiens qui se cachent, il en existe énormément, et il est étonnant de constater la capacité de travail, la noblesse de cœur et le désintéressement de ces personnes prêtes à perdre leur vie pour aider et pour sauver les autres. Nos protecteurs en sont le meilleur exemple, eux qui nous ont aidés jusqu'à présent à traverser ces temps difficiles et finiront, je l'espère, par nous amener sains et saufs sur l'autre rive, sinon il leur faudra partager le sort de tous ceux que l'on recherche. Jamais nous n'avons entendu un seul mot faisant allusion au fardeau que nous représentons certainement pour eux, jamais l'un d'eux ne se plaint que nous sommes une trop grosse charge. Chaque jour, ils viennent tous en haut, parlent d'affaires et de politique avec les messieurs, de nourriture et des tracas de la guerre avec les dames, de livres et de journaux avec les enfants. Ils font de leur mieux pour avoir l'air enjoué, apportent des fleurs et des cadeaux pour les anniversaires et les fêtes et sont partout et à tout instant disponibles pour nous. Voilà ce que nous ne devons jamais oublier, que même si les autres se comportent en héros à la guerre ou face aux Allemands, nos protecteurs font preuve du même courage en se montrant pleins d'entrain et d'amour.

Les histoires les plus ahurissantes circulent et pourtant, le plus souvent, elles sont vraies. Cette semaine, Kleiman nous a déclaré par exemple qu'en Gueldre, deux équipes de football se sont rencontrées, la première était uniquement composée de clandestins et la deuxième de onze gendarmes. A Hilversum, de nouvelles cartes à souches sont distribuées, et afin que les nombreux clandestins obtiennent eux aussi leur part de rationnement (on ne peut se procurer les cartes d'alimentation qu'en présentant la carte nominale ou à raison de 60 florins l'une), les fonctionnaires chargés de la distribution ont convoqué tous les clandestins des environs à une heure précise pour qu'ils puissent retirer leur carte à une table spéciale. Il faut tout

de même faire attention à ce que ce genre d'histoires ne reviennent pas aux oreilles des Boches.

Bien à toi,

Anne

Très chère Kitty,

Nous voici de nouveau arrivés à dimanche ; il est vrai que ces jours-là ne me paraissent pas aussi terribles qu'au début, mais ils n'en restent pas moins ennuyeux.

Je n'ai pas encore été à l'entrepôt, peut-être que j'aurai le temps tout à l'heure. Hier soir, je suis descendue toute seule dans le noir, j'y étais allée deux jours plus tôt avec Papa. Cette fois-là, je me tenais en haut de l'escalier, de nombreux avions allemands passaient et repassaient et j'ai senti que j'étais un être isolé, ne pouvant compter sur le soutien de personne. Ma peur avait disparu, j'ai levé les yeux vers le ciel et je m'en suis remise à Dieu.

J'ai un terrible besoin d'être seule. Papa s'est aperçu que je ne suis pas comme d'habitude, mais je ne peux rien lui dire. « Laissez-moi tranquille, laissez-moi seule ! », voilà ce que je voudrais crier sans cesse. Qui sait ? Peut-être qu'on me laissera plus seule que je n'en ai envie !

Anne Frank

JEUDI 3 FÉVRIER 1944

Chère Kitty,

Chaque jour, l'espoir du débarquement grandit dans tout le pays et si tu étais ici, tu serais sûrement impressionnée, comme moi, par tous les préparatifs et, d'un autre côté, tu te moquerais de nous, à nous voir nous agiter peut-être pour rien ! Tous les journaux ne parlent que du débarquement et affolent les gens, car on y lit : « Dans l'éventualité où les Anglais débarqueraient ici, les autorités allemandes se verraient obligées de mettre tout en

173

œuvre pour défendre le pays, et même au besoin de l'inonder. » Parallèlement, des cartes sont publiées où les régions inondables des Pays-Bas sont hachurées. Comme de vastes zones d'Amsterdam font partie des régions hachurées, la première question était de savoir quoi faire si l'eau atteignait un mètre de haut dans les rues.

Pour résoudre cette question difficile, les solutions les plus diverses ont afflué de toutes parts :

« Comme il est exclu de circuler à vélo ou à pied, nous devrons nous frayer un chemin dans l'eau stagnante. »

« Mais non, il faut essayer de nager. Nous nous mettrons tous un bonnet de bain et un maillot, et nous nagerons le plus souvent possible sous l'eau, comme cela personne ne verra que nous sommes juifs. »

« Vous dites n'importe quoi, je vois déjà les dames nager, avec les rats qui leur mordent les jambes. » (Réflexion d'un homme, évidemment ; reste à voir qui crierait le plus fort !)

« Nous ne pourrons plus sortir de la maison, l'entrepôt est tellement branlant que s'il y avait un courant d'eau, il s'effondrerait à coup sûr. »

« Non, mais écoutez, blagues à part, nous allons nous débrouiller pour trouver une barque. »

« Pour quoi faire ? J'ai une bien meilleure idée, nous allons chercher chacun une caisse de lactose dans le grenier de devant, et nous ramerons avec une cuillère à pot. »

« Moi, je vais marcher sur des échasses, dans ma jeunesse, j'y arrivais à merveille. »

« Jan Gies n'en aura pas besoin, il prendra sa femme sur son dos et ce seront les échasses de Miep. »

Maintenant, tu sais à peu près tout, pas vrai, Kit ? Ces bavardages sont bien amusants, la réalité risque de se révéler beaucoup moins drôle. La deuxième question concernant le débarquement n'a pas tardé à se poser. Que faire si les Allemands décident une évacuation d'Amsterdam ?

« Partir avec tout le monde, nous déguiser le mieux possible. »

« Ne sortir en aucun cas dans la rue. La seule solution : rester ici ! Les Allemands sont capables de repousser tou-

jours plus loin la population pour qu'elle finisse par mourir en Allemagne ! »

« Oui, bien sûr, nous restons ici, où nous sommes encore le plus en sécurité. Nous allons essayer de persuader Kleiman de venir vivre ici avec sa famille. Nous nous arrangerons pour trouver un sac de laine de bois, nous pourrons alors dormir par terre. Demandons déjà à Miep et à Kleiman de commencer à apporter des couvertures ici. Nous commanderons du blé, en plus des soixante livres déjà en stock. Demandons à Jan de se procurer des légumes secs, nous avons pour le moment soixante livres de haricots et dix livres de pois. Sans oublier les cinquante boîtes de légumes. »

Maman passe donc en revue le reste de nos réserves de nourriture.

« 10 boîtes de poisson, 40 boîtes de lait, 10 kg de lait en poudre, 3 bouteilles d'huile, 4 pots de beurre, 4 conserves de viande, 2 bonbonnes de fraises, 2 bocaux de framboises et groseilles, 20 bouteilles de tomates, 10 livres de flocons d'avoine, 8 livres de riz, et c'est tout. Ce n'est pas si mal, mais quand on pense qu'il faut aussi nourrir les invités et que l'on puise chaque semaine dans les réserves, celles-ci paraissent bien plus énormes qu'elles ne le sont en réalité. Nous avons suffisamment de charbon et de bois, de bougies aussi. Mettons-nous tous à coudre des pochettes à porter sous nos vêtements au cas où nous devrions emporter tout notre argent. Nous allons dresser des listes de tout ce que nous devons prendre en priorité en cas de fuite et commencer à préparer des sacs à dos. »

« Au moment voulu, nous installerons deux postes de garde, un dans les combles de devant et l'autre dans ceux de derrière. Mais à quoi nous serviront toutes nos provisions si nous n'avons pas d'eau, de gaz et d'électricité ? »

« Nous devrons alors cuisiner sur le poêle. Filtrer et faire bouillir l'eau. Nous allons nettoyer de grandes bonbonnes pour y conserver de l'eau. Sinon, nous pouvons aussi nous servir de trois stérilisateurs et d'une bassine comme réservoirs d'eau. »

« En plus, il nous reste encore en stock un muid et demi de pommes de terre d'hiver dans la pièce aux épices. »

J'entends ces bavardages à longueur de journée, débarquement par-ci, débarquement par-là, des disputes sur la faim, la mort, les bombes, les extincteurs, les sacs de couchage, les cartes d'identité juives, les gaz asphyxiants, etc. Rien de très encourageant.

Un parfait exemple des avertissements sans équivoque que nous lancent nos messieurs est fourni par la conversation suivante, avec Jan :

L'Annexe : « Nous craignons qu'en battant en retraite, les Allemands n'emmènent avec eux toute la population. »

Jan : « C'est impossible, ils n'ont pas assez de trains. »

L'Annexe : « De trains ? Parce que vous pensez qu'ils auront l'obligeance d'installer les civils dans des trains ? Pas question, c'est à pied qu'ils devront se déplacer. (*Per pedes apostolorum*, comme dit toujours Dussel.) »

Jan : « Je n'en crois rien, vous voyez toujours l'aspect le plus noir des choses. Quel intérêt pourraient-ils bien trouver à emmener avec eux toute la population ? »

L'Annexe : « Vous n'avez pas entendu ce qu'a dit Goebbels : "Si nous devons nous retirer, nous fermerons derrière nous la porte de tous les territoires occupés !" »

Jan : « Ils en ont déjà tant dit. »

L'Annexe : « Vous croyez que les Allemands sont trop nobles ou trop humains pour agir ainsi ? Ils se disent : "Si nous devons périr, tous ceux que nous avons sous notre domination périront aussi." »

Jan : « Vous pouvez me dire ce que vous voulez, je suis persuadé que vous avez tort ! »

L'Annexe : « C'est toujours la même rengaine, personne ne veut voir le danger qui le guette avant qu'il ne l'atteigne directement. »

Jan : « Vous n'avez aucune preuve. Vous êtes allés vous mettre des idées en tête. »

L'Annexe : « Pourtant, nous en avons nous-mêmes fait l'expérience, d'abord en Allemagne, puis ici. Et que se passe-t-il actuellement en Russie ? »

Jan : « On ne peut pas se fonder sur le cas des juifs, je crois que personne ne sait ce qui se passe en Russie. Les Anglais et les Russes exagèrent certainement, comme le font les Allemands, à des fins de propagande. »

L'Annexe : « Pas du tout, la radio anglaise a toujours dit la vérité. Et mettons que les informations soient déformées à 10 %, les faits sont déjà assez accablants car vous ne pouvez pas nier que, de fait, en Pologne et en Russie, on n'hésite pas à tuer et à gazer des millions de personnes inoffensives. »

Pour le reste, je t'épargne nos conversations, je suis très calme et ne me soucie pas de toute cette agitation. J'en suis arrivée au point où cela m'est à peu près égal de mourir ou de rester en vie. Le monde continuera de tourner sans moi et, de toute façon, je ne peux rien contre les événements actuels. Je laisse les choses se faire et passe mon temps à étudier et à espérer que tout finira bien.

Bien à toi,

Anne

MARDI 8 FÉVRIER 1944

Ma chère Kitty,

Je serais incapable de te dire comment je me sens. A certains moments, j'ai envie de calme, à d'autres de m'amuser un peu. Ici, nous avons perdu l'habitude de rire, de rire tellement qu'on n'en peut plus. Ce matin, pourtant, j'ai été prise d'un fou rire, tu sais, comme il arrive d'en avoir à l'école. Margot et moi, nous étions là à rigoler comme de vraies gamines.

Hier, nous avons encore eu une histoire avec Maman. Margot, qui s'était enveloppée dans sa couverture en laine, a soudain bondi hors du lit et s'est mise à observer attentivement la couverture ; il y avait dedans une épingle ! Maman avait rapiécé la couverture. Papa a secoué la tête d'un air qui en disait long et a parlé de la négligence de Maman. Bientôt, Maman est sortie de la salle de bains et je lui ai dit, comme ça, pour rire : « Tu es quand même une vraie marâtre. » Elle a évidemment demandé pourquoi et nous lui avons parlé de l'épingle. Elle a immédiatement pris son expression la plus indignée et m'a dit : « Cela te va bien de parler de négligence, quand tu couds, le sol est tapissé d'épingles. Et regarde, tu as encore laissé traîner l'étui à ongles, ça non

177

plus, tu ne le ranges jamais ! » Je lui ai répondu que je n'avais pas utilisé l'étui à ongles et Margot est intervenue, car c'était elle la coupable. Maman a continué encore à parler de ma négligence jusqu'à ce que j'en aie assez et lui dise, plutôt sèchement : « Moi, je n'ai jamais parlé de négligence, c'est toujours moi qui prends pour les autres ! » Maman s'est tue et, moins d'une minute plus tard, il a fallu que je lui donne un baiser avant de me coucher, l'incident était peut-être sans importance, mais tout me porte sur les nerfs.

Comme je suis en ce moment, semble-t-il, dans une période de réflexion et que je prospecte tous les domaines où il peut y avoir à penser, mes pensées se sont portées d'elles-mêmes sur le mariage de Papa et Maman. Moi, on me l'avait toujours présenté comme l'exemple d'un mariage idéal. Jamais de scènes, pas de mines fâchées, harmonie parfaite, etc., etc.

Je sais deux ou trois choses du passé de Papa, et ce que je ne sais pas, je l'ai imaginé pour compléter ; je crois savoir que Papa a épousé Maman parce qu'il la trouvait apte à tenir le rôle de sa femme. Je dois dire que j'admire Maman pour la façon dont elle a tenu ce rôle sans jamais râler, à ma connaissance, ni être jalouse. Ce n'est sûrement pas facile, pour une femme qui aime, de savoir qu'elle n'occupera jamais la première place dans le cœur de son mari, et Maman le savait. Papa a certainement admiré Maman pour cela et lui a trouvé le caractère excellent. Pourquoi en aurait-il épousé une autre ? Ses idéaux s'étaient envolés et sa jeunesse était passée. Qu'est-il advenu de leur mariage ? Pas de scènes ni de désaccords — non, mais ce n'est pas un mariage idéal pour autant. Papa apprécie Maman et il l'aime bien, mais pas de l'amour conjugal que je me représente. Papa accepte Maman telle qu'elle est, il s'irrite souvent, mais en dit le moins possible parce qu'il sait quels sacrifices Maman a dû consentir.

À propos de la firme, d'autres sujets, des gens, de tout — Papa est loin de lui demander toujours son avis, il ne lui raconte pas tout, parce qu'il sait qu'elle est bien trop excessive, bien trop critique et qu'elle a souvent bien trop d'idées préconçues. Papa n'est pas amoureux, il l'embrasse comme il fait avec nous, il ne la donne jamais en exemple, parce qu'il ne peut pas le faire. Il la regarde d'un air taquin et moqueur, mais jamais avec amour. Il se peut que du fait de ce grand sacrifice, Maman soit devenue dure et désagréable pour son entourage, mais de cette façon elle s'écartera de plus en plus de la voie de l'amour, elle suscitera de moins en moins d'admiration et il est certain qu'un jour, Papa se rendra compte qu'elle n'a peut-être jamais prétendu extérieurement à tout son amour, mais que de ce fait, elle s'est lentement mais sûrement délabrée intérieurement. Elle l'aime plus qu'aucun autre, et il est dur de voir ce genre d'amour rester toujours sans réponse.

Ainsi donc, je devrais en réalité ressentir beaucoup de pitié pour ma mère ? Je devrais l'aider ? Et Papa ? — Je ne peux pas, j'imagine toujours une autre mère, je n'en suis pas capable. — Mais comment le pourrais-je ? Elle ne m'a rien raconté d'elle-même, je ne le lui ai jamais demandé. Que savons-nous de nos pensées réciproques ? Je ne peux pas lui parler, je ne peux pas regarder avec amour au fond de ces yeux froids, je ne peux pas, non jamais ! — Si elle avait au moins un côté d'une mère compréhensive, que ce soit la douceur, ou la gentillesse, ou la patience, ou autre chose ; j'essaierais sans arrêt de me rapprocher d'elle. Mais cette nature insensible, cet être moqueur, l'aimer, cela me devient chaque jour plus impossible.

Bien à toi,

Anne

SAMEDI 12 FÉVRIER 1944

Chère Kitty,

Le soleil brille, le ciel est d'un bleu profond, il souffle un vent délicieux et j'ai une telle envie — une telle envie — de tout... De parler, de liberté, d'amis, de solitude. J'ai une telle envie... de pleurer ! Au-dedans de moi, j'ai l'impression d'éclater et je sais que cela irait mieux si je pleurais ; je ne peux pas. Je suis agitée, vais d'une pièce à l'autre, aspire un peu d'air à la jointure d'une fenêtre fermée, sens mon cœur battre, comme s'il me disait : « Satisfais enfin mon désir. »

Je crois que je sens en moi le printemps, l'éveil du printemps, je le sens dans tout mon corps et dans mon âme. Je dois me contenir pour me conduire normalement, je suis dans la confusion la plus complète, je ne sais pas quoi lire, pas quoi écrire, pas quoi faire, je sais seulement que je désire...

Bien à toi,

Anne

LUNDI 14 FÉVRIER 1944

Chère Kitty,

Beaucoup de choses ont changé pour moi. Voici en quoi : je désirais (et je désire encore) mais... pour une petite, toute petite part j'ai déjà été exaucée.

Dès dimanche matin, j'ai remarqué (je vais être franche, à ma grande joie) que Peter n'arrêtait pas de me regarder d'une certaine façon. Une tout autre façon que d'habitude, je ne sais pas, je ne peux pas expliquer comment, mais j'ai eu soudain l'impression qu'il n'était pas si amoureux de Margot que je l'avais cru d'abord. Toute la journée, j'ai fait exprès de ne pas trop le regarder, car si je le faisais il me rendait toujours mon regard et alors — oui, alors, j'avais en moi une douce sensation que je m'interdisais pourtant d'éprouver trop souvent.

Dimanche soir, ils étaient tous réunis autour de la radio, sauf Pim et moi, pour écouter la « musique immortelle des maîtres allemands ». Dussel n'arrêtait pas de tourner les boutons, ce qui irritait Peter et les autres aussi. Au bout d'une demi-heure de nervosité contenue, Peter, plutôt agacé, lui demanda de cesser de tripoter le poste. Dussel lui répondit de son air le plus hautain : « C'est ce que je fais ! » Peter s'est mis en colère, a répliqué avec insolence, M. Van Daan a pris son parti et Dussel a dû céder. On en est restés là. En soi, le point de départ de l'incident n'était pas extrêmement important, mais il semble que

Peter ait pris l'affaire très à cœur, en tout cas ce matin, pendant que je fouillais au grenier dans la caisse à livres, il est venu me voir et s'est mis à me parler de la question. Je n'étais au courant de rien, Peter s'est aperçu qu'il avait trouvé en moi une auditrice attentive et s'est enhardi.

« Oui et tu vois, dit-il, j'y regarde à deux fois avant de m'exprimer, parce que je sais d'avance que je vais m'embrouiller. Je me mets à bégayer, je rougis et je bouscule le sens de ce que je voulais dire, jusqu'au moment où je dois m'interrompre parce que je ne trouve plus mes mots. C'est ce qui m'est arrivé hier, je voulais dire tout autre chose, mais une fois sur ma lancée, j'ai perdu le fil et c'est affreux.

J'avais autrefois une mauvaise habitude, que j'aimerais bien encore pratiquer aujourd'hui. Quand j'étais en colère contre quelqu'un, je lui faisais tâter de mes poings, plutôt que d'argumenter avec lui. Je sais bien que cette méthode ne m'avance à rien et c'est pourquoi je t'admire, toi au moins tu ne t'empêtres pas dans tes phrases, tu dis aux gens ce que tu as à leur dire et tu ne te laisses pas intimider le moins du monde.

— Tu te trompes complètement, répondis-je, dans la plupart des cas je dis les choses tout autrement que je me l'étais promis au départ ; et puis je parle beaucoup trop et beaucoup trop longtemps, c'est une tare au moins aussi grave.

— Possible, mais tu as au moins cet avantage de ne pas laisser voir que tu es intimidée. Tu ne perds ni ta couleur ni ta forme. »

A part moi, je ne pouvais m'empêcher de rire de cette dernière phrase, mais je voulais l'amener à continuer de parler de lui tout à son aise, je n'ai rien montré de mon amusement, me suis assise par terre sur un coussin, ai croisé les bras autour de mes jambes repliées et l'ai regardé d'un air attentif.

Je suis folle de joie d'avoir trouvé quelqu'un d'autre dans cette maison qui ait exactement les mêmes accès de fureur que moi. Peter était visiblement soulagé de pouvoir critiquer Dussel dans les termes les plus sévères sans avoir à craindre qu'on aille tout lui répéter. Et moi, j'étais contente aussi parce que je notais chez moi un fort sentiment de complicité que je n'avais autrefois qu'avec mes amies.

Bien à toi,

Anne

L'incident minime avec Dussel a eu de longues suites, et cela, par la faute de l'intéressé lui-même.

Dussel est venu trouver Maman lundi soir, d'un air triomphant, lui a raconté que Peter lui avait demandé le matin même s'il avait passé une bonne nuit, et avait ajouté qu'il regrettait ce qui s'était produit le dimanche soir et que sa sortie ne reflétait pas vraiment sa pensée. Là-dessus, Dussel l'avait tranquillisé en l'assurant que lui non plus ne l'avait pas trop mal pris. Tout le monde était donc rabiboché. Maman me rapporta ce récit et au fond de moi j'étais stupéfaite que Peter, qui en voulait tant à Dussel, se soit humilié à ce point malgré toutes ses affirmations.

Évidemment, je n'ai pas manqué de sonder Peter sur cette affaire, et il m'apprit aussitôt que Dussel avait menti. J'aurais voulu que tu voies le visage de Peter, sa photo aurait valu tous les prix. Indignation devant ce mensonge, fureur, hésitation sur la conduite à tenir, agitation et bien d'autres sentiments encore se succédaient rapidement sur son visage et s'y lisaient nettement.

Le soir, M. Van Daan et Peter ont passé à Dussel un savon bien senti. Mais cela ne devait pas être bien grave puisque Peter subissait un traitement dentaire aujourd'hui. En fait, ils ne voulaient plus se parler.

De toute la journée nous ne nous sommes pas parlé, sauf pour échanger quelques mots sans importance. Il faisait trop froid pour aller au grenier et de surcroît c'était l'anniversaire de Margot.

A midi et demi, il est venu admirer les cadeaux et est resté bavarder beaucoup plus longtemps que nécessaire ou qu'il ne l'aurait fait autrefois. Mais l'après-midi, il a eu sa chance, comme je voulais bien servir Margot une fois dans l'année, je suis allée chercher le café, puis les pommes de terre. Je suis entrée dans la chambre de Peter, il a aussitôt enlevé ses papiers de l'escalier et je lui ai demandé s'il fallait que je referme la trappe. « Oui, répondit-il, vas-y, en revenant tu n'auras qu'à frapper et je te la rouvrirai. »

Je l'ai remercié, suis montée au grenier et j'ai passé dix bonnes minutes à chercher les plus petites pommes de terre dans le grand tonneau. A la fin, j'avais mal au dos et j'avais froid. Bien entendu, je n'ai pas frappé, j'ai ouvert la trappe toute seule, mais il est tout de même venu à ma rencontre avec beaucoup de prévenance et m'a pris la casserole des mains.

« J'ai cherché longtemps, mais je n'en ai pas trouvé de plus petites.

— Tu as regardé dans le grand tonneau ?

— Oui, oui, j'ai tout retourné avec mes mains. »

Tout en parlant, j'étais arrivée au pied de l'escalier et lui examinait le contenu de la casserole qu'il tenait toujours entre les mains. « Oh, mais elles sont très bien », dit-il, et il a ajouté, quand j'ai repris la casserole : « Mes compliments ! » En même temps, il m'enveloppait d'un regard chaud et doux, qui me faisait chaud et doux aussi à l'intérieur. C'est ainsi que j'ai vraiment remarqué qu'il voulait me faire plaisir, et comme il ne pouvait pas entonner mes louanges, il mettait son intention dans son regard. Je le comprenais bien, oh, si bien, et lui en étais infiniment reconnaissante ! Maintenant encore, il me suffit de me remémorer ces paroles et ce regard pour être heureuse ! Quand je suis redescendue, Maman m'a dit qu'il fallait encore d'autres pommes de terre, cette fois pour le repas du soir. J'ai proposé avec empressement de remonter au grenier. En repassant par la chambre de Peter, je me suis excusée d'avoir à le déranger une nouvelle fois. Il se leva, se posta entre l'escalier et le mur, me saisit le bras alors que j'avais déjà monté quelques marches, voulant me retenir à toute force : « J'y vais, moi, de toute façon il faut que je monte ! » dit-il. Mais je lui répondis que ce n'était vraiment pas la peine et que cette fois, je n'avais pas besoin d'en choisir des petites. Convaincu, il me lâcha le bras. Sur le chemin du retour, il est venu m'ouvrir la trappe et m'a pris de nouveau la casserole des mains. Arrivée à la porte, je lui ai demandé : « Qu'est-ce que tu fais ? » « Du français », répondit-il. Je lui demandai si je pouvais jeter un coup d'œil à ses leçons, me suis lavé les mains et me suis assise en face de lui sur le divan.

Je lui ai d'abord expliqué certaines difficultés du français, et nous n'avons pas tardé à bavarder. Il m'a raconté que plus tard, il voulait aller aux Indes néerlandaises et vivre dans les plantations. Il m'a parlé aussi de sa vie chez lui, du marché noir, et a affirmé qu'il n'était qu'un bon à rien. Je lui ai dit qu'il avait un complexe d'infériorité plutôt développé. Il a parlé de la guerre, m'a dit que les Russes et les Anglais se feraient sûrement la guerre à leur tour et puis il a parlé des juifs. Il aurait trouvé beaucoup plus facile d'être chrétien, et de pouvoir être chrétien après la guerre. Je lui ai demandé s'il voulait se faire baptiser, mais il n'y songeait pas non plus. Au fond, il n'était pas capable d'avoir les mêmes sentiments que les chrétiens, dit-il, mais après la guerre personne ne saurait s'il était chrétien ou juif ni le genre de nom qu'il portait. A ce moment-là, j'ai senti un pincement au cœur, je trouve si dommage qu'il ait en lui un reste de fausseté.

Peter a dit aussi : « Les juifs ont toujours été le peuple élu et le resteront toujours ! »

J'ai répondu : « J'espère en tout cas qu'ils seront une fois élus pour leur bien ! »

Mais par ailleurs, nous avons bavardé comme de vrais amis, parlant de Papa, de la connaissance des autres et de toutes sortes de sujets, je ne sais plus quoi moi-même.

Je ne l'ai quitté qu'à cinq heures et quart, parce que Bep arrivait.

Le soir il a dit encore une chose que j'ai trouvée belle, nous parlions d'une star de cinéma dont je lui avais donné la photo qui est accrochée dans sa chambre depuis au moins un an et demi. Il l'aimait beaucoup et je lui ai proposé de lui donner d'autres photos de stars. « Non, répondit-il, je préfère en rester là, celle-ci me suffit, je la regarde tous les jours et elle est devenue mon amie ! »

Maintenant je comprends beaucoup mieux pourquoi il serre toujours Muschi contre lui. Il a naturellement besoin de tendresse lui aussi. Encore une chose qu'il a dite et que j'ai oublié de noter. Il a dit : « Non, je ne connais pas la peur, sauf quand j'ai quelque chose qui ne va pas, mais je commence déjà à m'en défaire. »

Ce sentiment d'infériorité, chez Peter, va vraiment très loin. Par exemple, il croit toujours qu'il est très bête, et nous, très intelligents. Quand je l'aide en français, il me remercie, plutôt mille fois qu'une. Un jour, je vais tout de même lui dire carrément : « Arrête tes bêtises, toi tu connais l'anglais et la géographie beaucoup mieux ! »

Bien à toi,

Anne

JEUDI 17 FÉVRIER 1944

Chère Kitty,

Ce matin, j'étais en haut et j'avais promis à Madame de lui lire quelques petites histoires. J'ai commencé par le rêve d'Éva, qui l'a bien amusée, puis j'ai lu quelques anecdotes de l'Annexe, qui les ont fait éclater de rire. Peter a écouté aussi en partie (je veux dire, seulement les anecdotes) et m'a demandé de venir une fois le retrouver pour lui en lire plus. J'ai pensé pouvoir tenter ma chance, je suis allée chercher mon journal et lui ai fait lire le passage entre Cady et Hans sur Dieu. Je suis incapable de dire quel genre d'impression cela lui a fait, il a dit quelque chose que je ne me rappelle plus, pas sur la qualité, mais sur la pensée elle-même. Je lui ai dit que je voulais seulement montrer que je ne me contentais pas d'écrire des choses drôles. Il a hoché la tête, puis a quitté la pièce. Je me demande s'il va m'en reparler.

Bien à toi,

Anne M. Frank

185

Très chère Kitty,

Chaque fois que je vais là-haut, à n'importe quel moment, c'est toujours dans le but de *le* voir. Ma vie ici s'est donc beaucoup améliorée, en fait, parce qu'elle a retrouvé un but et que je peux prendre plaisir à quelque chose.

Au moins, l'objet de mon amitié est toujours sous le même toit et je n'ai pas à craindre de rivales (à part Margot). Ne va surtout pas penser que je suis amoureuse, car ce n'est pas vrai, mais j'ai constamment le sentiment qu'entre Peter et moi peut se développer quelque chose de beau, quelque chose qui est l'amitié et qui donne confiance. Dès que je le peux, je vais le rejoindre, et ce n'est plus comme avant, où il ne savait pas trop quelle contenance prendre avec moi, au contraire, je suis déjà presque sortie qu'il me parle encore. Maman n'aime pas que j'aille là-haut, elle dit toujours que j'ennuie Peter et que je devrais le laisser tranquille. Elle ne comprend donc pas qu'en plus, j'ai de l'intuition ?

Toujours, lorsque j'entre dans la petite chambre, elle me lance un drôle de regard. Quand je redescends de là-haut, elle me demande où j'ai été. C'est triste à dire, mais à la fin je vais me mettre à la détester !

Bien à toi,

Anne M. Frank

Chère Kitty,

Nous revoilà samedi et cela veut tout dire. La matinée a été calme, les boulettes de viande m'ont occupée près d'une heure, ce qui m'a permis de rester là-haut, mais « lui », je ne lui ai parlé qu'un instant.

A deux heures et demie, quand ils furent tous montés, soit pour lire, soit pour dormir, j'ai pris la couverture et me suis retirée en bas et installée au bureau pour lire ou pour écrire. Je n'ai pas tenu longtemps, alors j'ai craqué, j'ai laissé ma tête retomber sur mon bras et j'ai éclaté en sanglots. Les larmes coulaient et je me sentais profondément malheureuse. Oh, si seulement « il » était venu me consoler.

Il était déjà quatre heures lorsque je suis remontée en haut, à cinq heures je suis allée chercher des pommes de terre, le cœur plein d'espoir d'une nouvelle rencontre, mais j'étais encore dans la salle de bains, en train de me crêper les cheveux, lorsqu'il est descendu voir Moffi.

Je voulais aider Madame et je suis allée m'installer là-haut avec mon livre, mais soudain, j'ai senti les larmes monter de nouveau et je me suis hâtée de redescendre aux toilettes, en prenant au passage le petit miroir à main. Et me voilà donc, longtemps après avoir fini, assise tout habillée sur les toilettes tandis que mes larmes laissaient des taches sombres sur le rouge de mon tablier, et que je ressentais une profonde tristesse.

Je pensais à peu près : « Oh, de cette façon je ne toucherai jamais Peter, peut-être qu'il ne me trouve pas gentille du tout et qu'il n'a absolument aucun besoin de se confier ! Peut-être qu'il ne pense plus jamais à moi que superficiellement. Oh, je vais devoir continuer seule, sans confident et sans Peter ! Et peut-être bientôt, sans espoir, sans consolation et sans attente d'aucune sorte. Oh, si je pouvais blottir ma tête contre son épaule et ne pas me sentir aussi désespérément seule et abandonnée ! Qui sait, il ne s'intéresse peut-être pas du tout à moi et regarde les autres avec la même douceur, je me suis probablement imaginé que c'était pour moi. Oh Peter, si seulement tu pouvais m'entendre ou me voir, mais moi je ne pourrais pas supporter la vérité, qui est peut-être si décevante ! »

Un moment après, j'avais retrouvé l'espoir et j'étais pleine d'attente, alors que les larmes continuaient à couler en moi.

Bien à toi,

Anne M. Frank

Ce qui chez d'autres gens se passe la semaine a lieu à l'Annexe le dimanche. Quand d'autres gens mettent leurs beaux habits et se promènent au soleil, nous, ici, nous sommes occupés à frotter, à balayer et à laver.

Huit heures : en dépit des faiseurs de grasse matinée, Dussel, lui, se lève à huit heures. Va dans la salle de bains, puis en bas, remonte, et suit alors dans la salle de bains une grande toilette qui dure une heure entière.

Neuf heures et demie : on allume les poêles, on ôte le camouflage, et Van Daan va dans la salle de bains. L'une des épreuves du dimanche matin est que, de mon lit, j'ai vue en plein sur le dos de Dussel quand il fait sa prière. Chacun s'étonnera si je dis qu'un Dussel en train de prier est un spectacle affreux. Non qu'il se mette à pleurer ou à faire du sentiment, oh non, mais il a l'habitude de se balancer pendant un quart d'heure, je dis bien un quart d'heure, en se penchant alternativement sur les talons et la pointe des pieds. En arrière, en avant, en arrière, en avant, ça n'en finit pas et si je ne ferme pas les yeux, j'en ai presque le tournis.

Dix heures et quart : Van Daan siffle un petit coup : la salle de bains est libre. Chez nous, les premiers visages ensommeillés émergent des oreillers. Puis tout va vite, vite, vite. Tour à tour, Margot et moi allons aider à la lessive. Comme il fait plutôt froid en bas, un pantalon long et un fichu ne sont pas de trop. Entre-temps, Papa s'affaire dans la salle de bains : à onze heures, Margot s'y rend à son tour (ou moi), et tout le monde est propre.

Onze heures et demie : petit déjeuner. Je ne vais pas m'attarder sur ce sujet, car on parle déjà bien assez de nourriture sans moi.

Midi et quart : tout le monde s'en va de son côté. Papa, en salopette, est bientôt à genoux par terre et brosse le tapis avec tant d'énergie que la pièce est enveloppée dans un gros nuage de poussière. Le sieur Dussel fait les lits (en se trompant naturellement) et, ce faisant, sifflote toujours le même concerto pour violon de Beethoven. On entend Maman traîner les pieds au grenier où elle étend le linge. M. Van Daan met son chapeau et disparaît vers des régions inférieures, suivi de Peter et de Muschi, Madame enfile un grand tablier au pan tombant, une veste de laine noire et des caoutchoucs sur ses chaussures, se noue une grosse écharpe de laine rouge sur la tête, prend un ballot de linge sale sous le bras et, après un dernier petit salut de lavandière savamment étudié, descend à la lessive. Margot et moi faisons la vaisselle et rangeons la pièce pendant ce temps.

MERCREDI 23 FÉVRIER 1944

Très chère Kitty,

Depuis hier le temps est superbe et je me sens toute requinquée. Mon écriture, ce que j'ai de plus précieux, avance bien. Je vais presque tous les matins au grenier pour expulser de mes poumons l'air confiné de ma chambre. Ce matin, quand je suis remontée au grenier, Peter était en train de faire du rangement. Il en a vite terminé et au moment où je m'asseyais par terre à ma place préférée, il est venu me rejoindre. Nous avons regardé tous les deux le bleu magnifique du ciel, le marronnier dénudé aux branches duquel scintillaient de petites gouttes, les mouettes et d'autres oiseaux, qui semblaient d'argent dans le soleil et tout cela nous émouvait et nous saisissait tous deux à tel point que nous ne pouvions plus parler. Debout, il s'appuyait de la tête contre une grosse poutre, j'étais assise, nous humions l'air, regardions dehors et sentions que c'était une chose à ne pas interrompre par des paroles. Nous avons regardé très longtemps dehors et quand il est parti couper du bois, j'avais compris que c'est un chic type. Il a grimpé l'escalier qui mène aux combles, je l'ai suivi et pendant le quart d'heure où il a coupé du bois, nous n'avons pas échangé une parole. De ma place, je le regardais, il faisait des efforts visibles pour bien couper et me montrer sa force. Mais je regardais aussi par la fenêtre ouverte, je découvrais une grande partie d'Amsterdam, tous les toits jusqu'à l'horizon qui était d'un bleu si clair que la ligne ne se distinguait pas nettement.

« Aussi longtemps que ceci dure, pensais-je, et que je puis en profiter, ces rayons de soleil, ce ciel sans aucun nuage, il m'est impossible d'être triste. »

Pour tous ceux qui ont peur, qui sont solitaires ou malheureux, le meilleur remède est à coup sûr de sortir, d'aller quelque part où l'on sera entièrement seul, seul avec le ciel, la nature et Dieu. Car alors seulement, et uniquement alors, on sent que tout est comme il doit être et que Dieu veut voir les hommes heureux dans la nature simple, mais belle.

Aussi longtemps que ceci existera et c'est sans doute pour toujours, je sais que dans n'importe quelles circonstances il y aura aussi une consolation pour chaque chagrin. Et je crois fermement qu'au milieu de toute la détresse, la nature peut effacer bien des tourments. Oh, qui sait, peut-être ne me faudra-t-il plus attendre très longtemps pour partager ce sentiment d'être inondée de bonheur avec quelqu'un qui ressent les choses exactement comme moi.

Bien à toi,

Anne

P.-S. Pensée : à Peter.

Nous sommes privés ici de beaucoup, beaucoup de choses et depuis longtemps, et elles me manquent aussi, tout comme à toi. Ne crois pas que je parle de choses extérieures, car de celles-là, nous sommes remarquablement pourvus. Non, je veux dire les choses intérieures. J'ai envie autant que toi de liberté et d'air pur, mais je crois que nous avons été largement dédommagés de ces privations. Je veux dire une compensation intérieure. Ce matin, quand j'étais devant la fenêtre, en regardant dehors, c'est-à-dire en regardant Dieu et la nature au fond des yeux, j'étais heureuse, purement et simplement heureuse. Et, Peter, aussi longtemps qu'existe ce bonheur intérieur, ce bonheur qui vient de la nature, de la santé et de tant d'autres choses, aussi longtemps qu'on le porte en soi, on se sentira toujours heureux. Richesse, considération, on peut tout perdre, mais ce bonheur au fond du cœur, il ne peut guère qu'être voilé et il saura nous rendre heureux, aussi longtemps que l'on vivra.

Quand tu es seul et malheureux ou que tu as du chagrin, essaie toi aussi de monter dans les combles par un aussi beau temps et de regarder au-dehors. Pas de regarder les maisons et les toits, mais le ciel. Tant que tu pourras contempler le ciel sans crainte, tu sauras que tu es pur intérieurement et que malgré les ennuis tu retrouveras le bonheur.

DIMANCHE 27 FÉVRIER 1944

Très chère Kitty,

Du matin au soir, je ne fais rien d'autre, à vrai dire, que de penser à Peter. Je m'endors avec son image devant les yeux, je rêve de lui et il me regarde encore lorsque je me réveille.

J'ai la nette impression qu'il y a beaucoup moins de différence entre Peter et moi qu'il n'y paraît de l'extérieur, et je vais t'expliquer pourquoi : il nous manque à tous deux, à Peter et à moi, une mère. La sienne est trop superficielle, aime flirter et ne s'inquiète guère des pensées de Peter. La mienne s'occupe beaucoup de moi, mais n'a aucun tact, aucune finesse de sentiment, aucune compréhension maternelle.

Peter et moi sommes tous deux aux prises avec notre vie intérieure, nous sommes tous deux encore peu sûrs de nous et au fond trop tendres et trop doux de l'intérieur pour être maniés aussi rudement. Alors il m'arrive de vouloir me sauver, ou de vouloir cacher mes sentiments, je renverse de l'eau partout, j'entrechoque les casseroles et fais du tapage, si bien que tout le monde souhaiterait me voir ailleurs.

Lui se renferme, ne parle presque pas, reste silencieux et rêve, et fait de la sorte autant d'efforts pour se cacher.

Mais quand et comment finirons-nous par nous rejoindre ?

Je ne sais pas combien de temps encore je pourrai maîtriser ce désir par la raison.

Bien à toi,

Anne M. Frank

Très chère Kitty,

Cela devient un cauchemar de la nuit et du jour. Je le vois à toute heure ou presque et ne peux l'approcher, je n'ai le droit de rien montrer à personne, il faut que je sois gaie quand tout en moi est désespoir.

Peter Schiff et Peter Van Daan se sont fondus en un seul Peter, qui est bon et gentil et dont j'ai terriblement besoin. Maman est affreuse, Papa est gentil et par là encore plus insupportable, Margot est la plus insupportable de tous, parce qu'elle prétend qu'on lui fasse bonne figure et que je veux avoir la paix.

Peter n'est pas venu me rejoindre au grenier, il est allé dans les combles pour y bricoler un peu avec du bois. A chaque craquement et à chaque coup de marteau tombait un morceau de mon courage et je devenais plus triste encore. Et dans le lointain, un carillon jouait : « Le corps droit, l'âme droite ! »

Je suis sentimentale — je le sais. Je suis désespérée et déraisonnable — je le sais aussi. Oh, aide-moi.

Bien à toi,

Anne M. Frank

Chère Kitty,

Mes problèmes personnels se sont retirés au second plan et ce, du fait... d'un cambriolage. Je deviens monotone avec mes cambriolages, mais est-ce ma faute à moi si les cambrioleurs prennent tant de plaisir à honorer Gies & Co de leur visite ? Ce cambriolage-ci est beaucoup plus compliqué que le précédent, de juillet 1943.

Hier soir, lorsque M. Van Daan est descendu comme à son habitude à sept heures et demie dans le bureau de Kugler, il a vu que la porte de communication vitrée et celle du bureau étaient ouvertes. Cela l'a étonné, il a continué et son étonnement a grandi quand il a trouvé ouvertes les portes du cabinet et un fouillis indescriptible dans le bureau de devant. « Un voleur est passé par ici », pensa-t-il en un éclair, et pour en avoir aussitôt le cœur net, il descendit l'escalier, empoigna la porte d'entrée, tâta la serrure Lips[1], tout était fermé. « Oh, il faut croire que Bep et Peter ont été très négligents ce soir », supposa-t-il alors. Il demeura un moment dans le bureau de Kugler, puis éteignit la lampe, remonta et ne songea plus guère aux portes ouvertes, ni au fouillis du bureau de devant.

Ce matin, Peter a frappé de bonne heure à notre porte et nous a annoncé une nouvelle pas trop réjouissante : la porte d'entrée était grande ouverte. En outre, il nous rapporta que l'appareil de projection et le nouveau porte-documents de Kugler avaient disparu du placard. Peter fut chargé d'aller fermer la porte, Van Daan fit part de ses constatations de la veille au soir et nous étions fort inquiets.

Toute l'affaire ne peut avoir qu'une seule explication : le voleur possède un double de la clé de la porte, car celle-ci n'avait pas du tout été forcée. Il a dû se glisser ici très tôt dans la soirée, a refermé la porte derrière lui, a été dérangé par Van Daan ; il s'est caché jusqu'à son départ, puis a fui avec son butin en laissant la porte ouverte dans sa hâte.

Qui peut bien avoir notre clé ? Pourquoi le voleur n'est-il pas allé à l'entrepôt ? Le coupable serait-il l'un de nos propres magasiniers et ne va-t-il pas nous trahir, à présent qu'il a entendu et peut-être même vu Van Daan ?

C'est vraiment très inquiétant, parce que nous ne savons pas si le cambrioleur en question ne va pas se mettre en quête de rouvrir notre porte une autre fois, à moins qu'il n'ait eu peur de l'homme qui rôdait ici ?

Bien à toi,

Anne

P.-S. Si tu pouvais nous dénicher un bon détective, cela nous serait très agréable. La première condition est natu-

---

1. Une sorte de serrure de sûreté.

rellement qu'on puisse lui faire confiance sur le chapitre
de la clandestinité.

Chère Kitty,

Margot et moi étions ensemble au grenier, pourtant je
ne prends pas autant de plaisir à être avec elle que je
m'étais figuré avec Peter (ou avec un autre). Je sais bien
cependant que, sur la plupart des sujets, elle a les mêmes
sentiments que moi !

En faisant la vaisselle, Bép a commencé à parler de sa
mélancolie à Maman et Mme Van Daan. Quel secours
peut-elle attendre de ces deux-là ? Notre mère, surtout,
avec son manque de tact, vous ferait plutôt couler. Sais-
tu ce qu'elle lui a donné comme conseil ? Elle n'avait
qu'à penser à tous ces gens qui périssent dans le monde !
Qui donc peut trouver du réconfort dans la pensée de la
détresse, quand il la connaît lui-même ? Je n'ai pas manqué de le dire, et la réponse a été naturellement que je ne
suis pas en âge de parler de ces choses-là !

Ce que les adultes peuvent être idiots et stupides !
Comme si Peter, Margot, Bep et moi ne ressentions pas
tous la même chose, contre laquelle il n'y a qu'un remède,
l'amour maternel ou l'amour de très, très bons amis. Mais
ces deux mères, ici, elles ne nous comprennent pas pour
deux sous ! Mme Van Daan peut-être encore mieux que
Maman ! Oh, j'aurais tant voulu dire quelque chose à cette
pauvre Bep, une chose dont je sais d'expérience qu'elle
console ; mais Papa s'en est mêlé et m'a écartée sans
ménagements. Comme ils sont tous stupides !

Avec Margot j'ai parlé aussi de Papa et Maman, comme
nous pourrions nous amuser ici si ces deux-là n'étaient
pas aussi embêtants. Nous pourrions organiser des soirées
où chacun parlerait d'un sujet à tour de rôle. Mais la cause
est entendue. Je ne peux pas parler, ici ! M. Van Daan
attaque, Maman devient tranchante et ne peut parler de
rien d'un ton calme, Papa n'a aucune envie de ce genre
de discussions, pas plus que M. Dussel. Madame se fait

toujours critiquer, au point qu'elle en devient toute rouge et ne peut presque plus se défendre ! Et nous ? Nous n'avons pas le droit d'avoir une opinion ? Oui, ils sont terriblement modernes. Ne pas avoir d'opinion ! On peut dire à quelqu'un : tiens ta langue, mais ne pas avoir d'opinion, cela n'existe pas ! Personne ne peut défendre à un autre d'avoir son opinion, si jeune que soit cet autre ! Bep, Margot, Peter et moi ne pouvons trouver du secours que dans un amour fort et désintéressé, un amour qu'aucun de nous ne reçoit ici. Et personne ne peut nous comprendre, surtout pas ces idiots qui font les sages, car nous sommes beaucoup plus sensibles et beaucoup plus avancés dans nos réflexions que les gens d'ici ne pourraient le supposer de près ou de loin !

L'amour, qu'est-ce que l'amour ? Je crois que l'amour est quelque chose qui au fond ne se laisse pas traduire en mots. L'amour, c'est comprendre quelqu'un, tenir à quelqu'un, partager bonheur et malheur avec lui. Et l'amour physique en fait partie tôt ou tard, on a partagé quelque chose, on a donné et on a reçu, et ce, que l'on soit marié ou non, que l'on ait un enfant ou non. Que l'on ait perdu son honneur, peu importe, si l'on est sûr d'avoir à côté de soi pour le reste de sa vie quelqu'un qui vous comprenne et que l'on n'ait à partager avec personne !

Bien à toi,

Anne M. Frank

En ce moment, Maman est encore en train de ronchonner ; elle est visiblement jalouse que je passe plus de temps à parler avec Mme Van Daan qu'avec elle, tu penses comme je m'en moque ! Cet après-midi, j'ai attrapé Peter au vol, nous avons parlé au moins trois quarts d'heure. Peter avait beaucoup de mal à se confier, mais les mots ont fini par venir, très lentement. Je ne savais vraiment pas ce que je devais faire, descendre ou rester en haut avec lui. Mais je voudrais tant l'aider !

Je lui ai raconté l'histoire de Bep en insistant sur le manque de tact des deux mères. Il m'a raconté que ses parents se querellaient constamment, sur la politique et les cigarettes, et sur tous les sujets possibles. Comme je l'ai déjà dit, Peter était très intimidé mais cela ne l'a pas empêché de laisser échapper qu'il aimerait bien ne plus voir ses parents pendant deux ans. « Mon père est loin d'être aussi sympathique qu'il en a l'air, dit-il, mais sur la question des cigarettes, Maman a absolument raison ! »

Je lui ai parlé aussi de ma mère. Mais il a pris la défense de mon père, disant que c'était « un type du tonnerre ».

Ce soir, au moment où je raccrochais mon tablier après la vaisselle, il m'a rappelée pour me demander de ne pas dire en bas qu'ils avaient une nouvelle dispute et ne se parlaient plus. Je le lui ai promis, même si j'en avais déjà parlé à Margot. Mais je suis convaincue que Margot tiendra sa langue.

« Mais non, Peter, dis-je, tu n'as rien à craindre, j'ai perdu l'habitude de tout raconter, je ne répète rien de ce que tu me dis. »

Cela lui a fait plaisir. Je lui ai parlé aussi de ces médisances continuelles chez nous, et je lui ai dit : « Margot a bien sûr parfaitement raison de dire que je ne tiens pas parole ; car je veux bien cesser de dire du mal des gens, mais je ne prends que trop de plaisir à le faire quand il s'agit de M. Dussel. »

« C'est très bien de ta part », dit-il, il avait rougi et, à mon tour, je me sentais presque confuse devant ce compliment qui partait du cœur. Nous avons parlé encore des gens d'en bas et d'en haut ; Peter était vraiment étonné d'apprendre que nous n'appréciions toujours pas ses parents. « Peter, dis-je, tu sais que je suis franche, pourquoi ne te le dirais-je pas, nous sommes tous au courant de leurs défauts. »

J'ai ajouté : « Peter, je voudrais tant t'aider, est-ce possible ? Tu es plongé dans toutes ces histoires et même si tu n'en dis rien, je sais bien que tu te ronges.

— Oh, je serai toujours heureux de profiter de ton aide.

— Il vaut peut-être mieux que tu ailles voir Papa, lui non plus ne répète rien, tu peux tout lui raconter sans problèmes, tu sais !

— Oui, c'est un vrai camarade.

— Tu l'aimes beaucoup, n'est-ce pas ? » Peter fit oui de la tête et je poursuivis : « Lui aussi t'aime bien, tu sais ! »

Il me lança un regard bref en rougissant, c'était vraiment touchant de voir à quel point ces quelques mots lui faisaient plaisir. « Tu crois ? demanda-t-il.

— Oui, dis-je, on peut le déduire de ce qu'il laisse échapper de temps en temps ! »

A ce moment, M. Van Daan est arrivé pour lui dicter quelque chose. Peter aussi est sûrement un « type du tonnerre », tout comme Papa !

Bien à toi,

Anne M. Frank

Très chère Kitty,

Ce soir, en regardant la flamme de la bougie, je me suis sentie redevenir heureuse et calme. En fait, c'est Grand-mère qui se se tient dans cette bougie et c'est Grand-mère aussi qui me préserve et me protège et qui me rend ma joie. Mais... il en est un autre, qui domine toute mon humeur et c'est... Peter. Aujourd'hui, quand je suis allée chercher des pommes de terre et que j'étais encore dans l'escalier avec ma casserole pleine, il m'a demandé : « Qu'as-tu fait à midi ? » Je me suis assise sur l'escalier et nous avons commencé à parler ; à cinq heures et quart (une heure après le moment où j'étais partie les chercher), les pommes de terre (que j'avais cntre-temps posées sur le sol) arrivaient à destination. Peter n'a plus dit un mot de ses parents, nous avons seulement parlé de livres et d'autrefois. Oh, que ce garçon a un regard chaleureux ; il ne s'en faut plus de beaucoup, je crois, que je ne sois amoureuse de lui.

C'est de cela qu'il a parlé ce soir. J'entrai chez lui, après l'épluchage des pommes de terre, et me plaignis d'avoir chaud. « On peut voir la température rien qu'en nous regardant, Margot et moi ; quand il fait froid, nous sommes toutes blanches et quand il fait chaud, toutes rouges, dis-je.

— Amoureuse ? demanda-t-il.

— Pourquoi serais-je amoureuse ? » Ma réponse, ou plutôt (pour mieux dire) ma question, était un peu bébête.

« Pourquoi pas ! », dit-il, et à ce moment on nous a appelés pour dîner.

A-t-il voulu sous-entendre quelque chose par cette question ? Aujourd'hui, j'ai enfin pris sur moi de lui demander si mon bavardage ne l'ennuyait pas, il a dit seulement : « Ça ne me dérange pas, tu sais ! » Dans quelle mesure cette réponse est-elle due à la timidité, je ne puis en juger. Kitty, je suis comme une amoureuse, qui ne sait que parler de son chéri. D'ailleurs, Peter est un vrai chéri, c'est bien vrai. Mais quand le lui dire ? Uniquement si lui aussi m'appelle sa chérie, bien sûr, mais je suis un petit chat à prendre avec des gants, je le sais bien. Et il tient à sa tranquillité, donc jusqu'à quel point il me trouve gentille, je n'en ai aucune idée. En tout cas nous apprenons à nous connaître un peu mieux, j'attends avec impatience que nous osions nous dire beaucoup plus de choses. Mais, qui sait, ce temps viendra peut-être plus vite que je ne le pense ! Plusieurs fois par jour, il me lance un regard de connivence, je lui réponds d'un clin d'œil et nous sommes heureux tous les deux. Il faut que je sois folle pour parler de son bonheur, mais j'ai le sentiment irrépressible qu'il pense exactement comme moi !

Bien à toi,

Anne M. Frank

SAMEDI 4 MARS 1944

Ma chère Kitty,

Ce samedi est le premier depuis des mois et des mois à être moins ennuyeux, moins triste et moins monotone que tous les précédents. Peter en est la cause, et personne d'autre. Ce matin, je venais raccrocher mon tablier lorsque Papa m'a demandé si je ne voulais pas rester pour parler un peu français. J'étais d'accord ; nous avons d'abord parlé français, je lui ai expliqué certaines choses, puis nous avons fait de l'anglais, Papa m'a lu du Dickens

198

et le roi n'était pas mon cousin, car j'étais sur la chaise de Papa, tout à côté de Peter.

A onze heures moins le quart je suis descendue. Et, à onze heures et demie, quand je suis remontée, il était déjà dans l'escalier quand il m'a dit de laisser la trappe ouverte. Nous avons parlé jusqu'à une heure moins le quart. Dès qu'il en trouve l'occasion, si je sors d'une pièce, par exemple après le repas, et que personne ne nous entende, il dit : « Au revoir, Anne, à tout à l'heure ! »

Oh, je suis si heureuse ! Est-ce qu'il se mettrait tout de même enfin à m'aimer ? En tout cas c'est un garçon sympathique et vraiment j'adore lui parler.

Madame ne trouve rien à redire à nos conversations, mais aujourd'hui elle a demandé pour nous taquiner : « Est-ce que je peux vous faire confiance, tous les deux là-haut ?

— Bien sûr, ai-je protesté, vous me faites injure ! »

Je me réjouis du matin au soir de voir Peter.

Bien à toi,

Anne M. Frank

P.-S. J'allais oublier, cette nuit est tombée une grosse giboulée de neige, cela ne se voit presque plus maintenant, tout a fondu.

LUNDI 6 MARS 1944

Chère Kitty,

Tu ne trouves pas bizarre que, depuis que Peter m'a parlé des histoires de ses parents, je me sente un peu responsable de lui ? Il me semble que ces querelles me regardent autant que lui et pourtant je n'ose plus lui en parler, car j'ai peur de lui déplaire. Pour rien au monde je ne voudrais être indélicate.

Le visage de Peter révèle qu'il pense tout autant que moi, et hier soir, j'ai été irritée d'entendre Madame dire de son ton le plus moqueur : « Le penseur ! » Peter en était rouge de confusion et moi, j'étais près d'exploser.

Ces gens ne peuvent donc pas tenir leur langue ! Tu ne peux pas savoir comme c'est triste d'être témoin de sa solitude sans pouvoir rien faire. Je m'imagine, comme si je l'avais éprouvé moi-même, le désespoir qu'il doit ressentir parfois devant les querelles ou les manques d'amour. Pauvre Peter, comme il a besoin d'amour !

Comme c'était dur à entendre lorsqu'il a affirmé qu'il n'avait pas besoin d'amis. Oh, comme il se trompe ! Je crois aussi qu'il n'en pense pas un mot ! Il se raccroche à sa virilité, à sa solitude et à son masque d'indifférence pour ne pas sortir de son rôle et surtout, surtout ne jamais montrer ce qu'il ressent. Pauvre Peter, combien de temps pourra-t-il encore tenir ce rôle, ces efforts surhumains ne seront-ils pas suivis d'une terrible explosion ? Oh, Peter, si seulement je pouvais t'aider, si j'en avais le droit ! A nous deux, nous saurions bien chasser notre solitude !

Je pense beaucoup, mais ne dis pas grand-chose. Je suis heureuse lorsque je le vois et qu'en plus, le soleil brille. Hier, pendant qu'on me lavait la tête, je faisais la folle, et pourtant je savais très bien qu'il était dans la pièce d'à côté. Je n'y pouvais rien ; plus je suis calme et sérieuse au fond de moi, plus je suis exubérante ! Qui sera le premier à mettre à nu et à percer cette cuirasse ? C'est tout de même une bonne chose que les Van Daan n'aient pas une fille, jamais ma conquête ne serait aussi difficile, aussi belle et aussi délicieuse s'il n'y avait justement l'attrait de l'autre sexe !

Bien à toi,

Anne M. Frank

P.-S. Tu sais que je t'écris tout avec franchise et c'est pourquoi je dois t'avouer que ma vie se passe dans l'attente de chaque nouvelle rencontre. J'espère constamment découvrir que lui aussi m'attend de la même façon et je suis transportée de joie lorsque je remarque ses petits travaux d'approche timides. A mon avis, il donnerait tout pour s'exprimer avec autant de facilité que moi, il ne se doute pas que c'est justement sa gaucherie qui me touche à ce point.

Chère Kitty,

Quand je songe aujourd'hui à ma petite vie douillette de 1942, elle me paraît irréelle. Cette vie de rêve était le lot d'une Anne Frank toute différente de celle qui a mûri ici. Oui, une vie de rêve, voilà ce que c'était. Dans chaque recoin cinq admirateurs, une bonne vingtaine d'amies et de copines, la chouchoute de la plupart des profs, gâtée par Papa et Maman, bonbons à foison, assez d'argent, que désirer de plus ? Tu vas sans doute me demander comment j'ai fait pour mettre dans ma poche tous ces gens. La réponse de Peter : « séduction naturelle » n'est pas tout à fait vraie. Tous les professeurs trouvaient quelque chose de drôle, d'amusant et de spirituel à mes reparties astucieuses, à mes remarques humoristiques, à mon visage rieur et à mon regard critique. Voilà tout ce que j'étais ; une flirteuse acharnée, coquette et amusante. J'avais quelques bons côtés qui m'assuraient une certaine popularité, à savoir l'application, de la franchise et de la générosité. Jamais je n'aurais refusé à qui que ce soit le droit de copier sur moi, je distribuais mes bonbons à pleines mains et je n'étais pas prétentieuse.

Tant d'admiration ne m'aurait-elle pas rendue arrogante ? C'est une chance qu'au milieu, au point culminant de la fête, j'aie été soudain ramenée à la réalité, et il m'a fallu plus d'un an pour m'habituer à ne plus recevoir de nulle part de marques d'admiration.

Comment me voyaient-ils à l'école ? Celle qui prenait l'initiative des farces et des blagues, toujours partante, jamais de mauvaise humeur ou pleurnicharde. Quoi d'étonnant si tout le monde voulait m'accompagner à vélo ou me témoigner de petites attentions ? Aujourd'hui je regarde cette Anne Frank comme une fille sympathique, amusante, mais superficielle, qui n'a rien à voir avec moi. Que disait Peter à mon sujet ? « Quand je te voyais, tu étais régulièrement entourée de deux garçons ou plus et d'une bande de filles, toujours tu riais et toujours tu étais le point de mire ! » Il avait raison. Que reste-t-il aujourd'hui de cette Anne Frank ? Oh, bien sûr, je n'ai pas

encore perdu mon rire ni mes reparties, et je sais critiquer les gens tout aussi bien ou encore mieux, je sais flirter comme avant et en plus le faire avec esprit, si je veux...
— C'est là où le bât blesse, je veux bien encore, pour une soirée, pour quelques jours, pour une semaine, jouer ainsi la comédie, car cette vie frivole ne saurait être que de la comédie. A la fin de cette semaine je serais épuisée et je vouerais une profonde reconnaissance à la première personne venue qui parlerait d'un sujet valable. Je ne veux pas de soupirants, mais des amis, pas d'admirateurs pour un petit sourire câlin mais pour mon comportement et mon caractère. Je sais très bien qu'alors le cercle de mon entourage serait beaucoup plus petit. Mais quelle importance, si je ne garde qu'un petit nombre de gens, de gens sincères ?

Malgré tout, en 1942, je n'étais pas absolument heureuse, c'est impossible, je me sentais souvent abandonnée, mais comme j'étais occupée du matin au soir, je ne réfléchissais pas et je m'amusais autant que je pouvais.

A présent je considère ma propre vie et je remarque qu'une période en est définitivement close ; le temps de l'école sans souci ni tracas ne reviendra jamais plus. Je ne le regrette même pas vraiment, j'ai dépassé ce stade, je ne peux pas me contenter de batifoler, une petite part de moi conserve toujours son sérieux.

Je vois ma vie jusqu'au Nouvel An 1944 comme à travers une loupe puissante. Quand nous étions encore chez nous, cette vie ensoleillée, puis en 1942 l'arrivée ici, le passage sans transition, les querelles, les accusations ; je n'arrivais pas à comprendre, j'étais submergée et je ne connaissais rien d'autre que l'insolence pour garder une contenance. La première moitié de 1943, mes crises de larmes, la solitude, la lente prise de conscience de tous mes torts et de tous mes défauts, qui sont si grands et qui me paraissaient deux fois plus grands encore. Dans la journée, j'oubliais mes problèmes en parlant, j'essayais de rapprocher Pim de moi, je n'y réussissais pas, je me retrouvais seule devant une tâche difficile, me rendre telle que je n'aie plus à entendre de reproches, car ils me déprimaient et me plongeaient dans un affreux abattement.

La seconde moitié de l'année fut un peu meilleure, je suis entrée dans l'âge ingrat, on me considérait plus comme une adulte. J'ai commencé à penser, à écrire des histoires et je suis parvenue à la conclusion que les autres n'avaient plus à s'occuper de moi, ils n'avaient pas le droit de me tirer à droite et à gauche comme une pendule à balancier, j'entendais me réformer moi-même selon ma propre volonté. J'ai compris que je peux me passer de Maman, entièrement et totalement, constatation douloureuse, mais une chose qui m'a blessée encore plus fort, c'est que je voyais bien que Papa ne serait jamais mon confident. Je ne me confiais plus à personne d'autre qu'à moi-même. Après le Nouvel An, deuxième grand changement, mon rêve... c'est ainsi que j'ai découvert mon besoin d'un garçon ; pas d'une amie fille, mais d'un ami garçon. Découvert aussi le bonheur en moi et ma cuirasse de superficialité et de gaieté. Mais de temps à autre je retombais dans le silence. A présent je ne vis plus que pour Peter, car c'est de lui que dépendra pour une large part ce qu'il adviendra désormais de moi !

Et le soir, lorsque je suis couchée et que je termine ma prière par ces mots : « Je te remercie pour tout ce qui est bon, aimable et beau », alors je me sens emplie d'une jubilation intérieure, je pense à « ce qui est bon » dans la clandestinité, dans ma santé, dans tout mon être, à « ce qui est aimable » en Peter, ce qui est encore petit et fragile et que tous deux nous n'osons encore nommer, cet amour, l'avenir, le bonheur. « Ce qui est beau » et qui veut dire le monde. Le monde, la nature et l'ample beauté de tout, de toutes les belles choses ensemble. Alors, je ne pense pas à toute la détresse, mais à la beauté qui subsiste encore. C'est là que réside pour une grande part la différence entre Maman et moi. Le conseil qu'elle donne contre la mélancolie est : « Pense à toute la détresse du monde et estime-toi heureuse de ne pas la connaître. » Mon conseil à moi, c'est : « Sors, va dans les champs, dans la nature et au soleil, sors et essaie de retrouver le bonheur en toi ; pense à toute la beauté qui croît en toi et autour de toi et sois heureuse ! »

A mon avis, la phrase de Maman ne tient pas debout, car que doit-on faire quand on connaît soi-même la détresse ? On est perdu. En revanche, je trouve que dans n'importe quel chagrin, il subsiste quelque chose de beau, si on le regarde, on est frappé par la présence d'une joie de plus en plus forte et l'on retrouve soi-même son équilibre. Et qui est heureux rendra heureux les autres aussi, qui a courage et confiance ne se laissera jamais sombrer dans la détresse.

Bien à toi,

Anne M. Frank

MERCREDI 8 MARS 1944

Margot et moi nous sommes envoyé quelques petits messages, seulement pour rire, bien sûr.

Anne : « Bizarre, hein, les événements de la nuit ne me reviennent en mémoire que beaucoup plus tard, voilà que je me rappelle tout à coup que M. Dussel a beaucoup ronflé cette nuit (maintenant il est trois heures moins le quart, mercredi après-midi, et M. Dussel ronfle de nouveau, et c'est pourquoi je m'en suis souvenue, naturellement) et que, quand j'ai dû aller sur le pot, j'ai fait exprès un peu plus de bruit pour mettre un terme à ces ronflements. »

Margot : « Qu'est-ce qu'il vaut mieux entendre, les happements d'air ou le ronflement ? »

Anne : « Mieux vaut le ronflement parce qu'il cesse quand je fais du bruit, sans que la personne en question se réveille. »

Ce que je n'ai pas écrit à Margot mais qu'à toi je veux bien avouer, ma chère Kitty, c'est que je rêve vraiment beaucoup de Peter. L'avant-dernière nuit, j'étais ici, dans notre salle de séjour, sur la glace avec le petit garçon de la patinoire de la salle Apollo, il patinait ici avec sa sœur à-l'éternelle-robe-bleue-et-aux-jambes-maigrichonnes. Je me suis présentée à lui en faisant beaucoup de manières et lui ai demandé son nom, il s'appelait : Peter. Dans mon rêve, je me suis demandé combien de Peter je connaissais maintenant !

Puis j'ai rêvé que nous nous trouvions dans la petite chambre de Peter, face à face à côté de l'escalier. Je lui ai dit quelque chose, il m'a donné un baiser, mais a répondu qu'il ne m'aimait pas tant que cela et que je ne devais pas flirter. D'une voix suppliante et désespérée j'ai dit : « Je ne flirte pas, Peter ! »

En me réveillant, je me suis sentie soulagée que Peter ne l'ait pas dit dans la réalité.

Cette nuit nous étions encore en train de nous embrasser, mais les joues de Peter étaient très décevantes, pas aussi douces qu'elles en ont l'air, mais semblables à la joue de Papa, c'est-à-dire à la joue d'un homme qui se rase déjà.

Très chère Kitty,

Ce matin, le proverbe : « Un malheur n'arrive jamais seul », est de circonstance ! Peter vient de le citer. Je vais te raconter tous nos ennuis et ceux qui sont peut-être encore suspendus au-dessus de nos têtes.

Tout d'abord, conséquence du mariage de Henk et d'Aagje hier, Miep est malade. Elle a pris froid à la Westerkerk où avait lieu la bénédiction.

Deuxièmement, M. Kleiman n'a toujours pas repris son travail à la suite de sa dernière gastrorragie, et Bep est donc seule au bureau.

Troisièmement, un monsieur que je ne nommerai pas s'est fait arrêter par la police. C'est très grave, non seulement pour l'homme en question, mais pour nous aussi, car nous attendons avec beaucoup d'impatience des pommes de terre, du beurre et de la confiture. Monsieur M., appelons-le ainsi, a cinq enfants de moins de treize ans et un sixième en route.

Hier soir, nous avons eu un nouveau petit moment de frayeur puisqu'on a soudain tapé contre le mur à côté de nous. Nous étions en train de manger ; le reste de la soirée s'est déroulé dans une atmosphère pesante, pleine de nervosité.

Ces derniers temps, je n'ai plus aucune envie de noter les événements d'ici. Mes propres intérêts me tiennent beaucoup plus à cœur. N'interprète pas mal mon intention, car je trouve affreux le sort de ce pauvre et brave monsieur M., mais il n'y a tout de même pas grand-place pour lui dans mon journal.

Mardi, mercredi et jeudi, je suis restée près de Peter de quatre heures et demie à cinq heures et quart. Nous avons fait du français et bavardé de choses et d'autres. J'attends vraiment avec joie cette petite heure dans l'après-midi et le plus beau de tout, c'est que je crois que Peter lui aussi apprécie ma venue.

Bien à toi,

Anne M. Frank

SAMEDI 11 MARS 1944

Chère Kitty,

Ces derniers temps, je ne tiens plus en place, je vais de haut en bas et inversement. Je suis heureuse de parler à Peter, mais j'ai toujours peur de l'ennuyer. Il m'a raconté un certain nombre de choses sur le passé, sur ses parents et sur lui-même, cela me paraît beaucoup trop peu et je me demande toutes les cinq minutes comment il se fait que j'en désire plus. Avant, il me trouvait insupportable, c'était réciproque, à présent j'ai changé d'opinion, faut-il donc qu'il ait changé lui aussi ? Je pense que oui, mais cela n'implique pas forcément que nous devions devenir de grands amis, encore que cela m'aiderait pour ma part à supporter plus facilement la vie clandestine. Mais je ferais mieux de ne pas me rendre folle, il m'occupe suffisamment la tête et je n'ai pas à te rendre ennuyeuse comme moi, car je me sens en pleine apathie.

DIMANCHE 12 MARS 1944

Chère Kitty,

La situation devient de plus en plus folle, depuis hier Peter ne me regarde plus. On dirait qu'il m'en veut, aussi maintenant je fais tous mes efforts pour ne pas lui courir après et pour lui parler le moins possible, mais c'est très difficile ! Qu'est-ce donc qui le détourne souvent de moi et qui l'amène souvent vers moi ? Peut-être que je vois les choses plus sombres qu'elles ne sont en réalité, peut-être qu'il a ses sautes d'humeur, lui aussi, peut-être que demain tout ira bien de nouveau !

Le plus difficile, quand je me sens mal et que j'ai du chagrin, est de faire bonne figure. Il faut parler, rendre service, être avec les autres et surtout avoir l'air gai ! Ce qui me manque le plus, c'est la nature et un endroit où je peux être seule aussi longtemps que je le veux ! Je crois que je mélange tout, Kitty, mais il faut dire que je suis en pleine confusion : d'un côté le désir d'être avec lui me rend folle, c'est à peine si je peux entrer dans la pièce sans le regarder, et d'un autre côté je me demande pourquoi il m'importe à ce point, pourquoi je ne me suffis pas à moi-même, pourquoi je ne peux pas retrouver mon calme !

Jour et nuit, tant que je suis éveillée, je passe mon temps à me demander : « Est-ce que tu l'as importuné ? Es-tu trop souvent là-haut ? Parles-tu trop souvent de choses sérieuses, qu'il ne peut pas encore aborder ? Il ne te trouve peut-être pas du tout sympathique ? Toute l'affaire n'était peut-être que le fruit de ton imagination ? Mais pourquoi, alors, t'a-t-il tant parlé de lui-même ? Le regrette-t-il maintenant ? » Et une foule d'autres questions.

Hier après-midi, à la suite d'une série de nouvelles tristes venues de l'extérieur, j'étais tellement brisée que je me suis étendue sur mon divan pour dormir. Je ne voulais que dormir, pour ne pas réfléchir. J'ai dormi jusqu'à quatre heures, puis j'ai dû aller dans notre pièce. Il m'a été très difficile de répondre à toutes les questions de Maman et d'inventer une histoire pour justifier ma sieste aux yeux de Papa. J'ai prétexté la migraine, ce qui n'était pas un mensonge puisque j'avais une migraine... intérieure !

Les gens normaux, des filles normales, des gamines comme moi me trouveraient sans doute timbrée avec mes jérémiades, mais voilà comme je suis, devant toi je dis tout ce que j'ai sur le cœur et le reste de la journée je suis insolente, gaie et culottée autant qu'on peut l'être, pour esquiver toutes les questions et m'irriter intérieurement de moi-même.

Margot est très gentille et aimerait bien être ma confidente, pourtant je ne peux pas tout lui dire. Elle me prend au sérieux, beaucoup trop au sérieux et médite longuement sur sa folle de sœur, me lance un regard inquisiteur à chacune de mes paroles et se demande chaque fois : « Est-ce qu'elle joue la comédie ou bien pense-t-elle vraiment ce qu'elle dit ? » Tout cela parce que nous sommes constamment ensemble et que je serais incapable d'avoir ma confidente constamment autour de moi.

Quand sortirai-je de ce fouillis de pensées, quand le calme et la paix reviendront-ils en moi ?

Bien à toi,

Anne

MARDI 14 MARS 1944

Chère Kitty,

Il sera peut-être amusant pour toi (pour moi, pas le moins du monde) d'apprendre ce que nous allons manger aujourd'hui. Pour l'instant, comme la femme de ménage travaille en bas, je suis chez les Van Daan assise à la table recouverte de sa toile cirée, je tiens serré devant ma bouche et contre mon nez un mouchoir imbibé d'un parfum odorant, un parfum d'avant la clandestinité. Mais tu ne dois pas y comprendre grand-chose, donc : « Commençons par le commencement. »

Comme nos fournisseurs de tickets ont été arrêtés, nous n'avons, en dehors de nos cinq cartes d'alimentation « noires », plus de tickets ni de graisse. Comme Miep et Kleiman sont de nouveaux malades, Bep ne peut sortir faire des courses et comme toute l'atmosphère est à la morosité, la nourriture l'est aussi. A partir de demain nous n'aurons plus un gramme de graisse, de beurre ou de margarine. Au petit déjeuner, nous ne prenons plus de pommes de terre sautées (économie de pain) mais des flocons d'avoine et comme Madame croit que nous mourons de faim, nous avons acheté un supplément de lait entier.

Notre déjeuner d'aujourd'hui se compose de potée de chou frisé, du tonneau. De là aussi les mesures de prévention avec le mouchoir. C'est incroyable ce que du chou, âgé probablement de quelques années, peut puer ! L'odeur qui flotte dans la pièce est un mélange de prunes avariées, de produit de conservation piquant et de dix œufs pourris. Pouah, l'idée même de devoir manger cette saleté me lève le cœur !

Pour tout arranger, nos pommes de terre ont contracté des maladies si singulières qu'un seau de pommes de terre sur deux aboutit dans le poêle. Nous nous amusons à identifier les différentes maladies et sommes parvenus à la conclusion que le cancer, la variole et la rougeole apparaissent à tour de rôle. Ah, ce n'est pas drôle de devoir vivre caché en cette quatrième année de guerre. Vivement que toutes ces bêtises se terminent !

Pour parler franc, je ne m'en ferais pas trop pour la nourriture, si le reste était un peu plus gai. Mais voilà le problème, cette vie monotone commence à nous rendre tous sinistres. Voici l'opinion de cinq clandestins adultes sur la situation actuelle (les enfants ne sont pas autorisés à avoir une opinion et pour cette fois je m'y suis tenue).

Madame Van Daan :

Il y a longtemps que l'emploi de princesse des fourneaux a cessé de me plaire. Rester assise sans rien faire m'ennuie. Donc je me remets à la cuisine, mais je ne peux pas m'empêcher de maugréer : « Pas moyen de cuisiner sans graisse, toutes ces mauvaises odeurs me donnent la nausée. Pour prix de ma peine, je n'ai qu'ingratitude et criailleries, je suis toujours la bête noire de tout le monde, on me met tout sur le dos. » Quant au reste, je suis d'avis que la guerre ne fait pas beaucoup de progrès, les Allemands finiront encore par remporter la victoire. J'ai une peur bleue de nous voir mourir de faim et j'injurie tout le monde quand je suis de mauvaise humeur.

Monsieur Van Daan :

J'ai besoin de fumer, fumer, fumer, alors la nourriture, la politique, l'humeur de Kerli, tout devient insupportable. Kerli est bien gentille. Si je n'ai rien à fumer, j'en tombe malade, alors il me faut de la viande, alors notre vie est trop dure, rien n'est assez bon, et il s'ensuit à coup sûr une dispute retentissante. Cette pauvre Kerli est vraiment d'une bêtise consternante.

Madame Frank :

Je n'attache pas tant d'importance à la nourriture, mais j'aurais bien envie d'une petite tranche de pain de seigle, parce que je meurs de faim. Si j'étais Mme Van Daan, il y a longtemps que j'aurais mis le holà à la perpétuelle tabagie de monsieur. Mais là, il me faut absolument une cigarette, parce que j'ai la tête à l'envers. Les Van Daan sont des gens insupportables ; les Anglais font beaucoup d'erreurs mais la guerre progresse, j'ai besoin de parler et je dois m'estimer heureuse de ne pas être en Pologne.

Monsieur Frank :

Tout va bien, besoin de rien. Du calme, nous avons le temps. Qu'on me donne mes pommes de terre, et je me tais. Vite, mettons un peu de ma part de côté pour Bep. La politique suit un cours excellent, je suis tout à fait optimiste !

Monsieur Dussel :

Il faut que j'arrive à faire mon travail, que je termine tout en son temps. La politique va à la *berveczion*, il est *imbozible* qu'on se fasse prendre. Moi, moi, moi... !

Bien à toi,

Anne

JEUDI 16 MARS 1944

Chère Kitty,

Pf... ouf, me voilà délivrée un moment des sombres prédictions ! Aujourd'hui, je n'entends que des : si ceci ou cela arrive, alors nous aurons tel ou tel problème, et si un tel tombe malade lui aussi, nous serons seuls au monde, et si alors... enfin tu sais la suite, du moins je présume que depuis le temps tu connais suffisamment les gens de l'Annexe pour être capable de deviner leurs conversations.

La cause de ces si, si, est que M. Kugler a été convoqué pour aller retourner la terre pendant six jours, que Bep a un rhume de chien et devra probablement rester chez elle demain, que Miep n'est pas encore guérie de sa grippe et que Kleiman a eu une gastrorragie avec syncope. Enfin, une vraie litanie de plaintes pour nous !

La première chose que Kugler doit faire, à notre avis, c'est d'aller voir un médecin digne de confiance, de se faire établir un bon certificat et de le présenter à la mairie de Hilversum. Les magasiniers ont reçu pour demain un jour de congé, Bep sera donc seule au bureau. Si jamais (encore un) Bep reste chez elle, la porte sera fermée à clé et nous devrons observer un silence total pour que Keg ne nous entende pas, et Jan viendra vers une heure rendre une petite visite d'une demi-heure aux délaissés, il jouera pour ainsi dire le rôle de gardien de zoo. Cet après-midi, et pour la première fois depuis longtemps, Jan nous a apporté des nouvelles du monde extérieur. J'aurais voulu que tu nous voies groupés tous les huit autour de lui, on aurait juré une image : « Quand grand-mère raconte. » Devant ce public intéressé, il était intarissable et a parlé d'abord de la nourriture, naturellement. Mme Pf., une amie de Miep, lui fait la cuisine. Avant-hier, Jan a eu des carottes aux petits pois, hier il a dû manger les restes, aujourd'hui elle lui fait des pois de jardin et demain le reste de carottes finira en hochepot.

Nous avons demandé qui était le médecin de Miep. « Le médecin ? demanda Jan, à quoi voulez vous qu'il serve ? J'ai téléphoné chez lui ce matin, j'ai eu une espèce d'assistant au bout du fil, j'ai demandé une ordonnance pour la grippe et me suis entendu répondre que je pouvais venir chercher des ordonnances le matin entre huit et neuf.

Quand on a une très forte grippe, le docteur vient en personne à l'appareil, dit : "Tirez la langue, faites Aah. Oh, j'entends, vous avez la gorge enflammée. Je vais vous faire une ordonnance, vous pourrez la porter chez le pharmacien. Au revoir, monsieur."

Et voilà le travail. Plutôt facile de traiter la clientèle uniquement par téléphone. Mais je ne devrais pas critiquer les médecins, après tout chacun de nous n'a que deux mains et par les temps qui courent il y a surabondance de malades et un minimum de médecins. »

Pourtant nous avons tous bien ri en écoutant Jan nous rapporter cette conversation téléphonique. Je vois très bien de quoi a l'air une salle d'attente de médecin en ce moment. On ne regarde plus de haut les malades qui dépendent d'une caisse de secours, mais les gens qui n'ont rien de grave et l'on se dit : « Qu'est-ce qu'il vient faire ici celui-là, allez, à la queue, le vrai malade a la priorité. »

Bien à toi,

Anne

Chère Kitty,

Le temps est superbe, d'une beauté indescriptible, je ne vais sûrement pas tarder à retourner au grenier.

Je sais maintenant pourquoi je suis tellement plus agitée que Peter. Il a une chambre à lui, où il travaille, rêve, pense et dort. Moi, on me pousse d'un coin à l'autre. Je ne suis jamais seule dans ma moitié de chambre et pourtant j'en ai tant envie. C'est aussi la raison pour laquelle je me réfugie au grenier. Là-haut, et auprès de toi, je peux être un instant, un petit instant, moi-même. Pourtant je ne veux pas me lamenter sur ce qui me manque, au contraire, je veux être courageuse !

En bas, heureusement, ils ne peuvent rien soupçonner de mes sentiments intimes, si ce n'est que je me montre chaque jour plus froide et plus méprisante vis-à-vis de Maman, que je fais moins de câlineries à Papa et que même à Margot je ne m'ouvre plus de rien, je reste bouche cousue. Avant tout, je dois conserver mon assurance extérieure, personne ne doit savoir que la guerre fait encore rage en moi, une guerre entre mon désir et ma raison. Jusqu'à présent c'est la seconde qui l'a emporté mais le premier ne va-t-il pas se révéler néanmoins le plus fort ? Parfois je le redoute et souvent je le souhaite !

Oh, il est tellement, tellement difficile de ne jamais rien laisser voir à Peter, mais je sais que c'est lui qui doit faire le premier pas ; il est si difficile de considérer le jour comme inexistants toutes ces conversations et tous ces gestes que j'ai vécus dans mes rêves ! Oui, Kitty, Anne est une drôle de fille, mais je vis aussi dans une drôle d'époque et dans des conditions plus drôles encore.

Ce que j'ai encore de meilleur, il me semble, c'est de pouvoir au moins noter ce que je pense et ce que j'éprouve, sinon j'étoufferais complètement.

Qu'est-ce que Peter peut bien penser de toutes ces choses, je m'imagine sans cesse qu'un jour je pourrai en parler avec lui. Il doit tout de même bien avoir deviné quelque chose en moi, car il est impossible qu'il aime l'Anne extérieure, celle qu'il connaît jusqu'à présent ! Comment pourrait-il éprouver de la sympathie pour mon tapage et mon agitation, lui qui aime tant le calme et la paix ? Serait-il le premier et le seul au monde à avoir regardé au-delà de mon masque de béton ? Parviendra-t-il bientôt à le traverser ? N'y a-t-il pas un vieux dicton qui affirme que l'amour succède souvent à la pitié, ou que l'un et l'autre vont main dans la main ? N'est-ce pas aussi mon cas ? car j'éprouve autant de pitié pour lui que j'en ai souvent pour moi-même ! Je ne sais vraiment pas, non vraiment pas comment trouver les premiers mots, et comment les trouverait-il, lui qui a encore beaucoup plus de mal à parler ? Si seulement je pouvais lui écrire, je saurais au moins qu'il sait ce que j'ai voulu dire, car en paroles c'est d'une difficulté terrible !

Bien à toi,

Anne M. Frank

VENDREDI 17 MARS 1944

Ma chérie adorée,

En effet, tout a fini par s'arranger, le rhume de Bep ne s'est pas transformé en grippe, seulement en enrouement et M. Kugler a été exempté de travail grâce à un certificat médical.

Le vent du soulagement souffle à travers l'Annexe. Ici, tout est encore *all right* ! Si ce n'est que Margot et moi sommes un peu fatiguées de nos parents. Ne me comprends pas de travers, j'aime toujours autant Papa, et Margot aime toujours autant Papa et Maman, mais quand on a notre âge, on veut tout de même aussi décider un peu pour soi-même, on veut aussi se libérer parfois de la tutelle des parents. Quand je vais là-haut, on me demande ce que je vais y faire, je n'ai pas le droit de prendre de sel, chaque soir à huit heures et quart, Maman demande invariablement s'il n'est pas l'heure que je me déshabille, je ne peux pas lire un livre sans qu'il ait été contrôlé. Pour parler franc, ce contrôle n'a rien de sévère, mais toutes ces remarques et réflexions jointes à ces questions incessantes, d'un bout de la journée à l'autre, nous tapent sur les nerfs. Une autre de mes particularités, surtout, n'est pas à leur goût : je ne veux plus distribuer toute la journée des baisers ici et des bisous là. Tous ces petits noms doucereux qu'ils inventent, je trouve que c'est de la frime, la prédilection de Papa pour les histoires de pets et de toilettes, je trouve que c'est dégoûtant, en un mot j'aimerais bien être débarrassée d'eux un moment et c'est ce qu'ils ne comprennent pas. Non que nous leur en ayons parlé, bien sûr que non, à quoi bon, ils n'y pigeraient rien.

Hier soir encore, Margot me disait : « Ce qui m'embête vraiment, c'est qu'il suffit qu'on se prenne la tête dans la main et qu'on soupire deux fois pour qu'ils vous demandent si vous avez mal à la tête ou si vous ne vous sentez pas bien ! » Pour nous deux, c'est un grand choc de voir soudain le peu qui reste de cette atmosphère de confiance et d'harmonie dans notre famille ! Et cela vient tout de même, pour une bonne part, de la fausseté de notre situation. Je veux dire par là que pour les choses extérieures nous sommes traitées comme des petits enfants, et que nous sommes beaucoup plus mûres que les filles de notre âge pour les choses intérieures. Je n'ai que quatorze ans mais je sais très bien ce que je veux, je sais qui a raison et qui a tort, j'ai mon avis, mes opinions et mes principes et même si ça peut paraître bizarre de la part d'une gamine, je me sens une adulte, beaucoup plus qu'une enfant, je me sens absolument indépendante d'une autre âme quelle qu'elle soit. Je sais que je suis capable de mieux débattre ou discuter que Maman, je sais que j'ai un regard plus objectif, je sais que je n'exagère pas autant, que je suis plus soignée et plus adroite, et de ce fait (tu peux rire) je sens que dans beaucoup de choses je lui suis supérieure. Si j'aime quelqu'un, il me faut en premier lieu avoir pour lui de l'admiration et du respect et ces deux conditions sont totalement absentes chez Maman !

Tout irait bien si seulement j'avais Peter, car pour lui j'ai de l'admiration dans beaucoup de domaines. Il faut dire que c'est un garçon si gentil et si beau !

Bien à toi,

Anne M. Frank

SAMEDI 18 MARS 1944

Chère Kitty,

A personne au monde je n'ai raconté plus de choses sur moi-même et sur mes sentiments qu'à toi, pourquoi ne te parlerais-je pas aussi un peu de choses sexuelles ?

Les parents et les gens en général ont une attitude singulière sur ce point. Au lieu de tout dire à leurs filles comme à leurs garçons dès l'âge de douze ans, ils font sortir les enfants de la pièce quand les conversations roulent sur ces sujets, et les enfants n'ont plus qu'à aller prendre leur science où ils peuvent. Ensuite, quand les parents s'aperçoivent que les enfants ont tout de même appris quelque chose, ils croient que les enfants en savent plus ou moins que ce n'est le cas en réalité. Pourquoi n'essaient-ils pas alors de se rattraper en demandant ce qu'il en est exactement ?

Il y a un obstacle important pour les adultes, mais pour ma part j'estime qu'il ne s'agit que d'une minuscule barrière, c'est qu'ils pensent que les enfants considèrent plus le mariage, paraît-il, comme sacré et inviolable s'ils savent que cette inviolabilité, dans la plupart des cas, n'est que du vent. Quant à moi, je ne trouve pas grave du tout, pour un homme, d'apporter un peu d'expérience dans le mariage, et le mariage lui-même n'a rien à voir là-dedans, il me semble ? Quand j'ai eu onze ans, ils m'ont renseignée sur l'existence des règles, mais j'étais encore loin de savoir d'où venait ce liquide ou ce qu'il signifiait. A douze ans et demi, j'en ai appris plus long, dans la mesure où Jacque était beaucoup moins sotte que moi. Ce qu'un

215

homme et une femme font ensemble, mon instinct me l'a suggéré ; au début, l'idée me paraissait bizarre, mais quand Jacque me l'a confirmé, j'étais fière de mon intuition ! Que les enfants ne naissent pas par le ventre, c'est encore de Jacque que je le tiens, elle m'a dit : « Là où la matière première entre, le produit fini ressort ! » Un petit livre d'éducation sexuelle nous renseigna, Jacque et moi, sur l'hymen et d'autres particularités. Je savais déjà que l'on pouvait éviter d'avoir des enfants, mais la méthode m'était encore un mystère. A mon arrivée ici, Papa m'a parlé de l'existence des prostituées, etc., mais en fin de compte il me reste toujours des questions sans réponses. Quand une mère ne dit pas tout à ses enfants, ils s'informent par bribes et c'est sûrement mauvais !

On est samedi, mais pour une fois je ne suis pas embêtante. C'est que j'ai été au grenier avec Peter, j'ai fermé les yeux et me suis mise à rêver ; c'était merveilleux !

Bien à toi,

Anne M. Frank

DIMANCHE 19 MARS 1944

Chère Kitty,

Hier a été une journée très importante pour moi. Après le déjeuner tout s'est déroulé normalement, à cinq heures je suis allée faire bouillir les pommes de terre et Maman m'a donné un peu de boudin pour l'apporter à Peter. Au début, je ne voulais pas, mais j'ai fini par y aller. Mais il a refusé et j'avais le sentiment navrant que cela venait toujours de notre querelle sur la méfiance. Soudain, je n'y tins plus, les larmes me vinrent aux yeux, et sans plus insister je reposai la soucoupe près de Maman et j'allai aux toilettes pour laisser libre cours à mon chagrin. Au point où j'en étais, j'avais décidé de vider la question avec Peter. Avant le dîner, nous étions chez lui tous les quatre pour l'aider à faire des mots croisés, je ne pouvais donc rien dire, mais juste avant de passer à table, je lui chuchotai : « Tu fais de la sténo ce soir, Peter ? » « Non », répon-

dit-il. « Alors je voudrais bien te parler tout à l'heure ! »,
il accepta.

Après la vaisselle, je suis donc allée dans sa chambre
et lui ai demandé si c'était à cause de notre dernière dispute qu'il n'avait pas voulu du boudin. Mais heureusement, ce n'était pas la raison, seulement il ne trouvait pas
convenable de céder trop vite. J'avais eu très chaud dans
la grande pièce et j'étais rouge comme un homard, aussi,
après avoir apporté son eau à Margot, je suis remontée
pour prendre un peu l'air. Par politesse, je suis d'abord
restée à la fenêtre des Van Daan, mais je n'ai pas tardé à
aller chez Peter. Il se tenait à gauche de la fenêtre ouverte ; je me suis placée à droite et nous avons parlé. Près de
la fenêtre ouverte, dans la pénombre, il était beaucoup
plus facile de parler qu'en pleine lumière et je crois que
c'était aussi l'avis de Peter.

Nous nous sommes dit tant de choses, une foule de
choses, je serais bien incapable de les rapporter toutes,
mais c'était délicieux, c'était le plus beau soir que j'aie
jamais connu à l'Annexe. Je vais tout de même t'énumérer rapidement nos différents sujets de conversation.
D'abord nous avons parlé des querelles et de mon changement complet de point de vue ; puis de notre éloignement
croissant pour nos parents. J'ai parlé à Peter de Maman
et Papa, de Margot et moi. A un moment donné, il a
demandé : « Vous vous donnez sûrement toujours un baiser pour vous souhaiter bonne nuit ?

— Un baiser ? Un tas, tu veux dire, pas toi, je crois ?

— Non, je n'ai pratiquement jamais embrassé personne !

— Pas même pour ton anniversaire ?

— Là, si, c'est vrai. »

Nous nous sommes dit que tous les deux nous avions
refusé notre confiance à nos parents. Que ses parents s'ai-
maient beaucoup et auraient bien voulu avoir sa confiance, mais que lui ne voulait pas. Que moi je laisse libre
cours à mon chagrin une fois couchée et que lui se réfugie
sous les combles pour lancer des jurons. Que Margot et
moi ne nous connaissons à vrai dire que depuis très peu
de temps et qu'en fin de compte nous ne nous racontons
pas grand-chose, parce que nous sommes toujours ensem-

ble. Enfin nous avons parlé un peu de tout, de la confiance, du sentiment et de nous-mêmes, oh ! il était exactement comme je prévoyais qu'il serait.

Puis nous nous sommes mis à parler de 1942, nous nous sommes dit à quel point nous étions différents à l'époque. Nous ne nous reconnaissons ni l'un ni l'autre dans cette période. Comme nous avions du mal à nous supporter au début. Il me trouvait agitée et casse-pieds, et de mon côté je n'avais pas tardé à le trouver totalement sans intérêt. Je ne pouvais pas comprendre qu'il ne flirte pas, mais maintenant j'en suis heureuse. Il a parlé aussi de son besoin de s'isoler. Je lui ai dit aussi qu'entre mon côté bruyant et exubérant et son silence, il n'y avait pas tellement de différence. Que moi aussi j'aime la tranquillité et que je n'ai rien à moi seule, à part mon journal, que tout le monde a envie de m'envoyer promener, à commencer par M. Dussel, et que je ne veux pas passer mon temps à côté. Qu'il est si heureux que mes parents aient des enfants et que je suis heureuse qu'il soit ici. Qu'à présent je le comprends, je comprends sa réserve et ses rapports avec ses parents et que j'aimerais beaucoup l'aider à l'occasion de ces querelles.

« Mais tu m'aides déjà sans arrêt ! répondit-il.
— En quoi faisant ? lui demandai-je tout étonnée.
— Par ta gaieté ! »

C'est certainement la plus jolie chose qu'il m'ait dite. Il a ajouté que cela ne le dérangeait plus du tout que je vienne près de lui comme autrefois, au contraire, il aimait bien. Je lui ai raconté aussi que tous les petits surnoms affectueux de Papa et Maman n'avaient aucun contenu. Et qu'il ne suffit pas d'un bisou par-ci et d'un baiser par-là pour créer la confiance. Nous avons parlé encore de notre indépendance, du journal et de la solitude, de la différence entre l'être intérieur et l'être apparent que l'on retrouve chez tout le monde. De mon masque, etc.

C'était merveilleux, il s'est sans doute mis à m'aimer comme une camarade et pour le moment, cela me suffit. Je ne trouve pas de mots pour exprimer ma gratitude et mon bonheur et je te dois des excuses, Kitty, car mon style est en dessous de tout aujourd'hui. Je n'ai fait que noter ce qui me venait à l'esprit !

A présent j'ai le sentiment que Peter et moi partageons un secret, quand il me lance ce regard-là, avec un sourire et un clin d'œil, une petite lumière s'allume en moi. J'espère que cela durera, qu'il nous sera donné de passer ensemble beaucoup, beaucoup de belles heures.

Bien à toi,

Anne, reconnaissante et heureuse

LUNDI 20 MARS 1944

Chère Kitty,

Ce matin Peter m'a demandé si je revenais ce soir, ajoutant que je ne le dérangeais pas du tout et que dans sa chambre, s'il y avait place pour un, il y en avait pour deux. J'ai répondu que je ne pouvais pas venir tous les soirs, qu'en bas ils n'étaient pas d'accord, mais il a estimé que je ne devais pas en tenir compte. Je lui ai dit alors que j'aimerais bien venir le samedi soir et lui ai demandé surtout de m'avertir des nuits de lune. « Alors, nous irons en bas, dit-il, regarder la lune. » J'étais tout à fait d'accord, au fond je n'ai pas tellement peur des voleurs.

Entre-temps, une ombre est descendue sur mon bonheur, je m'en doutais depuis longtemps, Peter ne déplaît pas à Margot, pour ne pas dire plus. Jusqu'à quel point elle l'aime, je l'ignore, mais je trouve la situation très pénible. Chaque fois que je rencontre Peter, je dois lui faire sciemment de la peine, et le plus beau, c'est qu'elle n'en laisse rien paraître. Je sais bien qu'à sa place je serais au désespoir à force de jalousie, mais Margot dit seulement qu'il ne faut pas avoir pitié d'elle. « C'est si moche pour toi, je trouve, de jouer les laissées-pour-compte », ai-je ajouté. Elle a répondu non sans amertume : « J'en ai l'habitude. »

Je n'ose pas en parler à Peter, ce sera pour plus tard peut-être, pour l'instant nous avons encore tellement de sujets à épuiser.

Hier soir, Maman m'a donné une petite baffe, que j'avais bien méritée, je dois dire. Je ne dois pas aller trop loin dans mon indifférence et mon mépris pour elle. Donc,

219

essayons de nouveau, malgré tout, d'être aimable et de garder pour nous nos critiques !

Pim n'est plus aussi affectueux, lui non plus. Il essaie encore une fois de se défaire de ses manières trop enfantines avec moi et est soudain beaucoup trop froid. On verra bien ce que ça va donner ! Si je ne fais pas d'algèbre, il m'a menacée de ne pas me payer plus tard de leçons particulières. Je pourrais attendre et voir venir, mais je veux bien faire un nouvel essai ; à condition qu'on me donne un autre livre.

C'est tout pour le moment, je ne sais rien faire d'autre que regarder Peter, j'ai le cœur plein de lui !

Bien à toi,

Anne M. Frank

Preuve de la bonté de Margot, cette lettre que j'ai reçue aujourd'hui, 20 mars 1944 :

« Anne, quand je t'ai dit hier que je n'étais pas jalouse de toi, je n'étais franche qu'à 50 %. En vérité, je ne suis jalouse ni de toi, ni de Peter. Je trouve seulement un peu dommage pour moi-même de n'avoir encore trouvé personne avec qui je pourrais parler de mes pensées et de mes sentiments, et de n'avoir aucune chance de trouver quelqu'un pour le moment. Mais pour autant, je vous souhaiterais de tout cœur à tous les deux de pouvoir vous accorder mutuellement un peu de votre confiance ; il te manque déjà suffisamment de choses qui vont de soi pour beaucoup d'autres.

D'un autre côté, je suis sûre que je ne serais jamais parvenue aussi loin avec Peter, parce que j'ai le sentiment que je devrais être sur un certain pied d'intimité avec la personne avec qui je voudrais parler de beaucoup de choses. Il faudrait que j'aie l'impression qu'il me comprend parfaitement sans que j'aie besoin de beaucoup parler, mais pour cela il faudrait que je sente qu'il me domine intellectuellement, ce qui n'est jamais le cas chez Peter. Avec toi, il ne me paraît pas impensable que Peter remplisse cette condition.

Tu n'as donc absolument pas à te reprocher de me faire du tort et de profiter de quelque chose qui me revenait,

220

rien n'est moins vrai. Peter et toi avez tout à gagner à vous fréquenter. »

Ma réponse :
« Chère Margot,

J'ai trouvé ton petit mot extrêmement gentil, mais il ne m'a pas tout à fait tranquillisée et je continuerai à m'inquiéter.

Une confiance aussi profonde que celle dont tu parles n'existe pas encore pour l'instant entre Peter et moi, mais à une fenêtre ouverte, et dans le noir, on se dit plus de choses qu'en plein soleil. Il est aussi plus facile d'épancher ses sentiments en les chuchotant qu'en les claironnant. Je crois qu'à la longue, tu t'es mise à éprouver pour Peter un peu l'affection d'une sœur et que tu as envie de l'aider, au moins autant que moi. Peut-être pourras-tu aussi le faire un jour, bien que ce ne soit pas là de la confiance au sens où nous l'entendons. Car j'estime que la confiance doit venir des deux côtés ; je crois que c'est aussi la raison pour laquelle elle n'a jamais pu vraiment s'établir entre Papa et moi. Laissons donc ce sujet et ne m'en parle plus non plus, si tu veux encore me demander quelque chose, fais-le par écrit, s'il te plaît, car de la sorte je sais beaucoup mieux exprimer ce que je veux qu'oralement. Tu ne sais pas à quel point je t'admire, et j'espère seulement qu'un jour j'aurai un peu de la bonté de Papa et de la tienne, car je ne vois plus beaucoup de différence entre les deux.

Bien à toi,

Anne. »

MERCREDI 22 MARS 1944

Chère Kitty,

Voici ce que j'ai reçu de Margot hier soir :
« Ma chère Anne,

Après ton petit mot d'hier, j'ai eu l'impression désagréable que tu éprouves des remords de conscience chaque fois que tu vas chez Peter pour travailler ou pour parler ; il n'y a vraiment pas de quoi. Dans mon cœur, quelqu'un a droit à une confiance réciproque et je ne serais pas capable de donner à Peter la place qui lui revient. Il est vrai toutefois, comme tu l'as écrit, que Peter m'apparaît comme une sorte de frère, mais... un jeune frère, et que nos sentiments lancent des antennes l'un vers l'autre pour parvenir plus tard peut-être, ou peut-être jamais, à une affection comme il en existe entre frère et sœur ; mais nous en sommes encore loin. Tu n'as donc pas lieu d'avoir pitié de moi, je t'assure. Profite tant que tu peux de la compagnie que tu viens de trouver. »

En attendant l'histoire, ici, devient de plus en plus belle, je crois, Kitty, que nous allons peut-être avoir ici à l'Annexe un vrai grand amour. Toutes ces plaisanteries sur un mariage avec Peter si nous restons encore long-temps ici n'étaient pas si bêtes, après tout. Mais je ne songe pas à me marier avec lui, tu sais, je ne sais pas comment il sera une fois adulte, je ne sais pas non plus si nous nous aimerons un jour suffisamment pour avoir envie de nous marier. Peter m'aime aussi, maintenant j'en suis sûre, mais de quelle façon m'aime-t-il, je n'en sais rien. Cherche-t-il seulement une bonne camarade, est-ce que je l'attire en tant que fille, ou bien comme sœur, je n'en ai pas encore le cœur net. Quand il m'a dit que je l'aide toujours dans les querelles entre ses parents, j'étais folle de joie et déjà en passe de croire à son amitié. Et puis hier je lui ai demandé ce qu'il ferait s'il y avait ici une douzaine d'Annes qui viendraient sans arrêt le voir, sa réponse a été : « Si elles étaient toutes comme toi, ce ne serait pas si grave, crois-moi ! » Il est super accueillant pour moi et je crois bien qu'il aime vraiment me voir venir vers lui. En attendant, il apprend le français avec beaucoup de zèle, même le soir dans son lit jusqu'à dix heures et quart.

Oh, quand je repense à samedi soir, à nos paroles, à nos voix, alors pour la première fois je suis contente de moi ; je veux dire qu'à présent je redirais la même chose au lieu de tout changer, ce qui est généralement le cas d'ordinaire. Il est si beau, aussi bien quand il sourit que quand il regarde sans rien dire devant lui, il est si gentil et bon et beau. A mon avis, ce qui l'a le plus pris au dépourvu chez moi, c'est quand il s'est rendu compte que je ne suis pas du tout l'Anne superficielle, mondaine, mais quelqu'un de tout aussi rêveur, avec tout autant de problèmes que lui !

Hier soir, après la vaisselle, je m'attendais absolument qu'il me demande de rester là-haut. Mais rien ne s'est passé ; je suis partie, il est descendu appeler Dussel pour écouter la radio, s'est attardé longtemps dans la salle de bains mais, Dussel tardant trop à venir, il est remonté. Il a tourné comme un ours en cage dans sa chambre et s'est couché très tôt. Toute la soirée, j'étais si agitée que je n'arrêtais pas d'aller à la salle de bains, me passais de l'eau froide sur le visage, lisais un peu, me remettais à rêver, regardais la pendule et attendais, attendais, attendais en l'écoutant. J'étais dans mon lit de bonne heure, mais morte de fatigue. Ce soir, je dois prendre un bain et demain ?

C'est encore si loin !

Bien à toi,

Anne M. Frank

Ma réponse :

« Chère Margot,

Le mieux, à mon avis, c'est d'attendre la suite des événements. Entre Peter et moi la décision ne pourra plus se faire attendre très longtemps : ou bien on redevient comme avant ou bien c'est autre chose. Ce qui se passera alors, je n'en sais rien, en cette matière je ne vois pas encore plus loin que le bout de mon nez.

Mais une chose est sûre, si Peter et moi nous lions d'amitié, je lui dirai que toi aussi tu l'aimes beaucoup et que tu serais prête à l'aider, si c'était nécessaire. Tu n'es certainement pas d'accord pour que je lui en parle, mais pour cette fois cela m'est égal ; ce que Peter pense de toi, je l'ignore, mais je suis bien décidée à le lui demander. Cela ne peut pas faire de mal, au contraire ! Tu peux venir tranquillement au grenier ou ailleurs, où que nous soyons, tu ne nous déranges vraiment pas, car nous avons passé un accord tacite, je crois : si nous parlons, c'est le soir dans l'ombre.

Garde courage ! Je le fais aussi, même si ce n'est pas toujours facile, ton heure viendra peut-être plus vite que tu ne penses !

Bien à toi,

Anne. »

JEUDI 23 MARS 1944

Chère Kitty,

Ici, les choses s'arrangent tout doucement. Nos fournisseurs de tickets sont sortis de prison, heureusement !

Miep est revenue depuis hier ; aujourd'hui c'était le tour de son époux de s'enfouir sous les couvertures. Frissons et fièvre, symptômes de grippe bien connus. Bep va mieux, malgré une toux tenace, Kleiman devra rester chez lui encore longtemps. Hier un avion a été abattu, ses occupants ont eu le temps de sauter en parachute. L'appareil est tombé sur une école où il n'y avait pas d'enfants. Il en est résulté un petit incendie et quelques morts. Les Allemands ont tiré comme des fous sur les aviateurs qui descendaient en parachute, les Amsterdamois qui regardaient le spectacle écumaient quasiment de rage devant un acte aussi lâche. Nous, je veux dire les dames, nous avons eu une belle frousse, brrr, il n'y a rien de plus horripilant que ces tirs. Maintenant parlons de moi.

Quand j'ai rejoint Peter hier, nous en sommes venus, je ne sais plus du tout comment, à aborder le domaine sexuel. Je m'étais promis depuis longtemps de lui poser quelques questions. Il sait tout ; quand je lui ai dit que Margot et moi étions très mal informées, il était stupéfait. Je lui ai raconté beaucoup de choses sur Margot et moi, sur Papa et Maman, des choses que ces derniers temps je n'ose plus demander. Il a proposé de me renseigner et j'en ai fait un large usage : il m'a appris le fonctionnement des moyens contraceptifs et je lui ai demandé avec beaucoup d'audace à quoi les garçons s'aperçoivent qu'ils sont adultes. La question demandait réflexion ; il m'a promis de me le dire le soir. Je lui ai raconté entre autres l'histoire de Jacque, en ajoutant que les filles sont sans défense devant des garçons aussi forts : « Tu n'as rien à craindre de moi, en tout cas », dit-il.

Quand je suis revenue le soir, nous en avons encore parlé en long et en large et il m'a répondu à propos des garçons. C'était bien un peu gênant, mais tout de même agréable d'en parler avec lui. Lui comme moi, nous ne nous croyions pas capables de parler de sujets aussi intimes avec une autre fille ou un autre garçon. Maintenant je sais tout, je pense. Il m'a beaucoup parlé des moyens « *Präsentiv* ». Allemand.

Le soir, dans la salle de bains, Margot et moi avons parlé de Bram et de Drees !

Ce matin, une très mauvaise surprise m'attendait : après le petit déjeuner, Peter m'a fait signe de le suivre en haut : « Tu m'as bien fait marcher ! dit-il, j'ai entendu ce que vous disiez hier dans la salle de bains, Margot et toi, je crois que tu voulais d'abord voir ce que Peter savait pour t'en amuser ensuite ! »

Oh, j'étais abasourdie. J'ai employé tous les moyens pour lui ôter de la tête cette idée scandaleuse ; je comprends tellement bien dans quel état il devait être et il n'y a rien de vrai ! « Oh non, Peter, dis-je, comment pourrais-je être aussi méchante, j'ai promis de tenir ma langue et je le ferai. Jouer la comédie et me conduire ensuite pour de bon aussi méchamment, non Peter, où serait la plaisanterie, c'est déloyal. Je n'ai rien répété, tout ce que je t'ai dit est vrai, tu me crois ? »

Il m'a assuré qu'il me croyait, mais il faut que je lui en reparle, cette histoire me trotte dans la tête toute la journée. Heureusement qu'il m'a dit tout de suite ce qu'il pensait, tu te rends compte, s'il avait gardé pour lui une idée si moche de moi. Ce cher Peter !

A partir de maintenant, je dois tout lui raconter et je le ferai !

Bien à toi,

Anne

Ma chère Kitty,

En ce moment, je vais souvent là-haut le soir humer un peu d'air frais dans la chambre de Peter. Dans une pièce sombre, on arrive beaucoup plus vite à de vraies conversations que lorsque le soleil vous chatouille le visage. C'est bien agréable de rester là-haut assise sur une chaise à côté de lui et de regarder dehors. Les Van Daan et Dussel font des plaisanteries stupides chaque fois que je disparais dans sa chambre. « *Annes zweite Heimat* [1] », disent-ils, ou bien : « Est-il convenable pour des messieurs de recevoir à une heure tardive, dans l'obscurité, la visite de très jeunes filles ? » Peter montre une étonnante présence d'esprit face à ces remarques qui se veulent spirituelles. Ma chère Maman, elle non plus, n'est d'ailleurs pas peu curieuse et aimerait bien s'enquérir des sujets de nos conversations, si au fond d'elle-même elle ne craignait pas une réponse négative. Peter dit que les adultes ne font que nous envier parce que nous sommes jeunes et que nous nous moquons de leurs piques. Parfois il vient me chercher en bas, mais c'est plutôt pénible parce qu'en dépit de toutes ses précautions, il devient rouge comme une pivoine et trouve à peine ses mots ; je suis tout de même bien contente de ne jamais rougir, cela me paraît décidément une sensation des plus désagréables.

Mon seul souci, c'est Margot en bas, tellement seule, pendant que je suis en haut avec Peter, mais elle ne veut absolument pas en entendre parler.

J'en entends de toutes les couleurs sur notre soudaine amitié et je ne sais plus combien de fois la conversation, à table, a déjà roulé sur un mariage à l'Annexe, si jamais la guerre durait encore cinq ans. Mais que nous font, à vrai dire, tous ces radotages de parents ? Pas grand-chose en tout cas, ils sont tous si bébêtes. Mes parents auraient-ils oublié aussi leur jeunesse ? On pourrait le croire, puisqu'ils nous prennent toujours au sérieux quand nous plaisantons, et rient de nous quand nous sommes sérieux.

---

1. « La seconde patrie d'Anne. » En allemand dans le texte.

Je ne sais absolument pas comment la situation va évoluer, et encore moins si nous aurons toujours quelque chose à nous dire. Mais si nous continuons à nous voir, nous pourrons aussi rester l'un avec l'autre sans parler. Si au moins, les vieux là-haut se comportaient plus normalement ; c'est sûrement parce qu'ils n'aiment pas trop me voir. De toute façon, Peter et moi n'irons pas raconter le fond de nos conversations. Imagine un peu s'ils savaient que nous abordons des sujets aussi intimes. Je voudrais lui demander s'il sait comment une fille est faite. Un garçon n'est pas aussi compliqué d'en bas qu'une fille, je crois. Sur les photos ou les reproductions d'hommes nus, on voit quand même très bien comment ils sont faits, mais pas les femmes. Chez elles, les parties sexuelles, ou je ne sais trop comment cela s'appelle, se situent beaucoup plus entre les jambes. Il n'a sûrement jamais dû voir une fille de si près, et à vrai dire moi non plus. Évidemment, c'est beaucoup plus facile chez les garçons. Mais comment pourrais-je bien lui décrire l'installation, parce que j'ai appris, d'après ce qu'il m'a dit, qu'il ne s'en fait pas une idée précise. Il parlait de l'« orifice utérin », mais il se trouve à l'intérieur, on ne peut pas le voir. Les choses sont tout de même très bien organisées chez nous, avant d'avoir onze ou douze ans, je ne savais pas qu'il existait en plus les petites lèvres, on ne pouvait absolument pas les voir. Et le plus beau, c'est que je croyais que l'urine sortait du clitoris.

Quand j'ai demandé une fois à Maman à quoi servait cette excroissance, elle m'a dit qu'elle ne le savait pas, pas étonnant, elle a toujours de ces réactions stupides !

Mais pour en revenir à notre sujet, comment faire pour en décrire la composition, sans exemple à l'appui ? Et si je m'y essayais ici pour voir ? Allons-y.

Devant, quand on est debout, on ne voit rien que des poils, entre les jambes se trouvent en fait des espèces de petits coussinets, des choses molles, elles aussi couvertes de poils, qui se touchent quand on se met debout, à ce moment-là, on ne peut pas voir ce qui se trouve à l'intérieur. Quand on s'assoit, elles se séparent, et dedans c'est très rouge, vilain et charnu. Dans la partie supérieure, entre les grandes lèvres, en haut, il y a un repli de peau qui, si l'on observe mieux, est une sorte de petite poche, c'est le clitoris. Puis il y a les petites lèvres, elles se touchent, elles aussi, et forment comme un repli. Quand elles s'ouvrent, on trouve à l'intérieur un petit bout de chair, pas plus grand que l'extrémité de mon pouce. Le haut de ce bout de chair est poreux, il comporte différents trous et de là sort l'urine. Le bas semble n'être que de la peau, mais pourtant c'est là que se trouve le vagin. Des replis de peau le recouvrent complètement, on a beaucoup de mal à le dénicher. Le trou en dessous est si minuscule que je n'arrive presque pas à m'imaginer comment un homme peut y entrer, et encore moins comment un enfant entier peut en sortir. On arrive tout juste à faire entrer l'index dans ce trou, et non sans mal. Voilà tout, et pourtant cela joue un si grand rôle !

Bien à toi,

Anne M. Frank

SAMEDI 25 MARS 1944

Chère Kitty,

Quand on est soi-même en train de changer, on ne s'en aperçoit pas avant d'avoir changé. J'ai changé, et même en profondeur, totalement et en tout. Mes opinions, mes conceptions, mon regard critique, mon aspect extérieur, mes préoccupations intérieures, tout a changé, et d'ailleurs pour le mieux, je peux l'affirmer sans crainte car c'est vrai.

Je t'ai déjà raconté une fois combien il m'avait été difficile de passer, quand je suis arrivée ici, de ma vie douillette de petite personne adulée à la dure réalité des réprimandes et des adultes. Mais Papa et Maman sont en grande partie responsables de tout ce que j'ai dû supporter. A la maison, ils ont bien voulu me laisser ce plaisir et c'était très bien, mais ici, ils n'auraient pas dû en plus me monter la tête, par-dessus le marché, et ne me montrer que « leur » conception des choses dans toutes leurs disputes et dans leurs séances de commérages. Avant de m'apercevoir que dans leurs disputes, ils avaient chacun raison à 50 %, il m'en a fallu du temps. Mais à présent, je sais combien de fautes ont été commises ici, par les vieux comme par les jeunes.

La plus grande faute de Papa et Maman vis-à-vis des Van Daan est de ne jamais leur parler de manière franche et amicale (même si cette amitié est peut-être un peu factice). Je veux, avant tout, préserver la paix ici, et éviter de me disputer ou de médire. Avec Papa et Margot, ce n'est pas difficile ; mais avec Maman, ça l'est, aussi est-ce une bonne chose si elle-même me reprend parfois. On peut facilement se mettre M. Van Daan dans la poche en lui donnant raison, en l'écoutant en silence et sans trop parler, et surtout... en répondant par une autre blague à chacune de ses blagues et de ses astuces vaseuses. Quant à Madame, on la charme en parlant franchement et en cédant sur tout. Il faut dire qu'elle admet ouvertement ses défauts, qui sont extrêmement nombreux. Je sais trop bien qu'elle a une moins mauvaise opinion de moi qu'au début et cela vient seulement de ma franchise et de mon habitude de dire en face même les choses les moins flatteuses. Je veux être franche et je trouve qu'ainsi on est bien plus avancé ; en plus, on se sent beaucoup mieux.

Hier, Madame me parlait du riz que nous avons donné aux Kleiman : « Nous avons donné, donné et encore donné, et puis il est arrivé un moment où j'ai dit : "Maintenant, cela suffit." Kleiman peut se débrouiller tout seul pour trouver du riz, s'il en prend la peine, pourquoi devons-nous nous défaire de toutes nos réserves ? Nous tous ici en avons autant besoin qu'eux, a dit Madame.

— Non, madame, ai-je répondu, je ne suis pas d'accord avec vous. M. Kleiman peut sans doute se procurer du riz, mais il lui est désagréable de s'en préoccuper. Ce n'est pas à nous de critiquer les gens qui nous aident, nous devons leur donner tout ce dont nous pouvons éventuellement nous passer et ce dont ils ont besoin. Une petite assiette de riz par semaine ne nous apporte rien de plus, nous pouvons tout aussi bien manger des légumes secs ! »

Madame n'était pas de cet avis, mais elle a dit aussi que même si elle n'était pas d'accord, elle voulait bien céder, c'était une tout autre affaire. Bon, je préfère arrêter, parfois je sais où est ma place, parfois je doute encore, mais j'y arriverai ! C'est certain !

Surtout que j'ai maintenant un soutien, car Peter m'aide à oublier plus d'un mauvais quart d'heure. Je ne sais absolument pas dans quelle mesure il m'aime et si nous en viendrons jamais à nous embrasser ; en tout cas, je ne veux rien forcer ! A Papa, j'ai dit que je rendais souvent visite à Peter et je lui ai demandé s'il était d'accord, bien sûr qu'il était d'accord !

A Peter, je parle beaucoup plus facilement de choses qu'autrement je ne confie jamais ; ainsi, je lui ai dit que plus tard je veux beaucoup écrire, et même si je ne deviens pas écrivain, ne jamais négliger l'écriture, à côté de mon travail ou de mes activités.

Je ne suis pas riche en argent ou en biens matériels, je ne suis pas jolie, pas intelligente, pas fine, mais je suis heureuse et le resterai ! J'ai une nature heureuse, j'aime les gens, je ne suis pas méfiante et je veux les voir tous heureux avec moi.

Ton affectionnée Anne M. Frank

Une fois de plus, la journée ne m'a rien apporté
Et en ténèbres elle s'est transformée !

(Ces vers datent de plusieurs semaines, ils ne comptent plus, mais comme j'en fais si rarement, je les écris quand même.)

LUNDI 27 MARS 1944

Chère Kitty,

La politique devrait en fait constituer un très gros chapitre de l'histoire écrite de notre clandestinité, mais comme, personnellement, le sujet ne me préoccupe pas spécialement, je l'ai laissé de côté bien trop souvent. Aussi vais-je aujourd'hui, pour une fois, consacrer une lettre entière à la politique. Le fait qu'il existe une foule de conceptions différentes sur la question est évident, que l'on en parle beaucoup en ces temps difficiles de guerre est encore plus logique, mais... que l'on se dispute tant à ce sujet est tout simplement idiot ! Ils peuvent faire des paris, rire, jurer, ronchonner, tout ce qu'ils veulent, du moment qu'ils mijotent dans leur jus et surtout qu'ils ne se disputent pas car alors, la plupart du temps, les conséquences sont moins heureuses. Les gens qui viennent du dehors apportent énormément de fausses nouvelles ; notre radio, en revanche, n'a jamais menti jusqu'à présent. Jan, Miep, Kleiman, Bep et Kugler ont tous des hauts et des bas dans leurs espoirs politiques, Jan peut-être moins que les autres.

Ici, à l'Annexe, les espoirs en ce qui concerne la politique sont toujours les mêmes. Lors des innombrables débats sur le débarquement, les bombardements aériens, les discours, etc., on entend des exclamations tout aussi innombrables comme « Z'é pas groyable, Mon Tieu, Mon Tieu, s'ils s'y mettent seulement maintenant qu'est-ce qu'on va devenir ! Tout ze passe gomme zur tes roulettes, parfait, magnifique ! »

Les optimistes et les pessimistes, et surtout n'oublions pas les réalistes, donnent leur avis avec une énergie infatigable, et comme pour tout, chacun pense qu'il est le seul à avoir raison. Une certaine dame s'irrite de la confiance infinie de son mari envers les Anglais, un certain monsieur s'en prend à sa dame à cause de ses réflexions taquines et dédaigneuses sur sa nation préférée. Depuis tôt le matin jusqu'à tard le soir, et le plus beau c'est qu'ils ne s'en lassent jamais. J'ai fait une trouvaille, qui fonctionne comme un détonateur, c'est comme si on piquait quelqu'un avec une aiguille pour le faire bondir. Ma technique marche exactement de la même façon, on lance le débat sur la politique, une question, un mot, une phrase, et voilà toute la famille aussitôt dans le feu de l'action !

Comme si les bulletins de la Wehrmacht et la B.B.C. ne suffisaient pas, il existe depuis pas très longtemps une « Luftlagemeldung [1] ». En un mot, magnifique, mais aussi (revers de la médaille) souvent décevant. Les Anglais se servent de leur arme aérienne en continu, cette persévé-

---

1. « Point de la situation sérieuse. » En allemand dans le texte.

rance n'ayant d'égale que celle des mensonges allemands, eux aussi débités en continu ! Ainsi la radio est déjà allumée à huit heures du matin (sinon neuf) et on l'écoute toutes les heures jusqu'à neuf heures, dix heures ou parfois même onze heures du soir. Voilà la plus belle preuve que les adultes ont de la patience et un cerveau difficile à atteindre (certains bien sûr, je ne veux offenser personne), nous devrions avoir assez d'une émission, ou de deux au plus, pour toute la journée ! Mais ces vieilles oies, enfin, je l'ai déjà dit !

Arbeiter-Program[1], Radio Orange, Frank Philips ou Sa Majesté Wilhelmine, tout y passe, ils y prêtent sans distinction une oreille docile, et s'ils ne sont pas en train de manger ou de dormir, alors ils sont assis devant la radio et parlent de manger, de dormir et de politique. Oh, comme cela devient agaçant et quel tour de force que d'éviter de se transformer en une petite vieille ennuyeuse. Nos vieux, eux, ne risquent plus grand-chose de ce côté-là.

Pour donner un exemple édifiant, le discours de ce Winston Churchill si cher à nos cœurs est idéal.

Neuf heures, dimanche soir. Le thé est tenu au chaud sur la table, les invités entrent dans la pièce. Dussel s'installe à gauche de la radio, Monsieur devant, Peter à côté. Maman près de Monsieur, Madame derrière. Margot et moi tout au fond et Pim à table. Je constate que je ne décris pas très clairement notre disposition, mais en fin de compte nos places n'ont pas tellement d'importance. Les messieurs fument comme des pompiers, Peter, à force de se concentrer pour mieux écouter, a les yeux qui se ferment, Maman dans un long négligé foncé et Madame grelottant à cause des avions qui, sans se soucier du discours le moins du monde, se dirigent d'un vol décidé vers Essen, Papa buvant bruyamment son thé, Margot et moi unies fraternellement par Muschi endormi, qui a jeté son dévolu sur deux genoux différents. Margot a des bigoudis dans les cheveux, je suis vêtue pour la nuit d'une tenue beaucoup trop petite, trop étroite et trop courte.

---

1. « Programme des travailleurs. » En allemand dans le texte.

L'atmosphère semble intime, conviviale et paisible, elle l'est d'ailleurs, cette fois-là, pourtant j'attends avec angoisse les réactions au discours. C'est qu'ils ont du mal à se contenir, trépignent d'impatience dans l'attente de la prochaine dispute ! Kss, kss, comme un chat qui attire une souris hors de son trou, ils s'aiguillonnent les uns les autres jusqu'à provoquer la dispute ou la brouille.

Bien à toi,

Anne

MARDI 28 MARS 1944

Très chère Kitty,

Je pourrais en écrire encore beaucoup sur la politique, mais aujourd'hui, j'ai d'abord un tas d'autres nouvelles à rapporter. Premièrement, Maman m'a en fait interdit d'aller là-haut, car d'après elle, Mme Van Daan est jalouse. Deuxièmement, Peter a invité Margot à venir là-haut avec moi, je ne sais pas si c'est par politesse ou si c'est sérieux. Troisièmement, je suis allée demander à Papa s'il trouvait que je devais me soucier de cette jalousie et il a dit que non. Et maintenant ? Maman est fâchée, m'interdit d'aller là-haut, veut à nouveau me faire travailler ici, avec Dussel ; elle est peut-être jalouse, elle aussi. Papa veut bien nous accorder, à Peter et moi, ces quelques heures et ne voit aucun inconvénient à ce que nous nous entendions si bien. Margot aime Peter aussi, mais a l'impression qu'on ne peut pas parler aussi bien à trois qu'à deux.

Sinon, Maman pense que Peter est amoureux de moi. Pour être honnête, je voudrais que ce soit vrai, à ce moment-là nous serions quittes et pourrions nous atteindre beaucoup plus facilement. En plus, elle dit qu'il me regarde sans arrêt ; il est vrai que nous nous faisons des clins d'œil plus d'une fois, à travers la pièce, et qu'il regarde les fossettes de mes joues, mais je ne peux rien y changer. Non ?

Je suis dans une position très difficile. Je m'oppose à Maman et elle à moi, Papa ferme les yeux devant cette lutte silencieuse. Maman est triste car elle m'aime encore, je ne suis pas triste du tout car je n'ai plus confiance en elle. Et Peter... je ne veux pas renoncer à Peter, il est si doux et je l'admire tant, tout pourrait devenir si beau entre nous, pourquoi faut-il que les vieux mettent encore le nez dans nos affaires ?

Heureusement, j'ai l'habitude de cacher mes émotions et j'arrive d'ailleurs très bien à ne pas laisser transparaître à quel point je l'adore. Va-t-il jamais se déclarer ? Senti-rai-je jamais sa joue, comme celle de Petel dans mon rêve ? Oh ! Peter et Petel, vous êtes une seule et même personne ! Eux, ils ne comprennent pas ce qui nous attire tant l'un vers l'autre ! Oh, quand aurons-nous enfin réussi à vaincre les difficultés, et pourtant comme il est bon de les vaincre car la fin n'en est que plus belle. Quand il est allongé, la tête sur les bras et les yeux fermés, il est encore enfant, quand il joue avec Muschi ou parle de lui, il est tendre, quand il porte des pommes de terre ou d'autres choses lourdes, alors il est fort. Quand il va regarder au moment des tirs ou vérifier dans le noir s'il y a des voleurs, il est courageux, et quand il est gauche ou malhabile, alors justement, il est attendrissant. J'aime beaucoup mieux qu'il me donne une explication que de devoir, moi, lui apprendre quelque chose, j'aimerais tant que dans presque tous les domaines, il l'emporte sur moi !

Je me fiche bien de toutes ces Mamans, oh, si seulement il pouvait se déclarer.

Papa dit toujours que je fais ma mijaurée, mais ce n'est pas vrai, je suis seulement vaniteuse ! Je n'ai pas encore entendu beaucoup de gens me dire qu'ils me trouvent jolie. A part C.N. qui m'a dit que j'étais très mignonne quand je souriais. Hier, pourtant, Peter m'a fait un compli-ment sincère et je vais rapporter à peu près notre conver-sation, comme ça, pour le plaisir : Peter me disait très souvent : « Souris, pour voir ! » Cela m'a frappée et hier je lui ai demandé : « Pourquoi faut-il donc que je sourie tout le temps ?

— Parce que c'est mignon ; cela te donne des fossettes sur les joues, comment ça se fait ?

— Je suis née avec. J'en ai aussi une au menton. C'est la seule chose que j'ai de joli.

— Mais non, ce n'est pas vrai du tout !

— Si, je sais très bien que je ne suis pas une belle fille, je ne l'ai jamais été et je ne le serai jamais !

— Je ne suis absolument pas d'accord avec toi, moi je te trouve jolie.

— Ce n'est pas vrai.

— Si je te le dis, tu peux me croire ! »

Alors, naturellement, j'ai dit la même chose de lui !

Bien à toi,

Anne M. Frank

MERCREDI 29 MARS 1944

Chère Kitty,

Hier soir, le ministre Bolkesteyn a dit sur Radio Orange qu'à la fin de la guerre, on rassemblerait une collection de journaux et de lettres portant sur cette guerre. Évidemment, ils se sont tous précipités sur mon journal.

Pense comme ce serait intéressant si je publiais un roman sur l'Annexe ; rien qu'au titre, les gens iraient s'imaginer qu'il s'agit d'un roman policier. Non, mais sérieusement, environ dix ans après la guerre, cela fera déjà sûrement un drôle d'effet aux gens si nous leur racontons comment nous, juifs, nous avons vécu, nous nous sommes nourris et nous avons discuté ici. Même si je te parle beaucoup de nous, tu ne sais que très peu de choses de notre vie. L'angoisse que ressentent les dames lors des bombardements ; par exemple dimanche 350 appareils anglais ont largué un demi-million de kilos de bombes au-dessus d'Ijmuiden, la façon dont les maisons se mettent alors à trembler comme un brin d'herbe dans le vent, le nombre d'épidémies qui sévissent ici. De toutes ces choses dont tu ne sais rien, et il me faudrait passer la journée entière à écrire si je devais tout te raconter dans les moindres détails. Les gens font la queue pour se procurer des légumes et tout ce qu'on peut imaginer, les médecins ne peuvent pas se rendre auprès des malades, parce qu'on vole leur véhicule à tout bout de champ ; les cambriolages et les vols sont innombrables, à tel point qu'on finit par se demander ce qui pique les Hollandais pour être devenus tout d'un coup aussi voleurs. Des petits enfants de huit et onze ans brisent les fenêtres des appartements pour voler de tout sans distinction. Personne n'ose quitter son domicile pour cinq minutes, car, quand on part, le contenu de l'appartement part aussi. Tous les jours dans le journal, des annonces paraissent, promettant une récompense pour la restitution de machines à écrire, de tapis persans, de pendules électriques, d'étoffes, etc. On démonte les pendules électriques, on défait les téléphones dans les cabines jusqu'au dernier fil.

Le moral de la population ne peut pas être bon, tout le monde a faim, les rations de la semaine suffisent à peine pour tenir deux jours, sauf celle d'ersatz de café. Le débarquement se fait attendre, les hommes sont obligés de partir en Allemagne, les enfants tombent malades ou sont sous-alimentés, tous ont de mauvais habits et de mauvaises chaussures. Une semelle coûte 7,50 florins au marché noir, en plus la plupart des cordonniers n'acceptent plus de clients ou alors il faut attendre quatre mois avant que les chaussures soient prêtes, et elles ont souvent disparu entre-temps. Dans tout cela, une chose est bonne : les actions de sabotage contre les autorités ne cessent de se multiplier en réaction à une nourriture de plus en plus mauvaise et à des mesures de plus en plus sévères contre la population. Tout le service du rationnement, la police, les fonctionnaires ou bien sont solidaires pour aider leurs compatriotes ou bien les dénoncent et, ainsi, les font mettre en prison. Heureusement, il n'y a qu'un petit pourcentage de citoyens néerlandais du mauvais côté.

Bien à toi,

Anne

VENDREDI 31 MARS 1944

Chère Kitty,

Imagine un peu, il fait encore assez froid, mais la plupart des gens n'ont plus de charbon depuis bientôt un mois, c'est moche, non ? D'une manière générale, le moral a repris le dessus pour le front russe car c'est fantastique ! Je ne parle pas souvent de politique, mais il faut tout de même que je t'informe de leur position actuelle, ils sont à la frontière du Gouvernement général [1] et, du côté de la Roumanie, au bord du Pruth.

Ils sont très près d'Odessa, ils ont encerclé Tarnopol. Ici, ils attendent chaque soir un communiqué de Staline.

A Moscou, ils tirent tant de salves d'honneur que chaque jour, toute la ville doit en vibrer, je ne sais pas si c'est parce que cela les amuse de faire comme si la guerre était à leur porte ou parce qu'ils n'ont pas d'autres façons d'exprimer leur joie !

La Hongrie est occupée par les troupes allemandes, un million de juifs y sont encore, maintenant ils vont sûrement y passer aussi !

Ici, rien de spécial. Aujourd'hui, c'est l'anniversaire de M. Van Daan ; il a reçu deux paquets de tabac, du café pour une seule tasse, sa femme l'avait mis de côté, un punch au citron de la part de Kugler, des sardines de la part de Miep, de l'eau de Cologne de notre part, deux branches de lilas et des tulipes. Sans oublier une tarte aux framboises, un peu collante à cause de la mauvaise farine et l'absence de beurre, mais quand même bonne.

Les ragots sur Peter et moi se sont un peu calmés. Il doit venir me chercher ce soir, c'est tout de même gentil de sa part, non ? Parce qu'il n'aime vraiment pas le faire ! Nous sommes d'excellents amis, nous sommes très souvent ensemble et discutons de tous les sujets possibles et imaginables. Je trouve vraiment agréable de ne pas avoir à rester sur mes gardes, comme ce serait le cas avec d'autres garçons, quand nous abordons des domaines délicats. Nous parlions par exemple de sang, ainsi en sommes-nous venus naturellement à la menstruation, etc. Il nous trouve tout de même costauds, nous les femmes, de pouvoir supporter une perte de sang. Moi aussi, il me trouve courageuse. Pourquoi ? Je me le demande.

---

1. Nom donné par les Allemands au territoire polonais qu'ils occupaient.

Ma vie ici s'est améliorée, très nettement. Dieu ne m'a pas abandonnée et ne m'abandonnera pas.

Bien à toi,

Anne M. Frank

SAMEDI 1er AVRIL 1944

Très chère Kitty,

Et pourtant, tout est encore si difficile, tu comprends sûrement ce que je veux dire, non ? J'ai tellement hâte qu'il me donne un baiser, ce baiser qui se fait tant attendre. Me considère-t-il toujours comme une camarade, ne suis-je pas davantage ?

Tu sais, et moi je sais, que je suis forte, que je suis capable de faire face seule à la plupart de mes ennuis, je n'ai jamais eu l'habitude de partager mes ennuis avec une autre personne, je ne me suis jamais raccrochée à une mère, mais à présent j'aimerais tant poser une fois ma tête sur son épaule à lui et simplement me sentir calme.

Je ne peux pas, et ne pourrai jamais, oublier mon rêve de la joue de Peter, quand tout n'était que bonheur ! N'en a-t-il pas envie, lui aussi ? Est-il simplement trop timide pour avouer son amour ? Pourquoi veut-il si souvent que je sois près de lui ? Oh, pourquoi ne parle-t-il pas ? Il faut que j'arrête, il faut que je garde mon calme, je vais retrouver mon courage et avec un peu de patience, les choses finiront par arriver, mais... et voilà le pire, on dirait tellement que je lui cours après, c'est toujours *moi* qui vais là-haut, et non pas *lui* qui descend me voir. Mais cette situation est due aux chambres et il comprend le problème. Oui, il doit sûrement comprendre davantage.

Bien à toi,

Anne M. Frank

Très chère Kitty,

En contradiction totale avec mes habitudes, je vais te parler en détail de nourriture, car non seulement à l'Annexe mais dans tous les Pays-Bas, dans toute l'Europe et plus loin encore, ce facteur est devenu primordial et très compliqué. Pendant les vingt-sept mois que nous avons passés ici, nous avons déjà traversé un grand nombre de « périodes alimentaires », je vais t'expliquer à l'instant ce que cela signifie. Par « périodes alimentaires », je veux dire des périodes où l'on ne peut manger qu'un seul plat ou qu'un seul légume. Pendant un certain temps, nous n'avions rien d'autre à manger chaque jour que de la chicorée, avec sable ou sans sable, des légumes pour le stamppot [1] non écrasés et dans le plat à four, puis il y a eu les épinards, ensuite le chou-rave, les salsifis noirs, les concombres, les tomates, la choucroute, etc.

Ce n'est vraiment pas drôle de ne manger midi et soir que de la choucroute, par exemple, mais on est prêt à beaucoup de choses quand on a faim. En ce moment, nous sommes en fait dans une période idéale car nous n'avons plus aucun légume vert. Pour le déjeuner, notre menu de la semaine se compose de : haricots rouges, soupe de pois, pommes de terre avec boulettes de farine, paillassons de pommes de terre, par la grâce de Dieu des pousses de navets ou des carottes pourries et ensuite des haricots rouges, encore une fois. Nous mangeons des pommes de terre à tous les repas, à commencer par le petit déjeuner, à cause du manque de pain, mais à ce repas-là, elles sont un peu moins sautées. Pour la soupe, nous nous servons de haricots rouges et blancs, de pommes de terre, de julienne en sachets, de suprême de volaille en sachets, de haricots rouges en sachets. On trouve des haricots rouges dans tout, même dans le pain. Le soir, nous mangeons toujours des pommes de terre avec du jus de viande artificiel et, heureusement qu'il nous en reste encore, des betteraves en salade. Il faut encore que je parle des boulettes

---

1. Sorte de potée de pommes de terre, de chou et d'autres légumes.

de farine, nous les fabriquons avec de la farine gouverne-
mentale [1], de l'eau et de la levure. Elles sont tellement
collantes et dures qu'on a l'impression d'avoir des pierres
dans l'estomac, mais enfin !

Notre grande attraction est une petite tranche de pâté
de foie, chaque semaine, et de la confiture sur du pain
sec. Mais nous sommes encore en vie, et c'est souvent
bon, même !

Bien à toi,

Anne M. Frank

Très chère Kitty,

Pendant une longue période, je ne savais plus pourquoi
je continuais à travailler, la fin de la guerre est tellement
loin, irréelle, c'est un si beau conte de fées. Si la guerre
n'est pas encore terminée en septembre, je n'irai plus à
l'école, car je ne veux pas être en retard de deux années.

Les jours ont été pleins de Peter, et de Peter uniquement, de rêves et de pensées, jusqu'à samedi soir où je
me suis totalement laissée aller, c'en était affreux. Dans
la chambre de Peter, je ne faisais que contenir mes larmes,
plus tard je me suis mise à rire comme une folle avec les
Van Daan au moment du punch au citron, j'étais gaie et
excitée, mais à peine seule, j'ai senti que je devais me
soulager en pleurant. En chemise de nuit, je me suis laissée glisser par terre et j'ai d'abord concentré mon esprit
sur une longue prière, puis, la tête sur les bras, les genoux
repliés, j'ai pleuré sur le sol nu, totalement ramassée sur
moi-même. Un sanglot bruyant m'a ramenée à la réalité
de ma chambre et j'ai dominé mes larmes, car il ne fallait
pas qu'ils entendent, à côté.

Puis j'ai essayé de reprendre courage, je ne disais rien
d'autre que : « Il le faut, il le faut, il le faut... » Toute
courbaturée par cette position inhabituelle, je suis tombée
contre le rebord du lit et j'ai continué à me battre, et peu

---

1. Farine bon marché et de qualité inférieure.

après onze heures je me suis mise au lit. C'était fini ! Et maintenant, c'est complètement fini, je dois travailler pour ne pas rester idiote, pour progresser, pour devenir journaliste, car voilà ce que je veux ! Je sais que je peux écrire, certaines de mes histoires sont bonnes, mes descriptions de l'Annexe humoristiques, beaucoup de choses dans mon journal sont parlantes, mais... si j'ai vraiment du talent, cela reste à voir.

Le Rêve d'Éva est mon meilleur conte, et le plus incroyable c'est que je ne sais vraiment pas d'où je le tire. Dans *La Vie de Cady*, il y a beaucoup de bonnes choses, mais l'ensemble est nul ! Le meilleur et le plus sévère de mes juges ici, c'est bien moi, c'est moi qui sais ce qui est bien ou mal écrit. Quand on n'écrit pas, on ne peut pas savoir à quel point c'est agréable ; avant, je regrettais toujours d'être complètement incapable de dessiner, mais à présent je suis trop contente de savoir au moins écrire. Et si je n'ai pas le talent d'écrire dans les journaux ou d'écrire des livres, alors je pourrai toujours écrire pour moi-même. Mais je veux aller plus loin, je ne peux pas m'imaginer une vie comme celle de Maman, de Mme Van Daan et de toutes ces femmes qui font leur travail puis qu'on oublie, je dois avoir une chose à laquelle je peux me consacrer, en plus de mon mari et de mes enfants ! Oui, je ne veux pas, comme la plupart des gens, avoir vécu pour rien. Je veux être utile ou agréable aux gens qui vivent autour de moi et qui ne me connaissent pourtant pas, je veux continuer à vivre, même après ma mort ! Et c'est pourquoi je suis si reconnaissante à Dieu de m'avoir donné à la naissance une possibilité de me développer et d'écrire, et donc d'exprimer tout ce qu'il y a en moi !

Quand j'écris, je me débarrasse de tout, mon chagrin disparaît, mon courage renaît ! Mais voilà la question capitale, serai-je jamais capable d'écrire quelque chose de grand, deviendrai-je jamais une journaliste et un écrivain ?

Je l'espère tant, car en écrivant je peux tout consigner, mes pensées, mes idéaux et les fruits de mon imagination.

Cela fait longtemps que je n'ai pas travaillé à *La Vie de Cady*, dans ma tête je connais exactement la suite de l'histoire, mais ça ne coule pas bien. Peut-être que je ne terminerai jamais, que le tout finira au panier ou dans le poêle. C'est une pensée très désagréable, mais je me dis qu'à quatorze ans et avec si peu d'expérience, on ne peut quand même pas écrire de la philosophie. Alors, il faut persévérer, reprendre courage, je vais finir par y arriver, car écrire, voilà ce que je veux !

Bien à toi,

Anne M. Frank

JEUDI 6 AVRIL 1944

Chère Kitty,

Tu m'as demandé quels étaient mes hobbies et mes intérêts et je vais te répondre, mais je te préviens, ne t'affole pas, j'en ai tout un tas.

D'abord : écrire, mais en fait, cela ne compte pas comme hobby.

Numéro deux : les arbres généalogiques. Je cherche les arbres généalogiques des familles royales françaises, allemandes, espagnoles, anglaises, autrichiennes, russes, nordiques et hollandaises, dans tous les journaux, livres et documents. J'en sais déjà beaucoup sur un grand nombre d'entre elles, d'autant plus que depuis longtemps, je prends des notes dans toutes les biographies ou tous les livres d'histoire que je lis. Je recopie même de nombreux passages d'histoire.

Ainsi, mon troisième hobby, c'est l'histoire, Papa m'a déjà acheté beaucoup de livres là-dessus, j'ai vraiment hâte de voir le jour où je pourrai éplucher tous les livres de la bibliothèque municipale.

En numéro quatre vient la mythologie de la Grèce et de Rome. Là aussi, j'ai différents livres à ce sujet. Les neuf muses, ou les sept amours de Zeus, je peux te les nommer sans problème. Les femmes d'Héraclès, etc., je les connais sur le bout des doigts.

Mes autres passions sont les stars de cinéma et les photos de famille.

Adore lire et adore les livres. M'intéresse beaucoup à l'histoire de l'art, en particulier, aux écrivains, aux poètes et aux peintres. Pour les musiciens, cela viendra peut-être plus tard. J'éprouve une antipathie certaine pour l'algèbre, la géométrie et le calcul. Dans l'ensemble, j'apprends toutes les matières scolaires avec plaisir, mais surtout l'histoire !

Bien à toi,

Anne M. Frank

MARDI 11 AVRIL 1944

Chère Kitty,

La tête me tourne, je ne sais vraiment pas par où commencer. Le jeudi (la dernière fois que je t'ai écrit) s'est passé normalement, vendredi, c'était le vendredi saint, l'après-midi nous avons joué au jeu de la Bourse, comme le samedi après-midi d'ailleurs. Ces jours ont passé très vite. Samedi vers deux heures on a commencé à tirer sans arrêt, des canons à tir rapide d'après ces messieurs, puis tout est redevenu calme.

Le dimanche après-midi, sur mon invitation, Peter est venu me voir à quatre heures et demie. A cinq heures et quart, nous sommes allés au grenier de devant où nous sommes restés jusqu'à six heures. De six heures à sept heures et quart, la radio diffusait un beau concert de Mozart, la *Petite Musique de nuit* m'a plu par-dessus tout. Dans la pièce, je n'arrive presque pas à écouter car lorsque j'entends une belle musique, je suis toute remuée. Dimanche soir, Peter n'a pas pu prendre de bain, puisque le baquet plein de linge était dans la cuisine en bas. Aussi, à huit heures, sommes-nous allés tous les deux dans le grenier de devant et, pour pouvoir nous asseoir dans le confort, j'ai pris le seul oreiller disponible dans notre chambre. Nous nous sommes assis sur une caisse. Caisse et oreiller étaient très étroits, nous étions serrés l'un contre l'autre et nous nous servions d'autres caisses comme dossier ; en plus, Muschi nous tenait compagnie, nous n'étions donc pas à l'abri des regards. Soudain, à neuf heures moins le quart, M. Van Daan a sifflé et a demandé si nous avions un oreiller de M. Dussel. Nous nous sommes levés d'un bond pour descendre avec oreiller, chat et

243

Van Daan. Cet oreiller a été à l'origine de tous nos ennuis. Dussel était en colère parce que nous avions pris son oreiller et qu'il craignait d'y trouver des puces, il a fait une histoire de tous les diables pour ce malheureux oreiller. Pour nous venger de son caractère de cochon, Peter et moi avons caché deux brosses dures dans son lit, que nous avons dû retirer parce qu'il est revenu encore une fois dans la chambre. Nous nous sommes bien amusés de cet intermède. Mais notre joie ne devait pas durer longtemps ; à neuf heures et demie, Peter a frappé doucement à la porte et a demandé à Papa s'il ne voulait pas venir l'aider un instant pour une phrase compliquée en anglais. « C'est louche, ai-je dit à Margot, il a inventé un prétexte, c'est gros comme une maison, au ton des messieurs, on dirait qu'il y a eu un cambriolage ! »

Ma supposition s'est avérée juste, on cambriolait l'entrepôt. En un rien de temps, Papa, Van Daan et Peter étaient en bas, Margot, Maman, Madame et moi attendions.

Quatre femmes angoissées ont besoin de parler, c'était notre cas, quand soudain nous avons entendu un coup en bas, puis le silence total, la pendule a sonné dix heures moins le quart. La couleur avait disparu de nos visages, mais nous étions encore calmes, même si nous avions peur. Que faisaient donc les messieurs ? Quel était ce coup ? Étaient-ils en train de se battre avec les cambrioleurs ? Personne ne se posait plus de questions, nous attendions.

Dix heures : des pas dans l'escalier, Papa est entré dans la pièce, pâle et nerveux, suivi de M. Van Daan. « Éteignez les lumières, montez doucement là-haut, nous pensons que la police va venir ! »

Pas le temps de nous inquiéter, nous avons éteint les lumières, j'ai pris en vitesse une veste et nous étions déjà en haut. « Alors que s'est-il passé, racontez-nous vite ! » Plus personne pour le faire, les messieurs étaient déjà redescendus. Ils ne revinrent tous les quatre qu'à dix heures dix, deux d'entre eux se postèrent devant la fenêtre de Peter, la porte donnant sur le palier était fermée, et la porte-bibliothèque refermée. Nous avons recouvert la lampe de chevet d'un chandail, puis ils nous ont raconté :

« Peter était sur le palier quand il a entendu deux coups violents, il est descendu et a vu qu'il manquait une grosse planche dans la partie gauche de la porte de l'entrepôt. Il est remonté en courant, a prévenu les membres de la famille capables de se défendre, puis ils sont descendus tous les quatre. Les cambrioleurs étaient en plein travail quand ils sont entrés dans l'entrepôt, sans réfléchir, Van Daan a crié : "Police !", des pas précipités dehors, les cambrioleurs avaient pris la fuite. Afin d'éviter que la police ne remarque le trou, la planche a été replacée, mais un grand coup de pied du dehors l'a envoyée voler par terre. Les messieurs restaient perplexes devant tant d'audace, Van Daan et Peter sentaient monter en eux des envies de meurtre, Van Daan a frappé fort dans le plancher avec la hache, tout est redevenu silencieux. Ils ont replacé la planche devant le trou, mais nouvelle alerte, un couple dehors a éclairé tout l'entrepôt avec une lampe de poche très puissante. "Sapristi !" a grommelé l'un des messieurs... A présent, il passait du rôle de policier à celui de cambrioleur. Tous les quatre sont remontés en courant, Van Daan et Dussel ont pris au passage les livres de ce dernier, Peter a ouvert les portes et les fenêtres de la cuisine et du bureau privé, a flanqué le téléphone par terre et, munis du baquet, ils se sont retrouvés tous les quatre derrière les portes de la cachette. » (Fin de la première partie.)

De toute évidence, le couple à la lampe de poche avait prévenu la police ; c'était le dimanche soir, le soir du jour de Pâques, le lendemain personne au bureau, donc personne ne pouvait rien faire avant mardi matin. Imagine-toi deux nuits et un jour à vivre dans l'angoisse ! Nous ne pensions à rien, restions assis là dans l'obscurité totale car Madame, de peur, avait complètement dévissé l'ampoule, les voix chuchotaient, à chaque craquement on entendait des « chut, chut ». Dix heures et demie, onze heures passèrent, pas un son, chacun leur tour, Papa et Van Daan vinrent nous voir. Puis, à onze heures et quart, des bruits en bas. Chez nous, on entendait distinctement respirer toute la famille, pour le reste nous étions immobiles. Des pas dans la maison, dans le bureau privé, dans la cuisine,

puis... dans notre escalier, tout le monde retenait son souffle, huit cœurs battaient à tout rompre, des pas dans notre
escalier, puis des secousses à notre porte-bibliothèque.
Moment indescriptible : « Nous sommes perdus ! » dis-je,
et je nous voyais tous les huit, emmenés la nuit même par
la Gestapo.

Secousses à la porte-bibliothèque, à deux reprises, puis
une boîte tomba, les pas s'éloignèrent, pour l'instant nous
étions sauvés ! Un frisson nous parcourut tous, sans en
distinguer la provenance j'entendis des claquements de
dents, personne ne disait plus rien, nous sommes restés
assis ainsi jusqu'à onze heures et demie.

On n'entendait plus rien dans la maison, mais la
lumière était allumée sur notre palier juste devant la
bibliothèque. Notre bibliothèque avait-elle paru mystérieuse ? Ou la police avait-elle oublié d'éteindre ? Les langues se délièrent, tout le monde était parti, à part un
gardien devant la porte, peut-être.

Alors nous avons fait trois choses, nous avons eu peur
et tremblé et, troisièmement, nous sommes allés aux toilettes. Les seaux étaient au grenier, seule la corbeille à
papiers en métal de Peter pouvait nous servir. Van Daan
a été le premier, puis Papa, Maman était trop gênée. Papa
a emporté la corbeille dans la chambre, où Margot,
Madame et moi, étions ravies d'en faire usage, finalement
Maman s'est décidée, elle aussi. A chaque fois, la personne demandait du papier, j'en avais heureusement dans
ma poche. La corbeille puait, tout le monde chuchotait et
nous étions fatigués, il était minuit. « Allongez-vous par
terre et dormez ! » On nous a donné à chacune, Margot et
moi, un oreiller et une couverture. Margot était allongée
non loin de l'armoire à provisions, moi entre les pieds de
la table, près du sol la puanteur n'était pas aussi forte,
mais Madame est tout de même allée chercher sur la
pointe des pieds un peu de poudre de chlore, un torchon
sur le pot a servi de deuxième écran.

Bavardages, chuchotements, peur, puanteur, pets et
quelqu'un en permanence sur le pot, allez donc dormir
avec cela. A deux heures et demie, j'étais trop épuisée et
jusqu'à trois heures et demie, je n'ai plus rien entendu. Je

me suis réveillée quand Madame s'est allongée, la tête sur mes pieds.

« S'il vous plaît, donnez-moi quelque chose à me mettre ! » demandai-je, on me donna, mais ne me demande pas quoi, un pantalon en laine pour mettre par-dessus mon pyjama, le pull-over rouge et la jupe noire, des sous-bas blancs et des chaussettes trouées. Ensuite, Madame reprit sa place sur la chaise et Monsieur vint s'allonger sur mes pieds. A partir de trois heures et demie, je me mis à réfléchir, je tremblais encore si bien que Van Daan ne pouvait pas dormir, je me préparais au retour de la police. « Alors nous devrons leur dire que nous nous cachons, si ce sont de bons Néerlandais, tout ira bien, s'ils font partie du N.S.B. [1], nous devrons acheter leur silence ! »

« Fais au moins disparaître la radio ! soupirait Madame.

— Oui, dans la cuisinière, répondait Monsieur, s'ils nous trouvent, ils peuvent bien trouver la radio aussi !

— A ce moment-là, ils trouveront aussi le Journal d'Anne, s'en est mêlé Papa !

— Il n'y a qu'à le brûler, a suggéré la plus terrorisée de nous tous. »

Cet instant et le moment où la police a secoué la bibliothèque m'ont causé le plus d'angoisse. Pas mon Journal, mon Journal mais alors moi avec ! Papa n'a pas répondu, heureusement ! Il n'y a aucun intérêt à rapporter toutes les conversations dont je me souviens encore, nous avons tant parlé, j'ai réconforté Madame qui avait peur. Nous parlions de fuite et d'interrogatoires de la Gestapo, de téléphoner et de garder courage.

« Maintenant, nous devons nous comporter en soldats, Madame, si nous devons y passer, alors d'accord mais pour la reine et la patrie, pour la liberté, la vérité et la justice, comme on nous le répète sans arrêt sur Radio Orange. La seule chose vraiment tragique, c'est que nous les entraînons tous dans notre malheur ! »

Au bout d'une heure, M. Van Daan changea à nouveau de place avec sa femme, Papa vint près de moi. Les messieurs fumaient sans discontinuer, de temps en temps un

---

1. Mouvement national-socialiste néerlandais, collaborant avec l'occupant.

profond soupir, puis un petit pipi et tout recommençait. Quatre heures, cinq heures, cinq heures et demie. Je me levai pour guetter les bruits avec Peter, nous étions assis l'un contre l'autre, si près que nous pouvions sentir les tremblements de nos corps, nous échangions de temps en temps un mot et écoutions de toutes nos oreilles.

Dans la pièce, ils enlevèrent le camouflage et firent une liste par écrit des points à aborder au téléphone avec Kleiman. Ils avaient en effet l'intention d'appeler Kleiman à sept heures pour faire venir quelqu'un ici. Le risque de se faire entendre par le garde posté devant la porte ou dans l'entrepôt était grand, mais celui d'un retour de la police plus grand encore.

Même si j'inclus ici l'aide-mémoire, je vais tout de même le recopier pour plus de clarté :

Cambriolage : la police est venue, jusqu'à la *bibliothèque pivotante* ; pas plus loin. Les cambrioleurs ont apparemment été dérangés, ils ont forcé la porte de l'entrepôt et se sont enfuis par le jardin. La porte principale est verrouillée, Kugler a dû *certainement* partir par la deuxième porte.

Les machines à écrire et à calculer sont en sécurité dans le coffret noir du bureau privé.

En plus, du linge de Miep ou Bep se trouve dans le bac à lessive dans la cuisine.

Seuls Bep et Kugler possèdent une clef de la deuxième porte, serrure peut-être cassée.

Essayer de prévenir Jan et de chercher la clef, et jeter un coup d'œil dans le bureau, il faut aussi donner à manger au chat.

Tout s'est déroulé sans problème, on a téléphoné à Kleiman, retiré les barres, caché la machine à écrire dans le coffre. Ensuite, nous nous sommes assis à table et avons attendu Jan ou la police. Peter s'était endormi, M. Van Daan et moi étions allongés par terre quand nous avons entendu en bas des pas sonores. Je me suis levée tout doucement : « C'est Jan ! »

« Non, non, c'est la police ! », disaient tous les autres. On frappa de notre côté, Miep siffla. Pour Mme Van Daan, c'en était trop, pâle comme une morte et vidée, elle était écroulée sur sa chaise, et si la tension avait duré une minute de plus, elle se serait sûrement évanouie. Quand Jan et Miep sont entrés, notre pièce offrait un spectacle ravissant, la table à elle seule valait la peine d'être photographiée, il y avait là un *Cinema & Theater* ouvert à une page représentant des danseuses, deux pots de confiture, une moitié et un quart de sandwich, de la pectine, un miroir, un peigne, des allumettes, de la cendre, des cigarettes, du tabac, un cendrier, des livres, une culotte, une lampe de poche, le peigne de Madame, du papier toilette, etc. Bien entendu, Jan et Miep furent accueillis avec des cris de joie et des larmes, Jan boucha le trou avec du bois blanc et ne tarda pas à partir avec Miep pour déclarer le cambriolage à la police. Par ailleurs, Miep avait trouvé sous la porte de l'entrepôt un mot de Sleegers, le veilleur de nuit qui avait trouvé le trou béant et avait prévenu la police, Jan allait aussi lui rendre visite.

Nous n'avions donc qu'une demi-heure pour nous rendre présentables, jamais je n'ai vu s'opérer autant de transformations en si peu de temps qu'en cette demi-heure-là. Margot et moi avons arrangé les lits en bas, nous sommes allées aux toilettes, nous nous sommes brossé les dents, lavé les mains et coiffées. Ensuite, j'ai fait encore un peu de rangement dans la chambre et je suis remontée, la table avait déjà été débarrassée, nous avons tiré de l'eau, mis en route le café et le thé, fait bouillir du lait, dressé la table pour la pause-café, Papa et Peter ont vidé les pots de pisse et de caca en les rinçant à l'eau chaude et à la poudre de chlore, le plus grand était plein jusqu'à ras bord et si lourd qu'il était très difficile à soulever, en plus il fuyait si bien qu'il a dû être transporté dans un seau.

A onze heures, nous nous sommes retrouvés avec Jan autour de la table et peu à peu, la maison a repris son caractère accueillant.

La version de Jan fut la suivante :

« Chez les Sleegers, la femme m'a dit, car monsieur dormait, qu'en faisant sa ronde le long des canaux, monsieur avait découvert le trou, et qu'accompagné d'un agent qu'il était allé chercher, il avait inspecté l'immeuble. » M. Sleegers est un veilleur de nuit privé et il passe chaque soir le long des canaux en vélo, avec ses deux chiens. Monsieur viendrait mardi voir Kugler et raconter le reste. Au commissariat, ils n'étaient pas encore au courant du cambriolage, mais ils ont aussitôt pris note pour venir mardi aussi, faire un constat. En revenant, Jan est passé par hasard devant chez Van Hoeven, notre fournisseur de pommes de terre, et lui a dit qu'il y avait eu un cambriolage.

« Je sais, a dit Van Hoeven, l'air de rien, je suis passé hier soir devant votre immeuble avec ma femme et j'ai vu un trou dans la porte, ma femme voulait s'éloigner, mais j'ai juste jeté un coup d'œil (avec la torche) et à ce moment-là les cambrioleurs ont dû s'enfuir. Pour plus de sûreté, je n'ai pas appelé la police, je préfère m'abstenir dans votre cas, je ne suis au courant de rien, mais je crois deviner. » Jan l'a remercié et a poursuivi son chemin. Van Hoeven doit certainement se douter que nous sommes ici, car il apporte toujours les pommes de terre après midi et demi, et non pas après une heure et demie. Quel chic type !

Une fois Jan parti et la vaisselle finie, il était une heure. Nous sommes tous allés dormir. A trois heures moins le quart, je me suis réveillée et j'ai vu que M. Dussel avait déjà disparu. Tout à fait par hasard, le visage ensommeillé, j'ai rencontré dans la salle de bains Peter, qui venait de descendre. Nous nous sommes donné rendez-vous en bas. Je me suis rafraîchi le visage et suis descendue.

« Tu as encore le courage de venir dans le grenier de devant ? » m'a-t-il demandé. J'ai acquiescé, j'ai pris mon oreiller entouré d'un morceau de tissu et nous sommes allés dans le grenier de devant. Le temps était superbe et bientôt, les sirènes ont commencé à mugir, nous sommes restés là où nous étions. Peter a passé son bras sur mon épaule, j'ai passé mon bras sur son épaule, et nous avons attendu patiemment, les bras enlacés, jusqu'à ce que Margot vienne nous chercher à quatre heures pour le café.

Nous avons mangé notre pain, bu notre limonade et raconté des blagues, le moral était donc revenu, sinon tout s'est passé comme d'habitude, j'ai remercié Peter, le soir, parce qu'il a été le plus courageux de tous.

Aucun de nous n'a jamais connu un aussi grand danger que cette nuit-là, Dieu nous a vraiment accordé sa protection, imagine un peu, la police a secoué notre bibliothèque, la lumière était allumée juste devant et nous, nous sommes restés inaperçus. « Nous sommes perdus ! » ai-je dit tout doucement à ce moment-là, mais nous voilà de nouveau sains et saufs.

Si le débarquement arrive avec ses bombes, chacun sera en mesure de se défendre tout seul, mais là, nous étions inquiets pour ces gentils chrétiens innocents. « Nous sommes sauvés, sauvez-nous encore ! » Voilà tout ce que nous sommes capables de dire.

Cet incident a provoqué beaucoup de changements. Dorénavant, Dussel s'installe le soir dans la salle de bains, Peter va inspecter la maison à huit heures et demie et à neuf heures et demie, nous ne pouvons plus ouvrir la fenêtre de Peter puisque le type de chez Keg a vu la fenêtre ouverte, nous ne pouvons plus tirer la chasse après neuf heures et demie du soir. M. Sleegers a été engagé comme veilleur de nuit, ce soir vient un menuisier clandestin qui va fabriquer à partir de nos lits blancs de Francfort de quoi nous barricader. On discute à présent à l'Annexe des arguments pour et des arguments contre. Kugler nous a reproché notre imprudence, Jan a dit, lui aussi, que nous ne devrions jamais descendre. A présent, il s'agit de savoir si ce Sleegers est un homme de confiance, si les chiens se mettent à aboyer quand ils entendent quelqu'un derrière la porte, comment se barricader, et encore une foule de choses.

Cette histoire nous a rappelés brutalement à la réalité, au fait que nous sommes des juifs enchaînés, enchaînés en un seul lieu, sans droit et avec des milliers d'obligations. Nous juifs, nous ne devons pas écouter notre cœur, nous devons être courageux et forts, nous devons subir tous les désagréments sans rien dire, nous devons faire notre possible et garder confiance en Dieu. Un jour, cette horrible guerre se terminera enfin, un jour nous pourrons être des êtres humains et pas seulement des juifs !

Qui nous a imposé cela ? Qui a fait de nous, les juifs, une exception parmi tous les peuples ? Qui nous a fait tant souffrir jusqu'à présent ? C'est Dieu qui nous a créés ainsi, mais c'est Dieu aussi qui nous élèvera. Si nous supportons toute cette misère et s'il reste toutefois encore des juifs, alors les juifs cesseront d'être des damnés pour devenir des exemples. Et qui sait, peut-être est-ce notre foi qui apprendra au monde, et avec lui à tous les peuples, ce qu'est le bien et est-ce pour cette raison, et cette raison seulement, que nous devons souffrir ? Nous ne pourrons jamais devenir uniquement néerlandais ou uniquement anglais, quel que soit le pays, nous resterons toujours des juifs en plus, nous devrons toujours rester juifs, mais nous voulons aussi le rester. Courage ! Restons conscients de notre tâche et ne nous plaignons pas, la fin arrivera, Dieu n'a jamais abandonné notre peuple ; à travers les siècles, les juifs ont survécu, à travers chaque siècle, les juifs ont dû souffrir, mais à travers les siècles ils sont devenus forts, les faibles sont repérés et les forts survivront et ne mourront jamais !

Cette nuit-là, j'ai su que je devais mourir, j'attendais la police, j'étais prête, prête comme les soldats sur le champ de bataille. Je voulais mourir pour la patrie, mais maintenant, maintenant que je suis de nouveau saine et sauve, maintenant mon premier souhait après la guerre : faites de moi une Hollandaise !

J'aime les Hollandais, j'aime notre pays, j'aime la langue et je veux travailler ici. Et même si je dois écrire à la reine, je ne fléchirai pas avant d'avoir atteint mon but !

Je deviens de plus en plus indépendante de mes parents, toute jeune que je suis, j'ai plus de goût pour la vie, un sens plus sûr et plus pur de la justice que Maman. Je sais ce que je veux, j'ai un but, j'ai un avis, j'ai une foi et un amour. Laissez-moi être moi-même, alors je suis heureuse. Je sais que je suis une femme, une femme riche d'une force intérieure et pleine de courage ! Si Dieu me laisse vivre, j'irai plus loin que Maman n'est jamais allée, je ne resterai pas insignifiante, je travaillerai dans le monde et pour les gens !

Et aujourd'hui, je sais que le courage et la joie sont absolument indispensables !

Bien à toi,

Anne M. Frank

Chère Kitty,

L'atmosphère ici est encore très tendue. Pim bouillonne, Madame est au lit avec un rhume et rouspète, Monsieur est blême à force de se passer de clopes, Dussel, qui a sacrifié une grande partie de son confort, le fait sentir par des réflexions, etc. D'ailleurs, il faut bien dire qu'en ce moment nous n'avons pas de veine. Les W.C. fuient et le robinet tourne à vide. Grâce à nos nombreux contacts, ils seront tous deux vite réparés.

Parfois, je suis sentimentale, tu le sais, mais... ici, il y a parfois un peu de place pour les sentiments aussi. Quand Peter et moi, dans un désordre et une poussière épouvantables, sommes assis sur une caisse en bois dure, nous tenant par l'épaule, tout près l'un de l'autre ; lui tenant une de mes boucles dans la main. Quand dehors les oiseaux font des trilles, quand on voit les arbres devenir verts, quand le soleil vous attire au-dehors, quand le ciel est si bleu, oh, alors, alors j'ai envie de tant de choses !

Ici, on ne voit rien que des visages renfrognés et bougons, que des soupirs et des plaintes réprimées, on dirait que tout d'un coup, nous vivons une situation insoutenable. Si elle est à ce point insoutenable, c'est bien de notre faute. Ici, à l'Annexe, personne ne montre le bon exemple. A chacun de se débrouiller tant bien que mal avec ses sautes d'humeur !

Vivement que ça finisse, voilà ce qu'on entend chaque jour !

Mon travail, mon espoir, mon amour, mon courage, voilà qui me donne ma force, ma joie, et m'encourage ! Je suis certaine, Kit, que je suis un peu timbrée aujourd'hui et je ne sais pourtant pas pourquoi. Tout est mélangé, sans fil directeur, et je doute parfois sérieusement que plus tard quelqu'un s'intéresse à mon radotage. « Les confidences d'un vilain petit canard » sera le titre de toutes ces sottises ; M. Bolkestein ou Gerbrandy [1] ne trouveront certainement pas grand intérêt à *mon* journal.

Bien à toi,

Anne M. Frank

SAMEDI 15 AVRIL 1944

Chère Kitty,

« Une frayeur chasse l'autre : quand en verrons-nous la fin ? »

C'est vraiment le cas de le dire, pense un peu à ce qui vient encore de nous arriver : Peter a oublié d'enlever le verrou de la porte. La conséquence, c'est que Kugler et les hommes de l'entrepôt n'ont pas pu entrer, Kugler est allé chez Keg et a cassé la vitre de la cuisine. Nos fenêtres étaient ouvertes et cela aussi, Keg l'a vu. Qu'est-ce qu'ils peuvent bien penser, chez Keg ? Et Van Maaren ? Kugler est furieux ; il s'entend reprocher de ne pas faire réparer les portes, et voilà que nous commettons une bêtise grosse comme nous ! Je peux te dire que Peter est dans tous ses états, lorsque Maman a dit à table que c'était de Peter qu'elle avait le plus pitié, il a failli se mettre à pleurer. C'est autant notre faute à tous, car nous demandons presque tous les jours si le verrou a bien été enlevé et M. Van Daan le demande aussi presque toujours. Peut-être que je pourrai le consoler un peu tout à l'heure, j'aimerais tant l'aider un peu !

Voici encore quelques confidences sur la vie de l'Annexe ces dernières semaines :

Samedi dernier, Moffi est brusquement tombé malade, il ne bougeait plus et bavait. Promptement, Miep l'a saisi, l'a enroulé dans un chiffon, l'a fourré dans le cabas et l'a

---

1. P. M. Gerbrandy était le Premier ministre du gouvernement néerlandais en exil à Londres ; Bolkestein était son ministre de l'Éducation.

amené à la clinique des chiens et chats. Le vétérinaire lui a donné une potion, car Moffi avait des problèmes d'intestins. Peter lui en a fait prendre plusieurs fois, mais bientôt Moffi ne s'est plus montré, il traînait dehors jour et nuit ; parti rejoindre sa fiancée, sans doute. Mais maintenant, il a le museau tout enflé et quand on le prend, il couine. Il a probablement reçu un coup à un endroit où il voulait chaparder. Muschi a été enroué pendant quelques jours. Juste au moment où nous nous disposions à l'envoyer lui aussi chez le vétérinaire, voilà qu'il était à moitié guéri.

En ce moment, la fenêtre de notre grenier reste entrouverte, même la nuit ; Peter et moi nous restons souvent là-haut le soir, maintenant.

Grâce à une solution et de la peinture à l'huile, nos W.C. pourront être réparés rapidement. Le robinet cassé a été lui aussi remplacé.

La santé de M. Kleiman s'améliore, heureusement. Bientôt, il ira voir un spécialiste. Espérons que l'on n'aura pas besoin de l'opérer de l'estomac. Ce mois-ci, nous avons eu huit cartes d'alimentation. Malheureusement, la première quinzaine, on ne pouvait avoir que des légumes secs, au lieu de flocons d'avoine ou de gruau.

Notre friandise du moment : des *picalilly*. Quand on tombe mal, on ne trouve dans le pot que des concombres et un peu de sauce moutarde. Les légumes verts sont introuvables. Salade, salade et rien d'autre. Nos repas ne se composent plus que de pommes de terre et de jus de viande en cubes. Les Russes contrôlent plus de la moitié de la Crimée. Les Anglais sont arrêtés à Cassino. Il ne nous reste plus qu'à compter sur le front de l'Ouest. Bombardements nombreux et incroyablement massifs. A La Haye, l'État civil général néerlandais a été attaqué par un bombardier. Tous les Néerlandais vont avoir de nouvelles cartes.

Assez pour aujourd'hui.

Bien à toi,

Anne M. Frank

Très chère Kitty,

Retiens la journée d'hier, car c'est une date très importante dans ma vie. N'est-ce pas important, pour n'importe quelle fille, de recevoir son premier baiser ? Eh bien, pour moi, c'est tout aussi important. Le baiser de Bram sur ma joue droite ne compte pas, pas plus que celui de Woudstra sur ma main droite. Comment j'ai obtenu si soudainement ce baiser, je vais te le raconter :

Hier soir à huit heures, j'étais assise avec Peter sur son divan, et il n'a pas tardé à passer le bras autour de mon épaule (comme c'était samedi, il ne portait pas son bleu de travail). « Déplaçons-nous un peu, dis-je, je ne me cognerai plus la tête à la petite bibliothèque. » Il s'est glissé jusqu'au coin ou presque, j'ai passé mon bras sous le sien derrière son dos et contre son flanc et il m'a presque étouffée en m'entourant les épaules de son bras. Or, ce n'était pas la première fois que nous nous tenions ainsi, mais jamais nous n'avions été aussi près l'un de l'autre qu'hier soir. Il me serrait fort contre lui, mon sein gauche touchait sa poitrine, mon cœur battait déjà, mais nous n'en avions pas fini. Il ne s'est tenu tranquille que lorsque j'ai eu la tête posée sur son épaule, avec la sienne par-dessus. Quand je me suis redressée, au bout de cinq minutes environ, il m'a vite pris la tête dans ses mains et l'a remise contre lui. Oh, c'était tellement délicieux, je ne pouvais pas beaucoup parler, le plaisir était trop grand ; il caressait un peu maladroitement ma joue et mon bras, tripotait mes boucles et la plupart du temps nos deux têtes étaient serrées l'une contre l'autre.

La sensation qui me parcourait à ce moment-là, je ne peux pas te la décrire, Kitty, j'étais trop heureuse et lui aussi, je crois.

A huit heures et demie, nous nous sommes levés. Peter a mis ses chaussures de gymnastique pour faire moins de bruit pendant sa deuxième ronde dans l'immeuble, et j'étais près de lui. Comment j'ai trouvé le bon mouvement, je ne sais pas, mais avant que nous ne descendions il m'a donné un baiser, à travers mes cheveux, à moitié

sur la joue gauche, à moitié sur l'oreille. Je suis descendue
en courant sans me retourner et j'attends avec beaucoup
d'impatience la journée d'aujourd'hui. *Dimanche matin
un peu avant onze heures.*

Bien à toi,

Anne M. Frank

Chère Kitty,

Crois-tu que Papa et Maman approuveraient que j'embrasse un garçon sur un divan, un garçon de dix-sept ans
et demi avec une fille de près de quinze ans ? A vrai dire,
je crois que non, mais dans cette affaire je ne peux m'en
rapporter qu'à moi-même. On se sent tellement calme,
tellement en sécurité à être là dans ses bras et à rêver,
c'est si excitant de sentir sa joue contre la sienne, c'est si
merveilleux de savoir que quelqu'un m'attend. Mais, car
il y a un mais, Peter voudra-t-il en rester là ? Bien sûr, je
n'ai pas oublié sa promesse, mais... c'est un garçon !

Je sais bien que je suis très précoce, même pas quinze
ans et une telle indépendance, c'est un peu incompréhen-
sible pour d'autres gens. Je suis presque sûre que Margot
ne donnerait jamais un baiser à un garçon sans qu'il soit
question de fiançailles ou de mariage, car ni Peter ni moi
n'avons de tels projets. Maman non plus n'a certainement
pas touché un homme avant de connaître Papa. Que
diraient mes amies ou Jacque si elles savaient que Peter
m'a tenue dans ses bras, mon cœur contre sa poitrine, ma
tête sur son épaule, sa tête et son visage sur le mien !

Oh ! Anne, quelle honte, mais non, je n'y vois rien de
honteux ; nous sommes enfermés ici, coupés du monde,
nous vivons dans l'angoisse et l'inquiétude, en particulier
ces derniers temps, pourquoi resterions-nous séparés l'un
de l'autre, nous qui nous aimons ? Pourquoi ne nous
embrasserions-nous pas, en des temps comme ceux-ci ?
Pourquoi attendrions-nous d'avoir l'âge convenable ?
Pourquoi nous poserions-nous beaucoup de questions ?

257

J'ai pris sur moi de me surveiller, lui ne voudrait jamais me causer de chagrin ou de peine, pourquoi, dans ces conditions, ne pas faire ce que mon cœur m'inspire et nous rendre heureux tous les deux ? Pourtant je crois bien, Kitty, que tu sens un peu mes doutes, je pense que c'est ma franchise qui se révolte contre les cachotteries. Crois-tu qu'il est de mon devoir de dire à Papa ce que je fais ? Crois-tu que notre secret doit revenir aux oreilles d'un tiers ? Une bonne partie du plaisir serait perdue, mais est-ce que j'en deviendrais plus calme intérieurement ? Je vais en parler avec *lui* !

Oh ! Oui, je veux encore lui parler de tant de choses, car se contenter de ses caresses, je n'en vois pas l'utilité. Nous dire nos pensées l'un à l'autre suppose une grande confiance, mais nous en sortirons tous les deux plus forts, conscients de cette confiance !

Bien à toi,

Anne M. Frank

P.-S. Hier matin, nous étions encore une fois sur le pied de guerre à six heures, car toute la famille avait de nouveau entendu des bruits de cambriolage. La victime était peut-être, cette fois, un de nos voisins. Lorsque nous les avons contrôlées à sept heures, nos portes étaient hermétiquement closes, heureusement !

MARDI 18 AVRIL 1944

Chère Kitty,

Ici, tout va bien ; hier soir le menuisier est revenu, il a commencé à visser des plaques de fer sur les panneaux des portes.

Papa vient de dire qu'il est presque sûr qu'il y aura des opérations de très grande envergure avant le 20 mai, aussi bien en Russie et en Italie qu'à l'Ouest ; moi, j'ai de plus en plus de mal à nous imaginer libérés de notre situation actuelle. Hier, Peter et moi avons enfin pu avoir notre conversation, qui était repoussée depuis au moins dix jours. Je lui ai tout expliqué des filles et je n'ai pas craint d'entrer dans les détails les plus intimes. Cela m'a plutôt amusée de voir qu'il croyait que, sur les images, on laissait tout bonnement en blanc l'entrée des femmes. Il n'arrivait donc pas à se figurer qu'elle se trouvait vraiment entre les jambes. La soirée s'est terminée par un baiser mutuel, un peu à côté de la bouche, c'est vraiment une sensation délicieuse !

Je vais peut-être tout de même monter là-haut un jour en emportant mon livre de jolies phrases, pour approfondir enfin un peu les choses, je ne me satisfais pas de nos retrouvailles jour après jour dans les bras l'un de l'autre et j'aimerais tant qu'il en soit de même pour lui.

Après notre petit hiver changeant, nous avons un printemps superbe, avril est en effet radieux, ni trop chaud ni trop froid, avec de temps à autre une petite giboulée. Notre marronnier est déjà passablement vert et on voit même poindre déjà çà et là de petites grappes de fleurs.

Samedi, Bep nous a gâtés en nous apportant quatre bouquets de fleurs, trois de narcisses et un de jacinthes des bois, ce dernier pour moi.

M. Kugler nous fournit de mieux en mieux en journaux. Je dois faire de l'algèbre, Kitty, au revoir.

Bien à toi,

Anne M. Frank

MERCREDI 19 AVRIL 1944

Ma chérie,

(C'est le titre d'un film avec Dorit Kreysler, Ida Wüst et Harald Paulsen !)

Qu'y a-t-il de plus beau au monde que de se tenir devant une fenêtre ouverte, plonger du regard dans la nature, entendre les oiseaux siffler, sentir le soleil sur sa joue et tenir un gentil garçon dans ses bras ?

C'est si apaisant, si rassurant de sentir son bras autour de moi, de le savoir tout près et pourtant de ne rien dire ; cela ne peut pas être mal, car cette paix est bonne. Oh, ne jamais être dérangés dans ces moments-là, même par Muschi !

Bien à toi,

Anne M. Frank

Très chère Kitty,

Hier après-midi, je m'étais alitée à cause d'un mal de gorge, mais comme cela m'a ennuyée dès le premier après-midi et que je n'avais pas de fièvre, je me suis relevée aujourd'hui. Aujourd'hui, d'ailleurs, le mal de gorge a presque *verschwunden* [1].

Comme tu l'as probablement déjà découvert par toi-même, notre Führer a eu cinquante-cinq ans hier. Aujourd'hui c'est le dix-huitième anniversaire de son altesse royale la princesse héritière Elizabeth d'York. La B.B.C. a été avisée qu'elle n'a pas encore été déclarée majeure, comme c'est le cas d'ordinaire chez les princesses. Nous nous sommes déjà demandé à quel prince cette beauté serait donnée en mariage, mais nous n'avons pu en trouver de convenable ; peut-être sa sœur, la princesse Margaret Rose, pourra-t-elle obtenir le prince héritier Baudouin de Belgique !

Ici, nous passons d'un tracas à l'autre, à peine avons-nous bien renforcé les portes d'entrée que Van Maaren recommence à se manifester. Selon toute vraisemblance, il a volé de la fécule de pomme de terre et veut maintenant rejeter la faute sur Bep. L'Annexe est une fois de plus en révolution. On le comprend, Bep est hors d'elle. Peut-être que Kugler va faire surveiller ce sujet dévoyé. Ce matin, le monsieur de la Beethovenstraat qui devait faire l'estimation était ici, il veut bien donner 400 000 florins pour notre caisse, les autres offres, elles aussi, nous paraissent trop basses. J'ai l'intention de demander à « de Prins » s'ils veulent bien publier un de mes contes, sous un pseudonyme évidemment, mais comme mes contes sont

---

1. Disparu.

encore trop longs jusqu'à présent, je ne crois pas que j'aie beaucoup de chances de réussir. A la prochaine fois, *darling*.

Bien à toi,

Anne M. Frank

MARDI 25 AVRIL 1944

Chère Kitty,

Depuis à peu près dix jours, Dussel a cessé encore une fois d'adresser la parole à Van Daan, et tout cela parce que après le cambriolage, nous avons pris un tas de nouvelles mesures de sécurité. L'une d'entre elles était qu'il n'a plus le droit d'aller en bas le soir, comme je t'ai déjà dit. Peter va faire chaque soir à neuf heures et demie la dernière ronde avec M. Van Daan et ensuite, plus personne n'a le droit de descendre. Après huit heures du soir, on n'a plus le droit de tirer la chasse d'eau des W.C., pas même le matin à huit heures. Le matin, les fenêtres ne s'ouvrent que lorsque la lumière est allumée dans le bureau de Kugler et le soir, plus question d'y mettre des bouts de bois pour laisser la fenêtre entrouverte. C'est ce dernier point qui a provoqué la bouderie de Dussel. Il prétend que Van Daan a aboyé contre lui, mais c'est lui le responsable. Il dit qu'il se passerait plutôt de manger que d'air frais, et qu'il faut tout de même trouver un moyen d'ouvrir les fenêtres.

« Eh bien *moi* je vais en parler à M. Kugler », m'a-t-il dit. J'ai répondu que ce genre de choses ne se décidaient jamais avec M. Kugler, mais en commun. « Oui, tout se passe derrière mon dos ici, je vais en dire un mot à ton père. » Le samedi après-midi et le dimanche, il n'a plus le droit non plus de s'installer dans le bureau de Kugler, parce que le chef de chez Keg, s'il vient, pourrait l'entendre. Malgré cela, Dussel s'est empressé d'y retourner. Van Daan était fou de rage et Papa est descendu le lui dire. Naturellement, il a encore inventé je ne sais quelle histoire, mais cette fois ça n'a pas marché, même avec Papa. Papa aussi lui parle le moins possible en ce moment, parce que Dussel l'a offensé, de quelle façon, je ne sais pas et aucun de nous ne le sait, mais il faut que ce soit grave.

Et la semaine prochaine, c'est l'anniversaire de ce sale type. Fêter son anniversaire, ne pas ouvrir la bouche, bouder et recevoir des cadeaux, est-ce que cela va ensemble ?

La santé de M. Voskuyl baisse rapidement, voilà déjà plus de dix jours qu'il a près de 40° de fièvre. Le docteur juge son état désespéré, ils pensent que le cancer a gagné le poumon. Le pauvre homme, on voudrait tant l'aider, mais dans ce cas, seul Dieu peut apporter son aide !

J'ai écrit une jolie histoire, elle s'appelle « Blurry l'explorateur », et a été tout à fait du goût de mes trois auditeurs.

Je suis toujours très enrhumée et j'ai contaminé aussi bien Margot que Maman et Papa. Pourvu que Peter ne l'attrape pas, il a insisté pour que je l'embrasse et m'a appelée son Eldorado. Où va-t-il chercher cela, ce fou ! Mais c'est tout de même un amour !

Bien à toi,

Anne M. Frank

JEUDI 27 AVRIL 1944

Chère Kitty,

Ce matin, Madame était de mauvaise humeur ; elle n'a fait que se plaindre, d'abord du rhume, de ne pas avoir de bonbons, d'en avoir assez de se moucher tout le temps. Puis du soleil qui ne brille pas. Du débarquement qui n'arrive pas. De ne pas pouvoir regarder par la fenêtre, etc. Elle nous a fait rire aux larmes et cela n'allait pas si mal puisqu'elle s'est mise à rire avec nous. Recette de notre paillasson de pommes de terre, modifiée comme suit faute d'oignons :

Prendre des pommes de terre épluchées, les passer à la moulinette à crudités. Y ajouter un peu de farine de rationnement sèche, et de sel. Enduire les cocottes ou les plats à four de paraffine ou de stéarine, faire cuire cette pâte deux heures et demie. Consommer avec de la compote de fraises pourrie. (Oignons introuvables, pas de graisse pour le moule ni pour la pâte !)

En ce moment je lis *L'Empereur Charles Quint*, écrit par un professeur à l'université de Göttingen ; cet homme a travaillé quarante ans à ce livre. En cinq jours, j'en ai lu 50 pages, plus c'est impossible. Le livre comporte 598 pages ; tu peux calculer combien de temps je vais y passer, sans compter le second volume ! Mais... très intéressant !

C'est fou ce dont une écolière peut entendre parler en un seul jour, tiens, moi par exemple. D'abord j'ai traduit du hollandais en anglais un passage de la dernière bataille de Nelson. Puis j'ai étudié la suite de la guerre de Norvège (1700-1721), avec Pierre le Grand, Charles XII, Auguste le Fort, Stanislas Leszczynski, Mazeppa, Von Görtz, le Brandebourg, la Poméranie occidentale, la Poméranie orientale et le Danemark, plus les dates habituelles. Ensuite j'ai atterri au Brésil, j'ai lu des choses sur le tabac de Bahia, la surabondance de café, le million et demi d'habitants de Rio de Janeiro, de Pernambouc et de São Paulo, sans oublier l'Amazone. Sur les nègres, les mulâtres, les métis, les Blancs, plus de 50 % d'analphabètes et la malaria. Comme il me restait encore un peu de temps, j'ai parcouru en vitesse un arbre généalogique ; Jean le Vieux, Guillaume Louis, Ernest Casimir Ier, Henri Casimir Ier, jusqu'à la petite Margriet Franciska (née en 1943 à Ottawa).

Midi : au grenier, l'apprentissage s'est poursuivi par les doyens, les prêtres, les pasteurs, les papes et... Ouf ! jusqu'à une heure.

Après deux heures, la pauvre enfant (hum ! hum !) était de nouveau au travail. C'était au tour des singes à museau large et à museau étroit. Allez, Kitty, dis-moi combien de doigts a un hippopotame ? Puis vient la Bible, l'arche de Noé, Sem, Cham et Japhet. Ensuite Charles Quint. Chez Peter, *Le Colonel*, en anglais, par Thackeray. Faire réciter des mots français, et puis comparer le Mississippi et le Missouri !

Assez pour aujourd'hui, adieu !

Bien à toi,

Anne M. Frank

Chère Kitty,

Je n'ai jamais oublié mon rêve de Peter Schiff (voir début janvier), quand j'y pense je sens encore aujourd'hui sa joue contre la mienne, avec cette merveilleuse sensation, qui rendait tout bon. Avec Peter, celui d'ici, j'avais parfois aussi ce sentiment, mais jamais aussi fort, jusqu'au moment où... nous étions assis ensemble hier soir, comme d'habitude sur le divan, dans les bras l'un de l'autre, alors l'Anne ordinaire a soudain disparu et a été remplacée par la deuxième Anne, cette Anne qui n'est pas exubérante et amusante, mais qui veut seulement aimer et être tendre. J'étais serrée contre lui et sentais monter en moi l'émotion, les larmes ont jailli de mes yeux, celle de gauche est tombée sur son bleu de travail, celle de droite a coulé le long de mon nez, dans le vide, et aussi sur son bleu. S'en serait-il aperçu ? Aucun geste ne le trahissait. Aurait-il les mêmes sentiments que moi ? Il n'a presque rien dit non plus. Se douterait-il qu'il a deux Anne en face de lui ? Autant de questions sans réponse.

A huit heures et demie, je me suis levée, je suis allée à la fenêtre, c'est là que nous nous disons toujours au revoir, je tremblais encore, j'étais encore Anne numéro deux, il s'est approché de moi, je lui ai passé mes bras autour du cou et j'ai déposé un baiser sur sa joue gauche, j'allais faire de même sur la droite lorsque ma bouche a rencontré la sienne et nous les avons pressées l'une sur l'autre. Pris de vertige, nous nous pressions l'un contre l'autre, encore et encore, pour ne plus jamais cesser, oh !

Peter a besoin de tendresse, pour la première fois de sa vie il a découvert une fille, pour la première fois il a vu que les filles les plus taquines ont aussi une vie intérieure et un cœur et qu'elles changent dès qu'elles sont seules avec vous. Pour la première fois de sa vie, il a donné son amitié et s'est donné lui-même ; jamais encore, jamais auparavant, il n'a eu d'ami ou d'amie. A présent, nous nous sommes rencontrés, je ne le connaissais pas non plus, n'avais jamais eu non plus de confident et voilà où nous sommes arrivés... Et revoilà cette question, qui ne me lâche pas : « Est-ce que c'est bien ? » Est-ce bien de céder si vite, d'être si passionnée, aussi passionnée et pleine de désirs que Peter lui-même ? Ai-je le droit, moi, une fille, de me laisser aller ainsi ?

Je ne connais qu'une seule réponse : « J'en ai tant envie... depuis si longtemps, je suis si solitaire et j'ai enfin trouvé une consolation ! »

Le matin, nous sommes normaux, l'après-midi encore à peu près, sauf de temps en temps, mais le soir le désir accumulé dans la journée, le bonheur et les délices de toutes les fois précédentes prennent le dessus et nous ne pensons plus que l'un à l'autre. Chaque soir, après le dernier baiser, je voudrais me sauver en courant, ne plus le regarder au fond des yeux, me sauver, me sauver, dans le noir et toute seule ! Et qu'est-ce qui m'attend, quand j'ai descendu les quatorze marches ? La lumière crue, des questions par-ci et des rires par-là, je dois agir et ne rien laisser voir. Mon cœur est encore trop tendre pour repousser aussitôt un choc comme celui d'hier soir, Anne la douce vient trop rarement et, de ce fait, ne se laisse pas non plus mettre à la porte immédiatement ; Peter m'a touchée, plus profondément que je ne l'avais jamais été dans ma vie, sauf dans mon rêve ! Peter m'a empoignée et m'a retournée à l'intérieur, n'est-il pas normal, pour n'importe quel être humain, d'avoir ensuite besoin de calme pour remettre de l'ordre dans son intérieur ? Oh, Peter, qu'as-tu fait de moi ? Qu'attends-tu de moi ? Où cela nous mène-t-il ? Oh, maintenant je comprends Bep, maintenant, maintenant que j'en passe par là, maintenant je comprends ses doutes ; si j'étais plus âgée et qu'il veuille se marier avec moi, que répondrais-je donc ? Anne, sois franche ! Tu ne serais pas capable de l'épouser, mais laisser tomber, c'est tellement difficile. Peter a encore trop peu de caractère, trop peu de volonté, trop peu de courage et de force. C'est encore un enfant, pas plus âgé que moi intérieurement ; il ne cherche que la paix et le bonheur. N'ai-je vraiment que quatorze ans ? Ne suis-je vraiment encore qu'une écolière godiche ? Suis-je encore vraiment si inexpérimentée en toutes choses ? J'ai plus d'expérience que les autres, j'ai vécu quelque chose que personne ou presque ne connaît à mon âge.

J'ai peur de moi-même, j'ai peur, dans mon désir, de m'abandonner trop vite, comment cela pourra-t-il marcher, plus tard, avec d'autres garçons ? Oh, c'est difficile, on se retrouve avec le cœur et la raison, chacun doit parler à son heure, mais suis-je vraiment sûre d'avoir bien choisi cette heure ?

Bien à toi,

Anne M. Frank

MARDI 2 MAI 1944

Chère Kitty,

Samedi soir, j'ai demandé à Peter s'il est d'avis que je dois parler un peu de nous à Papa, et après avoir un peu tergiversé il a trouvé que oui : j'étais contente, cela témoigne de la qualité de ses sentiments. Dès que je suis redescendue je suis allée chercher de l'eau avec Papa, nous étions encore dans l'escalier quand je lui ai dit : « Papa, tu comprends sans doute que quand Peter et moi sommes ensemble, nous ne nous asseyons pas à un mètre l'un de l'autre, c'est mal, tu crois ? » Papa n'a pas répondu tout de suite, puis il a dit : « Non, je ne trouve pas ça mal, mais ici, dans cet espace restreint, il faut être prudente, Anne. » Il a ajouté autre chose dans le même esprit, puis nous nous remontés.

Dimanche matin il m'a appelée et m'a dit : « Anne, j'ai réfléchi encore une fois à la question (je commençais déjà à avoir peur !), ici à l'Annexe ce n'est pas une bonne chose à vrai dire, je croyais que vous n'étiez que des camarades, Peter est amoureux ?

— Absolument pas, répondis-je.

— Oui, tu sais que je vous comprends très bien, mais il faut que tu gardes tes distances ; ne va pas trop souvent là-haut, ne l'encourage pas plus qu'il n'est nécessaire. Dans ces affaires, l'homme est toujours l'élément actif, la femme peut le retenir. Dehors, quand on est libre, c'est tout différent, on voit d'autres garçons et d'autres filles, on peut sortir, faire du sport et tout ce qu'on veut, mais ici, si on est trop ensemble et que l'on veut s'en aller, on ne le peut pas, on se voit à toute heure, constamment en fait. Sois prudente, Anne, et ne prends pas l'affaire trop au sérieux !

— Je ne le fais pas, Papa, mais Peter est bien élevé, c'est un gentil garçon !

— Oui, mais il n'a pas beaucoup de force de caractère, il est facile à influencer dans le bon sens, mais aussi dans le mauvais, j'espère pour lui que le bon l'emportera car il a un bon fond ! »

Nous avons continué à parler un moment et nous avons convenu que Papa lui parlerait aussi. Dimanche après-midi dans le grenier de devant, il m'a demandé : « Alors, Anne, tu as parlé à ton père ?

— Oui, répondis-je, je vais te raconter. Papa n'y trouve rien de mal, mais il dit qu'ici, où nous sommes tous tellement l'un sur l'autre, il pourrait facilement y avoir des heurts.

— Nous étions pourtant d'accord pour ne pas nous disputer, et j'ai l'intention de m'y tenir.

— Moi aussi, Peter, mais Papa n'était pas au courant, il pensait que nous étions de simples camarades, tu crois que ce n'est pas possible ?

— Moi, si, et toi ?

— Moi aussi. J'ai dit aussi à Papa que j'ai confiance en toi. J'ai confiance en toi, Peter, aussi complètement qu'en Papa, et je crois que tu en es digne, n'est-ce pas ?

— Je l'espère. (Il était tout confus et rougissant.)

— Je crois en toi, Peter, ai-je poursuivi, je crois que tu as une bonne nature et que tu feras ton chemin dans le monde. »

Ensuite nous avons parlé d'autres choses, puis je lui ai dit encore : « Si nous sortons d'ici, je sais bien que tu ne t'occuperas plus de moi ! » Il s'est enflammé : « Ce n'est pas vrai, Anne, oh non, tu n'as *pas le droit* de penser ça de moi ! » A ce moment-là, on nous a appelés.

Papa lui a parlé, il me l'a raconté lundi. « Ton père pense que cette camaraderie pourrait bien finir par de l'amour, a-t-il dit, mais j'ai répondu que nous nous freinerons mutuellement ! »

Papa veut que j'aille moins souvent là-haut le soir, mais je ne veux pas, non seulement parce que j'aime bien être avec Peter, mais j'ai dit que je lui faisais confiance et je veux lui prouver aussi ma confiance et je ne pourrai jamais le faire si je reste en bas par méfiance.

Non, j'y vais !

Entre-temps l'affaire Dussel s'est arrangée, samedi soir, à table, il a présenté ses excuses en belles tournures néerlandaises. Van Daan a retrouvé aussitôt son amabilité, Dussel a sûrement passé toute la journée à apprendre sa petite leçon.

Dimanche, le jour de son anniversaire, s'est passé dans le calme. Nous lui avons offert une bouteille de bon vin de 1919, les Van Daan (qui cette fois pouvaient donner leur cadeau), une bouteille de *picalilly* et un petit paquet de lames de rasoir, Kugler un pot de citron (limonade), Miep un livre « Marijntje », Bep une petite plante. Il a régalé chacun de nous d'un œuf.

Bien à toi,

Anne M. Frank

MERCREDI 3 MAI 1944

Chère Kitty,

Commençons par les nouvelles de la semaine ! La politique a pris des vacances, il n'y a rien, mais vraiment rien à signaler. A la longue je me suis mise à croire, moi aussi, à l'arrivée du débarquement, ils ne peuvent pas laisser les Russes faire tout le boulot eux-mêmes ; d'ailleurs ils ne font rien non plus pour l'instant.

M. Kleiman est de nouveau au bureau chaque matin. Il a fourni un nouveau ressort pour le divan de Peter et Peter doit maintenant se mettre à tapisser, il n'en a pas du tout envie, ce qui se comprend. Kleiman nous a aussi procuré de la poudre à chat contre les puces.

T'ai-je déjà raconté que notre Moffi n'est plus là ? Disparu sans laisser de traces depuis jeudi dernier. Il doit être depuis longtemps au paradis des chats, tandis que tel ou tel ami des bêtes se prépare un bon petit gigot. Peut-être qu'une fille riche aura une toque faite de sa fourrure. Peter est très attristé de cette affaire.

Depuis quinze jours nous prenons notre déjeuner le samedi à onze heures et demie ; le matin nous devions donc nous contenter d'une tasse de flocons d'avoine. A partir de demain, il en ira ainsi chaque jour, cela sert à économiser un repas. Les légumes verts sont toujours aussi difficiles à trouver, à midi nous avions de la salade cuite pourrie. Salade, épinards et salade cuite, il n'y a rien d'autre. Le tout accompagné de pommes de terre pourries, une combinaison rêvée ! Depuis plus de deux mois je n'avais plus eu mes règles, enfin ça y est depuis dimanche. Malgré la douleur et les petits désagréments je suis tout de même bien contente qu'elles ne m'aient pas fait attendre plus longtemps.

Comme tu peux t'en douter, on se demande souvent ici avec désespoir : « A quoi bon, oh à quoi bon cette guerre, pourquoi les gens ne peuvent-ils vivre en paix, pourquoi faut-il tout anéantir ? » La question est compréhensible, mais personne n'a encore trouvé jusqu'à présent de réponse satisfaisante, oui, pourquoi fabriquent-ils en Angleterre des avions de plus en plus gros, des bombes de plus en plus lourdes et en même temps des pavillons individuels pour la reconstruction ? Pourquoi dépense-t-on chaque jour des millions pour la guerre et pas un sou pour la médecine, pour les artistes, pour les pauvres ? Pourquoi les gens doivent-ils souffrir la faim tandis que dans d'autres parties du monde une nourriture surabondante pourrit sur place ? Oh, pourquoi les hommes sont-ils si fous ? On ne me fera jamais croire que la guerre n'est provoquée que par les grands hommes, les gouvernants et les capitalistes, oh non, les petites gens aiment la faire au moins autant, sinon les peuples se seraient révoltés contre elle depuis longtemps ! Il y a tout simplement chez les hommes un besoin de ravager, un besoin de frapper à mort, d'assassiner et de s'enivrer de violence, et tant que l'humanité entière, sans exception, n'aura pas subi une grande métamorphose, la guerre fera rage, tout ce qui a été construit, cultivé, tout ce qui s'est développé sera tranché et anéanti, pour recommencer ensuite !

J'ai souvent été abattue, mais jamais désespérée, je considère notre clandestinité comme une aventure dangereuse, qui est romantique et intéressante. Dans mon journal, je considère chaque privation comme une source d'amusement. C'est que je me suis promis de mener une autre vie que les autres filles et, plus tard, une autre vie que les femmes au foyer ordinaires. Ceci est un bon début pour une vie intéressante et c'est la raison, la seule raison pour laquelle, dans les moments les plus dangereux, je ne peux pas m'empêcher de rire du burlesque de la situation.

Je suis jeune et je possède encore beaucoup de qualités enfermées en moi, je suis jeune et forte et je vis cette grande aventure, j'y suis encore complètement plongée et je ne peux pas passer mes journées à me plaindre, parce que je ne peux pas m'amuser ! J'ai reçu beaucoup d'atouts, une heureuse nature, beaucoup de gaieté et de force. Chaque jour je sens que je me développe intérieurement, je sens l'approche de la libération, la beauté de la nature, la bonté des gens de mon entourage, je sens comme cette aventure est intéressante et amusante !

Pourquoi serais-je donc désespérée ?

Bien à toi,

Anne M. Frank

VENDREDI 5 MAI 1944

Ma chère Kitty,

Papa est mécontent de moi, il pensait qu'après notre conversation de dimanche je cesserais de moi-même d'aller là-haut chaque soir. Il ne veut pas entendre parler de ces « papouilles ». Je n'ai pas supporté ce mot, c'était déjà assez pénible d'en parler, pourquoi faut-il qu'en plus il me fasse tant de peine ! Je vais lui parler aujourd'hui ; Margot m'a donné un bon conseil, voici à peu près ce que j'ai l'intention de lui dire :

« Je crois, Papa, que tu attends de moi une explication, je vais te la donner. Je t'ai déçu, tu attendais de moi plus de réserve, tu veux sûrement que je sois comme doit l'être en principe une fille de quatorze ans, c'est là où tu te trompes !

Depuis que nous sommes arrivés ici, depuis juillet 1942 jusqu'à il y a quelques semaines, je n'ai vraiment pas eu la vie facile. Si tu savais ce que j'ai pleuré le soir, comme j'étais désespérée et malheureuse, comme je me sentais seule, alors tu comprendrais mon envie d'aller là-haut ! Je n'y suis pas arrivée du jour au lendemain, à me sentir assez forte pour pouvoir vivre absolument sans mère et sans soutien de qui que ce soit ; il m'en a coûté beaucoup, beaucoup de luttes et de larmes pour acquérir l'indépendance que j'ai aujourd'hui. Tu peux rire et ne pas me croire, cela m'est bien égal, je sais que je suis une personne autonome et je ne me sens pas responsable pour un sou vis-à-vis de vous. Si je t'ai tout raconté, c'est seulement parce que je craignais qu'autrement, tu ne me trouves trop cachottière, mais je n'ai à rendre compte de mes actes qu'à moi-même.

Quand j'avais des problèmes, vous deux, et toi aussi, vous avez fermé les yeux et vous êtes bouché les oreilles, tu ne m'as pas aidée, au contraire, tout ce que j'ai récolté ce sont des avertissements à ne pas être aussi bruyante. Je n'étais bruyante que pour ne pas être tout le temps triste, j'étais exubérante pour ne pas entendre constamment cette voix intérieure. J'ai joué la comédie, un an et demi durant, jour après jour, je ne me suis pas plainte, je ne suis pas sortie de mon personnage, non, rien de tout cela, et maintenant, maintenant j'ai fini de me battre. J'ai triomphé ! Je suis indépendante de corps et d'esprit, je n'ai plus besoin de mère, toute cette lutte m'a rendue forte ! Et maintenant, maintenant que j'ai pris le dessus, que je sais la lutte terminée, maintenant je veux aussi poursuivre mon chemin moi-même, le chemin que je juge bon. Tu ne peux et ne dois pas considérer que j'ai quatorze ans, toutes les épreuves m'ont mûrie, je ne regretterai pas mes actes, j'agirai comme je crois pouvoir le faire !

Tu ne peux pas m'écarter de là-haut par la douceur, ou bien tu m'interdis tout, ou bien tu me fais confiance contre vents et marées, alors laisse-moi tranquille ! »

Bien à toi,

Anne M. Frank

SAMEDI 6 MAI 1944

Chère Kitty,

Hier avant le repas j'ai fourré ma lettre dans sa poche. Après l'avoir lue, il a eu l'air effondré toute la soirée, d'après Margot. (J'étais en haut à faire la vaisselle !) Pauvre Pim, j'aurais pu prévoir l'effet produit par cette épître ! Il est si sensible ! J'ai immédiatement dit à Peter de ne plus rien dire ni demander. Pim ne m'a plus reparlé de l'affaire, est-ce partie remise ?

Ici, tout va de nouveau un peu mieux. Ce que Jan, Kugler et Kleiman nous apprennent des prix et des gens du dehors est à peine croyable, une demi-livre de thé coûte 350 florins, une demi-livre de café 80 florins. Le beurre, 35 florins la livre, un œuf 1,45 florin. On paie les cigarettes bulgares 14 florins les cent grammes ! Tout le monde fait du marché noir, le moindre garçon de courses a quelque chose à proposer. Le commis de notre boulanger nous a fourni de la soie à repriser, 0,90 florin pour un petit écheveau de rien du tout, le laitier se procure des cartes d'alimentation clandestines, une entreprise de pompes funèbres livre du fromage. On cambriole, on assassine et on vole chaque jour, les agents de police et les veilleurs de nuit ne sont pas en reste et font aussi bien que les voleurs professionnels, tout le monde veut se mettre quelque chose sous la dent et comme les augmentations de salaire sont interdites, les gens sont bien obligés de se livrer à la contrebande. La police des mineurs n'arrête pas de faire des recherches, des filles de quinze, seize, dix-sept, dix-huit ans et plus disparaissent tous les jours.

Je veux essayer de terminer l'histoire d'Ellen, la fée. Histoire de rire, je pourrais la donner à Papa pour son anniversaire, en lui offrant tous les droits d'auteur. Au revoir (en fait, c'est impropre, aux émissions en allemand de la radio anglaise, ils disent : *auf wiederhören* [1], moi qui écris, je dois dire, au réécrire !).

Bien à toi,

Anne M. Frank

DIMANCHE MATIN 7 MAI 1944

Chère Kitty,

Papa et moi avons eu hier après-midi une longue conversation, j'ai pleuré à chaudes larmes et il a fait de même. Sais-tu ce qu'il m'a dit, Kitty ? « J'ai déjà reçu beaucoup de lettres dans ma vie, mais celle-ci est la plus laide ! C'est toi, Anne, qui as reçu tant d'amour de tes parents, des parents qui sont toujours à ta disposition, qui t'ont toujours défendue, en toutes circonstances, c'est toi qui parles de ne ressentir aucune responsabilité ! Toi qui te sens lésée et abandonnée, non, Anne, c'était d'une grande injustice ce que tu nous as fait là ! Peut-être n'en avais-tu pas l'intention mais c'est ainsi que tu l'as formulé, non, Anne, *"nous"* n'avons pas mérité un tel reproche ! » Oh ! j'ai été en dessous de tout, c'est sûrement l'acte le plus grave que j'aie commis de ma vie. Je voulais seulement faire l'intéressante avec mes pleurs et mes larmes, seulement me donner l'air d'être grande pour lui donner du respect pour moi. C'est sûr, j'ai eu beaucoup de chagrin et en ce qui concerne Maman tout est vrai, mais accuser ainsi ce bon Pim, lui qui a toujours fait et fait encore tout pour moi, non, c'était trop méchant. C'est une très bonne chose que j'aie été précipitée de ma hauteur inaccessible, que mon orgueil soit un peu brisé, car j'étais de nouveau beaucoup trop imbue de ma personne. Ce que fait Mlle Anne est encore loin d'être toujours bien ! Quelqu'un qui cause un tel chagrin à un autre alors qu'il prétend l'aimer, et qui de surcroît le fait volontairement, est encore bien bas, très bas !

---

1. Littéralement : « A se réentendre » (en allemand dans le texte).

273

Et ce qui me fait le plus honte, c'est la façon dont Papa m'a pardonné, il va jeter la lettre dans le poêle et il est si gentil avec moi en ce moment qu'on pourrait croire que c'est *lui* qui a mal agi. Non, Anne, tu as encore énormément à apprendre, commence donc par là, au lieu d'écraser les autres de ta supériorité et de les accuser ! J'ai eu beaucoup de chagrin, mais qui n'en a pas à mon âge ? J'ai beaucoup joué la comédie, mais je n'en étais même pas consciente, je me sentais seule, mais je n'étais presque jamais désespérée ! Comme Papa, qui a marché dans la rue avec un couteau pour en finir, non, je n'ai jamais été aussi loin. Je devrais mourir de honte et je meurs de honte ; on ne peut défaire ce qui est fait, mais on peut éviter de nouvelles erreurs. Je veux repartir de zéro et ce ne sera sûrement pas difficile, puisque maintenant j'ai Peter. Avec lui pour me soutenir, j'en *suis* capable ! Je ne suis plus seule, il m'aime, je l'aime, j'ai mes livres, mon livre à écrire et mon journal, je ne suis pas trop laide, je suis gaie de nature et je veux acquérir un bon caractère !

Oui, Anne, tu as très bien senti que ta lettre était trop dure et qu'elle n'était pas vraie, mais tu n'en étais pas moins fière ! Je n'ai qu'à reprendre exemple sur Papa, et je *vais* m'améliorer.

Bien à toi,

Anne M. Frank

LUNDI 8 MAI 1944

Chère Kitty,

Au fait, est-ce que je t'ai déjà parlé de notre famille ? Je crois que non et c'est pourquoi je vais m'y atteler sans plus attendre. Papa est né à Francfort-sur-le-Main, de parents immensément riches, Michael Frank avait une banque, ce qui lui avait permis de devenir millionnaire, et Alice Stern avait des parents très distingués et très riches. Dans sa jeunesse Michael Frank n'était pas riche du tout, mais il s'était nettement élevé dans la société. Dans sa jeunesse à lui, Papa a mené une vraie vie de gosse de riches, toutes les semaines des soirées, des bals, des fêtes, des jolies filles, des valses, des dîners, des enfilades de pièces, etc. Tout cet argent s'est envolé après la mort de grand-père, et après la Guerre mondiale et l'inflation il n'en restait plus rien. Pourtant, jusqu'à la guerre, nous avions encore bien des parents riches. Papa a donc eu une éducation de première classe et hier, il a ri comme un fou parce qu'à cinquante-cinq ans, c'était la première fois de sa vie qu'il raclait la poêle à table.

Maman n'était pas riche à ce point-là, mais tout de même très aisée et c'est pourquoi nous pouvons écouter bouche bée les récits de fiançailles avec deux cent cinquante invités, de bals privés et de dîners.

Riches, on ne peut plus dire que nous le soyons en aucune façon, mais tout mon espoir se reporte après la guerre, je t'assure que je ne suis pas du tout aussi entichée de cette petite vie mesquine que Maman et Margot prétendent l'être. J'aimerais aller passer un an à Paris et un an à Londres pour apprendre la langue et étudier l'histoire de l'art, tu n'as qu'à comparer avec Margot, qui veut devenir puéricultrice en Palestine.

J'ai encore l'imagination remplie de belles robes et de gens intéressants, je veux voir un peu le monde et y vivre quelques expériences, je te l'ai dit souvent, et un peu d'argent ne peut pas faire de mal !

Miep nous a raconté ce matin les fiançailles de sa cousine, où elle est allée samedi. La cousine en question a des parents riches, le fiancé est un garçon aux parents encore plus riches. Miep nous a mis l'eau à la bouche en nous décrivant le repas qu'ils ont eu : potage de légumes aux boulettes de viande, fromage, petits pains à la viande, hors-d'œuvre, avec œufs et rosbif, petits pains au fromage, gâteau moscovite, vin et cigarettes, le tout à volonté.

Miep a bu dix verres de genièvre et fumé trois cigarettes ; et ça se prétend antialcoolique ? Si Miep a déjà tant consommé, on peut se demander ce que son époux s'est envoyé ! Ils étaient naturellement tous un peu gris à cette fête : il y avait deux agents de la section criminelle de la police, qui ont pris des photos du couple ; tu vois que Miep ne peut oublier une minute le sort des clandestins, car elle a aussitôt retenu le nom et l'adresse de ces policiers, au cas où il arriverait quelque chose et que l'on ait besoin de bons Néerlandais.

Elle nous a tellement mis l'eau à la bouche, nous qui n'avons eu pour notre petit déjeuner que deux cuillerées de flocons d'avoine, et dont le ventre criait famine, nous qui, jour après jour, ne mangeons que des épinards à moitié cuits (pour les vitamines !) et des pommes de terre pourries, nous qui n'emmagasinons dans nos estomacs creux que de la salade, de la salade cuite, des épinards, des épinards et encore des épinards. Peut-être finirons-nous par devenir un jour aussi forts que Popeye, bien que je n'en voie pas encore beaucoup de signes ! Si Miep nous avait emmenés à ces fiançailles, il ne serait rien resté des petits pains pour les autres invités. Si nous avions été à cette fête, nous aurions sûrement tout mis au pillage et nous n'aurions même pas laissé les meubles à leur place ! Je peux te dire que nous buvions les paroles de Miep, que nous l'entourions comme si de notre vie, nous n'avions jamais entendu parler de bonnes choses ou de gens chics ! Et voilà les petites-filles du fameux millionnaire, décidément les choses tournent drôlement dans le monde !

Bien à toi,

Anne M. Frank

MARDI 9 MAI 1944

Chère Kitty,

L'histoire d'Ellen, la fée, est terminée. Je l'ai recopiée sur du beau papier à lettres, décorée à l'encre rouge et j'ai cousu les feuillets. Le tout a assez bonne allure, mais je me demande si ce n'est pas un peu maigre. Margot et Maman ont composé chacune un poème d'anniversaire.

M. Kugler est monté cet après-midi nous annoncer qu'à partir de lundi, Mme Broks veut venir ici chaque après-midi prendre le café à deux heures. Tu te rends compte ! Personne ne pourra plus monter, on ne pourra plus nous apporter de pommes de terre, Bep n'aura pas à manger, nous ne pourrons pas aller aux toilettes, nous n'aurons plus le droit de bouger et d'autres inconvénients ! Nous avons présenté les propositions les plus diverses pour la décourager. Van Daan a suggéré qu'un bon laxatif dans son café suffirait peut-être. « Ah non, a répondu Kleiman, tout sauf ça, on ne pourrait plus la faire sortir des goguenots ! »

Rires tonitruants. « Des goguenots ? demanda Madame, qu'est-ce que ça veut dire ? » L'explication suivit. « Et je peux l'employer tout le temps ? » demanda-t-elle alors ingénument. « Quelle idée, pouffa Bep, si vous demandiez au Bijenkorf[1] où sont les goguenots, ils ne comprendraient même pas ! » Dussel s'installe maintenant « sur les goguenots », pour conserver l'expression, à midi et demi pile, cet après-midi j'ai pris bravement un morceau de papier rose et y ai écrit : horaire de service des W.C. pour M. Dussel.

       Le matin 7 h 15 - 7 h 30
       L'après-midi *à partir de une heure*
       ensuite à volonté !

J'ai fixé ce mot sur la porte verte des toilettes pendant qu'il y était encore, j'aurais pu ajouter : « Toute infraction à cette loi sera punie d'emprisonnement ! »

Car on peut fermer nos toilettes du dedans et du dehors.

Dernière bonne blague de Van Daan :

Inspiré par ses leçons sur la Bible et Adam et Ève, un garçon de treize ans demande à son père : « Dis-moi, papa, comment je suis né au juste ? » « Eh bien, répond le père, la cigogne t'a pêché dans la mer, t'a déposé dans le lit à côté de maman et l'a piquée très fort à la jambe. Ça l'a fait saigner et elle a dû rester couchée plus d'une semaine. »

Pour avoir des précisions, le garçon va reposer la même question à sa mère. « Dis-moi, maman, demande-t-il, comment es-tu née et comment est-ce que je suis né, moi ? »

Sa mère lui raconte exactement la même histoire, après quoi le garçon, pour savoir le fin mot de l'affaire, va trouver aussi son grand-père. « Dis-moi, grand-père, fait-il,

---

1. Grand magasin d'Amsterdam.

comment es-tu né et comment est née ta fille ? » Et pour la troisième fois il entend la même histoire.

Le soir, il écrit dans son journal : « Après avoir recueilli des informations très précises, je suis obligé de constater que dans notre famille, il n'y a pas eu de relations sexuelles pendant trois générations ! »

Je n'ai pas encore fait mon travail, il est déjà trois heures.

Bien à toi,

Anne M. Frank

P.-S. Comme je t'ai déjà parlé de la nouvelle femme de ménage, je veux simplement ajouter que cette dame est mariée, a soixante ans et est dure d'oreille ! Très sympathique, compte tenu des bruits éventuels que huit clandestins pourraient faire retentir.

Oh, Kit, il fait tellement beau, si seulement je pouvais sortir !

MERCREDI 10 MAI 1944

Chère Kitty,

Hier après-midi, nous étions au grenier en train de faire du français, lorsque j'ai entendu soudain derrière moi un clapotis d'eau, j'ai demandé à Peter ce que c'était que ce bruit, mais sans même me répondre il s'est élancé sous les combles où se trouvait le lieu du désastre et, sans ménagements, a remis à la bonne place Muschi qui, délaissant une litière trop humide, s'était posé juste à côté. Il s'ensuivit un beau tapage et Muschi, ayant entre-temps fini de pisser, dévala l'escalier.

Pour retrouver un peu de confort qui rappelle sa litière, Muschi s'était installé sur un petit tas de sciure au-dessus d'une fente dans le plancher poreux des combles, la flaque a traversé immédiatement le plafond entre les combles et le grenier et s'est malheureusement égouttée juste sur notre tonneau de pommes de terre et un peu à côté. Le plafond suintait et comme le plancher du grenier, à son tour, n'est pas exempt de trous, diverses gouttes jaunes ont traversé le plafond de la pièce et sont tombées entre une pile de chaussettes et un livre posés sur la table.

J'étais pliée en deux, la scène était trop drôle, il faut dire, Muschi tapi sous une chaise, Peter qui s'activait avec eau, poudre de chlore et serpillière et Van Daan qui calmait les esprits. Le malheur a été bien vite réparé, mais, c'est un fait connu, le pipi de chat pue affreusement et les pommes de terre le prouvaient hier à l'évidence, ainsi que les résidus de bois que Papa a descendus dans un seau pour les brûler. Pauvre Muschi ! Comment pourrais-tu te douter qu'on ne trouve plus de litière de tourbe ?

Anne

JEUDI 11 MAI 1944

Chère Kitty,

Nouvelle scène comique :

Peter devait se faire couper les cheveux, la coupeuse étant comme d'habitude sa mère. A sept heures vingt-cinq, Peter disparaissait dans sa chambre, à la demie pile il en ressortait nu comme un ver, à l'exception d'un caleçon de bain bleu et de ses tennis.

« Tu viens ? demanda-t-il à sa mère.

— Oui, mais je cherche les ciseaux ! »

Peter l'aida à chercher et se mit à farfouiller grossièrement dans le petit tiroir de toilette de Madame. « Arrête de tout chambouler, Peter », grogna-t-elle. Je n'ai pas compris la réponse de Peter, elle devait en tout cas être insolente, car Madame lui donna une tape sur le bras, il la lui rendit, elle le frappa de toutes ses forces et Peter retira son bras en faisant une grimace comique. « Allez, viens, ma vieille ! »

Madame resta plantée là, Peter la saisit par les poignets et la traîna à travers toute la pièce, Madame pleurait, riait, jurait et trépignait, mais rien n'y faisait, Peter entraîna sa prisonnière jusqu'au pied de l'escalier du grenier, où il fut bien obligé de la lâcher. Madame revint dans la pièce et se laissa tomber sur une chaise en poussant un gros soupir.

« *Die Entführung der Mutter* [1] », dis-je pour plaisanter. « Oui, mais il m'a fait mal. »

Je suis allée voir et j'ai rafraîchi avec un peu d'eau ses poignets enflammés et rouges. Peter, toujours au bas de l'escalier, a recommencé à s'impatienter et il est rentré dans la pièce en tenant sa ceinture à la main comme un dompteur. Mais Madame ne l'a pas suivi, elle est restée assise devant le bureau en cherchant un mouchoir. « Tu dois d'abord me présenter des excuses ! » « Bon, eh bien, je te présente mes excuses, sinon on va encore perdre du temps ! » Malgré elle, Madame n'a pu s'empêcher de rire, elle s'est levée et dirigée vers la porte. Là, elle s'est sentie tenue de nous donner d'abord des explications. (Nous, c'est-à-dire Papa, Maman et moi, nous faisions la vaisselle.)

« A la maison il n'était pas comme ça, dit-elle, je lui aurais donné une tape à lui faire dégringoler l'escalier (!), il n'a jamais été aussi insolent, il a eu droit à bien d'autres coups, voilà l'éducation moderne, les enfants d'aujourd'hui, je n'empoignerais pas ma mère comme ça, est-ce ainsi que vous vous conduisiez avec votre mère, monsieur Frank ? » Elle était tout excitée, marchait de long en large, posait toutes sortes de questions, disait toutes sortes de choses et en attendant ne montait toujours pas. Enfin, enfin elle s'éclipsa.

Elle n'était pas là-haut depuis plus de cinq minutes qu'elle dévalait de nouveau l'escalier, les joues gonflées, jetait son tablier et comme je lui demandais si elle avait déjà fini, elle répondit qu'elle descendait un instant et elle dégringola comme une trombe tous les étages, probablement pour se jeter dans les bras de son Putti.

Elle n'est plus remontée avant huit heures, son mari l'accompagnait, on est allé chercher Peter au grenier, on lui a passé un savon à tout casser, quelques injures, malotru, bon à rien, malpoli, mauvais exemple, Anne est, Margot fait, je n'ai pu en saisir plus.

---

1. L'enlèvement de la mère (en allemand dans le texte).

Aujourd'hui, ils se sont probablement rabibochés !

Bien à toi,

Anne M. Frank

P.-S. Mardi et mercredi soir, notre reine bien-aimée a parlé, elle prend des vacances pour pouvoir revenir aux Pays-Bas avec des forces renouvelées. Elle a dit des choses du genre : « bientôt lorsque je serai revenue, libération rapide, héroïsme et lourdes épreuves ».

Son discours a été suivi d'un speech de Gerbrandy, cet homme a une petite voix d'enfant si zézayante que Maman n'a pas pu s'empêcher de faire « Oh ! ». Un pasteur, qui a volé sa voix à M. Edel, a conclu la soirée en demandant à Dieu de protéger les juifs, les gens qui sont dans les camps de concentration, les prisons et en Allemagne.

JEUDI 11 MAI 1944

Chère Kitty,

Comme j'ai oublié là-haut toute ma « boîte à fourbi » et par conséquent aussi mon stylo, et que je ne veux pas les déranger pendant leur sieste (deux heures et demie), tu devras te contenter cette fois d'une lettre au crayon.

Je suis absolument débordée en ce moment et, si curieux que cela puisse paraître, le temps me manque pour venir à bout de cette montagne de travail. Veux-tu que je te raconte en deux mots tout ce que j'ai à faire ? Eh bien, d'ici à demain je dois terminer le premier volume de l'histoire de la vie de Galilée, parce qu'il doit retourner à la bibliothèque. Je l'ai commencé hier, j'en suis à la page 220 et il en a 320, donc j'arriverai à le finir. La semaine prochaine, je dois lire *La Palestine à la croisée des chemins* et le deuxième volume de Galilée. En plus, j'ai terminé hier la première partie de la biographie de l'empereur Charles Quint et il faut absolument que je mette au net les annotations et les arbres généalogiques que j'en ai tirés en abondance. Ensuite j'ai trois pages pleines de mots étrangers extraits de différents livres, qui doivent être notés et appris. Le numéro quatre est que toutes mes stars de cinéma sont dans un fouillis indescriptible et n'aspirent qu'au rangement, mais comme un tel rangement prendrait plusieurs jours et que le professeur Anne, je l'ai dit, croule sous le travail, le chaos restera chaos. Et puis Thésée, Œdipe, Pelée, Orphée, Jason et Hercule attendent une remise en ordre, étant donné que certains de leurs exploits s'enchevêtrent dans ma tête comme des fils multicolores dans une robe, Myron et Phidias eux aussi doivent absolument subir un traitement pour leur éviter de se détacher de leur contexte. Il en va de même pour les guerres de Sept et de Neuf Ans, par exemple, de la façon dont je m'y prends je mélange tout. Mais aussi, que veux-tu faire avec la mémoire que j'ai ! Imagine un peu ce que ce sera quand j'aurai quatre-vingts ans !

Oh, autre chose, la Bible, combien de temps faudra-t-il encore avant que je ne rencontre l'histoire de Suzanne au bain ? Et que veulent-ils dire par la faute de Sodome et Gomorrhe ? Oh, il y a encore tellement, tellement de choses à demander et à apprendre. Et Liselotte von der Pfaltz[1], entre-temps je l'ai complètement laissée tomber.

Kitty, tu vois bien que ma tête déborde ?

Autre chose maintenant : tu sais depuis longtemps que mon souhait le plus cher est de devenir un jour journaliste et plus tard un écrivain célèbre. Réaliserai-je jamais ces idées (ou cette folie !) de grandeur, l'avenir nous le dira, mais jusqu'à présent je ne manque pas de sujets. Après la guerre, je veux en tout cas publier un livre intitulé « l'Annexe », reste à savoir si j'y arriverai, mais mon journal pourra servir.

Il faut aussi terminer *La Vie de Cady*, je me suis figuré la suite de l'histoire de la sorte : Cady, après sa guérison au sanatorium, rentre chez elle et poursuit sa correspondance avec Hans. On est en 1941, elle ne tarde pas à découvrir que Hans a des sympathies qui le portent vers le N.S.B. et comme Cady est profondément touchée par le sort des juifs et de son amie Marianne, un certain éloignement s'installe entre eux. La rupture

---

1. La princesse Palatine.

vient après une rencontre au cours de laquelle ils avaient d'abord tout arrangé, mais après laquelle Hans avait eu une autre amie. Cady est brisée, mais pour avoir au moins un bon travail, elle veut devenir infirmière. Elle va en Suisse sur le conseil d'amis de son père pour y prendre un emploi d'infirmière dans un sanatorium pour phtisiques. Durant ses premières vacances, elle va sur le lac de Côme où elle rencontre Hans par hasard. Il lui raconte qu'il s'est marié deux ans plus tôt, avec celle qui a remplacé Cady, mais que sa femme s'est donné la mort dans une crise de neurasthénie. C'est seulement aux côtés de sa femme qu'il s'était rendu compte à quel point il avait aimé la petite Cady et cette fois, il lui redemande sa main. Cady refuse, bien qu'elle l'aime toujours autant malgré elle, mais sa fierté la retient. Là-dessus, Hans part et des années plus tard, Cady apprend qu'il s'est retrouvé en Angleterre où sa santé est plutôt chancelante.

Pour sa part, Cady se marie à vingt-sept ans avec un campagnard aisé, Simon. Elle se met à beaucoup l'aimer, mais pourtant jamais autant que Hans. Elle a deux filles et un fils, Lilian, Judith et Nico. Simon et elle sont heureux ensemble, mais toujours Hans reste à l'arrière-plan de la pensée de Cady, jusqu'à ce qu'une nuit elle rêve de lui et lui dise adieu.

Ce n'est pas une niaiserie sentimentale, car j'y ai inclus le roman de la vie de Papa.

Bien à toi,

Anne M. Frank

SAMEDI 13 MAI 1944

Très chère Kitty,

Hier c'était l'anniversaire de Papa, le dix-neuvième anniversaire de mariage de Papa et Maman, ce n'était pas le jour de la femme de ménage et le soleil brillait comme jamais encore en 1944. Notre marronnier est totalement en fleur ; de haut en bas, il est bourré de feuilles et beaucoup plus beau que l'an dernier.

Kleiman a offert à Papa une biographie sur la vie de Linné, Kugler lui aussi un livre sur la nature, Dussel *Amsterdam sur l'eau*, Van Daan une superbe boîte, ornée comme par le meilleur décorateur, contenant trois œufs, une bouteille de bière, un yaourt et une cravate verte. Notre pot de mélasse faisait un peu pauvre à côté. Mes roses répandent un parfum délicieux, à la différence des œillets rouges de Miep et de Bep. On peut dire qu'il a été gâté.

Siemons a fait livrer cinquante petits gâteaux, un délice ! En outre, Papa nous a régalés de pain d'épice, de bière pour les messieurs et pour les dames, de yaourt. Le tout a été très apprécié.

Bien à toi,

Anne M. Frank

MARDI 16 MAI 1944

Très chère Kitty,

Pour changer (parce que nous ne l'avons pas eue depuis bien longtemps), je vais te rapporter une petite discussion qui a eu lieu hier soir entre Monsieur et Madame.

Madame : « Depuis le temps, les Allemands ont sûrement fortifié au maximum le mur de l'Atlantique, ils vont sûrement faire tout ce qui est en leur pouvoir pour résister aux Anglais. C'est tout de même stupéfiant la puissance qu'ont les Allemands ! »

Monsieur : « Oh oui, incroyable ! »

Madame : « Oui-oui ! »

Monsieur : « Je parie que les Allemands vont finir par gagner la guerre, hein, tellement ils sont forts. »

Madame : « Ça se pourrait bien, je ne suis pas encore convaincue du contraire. »

Monsieur : « Je préfère ne pas répondre. »

Madame : « Mais tu me réponds quand même, c'est plus fort que toi. »

Monsieur : « Pas du tout, mes réponses se bornent au strict minimum. »

Madame : « Mais tu réponds quand même et il faut toujours que tu aies raison ! Mais tes prédictions sont loin de toujours se réaliser ! »

Monsieur : « Jusqu'à présent mes prédictions se sont réalisées. »

Madame : « Ce n'est pas vrai, le débarquement aurait eu lieu l'année dernière, les Finlandais seraient déjà en paix, la campagne d'Italie se serait terminée dans l'hiver, les Russes auraient déjà pris Lemberg, oh non, tes prédictions je n'en donne pas cher. »

Monsieur (se levant) : « Et ferme ta grande gueule à la fin, je vais te prouver que j'ai raison, une fois tu auras ton compte, j'en ai assez de t'entendre râler, je vais te mettre le nez dans tes idioties exaspérantes ! »

Fin du premier acte.

En fait, j'étais prise de fou rire, Maman de même, et Peter aussi se mordait les lèvres ; oh, ces idiots d'adultes, ils feraient mieux de commencer à se corriger eux-mêmes, avant de faire tant de reproches aux enfants !

Depuis vendredi, les fenêtres sont de nouveau ouvertes la nuit.

Bien à toi,

Anne M. Frank

Les centres d'intérêt de la famille de l'Annexe. (Aperçu systématique des sujets d'études et de lecture.)

M. Van Daan : n'apprend rien. Cherche souvent des renseignements dans Knaur. Aime bien lire, romans policiers, livres de médecine, histoires d'amour captivantes et insignifiantes.

Mme Van Daan : apprend l'anglais dans des cours par correspondance, aime lire biographies romancées et quelques romans.

M. Frank : apprend l'anglais (Dickens !), en outre un peu de latin, ne lit jamais de romans mais aime bien les descriptions sérieuses et sèches de personnes et de pays.

Mme Frank : apprend l'anglais dans des cours par correspondance, lit de tout, sauf des histoires policières.

M. Dussel : apprend l'anglais, l'espagnol et le néerlandais, sans résultat visible. Lit de tout, se range à l'avis de la majorité.

Peter Van Daan : apprend l'anglais, le français (par correspondance), la sténo néerlandaise, la sténo anglaise, la sténo allemande, la correspondance commerciale anglaise, le travail du bois, l'économie politique et parfois le calcul. Lit peu. Parfois de la géo.

Margot Frank : apprend l'anglais, le français, le latin d'après des cours par correspondance, la sténo anglaise, la sténo allemande, la sténo néerlandaise, la mécanique, la goniométrie, la géométrie dans l'espace, la physique, la chimie, l'algèbre, la géométrie, la littérature anglaise, la littérature française, la littérature allemande, la littérature néerlandaise, la comptabilité, la géographie, l'histoire moderne, la biologie, l'économie, lit de tout, spécialement ce qui traite de religion et de médecine.

Anne Frank : apprend le français, l'anglais, l'allemand, la sténo néerlandaise, la géométrie, l'algèbre, *l'histoire*, la géographie, l'histoire de l'art, la mythologie, la biologie, l'histoire biblique, la littérature néerlandaise, aime beaucoup lire des biographies, sèches et captivantes, les livres d'histoire (romans et lecture de détente parfois).

VENDREDI 19 MAI 1944

Chère Kitty,

Hier j'étais très mal en point, vomissements (et ce chez Anne !), mal à la tête, mal au ventre, tous les maux possibles et imaginables, aujourd'hui je vais mieux, j'ai très faim mais je préfère ne pas toucher aux haricots rouges que nous allons avoir aujourd'hui.

Tout va bien entre Peter et moi, le pauvre garçon a encore plus besoin de tendresse que moi, il rougit encore chaque soir quand je l'embrasse pour lui souhaiter bonne nuit et mendie tout simplement un second baiser. Ne serais-je qu'une remplaçante avantageuse de Moffi ? Cela ne me gêne pas, il est déjà si heureux de savoir que quelqu'un l'aime. Après ma laborieuse conquête, je prends un peu de hauteur par rapport à la situation, mais ne va pas croire que mon amour s'est éventé, Peter est un chou, mais j'ai bien vite refermé mon jardin secret, s'il veut encore en briser la serrure, il lui faudra un pied-de-biche plus puissant !

Bien à toi,

Anne M. Frank

Chère Kitty,

Hier, je suis descendue du grenier et à peine entrée dans la pièce, j'ai vu le beau vase avec les œillets par terre, Maman à genoux en train de passer la serpillière et Margot repêchant mes papiers sur le sol. « Que s'est-il passé ? » demandai-je avec appréhension et, sans attendre leur réponse, je constatai les dégâts à distance. Mon dossier d'arbres généalogiques, mes cahiers, mes livres, tout trempait. J'étais prête à pleurer et j'étais si bouleversée que je me mis à parler allemand, je ne me souviens plus d'aucune de mes paroles, mais Margot a dit que j'ai débité quelque chose du genre *unübersehbarer Schade, schrecklich, entzetzlich, nie zu ergänzen*[1] et davantage encore. Papa a éclaté de rire, Maman et Margot se sont jointes à lui, mais j'en aurais pleuré d'avoir fait tout ce travail et pris des notes si détaillées pour rien.

En y regardant de plus près, *der unübersehbarer Schade* n'était pas trop grave, au grenier, j'ai mis soigneusement de l'ordre dans les papiers collés ensemble et les ai séparés. Ensuite, je les ai suspendus aux fils, les uns à côté des autres, pour les faire sécher. C'était un drôle de spectacle et je n'ai pas pu m'empêcher de rire, Marie de Médicis à côté de Charles Quint, Guillaume d'Orange à côté de Marie-Antoinette. Quel *Rassenschande*[2], a plaisanté M. Van Daan.

1. Dégâts immenses, épouvantables, affreux, irréparables.
2. « Crime racial » : terme employé par les nazis pour désigner les rapports sexuels entre personnes de race différente.

Après avoir confié à Peter le soin de mes papiers, je suis redescendue.

« Quels sont les livres irrécupérables ? » demandai-je à Margot qui passait mon trésor livresque en revue. « Celui d'algèbre », dit-elle. Vite, je m'approchai, mais même celui-là, malheureusement, n'était pas complètement gâté. J'aurais voulu qu'il soit tombé dans le vase, je n'ai jamais autant détesté un livre que ce livre d'algèbre. Sur la première page, on lit au moins vingt noms de filles qui l'ont eu avant moi, il est vieux, jaune, plein de gribouillis, de ratures et de corrections. Un jour, si je ne me retiens pas, je déchirerai cette saleté en petits morceaux !

Bien à toi,

Anne M. Frank

LUNDI 22 MAI 1944

Chère Kitty,

Le 20 mai, Papa a perdu les cinq bouteilles de yaourt qu'il avait pariées avec Mme Van Daan.

En effet, le débarquement n'a pas encore eu lieu, je peux affirmer sans crainte que dans tout Amsterdam, toute la Hollande, et même sur toute la côte ouest de l'Europe jusqu'à l'Espagne le débarquement est jour et nuit la source de conversations, de débats, de paris et... d'espoir.

La tension atteint son paroxysme ; ceux que nous considérons comme de « bons » Néerlandais sont loin de tous continuer à faire confiance aux Anglais, le bluff des Anglais est loin d'être considéré par tout le monde comme une tactique de maître, oh non ! Maintenant les gens veulent enfin voir des actes, de grands actes héroïques.

Personne ne voit plus loin que le bout de son nez, personne ne se rend compte que les Anglais doivent se battre pour eux-mêmes et pour leur propre pays, tout le monde s'imagine qu'ils sont obligés de sauver la Hollande le plus rapidement et le mieux possible. Quelles sont donc les obligations des Anglais ? Qu'ont fait les Hollandais pour mériter l'aide magnanime à laquelle ils s'attendent avec certitude ? Non, assurément, les Néerlandais font vraiment erreur, en dépit de tout leur bluff, les Anglais ne se sont pas plus discrédités que tous les autres pays grands ou petits aujourd'hui occupés. Les Anglais ne présenteront certainement pas leurs excuses, ils dormaient pendant que l'Allemagne s'armait, mais tous les autres pays, les pays voisins de l'Allemagne, dormaient eux aussi. La politique de l'autruche ne mène nulle part, l'Angleterre et le reste du monde s'en sont aperçus, et chaque pays doit maintenant en payer le prix, l'Angleterre aussi lourdement que les autres.

Aucun pays n'est prêt à sacrifier ses hommes pour rien et surtout pas dans l'intérêt des autres, l'Angleterre n'échappe pas à la règle. Le débarquement, la libération et la liberté arriveront un jour, toutefois, c'est l'Angleterre qui peut en décider le moment et non les territoires occupés, même tous ensemble.

A notre grand regret et à notre grande consternation, nous avons appris que chez beaucoup de gens, les sentiments à notre égard, à nous les juifs, se sont profondément modifiés. Nous avons entendu dire que l'antisémitisme s'est répandu dans des milieux qui auparavant n'y songeaient pas. Ce fait nous a très profondément choqués, tous les huit. La cause de cette haine contre les juifs est compréhensible, parfois même humaine, mais elle n'est pas bonne. Les chrétiens reprochent aux juifs d'en dire trop aux Allemands, de trahir leurs protecteurs, d'imposer par leur faute à de nombreux chrétiens le sort et les représailles épouvantables que subissent tant de gens. Tout cela est vrai. Mais, comme pour tout, les chrétiens doivent aussi envisager la situation inverse, agiraient-ils différemment à notre place ? Une personne, qu'elle soit juive ou chrétienne, peut-elle se taire face aux moyens employés par les Allemands ? Tout le monde sait que c'est presque impossible, pourquoi alors exiger l'impossible des juifs ?

On chuchote parmi les résistants que les juifs allemands qui ont émigré aux Pays-Bas et se trouvent à présent en Pologne n'auront pas le droit de rentrer aux Pays-Bas, ils y avaient un droit d'asile mais devront retourner en Allemagne quand Hitler sera parti.

Quand on entend des choses pareilles, n'est-il pas logique de se demander à quoi sert cette guerre longue et pénible ? On nous dit pourtant sans cesse que nous combattons tous ensemble pour la liberté, la vérité et la justice ! Et il suffit qu'au cours de la bataille, une discorde apparaisse pour que les juifs soient de nouveau jugés inférieurs aux autres ! Comme c'est navrant, vraiment navrant de constater que, pour la énième fois, le vieil adage se vérifie : un chrétien est seul responsable de ses actes, un juif fait retomber sur tous les autres juifs les conséquences de ses actes. Honnêtement, je n'arrive pas à comprendre que des Hollandais, des gens qui appartiennent à ce peuple si bon, si honnête et juste, se fassent une telle idée de nous, se fassent une telle idée du peuple sans doute le plus opprimé, le plus malheureux et le plus pitoyable de toute la terre. Je n'espère qu'une seule chose, c'est que cette haine des juifs sera de nature passagère, que les Hollandais finiront par montrer qui ils sont, que leur sentiment de justice ne faiblira pas aujourd'hui ou jamais, car ceci est injuste ! Et si cette horreur devait se révéler vraie, la pauvre poignée de juifs qui restent aux Pays-Bas partira. Nous aussi, nous ferons notre balluchon, poursuivrons notre chemin et quitterons ce beau pays qui nous a si généreusement offert un toit et qui à présent nous tourne le dos.

J'aime les Pays-Bas, à un moment donné j'ai espéré que ce pays deviendrait ma patrie, à moi l'apatride, je l'espère encore !

Bien à toi,

Anne M. Frank

JEUDI 25 MAI 1944

Chère Kitty,

Bep s'est fiancée ! Le fait n'a rien d'étonnant en soi, même si aucun de nous ne s'en réjouit. Bertus est sans doute un garçon solide, gentil et sportif, mais Bep ne l'aime pas, et à mon avis c'est une raison suffisante pour lui déconseiller de se marier. Bep concentre toute son énergie pour s'élever dans l'échelle sociale et Bertus la tire vers le bas ; c'est un ouvrier qui ne s'intéresse à rien et n'a pas la volonté d'arriver à quelque chose, alors je ne crois pas que Bep puisse se sentir heureuse avec lui. On comprend pourquoi Bep a mis fin à cette relation pas très satisfaisante ; il y a quatre semaines encore, elle a rompu avec lui mais comme elle se sentait encore plus malheureuse, elle lui a écrit une lettre de réconciliation et la voilà maintenant qui se fiance.

Un tas de facteurs ont joué un rôle dans ces fiançailles ; premièrement la maladie du père qui éprouve une grande affection pour Bertus, deuxièmement elle est la plus âgée de toutes les filles Voskuyl et sa mère la taquine car elle reste sans mari, troisièmement Bep vient d'avoir vingt-quatre ans et elle s'en préoccupe beaucoup.

Maman a dit qu'elle aurait préféré que Bep se mette d'abord en ménage avec lui, je n'en sais rien, j'ai pitié de Bep et comprends qu'elle se soit sentie si seule. Le mariage, de toute façon, il n'en est pas question avant la fin de la guerre, puisque Bertus vit dans la clandestinité ou plutôt évite le travail forcé, et en plus, ni l'un ni l'autre n'a un sou de côté ou un trousseau. Quelle triste perspective pour Bep, à qui nous souhaitons tous tant de bonheur. J'espère que Bertus finira par changer sous son influence ou que Bep trouvera un autre mari, un homme gentil qui l'apprécie à sa juste valeur !

Bien à toi,

Anne M. Frank

Le même jour.

Chaque jour du nouveau, ce matin Van Hoeven a été arrêté, il hébergeait deux juifs chez lui. C'est un coup dur pour nous, non seulement parce que ces pauvres juifs se retrouvent au bord du gouffre, mais parce que c'est affreux pour Van Hoeven. Ici, c'est le monde à l'envers, les gens les plus respectables sont envoyés dans des camps de concentration, des prisons, et des cellules isolées, et la racaille règne sur jeunes ou vieux, riches ou pauvres. Les uns se font prendre à cause du marché noir, les autres à cause des juifs ou d'autres clandestins, personne ne sait ce qui arrivera demain s'il n'est pas membre du N.S.B.

Pour nous aussi, Van Hoeven est une grande perte. Bep ne peut pas, et ne doit pas, charrier ces quantités de pommes de terre, il ne nous reste plus qu'à manger moins. Comment nous allons nous y prendre, je t'en parlerai, mais cela ne va rien arranger à la situation. Maman dit que nous ne prendrons plus du tout de petit déjeuner le matin, que nous aurons des flocons d'avoine et du pain à midi, des pommes de terre sautées le soir et, éventuellement, une ou deux fois par semaine des légumes ou de la salade, nous n'aurons rien de plus.

Nous allons avoir faim, mais rien n'est pire que d'être découvert.

Bien à toi,

Anne M. Frank

VENDREDI 26 MAI 1944

Très chère Kitty,

Enfin, enfin j'ai le temps de m'asseoir tranquillement à ma petite table, devant l'entrebâillement de la fenêtre, et de tout, tout te raconter.

Je n'ai jamais été aussi malheureuse depuis des mois, même après le cambriolage je n'étais pas à ce point brisée, physiquement et mentalement. D'un côté Van Hoeven, le problème des juifs dont on discute amplement, dans toute la maisonnée, le débarquement qui ne vient pas, la mauvaise nourriture, la tension, le découragement ambiant et la déception par rapport à Peter, d'un autre côté les fiançailles de Bep, la fête de la Pentecôte, les fleurs, l'anniversaire de Kugler, les gâteaux, les histoires de chansonniers, de films et de concerts. Ce décalage, cet énorme décalage est toujours présent, un jour nous rions du comique de la situation, mais le jour suivant et beaucoup d'autres jours, nous avons peur, l'angoisse, la tension et le désespoir se lisent sur nos visages. Miep et Kugler subissent le plus gros de la charge que nous présentons, nous et tous les clandestins, Miep dans son travail, et Kugler car parfois il a du mal à supporter la responsabilité colossale de notre survie à tous les huit, et n'arrive presque plus à parler tant il essaie de contrôler ses nerfs et son excitation. Kleiman et Bep s'occupent bien de nous, eux aussi, très bien même, mais il leur arrive d'oublier l'Annexe, même si ce n'est que pour quelques heures, un jour ou peut-être deux. Ils ont leurs propres soucis, Kleiman se préoccupe de sa santé, Bep de ses fiançailles dont la perspective n'est pas très réjouissante, et à côté de ces soucis, ils ont aussi leurs sorties, leurs invitations, toute leur vie de gens normaux, pour eux la tension disparaît parfois, même si ce n'est qu'un court instant, pour nous elle ne disparaît jamais, et cela depuis deux ans ; combien de temps encore va-t-elle maintenir sur nous son emprise oppressante, toujours plus étouffante ?

Les tuyaux d'évacuation sont encore bouchés, nous ne pouvons pas faire couler l'eau ou alors seulement au goutte à goutte, nous ne devons pas utiliser les W.C. ou bien nous devons prendre une brosse, l'eau sale est conservée dans un grand pot en grès. Pour aujourd'hui, nous pouvons nous débrouiller, mais qu'allons-nous faire si le plombier n'y arrive pas tout seul, les services municipaux ne peuvent pas venir avant mardi.

Miep nous a fait parvenir une brioche aux raisins portant l'inscription « Joyeuses fêtes de Pentecôte », on dirait presque qu'elle se moque de nous, notre humeur et notre angoisse sont loin d'être « joyeuses ».

Notre peur n'a fait qu'augmenter après la nouvelle concernant Van Hoeven, on entend à nouveau « chut » de tous les côtés, tout se fait plus silencieusement. La police a forcé la porte là-bas, si bien que nous n'en sommes pas à l'abri non plus ! Si nous aussi, un jour... non, je n'ai pas le droit de finir cette phrase, je n'arrive pourtant pas à chasser cette question aujourd'hui, au contraire, cette peur que j'ai déjà vécue me revient dans toute son horreur.

J'ai dû aller toute seule aux toilettes à huit heures ce soir, il n'y avait personne en bas, ils écoutaient tous la radio, j'ai voulu faire preuve de courage mais c'était difficile. Ici, en haut, je me sens toujours plus en sécurité que dans cette grande maison silencieuse, avec pour seule compagnie les bruits étouffés et mystérieux de là-haut et ceux des klaxons dans la rue, je tremble quand je ne vais pas assez vite ou quand je pense un instant à la situation.

Miep est beaucoup plus gentille et généreuse envers nous depuis sa discussion avec Papa. Mais je ne te l'ai pas encore racontée. Miep est arrivée un après-midi et, le visage empourpré, a demandé à Papa de but en blanc si nous pensions qu'ils étaient eux aussi contaminés par l'antisémitisme. Papa est tombé des nues et a tout fait pour lui ôter l'idée de la tête, mais les soupçons de Miep n'ont pas complètement disparu. Ils nous apportent plus de choses, ils s'intéressent davantage à nos désagréments, même si nous n'avons absolument pas le droit de les tracasser avec cela. Oh, ce sont vraiment des gens bien !

Je me demande sans cesse s'il n'aurait pas mieux valu pour nous que nous ne nous cachions pas, que nous soyons morts aujourd'hui pour ne pas avoir à supporter toute cette misère et surtout pour épargner les autres. Mais cette idée nous fait tous trembler, nous aimons encore la vie, nous n'avons pas encore oublié la voix de la nature, nous gardons encore espoir, espoir pour tout.

Pourvu qu'il se passe vite quelque chose, au besoin même des tirs, cela ne peut pas nous briser davantage que cette inquiétude, pourvu que la fin arrive, même si elle est dure, au moins nous saurons si nous allons enfin gagner ou bien périr.

Bien à toi,

Anne M. Frank

MERCREDI 31 MAI 1944

Chère Kitty,

Samedi, dimanche, lundi et mardi, il a fait si chaud que je n'arrivais pas à garder un stylo en main, aussi m'était-il impossible de t'écrire. Vendredi, les tuyaux d'évacuation étaient bouchés, samedi on les a réparés, Mme Kleiman est venue nous voir l'après-midi et nous a raconté un tas de choses sur Jopie, entre autres qu'elle est avec Jacque Van Maarsen dans un club de hockey. Dimanche, Bep est venue voir s'il n'y avait pas eu de cambriolage et elle est restée pour le petit déjeuner, lundi (le lundi de Pentecôte), M. Gies a joué le rôle de gardien des clandestins et mardi nous avons enfin pu ouvrir les fenêtres. On a encore rarement vu un temps aussi beau et chaud, on pourrait même dire sans exagérer un temps aussi torride, pour les fêtes de la Pentecôte. La chaleur ici à l'Annexe est insupportable, pour te donner une idée du type de lamentations, je vais brièvement te décrire les jours de chaleur :

Samedi : « Quel temps merveilleux », disions-nous tous le matin, et l'après-midi quand toutes les fenêtres devaient rester fermées : « Si seulement il faisait un peu moins chaud ! »

Dimanche : « Cette chaleur est insoutenable, le beurre fond, pas un coin de fraîcheur dans toute la maison, le pain devient sec, le lait tourne, impossible d'ouvrir une seule fenêtre, nous, pauvres parias, sommes là à nous étouffer pendant que les autres gens sont en vacances pour la Pentecôte », disait Madame.

Lundi : « Mes pieds me font mal, je n'ai pas de vêtements légers, je suis incapable de faire la vaisselle par cette chaleur », des lamentations du matin au soir, c'était particulièrement pénible. Je ne supporte toujours pas la chaleur, je suis contente qu'aujourd'hui le vent souffle fort et qu'il y ait pourtant du soleil.

Bien à toi,

Anne M. Frank

VENDREDI 2 JUIN 1944

Chère Kitty,

« Quiconque va au grenier doit se munir d'un grand parapluie, de préférence un modèle pour homme ! » Ceci pour se protéger des pluies venant de là-haut. Il existe pourtant un dicton qui dit : « Du haut des nuages le ciel est toujours bleu », mais il n'est certainement pas valable en temps de guerre (les tirs) et pour les clandestins (la litière du chat !). En effet, Muschi a pris en quelque sorte l'habitude de déposer ses besoins sur des journaux ou dans une fente du parquet, si bien qu'il y a tout lieu de s'inquiéter non seulement des fuites, mais, plus encore, de l'affreuse puanteur. Quand on sait que, de surcroît, le nouveau Moortje de l'entrepôt souffre des mêmes maux, toute personne qui a déjà eu un chat à dresser peut fort bien s'imaginer le type d'odeur qui flotte dans notre immeuble, en dehors de celles du poivre et du thym.

Sinon j'ai un remède exclusif contre les tirs : en cas de détonations violentes, se hâter vers l'escalier en bois le plus proche, descendre et remonter l'escalier et s'assurer qu'en répétant ce mouvement, on tombe doucement au moins une fois en bas. Avec les écorchures et le bruit occasionnés par les pas plus la chute, on a trop à faire pour entendre les tirs ou pour y penser. La rédactrice de la présente a mis en application ce remède idéal avec un succès certain !

Bien à toi,

Anne M. Frank

LUNDI 5 JUIN 1944

Chère Kitty,

Nouveaux désagréments à l'Annexe, dispute entre Dussel et les Frank à propos du partage du beurre. Capitulation de Dussel. Grande amitié entre Mme Van Daan et ce dernier, flirt, baisers et sourires amicaux, Dussel commence à ressentir le besoin d'une femme. Les Van Daan ne veulent pas préparer un pain d'épice pour l'anniversaire de Kugler parce que nous n'en mangeons pas nous-mêmes. Quelle mesquinerie. En haut, atmosphère exécrable. Madame est enrhumée. Dussel surpris avec des comprimés de levure de bière alors que nous n'avons rien.

Prise de Rome par la Ve Armée, la ville n'a été ni saccagée ni bombardée. Quelle propagande pour Hitler !

Peu de légumes et de pommes de terre, un pain moisi. Maigrichon (nom du nouveau chat de l'entrepôt) ne supporte pas le poivre. Il prend son bac pour lit et la laine de bois d'emballage pour W.C. Impossible de le garder.

Temps mauvais. Bombardements continus sur le Pas-de-Calais et la côte ouest de la France. Il est impossible d'écouler les dollars, l'or encore moins, on peut voir le fond de la caisse noire, de quoi allons-nous vivre le mois prochain ?

Bien à toi,

Anne M. Frank

Très chère Kitty,

« *This is D-Day* », a dit la radio anglaise à midi et en effet *this is the day*, le débarquement a commencé.

Ce matin à huit heures, les Anglais ont annoncé : importants bombardements sur Calais, Boulogne, Le Havre et Cherbourg ainsi que sur le Pas-de-Calais (comme d'habitude). Ensuite les règles de sécurité pour les territoires occupés, toutes les personnes qui habitent à moins de trente-cinq kilomètres de la côte doivent s'attendre à des bombardements. Les Anglais tenteront de jeter des tracts une heure avant l'attaque.

D'après les nouvelles allemandes, des parachutistes anglais ont atterri sur la côte française. Des bateaux de débarquement anglais se battent contre les fusiliers marins allemands. Voilà ce qu'annonçait la B.B.C.

Conclusion de l'Annexe, à neuf heures au petit déjeuner : il s'agit d'un essai, comme à Dieppe il y a deux ans.

Communiqué à la radio anglaise à dix heures, en allemand, en néerlandais, en français et en d'autres langues : « *The invasion has begun !* » Donc, le « vrai » débarquement.

Communiqué à la radio anglaise à onze heures, en allemand : discours du commandant en chef des armées, le général Dwight Eisenhower.

Communiqué à la radio anglaise à midi, en anglais : « *This is D-Day.* » Le général Eisenhower s'est adressé au peuple français en ces termes : « *Stiff fighting will come now, but after this the victory. The year 1944 is the year of the complete victory, good luck[1] ! »*

Communiqué à la radio anglaise à une heure, en anglais (traduit) : 11 000 avions sont appareillés, ils ne cessent de faire la navette pour parachuter des troupes et bombarder l'arrière des lignes. 4 000 navires plus des petits bateaux débarquent les uns après les autres entre Cherbourg et Le Havre. Les armées anglaise et américaine sont déjà au cœur de la bataille. Discours de Gerbrandy, du Premier ministre belge, du roi Haakon de Norvège, de De Gaulle pour la France, du roi d'Angleterre, sans oublier Churchill.

L'Annexe est en émoi. La libération tant attendue arriverait-elle enfin, cette libération dont on a tant parlé mais qui est encore trop belle, trop miraculeuse pour vraiment arriver un jour ? Cette année, l'année 1944, va-t-elle nous offrir la victoire ? Nous n'en savons toujours rien pour l'instant, mais l'espoir nous fait vivre, il nous redonne courage, il nous redonne de la force. Car il nous faudra du courage pour supporter les multiples angoisses, privations et souffrances, maintenant il s'agit de garder son calme et de persévérer, mieux vaut s'enfoncer les ongles dans la chair que crier ! La France, la Russie, l'Italie et aussi l'Allemagne peuvent toutes crier de détresse, mais nous, nous n'en avons pas encore le droit ! Oh, Kitty ! Le plus beau du débarquement, c'est que j'ai l'impression que des amis approchent. Ces horribles Allemands nous ont opprimés et mis le couteau sous la gorge pendant si longtemps que les amis et la délivrance, c'est tout pour nous ! Il ne s'agit plus des juifs, il s'agit des Pays-Bas, les Pays-Bas et toute l'Europe occupée. Peut-être, a dit Margot, qu'en septembre ou en octobre je pourrai malgré tout retourner à l'école.

Bien à toi,

Anne M. Frank

---

1. « Voici venu le grand jour. Une lutte acharnée se prépare, mais elle sera suivie de la victoire. L'année 1944 est l'année de la victoire totale. Bonne chance ! »

P.-S. Je te tiendrai au courant des informations de dernière minute ! Ce matin et aussi dans la nuit, des bonshommes de paille et des mannequins ont atterri derrière les positions allemandes. Ils explosaient dès qu'ils touchaient le sol. En plus, beaucoup de parachutistes ont atterri, ils étaient tous peints en noir pour ne pas attirer l'attention. Le matin, à six heures, les premiers navires ont débarqué, alors que la côte avait été bombardée toute la nuit avec 5 000 000 de kilos de bombes. 20 000 avions étaient engagés aujourd'hui. Les batteries côtières allemandes étaient déjà détruites au moment du débarquement, une petite tête de pont s'est déjà formée, tout va bien, en dépit du mauvais temps. L'armée et la population ne sont que *one will and one hope* [1].

VENDREDI 9 JUIN 1944

Chère Kitty,

Le débarquement se déroule à merveille. Les Alliés ont pris Bayeux, un petit village sur la côte française, et se battent à présent pour s'emparer de Caen. A l'évidence, le but est d'isoler la presqu'île sur laquelle se trouve Cherbourg. Tous les soirs, les correspondants de guerre parlent des difficultés, du courage et de l'ardeur de l'armée, ils racontent aussi des actes d'éclat inimaginables, des blessés déjà revenus en Angleterre sont aussi venus parler au micro. En dépit du temps exécrable, les vols se poursuivent vaillamment. Nous avons appris par la B.B.C. que Churchill avait eu l'intention de se lancer dans le débarquement avec les troupes, c'est seulement sous la pression d'Eisenhower et d'autres généraux qu'il n'a pas mis son plan à exécution. Tu te rends compte du courage de ce vieux monsieur, il doit bien avoir soixante-dix ans.

Ici, l'excitation est un peu tombée ; pourtant nous espérons que la guerre sera enfin terminée à la fin de l'année, il serait temps. Les lamentations de Mme Van Daan deviennent insupportables, maintenant qu'elle ne peut

---

1. « Une seule volonté, un seul espoir. »

plus nous taper sur les nerfs avec le débarquement, elle nous empoisonne toute la journée avec le mauvais temps, on aurait envie de la mettre au grenier dans un seau d'eau froide !

Toute l'Annexe, à l'exception de Van Daan et Peter, a lu la trilogie *Rhapsodie hongroise*. Ce livre traite de la vie du compositeur, pianiste virtuose et enfant prodige Franz Liszt. Le livre est très intéressant, mais à mon avis on y parle un peu trop de femmes ; Liszt n'a pas seulement été le plus grand et le plus connu des pianistes de son époque, mais il en a aussi été le plus grand coureur de jupons jusqu'à sa soixante-dixième année incluse. Il a eu une liaison avec la comtesse Marie d'Agoult, la princesse Caroline Sayn-Wittgenstein, la danseuse Lola Montez, la pianiste Agnes Kingworth, la pianiste Sophie Menter, la princesse circassienne Olga Janina, la baronne Olga Meyendorff, l'actrice Lilla je-ne-sais-quoi, etc., et ça n'en finit pas. Les chapitres du livre qui portent sur la musique et les autres arts sont bien plus intéressants, dans le livre on rencontre Schumann et Clara Wieck, Hector Berlioz, Johannes Brahms, Beethoven, Joachim, Richard Wagner, Hans von Bülow, Anton Rubinstein, Frédéric Chopin, Victor Hugo, Honoré de Balzac, Hiller, Hummel, Czerny, Rossini, Cherubini, Paganini, Mendelssohn, etc.

Liszt était en fait un gars très sympa, très généreux, humble en ce qui le concernait mais d'une vanité exceptionnelle, il aidait tout le monde, n'avait pas de plus grande passion que l'art, adorait le cognac et les femmes, ne supportait pas les larmes, était un gentleman, ne savait refuser une faveur à personne, n'accordait aucune importance à l'argent, aimait la liberté religieuse et le monde.

Bien à toi,

Anne M. Frank

JEUDI 13 JUIN 1944

Chère Kit,

Encore un anniversaire de plus, j'ai donc maintenant quinze ans. J'ai reçu pas mal de cadeaux : les cinq livres de Springer, un assortiment de dessous, deux ceintures, un mouchoir, deux yaourts, un pot de confiture, deux gâteaux au miel (petit format), un livre de botanique de la part de Papa et Maman, un bracelet en doublé de la part de Margot, un livre de la collection Patria offert par les Van Daan, du biomalt et des pois de senteur de Dussel, des bonbons de Miep, des bonbons et des cahiers de Bep et le summum, le livre *Marie-Thérèse* et trois tranches fines de fromage double crème de Kugler. De Peter j'ai reçu un joli bouquet de pivoines ; le pauvre garçon s'est donné tant de mal pour trouver quelque chose, mais sans aucun succès.

Le débarquement se déroule toujours aussi bien, en dépit du mauvais temps, des innombrables orages, des averses et de la mer démontée. Churchill, Smuts, Eisenhower et Arnold se sont rendus hier dans les villages français conquis et libérés par les Anglais ; Churchill était à bord d'un torpilleur qui bombardait la côte, cet homme, comme tant d'autres, semble ne pas connaître la peur ; comme je l'envie !

De notre Annexe-forteresse, il nous est impossible de juger du moral régnant aux Pays-Bas. Assurément, les gens se réjouissent que l'Angleterre, cette tire-au-flanc (!), ait fini par retrousser ses manches. De l'injustice de leur raisonnement, les gens ne se rendent pas compte quand ils répètent qu'ils ne veulent pas ici d'une occupation anglaise. Si on résume leur pensée, cela revient à dire que les Anglais doivent se battre, lutter et sacrifier leurs fils pour les Pays-Bas et les autres territoires occupés. Les Anglais n'ont pas le droit de rester aux Pays-Bas, ils doivent offrir leurs plus plates excuses à tous les pays occupés, ils doivent restituer les Indes à leurs premiers propriétaires et peuvent s'en retourner, pauvres et affaiblis, en Angleterre !

Il faut être un pauvre idiot pour s'imaginer les choses de la sorte et pourtant beaucoup de Hollandais se comptent parmi ces idiots. Que serait-il advenu, je me le demande, des Pays-Bas et des pays voisins si l'Angleterre avait signé avec les Allemands une paix si souvent proposée ? Les Pays-Bas seraient devenus allemands et voilà tout ! Tous les Hollandais qui méprisent encore les

Anglais, qui insultent l'Angleterre et son gouvernement de vieux messieurs, qui traitent les Anglais de lâches et pourtant détestent les Allemands, on devrait les secouer très fort, comme on secoue un oreiller, peut-être que leur cerveau embrouillé prendrait alors un meilleur pli !

Les souhaits, les pensées, les accusations et les reproches me hantent l'esprit par milliers. Je ne me fais certainement pas autant d'illusions que les gens veulent le croire, je connais mes innombrables torts et mes défauts mieux que quiconque, à une différence près ; je sais également que je veux m'améliorer, que je m'améliorerai et que je me suis déjà beaucoup améliorée !

Comment se fait-il alors, je me le demande souvent, que tout le monde me trouve aussi prétentieuse et aussi peu modeste ? Suis-je si prétentieuse ? Est-ce bien *moi* ou bien les autres ne seraient-ils pas eux aussi concernés ? Cela peut paraître absurde, je m'en rends compte, mais je ne vais pas rayer ma dernière phrase parce qu'elle n'est pas si absurde que cela. Mme Van Daan et Dussel, mes principaux accusateurs, sont tous les deux connus pour leur manque total d'intelligence et, n'ayons pas peur des mots, pour leur « bêtise » ! Les gens bêtes sont souvent incapables de digérer le fait que d'autres fassent mieux qu'eux ; le meilleur exemple en est fourni, en effet, par ces deux idiots, Mme Van Daan et Dussel.

Madame me trouve bête parce que je ne souffre pas de ce mal autant qu'elle, elle trouve que je manque de modestie parce qu'elle est bien pire, elle trouve mes robes trop courtes parce que les siennes le sont encore plus, et c'est pourquoi elle me trouve également prétentieuse, parce qu'elle parle deux fois plus que moi de sujets dont elle ne comprend absolument rien ; on peut en dire autant de Dussel.

Mais selon un de mes dictons favoris : « Dans tout reproche, il y a toujours du vrai », et j'admets bien volontiers que je suis prétentieuse. Ma nature présente un problème, c'est que personne ne me fait autant de remontrances et ne m'adresse autant d'insultes que moi-même ; si en plus, Maman y ajoute sa part de conseils, les sermons s'accumulent en un tas insurmontable si bien que, désespérant de jamais m'en sortir, je deviens insolente et me mets à la contredire, alors la vieille expression bien connue d'Anne refait tout naturellement son apparition : personne ne me comprend !

Cette expression est ancrée en moi et même si elle peut paraître fausse, elle contient une part de vérité, elle aussi. Les reproches que je me fais prennent souvent de telles proportions que j'aspire à entendre une voix réconfortante qui y mettrait bon ordre et se soucierait également de mes préoccupations profondes, mais hélas, je peux toujours chercher, je ne l'ai pas encore trouvée.

Je sais que tu penses à Peter, pas vrai, Kit ? En fait, voilà, Peter m'aime, non pas comme un amoureux mais comme un ami, son affection grandit de jour en jour mais cette chose mystérieuse qui nous retient tous deux, je ne la comprends pas moi-même.

Parfois je pense que ce terrible désir qui me poussait vers lui était exagéré, mais ce n'est certainement pas le cas puisque, quand il m'arrive de ne pas monter là-haut pendant deux jours, j'éprouve de nouveau ce désir aussi fort qu'auparavant. Peter est gentil et bon, cependant je n'ai pas le droit de le nier, beaucoup de choses me déçoivent. C'est surtout son aversion de la religion, ses conversations sur la nourriture et d'autres choses tout aussi disparates, qui me déplaisent. Toutefois je suis pratiquement convaincue que, conformément à notre engagement sincère, nous ne nous disputerons jamais, Peter est un être paisible, compréhensif et très tolérant. Il me laisse lui dire beaucoup plus de choses qu'il ne le permet à sa mère, il met un acharnement particulier à enlever les taches d'encre de ses livres et à tenir ses affaires en ordre. Enfin tout de même, pourquoi garde-t-il ses pensées à l'intérieur et n'ai-je jamais le droit de m'en approcher ? Il est bien plus renfermé que moi, c'est vrai ; mais je sais, et cette fois la pratique me l'a enseigné (rappelle-toi de l'expression « Anne en théorie », qui revient sans arrêt), que même les personnes renfermées ont à un moment donné tout autant besoin ou davantage encore d'un confident.

Peter et moi avons tous deux passé nos années de réflexion à l'Annexe, nous parlons souvent de l'avenir, du passé et du présent mais, comme je l'ai déjà dit, il me manque l'essentiel et pourtant je suis persuadée qu'il existe !

Est-ce parce que je n'ai pas mis le nez dehors si longtemps que je m'enthousiasme pour tout ce qui a un rapport avec la nature ? Je me rappelle très bien qu'un magnifique ciel bleu, des chants d'oiseaux, le clair de lune et l'éclosion des fleurs ne pouvaient retenir mon attention pendant longtemps. Cet intérêt s'est transformé ici, à la Pentecôte par exemple quand il faisait si chaud, je me suis forcée à garder les yeux ouverts jusqu'à onze heures et demie afin de profiter une bonne fois toute seule de la lune en la regardant par la fenêtre ouverte, malheureusement ce sacrifice n'a abouti à rien puisque la lune rayonnait tant que je ne pouvais prendre le risque d'ouvrir la fenêtre. Une autre fois, il y a déjà un bon nombre de mois, je me trouvais là-haut par hasard alors que la fenêtre était ouverte le soir. Je ne suis pas redescendue avant que le moment d'aérer soit terminé, le soir obscur et pluvieux, l'orage, la course des nuages me tenaient sous leur empire, pour la première fois depuis un an et demi, j'avais revu la nuit en tête-à-tête. Après ce soir-là, mon désir d'assister au même spectacle a pris le pas sur ma peur des voleurs, d'une maison noire pleine de rats et d'une agression. Je descendais toute seule pour regarder par la fenêtre du bureau privé et de la cuisine. Nombreux sont ceux qui admirent la beauté de la nature, qui dorment parfois à la belle étoile, qui dans les prisons ou les hôpitaux attendent avec impatience le jour où ils pourront profiter à nouveau de la nature en toute liberté, mais peu de personnes se sentent avec toute leur nostalgie aussi coupées et isolées de ce qui est également offert au pauvre ou au riche.

Je ne me fais pas des idées quand je dis que la vue du ciel, des nuages, de la lune et des étoiles m'apaise et me donne espoir. Ce remède est bien plus efficace que la valériane ou le bromure, la nature me rend petite et me donne le courage de faire face à tous les coups durs !

Le sort a voulu que je n'aie le droit de voir la nature qu'à de rares occasions, à travers des fenêtres couvertes d'une épaisse couche de poussière et voilées de rideaux sales, et je n'éprouve plus aucun plaisir à regarder au travers, la nature est la seule chose que l'on ne peut remplacer par un ersatz !

A plusieurs reprises déjà, une des nombreuses questions que je me pose est venue tourmenter mes pensées, pourquoi par le passé, et souvent aussi maintenant, la femme a-t-elle occupé une place beaucoup moins importante que l'homme dans la société ? Tout le monde peut dire que c'est injuste, mais cela ne me satisfait pas, j'aimerais tant connaître la cause de cette grande injustice ! On peut concevoir que l'homme, grâce à sa plus grande force physique, a depuis le départ exercé sa domination sur la femme ; l'homme gagne sa vie, l'homme engendre les enfants, l'homme a le droit de tout faire... Il faut dire que les femmes sont idiotes de s'être tranquillement laissé imposer cette règle jusqu'à récemment car plus celle-ci se perpétue à travers les siècles, plus elle s'enracine. Heureusement, les femmes ont quelque peu ouvert les yeux grâce à l'école, au travail et au développement. Dans beaucoup de pays, les femmes ont obtenu l'égalité des droits ; beaucoup de gens, des femmes surtout mais aussi des hommes, s'aperçoivent maintenant à quel point cette division du monde, en place depuis si longtemps, était injuste, et les femmes modernes exigent des droits pour parvenir à une indépendance totale !

Mais cela ne suffit pas, le respect de la femme, voilà ce qu'on attend encore ! De manière générale, dans toutes les parties du globe, l'homme suscite l'admiration ; pourquoi la femme n'a-t-elle pas le droit de bénéficier, en priorité, d'une part de cette admiration ? Les soldats et les héros de la guerre sont honorés et fêtés, les inventeurs jouissent d'une renommée éternelle, les martyrs sont vénérés, mais de l'humanité tout entière, combien sont-ils, ceux qui considèrent la femme aussi comme un soldat ?

Dans le livre *Combattants de la vie*, un passage m'a beaucoup frappée, qui dit à peu près que les femmes endurent en général plus de souffrances, de maladies et de misère, ne serait-ce qu'en mettant leurs enfants au monde, que n'importe quel héros de guerre. Et que récolte la femme pour toute la douleur qu'elle a subie ? On la relègue dans un coin si elle sort mutilée de l'accouchement, bientôt ses enfants ne lui appartiennent plus et sa beauté a disparu. Les femmes sont des soldats, qui luttent et souffrent pour la survie de l'humanité, beaucoup plus braves, plus courageux, que tous ces héros de la liberté avec leur grande gueule !

Je ne veux absolument pas dire que les femmes doivent s'opposer à mettre des enfants au monde, au contraire, la nature est ainsi faite et c'est sans doute très bien comme cela. Je condamne simplement les hommes et tout le fonctionnement du monde, qui n'ont jamais voulu prendre conscience du rôle important, difficile mais en fin de compte magnifique, lui aussi, que joue la femme dans la société. Paul de Kruif, l'auteur du livre mentionné ci-dessus, reçoit mon entière approbation quand il dit que les hommes doivent apprendre qu'une naissance a cessé d'être quelque chose de naturel et de simple dans les régions du monde que l'on appelle civilisées. Les hommes ont beau jeu, ils n'ont pas et n'auront jamais à supporter les souffrances que connaissent les femmes !

Je pense que la conception selon laquelle la femme a le devoir de mettre les enfants au monde se modifiera au cours du prochain siècle et fera place à du respect et de l'admiration pour celle qui, sans renâcler et sans faire de grandes phrases, prend de tels fardeaux sur ses épaules !

Bien à toi,

Anne M. Frank

VENDREDI 16 JUIN 1944

Chère Kitty,

Nouveaux problèmes : Madame est au désespoir, elle parle de balle dans la tête, de prison, de pendaison et de suicide. Elle est jalouse que Peter me fasse confiance à moi et pas à elle, elle est vexée que Dussel ne réagisse pas assez à ses avances, elle a peur que tout l'argent du manteau en fourrure passe dans les cigarettes de son mari, elle se dispute, jure, pleure, se plaint, rit puis recommence à se disputer.

Que peut-on bien faire avec un tel numéro, une pleurni-
cheuse et une folle ? Personne ne la prend au sérieux, elle
n'a pas de caractère, elle se plaint auprès de tout le monde
et elle se promène avec des airs de gamine, ce vieux
trumeau. Et le pire, c'est que Peter en devient insolent,
M. Van Daan soupe au lait et Maman cynique. Tu parles
d'une ambiance ! Il ne reste plus qu'à garder en tête une
seule règle : ris de tout et ne te préoccupe pas des autres !
Cela peut paraître égoïste, mais en réalité, c'est le seul
remède pour ceux qui se prennent en pitié.

Kugler doit aller bêcher pendant quatre semaines à Alk-
maar, il essaie de se dégager de cette obligation avec un
certificat médical et une lettre d'Opekta. Kleiman souhaite
être opéré rapidement de l'estomac. Hier soir, à onze heures, les lignes téléphoniques de tous les particuliers ont
été coupées.

Bien à toi,

Anne M. Frank

VENDREDI 23 JUIN 1944

Chère Kitty,

Rien de spécial à signaler ici. Les Anglais ont commencé la grande bataille de Cherbourg, d'après Pim et
Van Daan nous serons certainement libres le 10 octobre.
Les Russes participent à l'action, hier ils ont pris l'offensive à Vitebsk, c'est exactement trois ans jour pour jour
après l'invasion allemande.

Le moral de Bep est toujours en dessous de zéro. Nous
n'avons presque plus de pommes de terre, à l'avenir nous
voulons les compter pour tous les huit, à chacun de décider ce qu'il veut en faire. Miep prend une semaine de
vacances anticipées à partir de lundi. Les médecins de
Kleiman n'ont rien trouvé sur sa radio, il hésite fortement
entre se faire opérer ou laisser les choses suivre leur cours.

Bien à toi,

Anne M. Frank

Très chère Kitty,

Le moral a brusquement changé, tout va très bien. Cherbourg, Vitebsk et Slobin sont tombées aujourd'hui. Sûrement un gros butin et de nombreux prisonniers. Cinq généraux allemands tués à Cherbourg, deux faits prisonniers. A présent les Anglais peuvent amener à terre ce qu'ils veulent car ils ont un port ; trois semaines après le débarquement, tout le Cotentin aux mains des Anglais ! Un exploit remarquable. Au cours des trois semaines qui ont suivi D-Day, il n'y a pas eu un seul jour sans pluie et sans orage, aussi bien ici qu'en France, mais cette malchance n'a pas empêché les Anglais et les Américains de montrer leur puissance, et comment ! Il est vrai que le Wuwa[1] est en pleine action, mais que signifie ce ridicule petit grelot à part un peu de dégâts pour l'Angleterre et des colonnes entières dans les journaux des Boches ? D'ailleurs, s'ils s'aperçoivent en Bocherie que le danger bolchevique menace réellement, ils vont redoubler de frousse. Toutes les femmes et tous les enfants allemands qui ne travaillent pas pour la Wehrmacht sont évacués des régions côtières vers Groningue, la Frise et la Gueldre. Mussert a déclaré que si les troupes du débarquement arrivent ici, il revêtirait l'uniforme du soldat. Il a envie de se battre, ce gros-là ? Il aurait dû le faire plus tôt, en Russie. La Finlande a refusé l'offre de paix à l'époque, aujourd'hui encore les pourparlers sur ce sujet sont interrompus, comme ils vont s'en mordre les doigts, ces imbéciles !

A ton avis, où en serons-nous le 27 juillet ?

Bien à toi,

Anne M. Frank

Chère Kitty,

Mauvais temps ou *bad weather from one at a stretch to thirty June*[2]. Admirez la phrase, pas de doute possible,

---

1. Wuwa : « Wunderwaffe », « arme-miracle », c'est-à-dire le V1.
2. Mauvais temps sans discontinuer jusqu'au 30 juin.

je connais déjà bien mon anglais ; pour preuve, je lis *An Ideal Husband*[1], avec le dictionnaire ! Pour la guerre, sensationnel : Broboïsk, Moghilev et Orcha sont tombées, beaucoup de prisonniers. Ici, tout est *all right*. Le moral s'améliore, nos super-optimistes triomphent, les Van Daan escamotent le sucre, Bep a changé de coiffure et Miep a pris une semaine de vacances. Voilà les dernières nouvelles !

Je subis un traitement très désagréable sur un nerf qui se trouve, en plus, sur une de mes dents de devant, j'ai terriblement souffert, à tel point même que Dussel a cru que je tombais dans les pommes. Il s'en est fallu de peu. Aussitôt, Madame a eu également mal aux dents !

Bien à toi,

Anne M. Frank

P.-S. Nous avons des nouvelles de Bâle, Bernd[2] a joué le rôle de Wirt dans *Minna von Barnhelm*. « Une âme d'artiste », dit Maman.

JEUDI 6 JUILLET 1944

Chère Kitty,

J'ai le cœur serré quand Peter parle de devenir plus tard, peut-être, malfaiteur ou spéculateur ; même s'il plaisante, naturellement, j'ai pourtant l'impression qu'il a peur lui-même de sa faiblesse de caractère. Sans arrêt, j'entends Margot, comme Peter, me dire : « Ah, si j'avais ta force et ton courage, si je poursuivais mes efforts avec autant de volonté que toi, si j'avais autant d'énergie et de persévérance, alors je... ! »

Est-ce vraiment une qualité, si je ne me laisse pas influencer ? Est-ce vraiment bien, si je poursuis presque exclusivement le chemin dicté par ma propre conscience ?

Franchement, je n'arrive pas à comprendre comment quelqu'un peut dire : « Je suis faible », et continuer à res-

----

1. Un mari idéal.
2. Cousin Bernhard (nommé Buddy) Elias.

ter faible. Quand on sait une chose pareille, pourquoi ne pas réagir, pourquoi ne pas former son caractère ? J'ai obtenu comme réponse : « Parce que c'est tellement plus facile ! » Cette réponse m'a un peu découragée. Facile ? Une vie de paresse et de mensonge est-elle forcément facile ? Oh non, ce n'est pas vrai, il n'est pas permis de se laisser séduire aussi vite par la facilité et par l'argent. J'ai longtemps réfléchi à la réponse que je devais donner, à la manière d'amener Peter à croire en lui et surtout à s'améliorer ; je ne sais pas si j'ai touché juste.

J'ai souvent rêvé au bonheur que ce serait si quelqu'un m'offrait sa confiance, mais à présent, au point où j'en suis, je m'aperçois de la difficulté à m'identifier à la pensée de l'autre et à trouver *la* réponse. Surtout que pour moi, les notions de « facilité » et d'« argent » sont totalement étrangères et nouvelles. Peter commence un peu à s'appuyer sur moi et cela ne doit se produire en aucun cas. Dans la vie, il est déjà assez difficile de voler de ses propres ailes, mais il est encore plus difficile d'être seul à vouloir et à espérer, et de garder toute sa fermeté.

Je flotte un peu, je cherche depuis des jours un remède parfaitement efficace contre ce mot terrible, « facilité ».

Comment lui faire comprendre que ce qui paraît si simple et si beau l'entraînera vers le fond, le fond où l'on ne trouve plus d'amis, plus de soutien et plus rien de beau, le fond d'où il est pratiquement impossible de revenir ?

Nous vivons tous, mais sans savoir pour quelle raison et dans quel but, nous aspirons tous au bonheur, notre vie à tous est différente et pourtant pareille. Tous les trois, nous avons été élevés dans un bon milieu, nous pouvons apprendre, nous avons la possibilité d'arriver à quelque chose, nous avons beaucoup de raisons de croire à un avenir heureux, mais... nous devons le mériter. Et justement, c'est impossible d'y parvenir par la facilité, mériter le bonheur, cela signifie travailler, faire le bien, ne pas spéculer ou être paresseux. La paresse peut *sembler* attrayante, le travail *donne* une vraie satisfaction.

Les gens qui n'aiment pas travailler, je ne les comprends pas, mais ce n'est d'ailleurs pas le cas de Peter, il ne s'est fixé aucun but précis, il se trouve trop bête et trop incapable pour faire quoi que ce soit. Pauvre garçon, il ne sait pas encore ce que c'est que de rendre les autres heureux et je ne peux pas le lui apprendre. Il n'a pas de religion, parle de Jésus-Christ en termes moqueurs et il blasphème ; bien que je ne sois pas orthodoxe, j'ai chaque fois de la peine de constater à quel point il est solitaire, méprisant et démuni. Les gens qui ont une religion peuvent s'estimer heureux car il n'est pas donné à tout le monde de croire en des choses surnaturelles. Il n'est même pas nécessaire de craindre des châtiments après la mort ; le purgatoire, l'enfer et le ciel sont des notions que beaucoup n'admettent pas, mais une religion, peu importe laquelle, maintient néanmoins les hommes dans le droit chemin. Il ne s'agit pas de craindre Dieu, mais de garder en haute considération son honneur et sa conscience. Comme les gens seraient tous beaux et bons si chaque soir avant de s'endormir, ils se remémoraient les événements de la journée, puis s'interrogeaient sur le bien-fondé ou non de leurs actes. Dans ce cas, involontairement, on essaie de s'améliorer chaque jour de nouveau et au bout d'un certain temps, on fait sans aucun doute de gros progrès. Tout le monde peut avoir recours à ce petit système, il ne coûte rien et se révèle particulièrement utile. Car si on ne le sait pas, il faut apprendre et en faire l'expérience. « Une conscience tranquille donne de la force ! »

Bien à toi,

Anne M. Frank

SAMEDI 8 JUILLET 1944

Chère Kitty,

Broks est allé à Beverwijk et a obtenu sans difficulté des fraises à la vente à la criée. Elles sont arrivées ici pleines de poussière et de sable, mais en grande quantité. Pas moins de vingt-quatre cageots pour ceux du bureau et pour nous. Le soir même, on a mis en conserve les six premiers bocaux et fait huit pots de confiture. Le lendemain matin, Miep voulait préparer de la confiture pour le bureau.

A midi et demi, verrouillage de la porte d'entrée, destination cageots, bruits sourds de Peter, Papa et Van Daan dans l'escalier, Anne occupée à tirer de l'eau chaude du chauffe-eau, Margot à chercher un seau, tous sur le pont ! L'estomac noué, j'entre dans la cuisine du bureau pleine de monde, Miep, Bep, Kleiman, Jan, Papa, Peter, les clandestins et la colonne de ravitaillement, une vraie cohue et en plein jour ! Les rideaux et les fenêtres ouvertes, les bruits des voix, les portes qui claquent, je tremblais d'excitation. Nous cachons-nous encore vraiment ? La question m'a traversé l'esprit, on doit éprouver un sentiment comparable quand on a de nouveau le droit de s'exposer aux yeux du monde ? La casserole était pleine, vite, là-haut. Autour de la table de la cuisine, le reste de la famille équeutait les fraises, ou du moins était censé le faire ; il en finissait plus dans la bouche que dans le seau. Il a bientôt fallu un autre seau, Peter est retourné à la cuisine, on a sonné deux fois, le seau est resté là, Peter s'est précipité en haut, portes du placard verrouillées. Nous trépignions d'impatience, le robinet devait rester fermé et les fraises à moitié lavées attendaient de tremper dans leur bain, mais la règle de clandestinité restait de mise : quand quelqu'un se trouve dans la maison, fermer tous les robinets à cause du bruit d'eau dans les conduites.

A une heure, arrivée de Jan, c'était le facteur, Peter redescend vite. Dring, la sonnette, demi-tour. Je vais écouter si quelqu'un vient, d'abord à la porte-bibliothèque, puis en haut de l'escalier. Finalement, Peter et moi nous penchons tous deux au-dessus de la rampe, comme des voleurs, pour écouter les bruits venant d'en bas. Pas de voix inconnues. Peter descend doucement l'escalier, s'arrête à mi-chemin et crie : « Bep ! » Pas de réponse, il recommence : « Bep ! » Le bruit, dans la cuisine, couvre la voix de Peter. Puis il descend en bas de l'escalier et se précipite dans la cuisine. Prise d'angoisse, je regarde en bas : « Retourne là-haut, Peter, le comptable est là, il faut que tu t'en ailles. » C'est la voix de Kleiman. Peter remonte en soupirant, la porte-bibliothèque reste fermée. A une heure et demie, Kugler arrive enfin : « Doux Jésus, je vois des fraises partout, au petit déjeuner des fraises, Jan mange des fraises, Kleiman boulotte des fraises, Miep fait bouillir des fraises, Bep équeute des fraises, je sens l'odeur des fraises et quand je veux me débarrasser de ces trucs rouges, je monte, et que lave-t-on ici ?... Des fraises ! »

Le reste des fraises est mis en conserve. Le soir : deux pots s'ouvrent. Papa en fait vite de la confiture. Le matin suivant : deux bocaux s'ouvrent. L'après-midi : quatre bocaux s'ouvrent. Van Daan ne les avait pas assez stérilisés, à présent Papa prépare de la confiture tous les soirs. Nous mangeons des flocons d'avoine à la fraise, du lait fermenté à la fraise, des tartines à la fraise, des fraises en dessert, des fraises au sucre, des fraises au sable. Pendant deux jours, on n'a vu danser devant nos yeux que des fraises, des fraises et des fraises, puis le stock s'est épuisé ou s'est retrouvé sous clé, dans les pots.

« Tu sais quoi, Anne ? dit Margot, Mme Van Hoeven nous a donné des petits pois, dix-huit livres. » Je réponds : « C'est gentil de sa part. » C'est vrai que c'est gentil, mais quel travail... Pouah ! « Samedi matin, vous devez tous m'aider à écosser les petits pois », annonce Maman à table. Et en effet, ce matin après le petit déjeuner, la grosse casserole en émail a fait son apparition sur la table, pleine à ras bord de petits pois. Écosser les petits pois est un travail agaçant, mais alors il faut avoir essayé une fois d'enlever les petites pelures. Je crois que la plupart des gens ne savent pas à quel point la cosse des pois est riche en vitamines, goûteuse et tendre quand on en retire la pelure à l'intérieur. Les trois avantages que je viens de citer ne sont encore rien si l'on sait que les portions de nourriture sont trois fois plus grandes que lorsqu'on se contente de manger uniquement les petits pois.

Retirer ces petites pelures est un travail extrêmement précis et tatillon, qui convient sans doute à des dentistes pédants et des spécialistes en épices minutieux. Pour une gamine impatiente comme moi, c'est épouvantable. Nous avons commencé à neuf heures et demie, à dix heures et demie je m'assieds avec les autres, à onze heures je me lève de nouveau, à onze heures et demie je me rassieds. Mes oreilles en bourdonnent ; casser les bouts, enlever la pelure, retirer le fil, jeter la cosse, etc., les images me tournent devant les yeux, vert, vert, petit ver, fil, cosse pourrie, vert, vert, vert. Dans mon apathie et pour faire quelque chose malgré tout, je passe la matinée à raconter toutes les âneries possibles et imaginables, je les fais tous rire et pour ma part, j'ai l'impression de presque me consumer de stupidité. A chaque fil que je retire, je suis de plus en plus sûre que jamais, au grand jamais, je ne me contenterai d'être une femme au foyer !

A midi, nous prenons enfin notre petit déjeuner, mais de midi et demi à une heure et quart, nous devons nous remettre à enlever les pelures. J'ai comme le mal de mer quand je m'arrête, les autres aussi un peu, je dors jusqu'à quatre heures et après, je suis encore « sonnée » à cause de ces maudits petits pois.

Bien à toi,

Anne M. Frank

SAMEDI 15 JUILLET 1944

Chère Kitty,

Nous avons eu un livre de la bibliothèque, au titre provocant, *Que pensez-vous de la jeune fille moderne ?* Aujourd'hui, j'aimerais parler de ce sujet.

L'auteur (une femme) critique « la jeunesse d'aujourd'hui » des pieds à la tête, sans vraiment complètement reléguer tous les jeunes au rang de bons à rien. Au contraire, elle pense que si la jeunesse s'en donnait la peine, elle pourrait construire un vaste monde, un monde plus beau et meilleur, que la jeunesse en possède les moyens mais qu'elle s'occupe de choses superficielles sans accorder un regard à ce qui est réellement beau.

Dans certains passages, j'avais la forte impression que l'auteur m'adressait directement ses reproches et c'est pourquoi je veux enfin me mettre complètement à nu devant toi et me défendre de ces attaques. J'ai un trait de caractère particulièrement marqué, qui doit frapper tous ceux qui me connaissent depuis un certain temps : ma connaissance de moi-même. Je peux étudier tous mes actes comme s'il s'agissait d'une étrangère. Sans aucun préjugé et sans une foule d'excuses toutes prêtes, je me place en face de l'Anne de tous les jours et observe ce qu'elle fait de bien, de mal. Cette conscience de moi-même ne me quitte pas et à chaque mot que je prononce, je sais au moment précis où je le dis : « Il aurait fallu m'exprimer autrement », ou : « C'est très bien comme cela ! », je me juge sévèrement sur une quantité de choses et je m'aperçois de plus en plus à quel point les paroles de Papa étaient justes : « Chaque enfant doit s'éduquer lui-même. »

Les parents ne peuvent que donner des conseils ou de bonnes indications, le développement ultime de la personnalité d'un individu repose entre ses propres mains. A part cela, j'ai un courage de vivre exceptionnel, je me sens toujours si forte et capable d'endurance, si libre et si jeune ! Quand j'en ai pris conscience, j'étais heureuse car je ne crois pas que je courberai vite la tête sous les coups que chacun doit subir.

Mais j'ai déjà tant parlé de ces choses-là, aujourd'hui je veux juste aborder le chapitre : Papa et Maman ne me comprennent pas. Mon père et ma mère m'ont toujours beaucoup gâtée, ont été gentils envers moi, m'ont défendue face à ceux d'en haut et ont fait, en somme, tout ce qui était en leur pouvoir de parents. Pourtant, je me suis longtemps sentie terriblement seule, exclue, abandonnée, incomprise ; Papa a essayé tous les moyens possibles pour tempérer ma révolte, rien n'y faisait, je me suis guérie toute seule, en me confrontant moi-même à mes erreurs de conduite. Comment se fait-il que Papa ne m'ait jamais été d'aucun soutien dans ma lutte, qu'il soit tombé tout à fait à côté quand il a voulu me tendre la main ? Papa n'a pas employé le bon moyen, il m'a toujours parlé comme à une enfant qui devait traverser une crise de croissance difficile. C'est drôle à dire, car personne d'autre que lui ne m'a donné le sentiment d'être raisonnable. Mais il a cependant négligé une chose, il ne s'est pas aperçu qu'à mes yeux, ma lutte pour dominer la situation primait tout le reste. Je ne voulais pas entendre parler d'« âge ingrat », d'« autres filles », de « tout finira par s'arranger », je ne voulais pas être traitée comme une fille semblable à toutes les autres mais comme Anne telle qu'elle est, et Pim ne le comprenait pas. D'ailleurs, je ne peux pas accorder ma confiance à quelqu'un qui ne se confie pas pleinement et comme je ne sais rien de Pim, je ne pourrai pas m'engager dans la voie d'une relation intime entre nous, Pim adopte toujours le rôle du père plein de maturité, ayant lui aussi éprouvé ces mêmes penchants passagers, mais qui, face aux problèmes des jeunes, ne peut plus se placer sur le plan de l'amitié, même en se donnant beaucoup de mal. Aussi ai-je décidé de ne plus confier à personne d'autre qu'à mon journal et de temps en temps à Margot mes conceptions sur la vie et mes théories mûrement réfléchies. J'ai caché à Papa tout ce qui me troublait, je ne lui ai jamais fait part de mes idéaux, je l'ai volontairement et consciemment écarté de moi. Je ne pouvais pas faire autrement, j'ai agi en accord total avec mes sentiments, j'ai agi en égoïste, mais j'ai agi de façon à trouver une paix intérieure. Car cette paix et cette confiance en moi que j'ai bâties comme un château branlant s'écrouleraient complètement s'il me fallait maintenant affronter une critique de mon travail inachevé. Et même pour Pim, je ne peux m'y résoudre, aussi dur que cela puisse paraître, car non seulement je ne lui ai pas laissé partager ma vie intérieure, mais par mon irritabilité je le repousse souvent plus loin de moi encore.

Voilà un point qui me préoccupe souvent : comment se fait-il que Pim m'agace parfois autant ? Que j'aie de plus en plus de mal à faire mes devoirs avec lui, que ses cajoleries me semblent artificielles, que je veuille avoir la paix et que je préférerais qu'il ne s'occupe plus trop de moi, tant que je n'ai pas pris de l'assurance vis-à-vis de lui ? Car son reproche à propos de la méchante lettre que dans mon excitation j'ai osé lui envoyer à la figure me ronge toujours. Comme il est difficile d'être vraiment forte et courageuse à tous les points de vue !

Pourtant ce n'est pas la raison de ma plus grande déception, non, bien plus que Papa, c'est Peter qui me préoccupe. Je sais très bien que c'est moi qui ai gagné son cœur plutôt que le contraire, j'ai fait de lui un personnage idyllique, j'ai vu en lui le garçon silencieux, sensible, gentil qui a tant besoin d'amour et d'amitié ! J'ai éprouvé le besoin de me confier à un être vivant, j'ai voulu avoir un ami qui m'aide à retrouver le chemin, j'ai fait tout le travail difficile et je me suis arrangée pour que, lentement mais sûrement, il se tourne vers moi.

Quand j'ai enfin réussi à lui faire éprouver des sentiments amicaux envers moi, nous sommes parvenus involontairement à une intimité qui, à la réflexion, me paraît inouïe. Nous avons parlé des choses les plus secrètes, mais nous avons tu jusqu'à maintenant les choses dont mon cœur était, et est encore, empli. Je n'arrive toujours pas à me faire une idée de Peter, est-il superficiel ou est-ce sa timidité qui le retient même vis-à-vis de moi ? Mais cette question mise à part, j'ai commis une erreur en excluant tout autre type d'amitié et en me rapprochant de lui de manière intime. Il a un terrible besoin d'amour et je lui plais chaque jour davantage, je m'en rends très bien compte. Nos rencontres le satisfont pleinement ; chez moi, elles ne font qu'accentuer mon besoin de réessayer encore et encore pour finalement ne jamais aborder les sujets que j'aimerais tant soulever. J'ai attiré Peter de force, bien plus qu'il ne le croit, à présent il s'accroche à moi et je ne vois pas pour l'instant de moyen satisfaisant pour arriver à le détacher et le laisser voler de ses propres ailes. Quand je me suis aperçue, très vite en fait, qu'il ne pouvait être un ami au sens où je l'entends, j'ai lutté pour au moins lui ôter son étroitesse d'esprit et l'aider à s'affirmer dans sa jeunesse.

« Car fondamentalement, l'enfance est plus solitaire que la vieillesse. » Cette affirmation tirée de je ne sais plus quel livre m'est restée en tête et je l'ai trouvée juste.

Est-il vrai que la situation est plus pénible ici pour les adultes que pour les jeunes ? Non, c'est certainement faux. Les personnes d'âge mûr ont leur opinion faite sur tout et ne s'avancent plus dans la vie d'un pas mal assuré. Nous, les jeunes, nous avons deux fois plus de mal à maintenir nos opinions à une époque où tout idéalisme est anéanti et saccagé, où les hommes se montrent sous leur plus vilain jour, où l'on doute de la vérité, de la justice et de Dieu.

Celui qui continue encore à prétendre que la situation, ici à l'Annexe, est beaucoup plus pénible pour les adultes ne se rend certainement pas compte de l'énorme quantité de problèmes qui nous assaille, des problèmes pour lesquels nous sommes peut-être beaucoup trop jeunes, mais qui pourtant s'imposent à nous jusqu'au moment où, bien plus tard, nous croyons avoir trouvé une solution, une solution le plus souvent inefficace face aux armes qui la réduisent à néant. Voilà la difficulté de notre époque, les idéaux, les rêves, les beaux espoirs n'ont pas plus tôt fait leur apparition qu'ils sont déjà touchés par l'atroce réalité et totalement ravagés. C'est un vrai miracle que je n'aie pas abandonné tous mes espoirs, car ils semblent absurdes et irréalisables. Néanmoins, je les garde car je crois encore à la bonté innée des hommes. Il m'est absolument impossible de tout construire sur une base de mort, de misère et de confusion, je vois comment le monde se transforme lentement en un désert, j'entends plus fort, toujours plus fort, le grondement du tonnerre qui approche et nous tuera, nous aussi, je ressens la souffrance de millions de personnes et pourtant, quand je regarde le ciel, je pense que tout finira par s'arranger, que cette brutalité aura une fin, que le calme et la paix reviendront régner sur le monde. En attendant, je dois garder mes pensées à l'abri, qui sait, peut-être trouveront-elles une application dans les temps à venir !

Bien à toi,

Anne M. Frank

VENDREDI 21 JUILLET 1944

Chère Kitty,

A présent, je suis pleine d'espoir, enfin tout va bien. Tout va même très bien ! Superbes nouvelles ! On a tenté d'assassiner Hitler, et pour une fois il ne s'agit pas de communistes juifs ou de capitalistes anglais mais d'un général allemand de haute lignée germanique, un comte qui en plus est encore jeune. La Providence divine a sauvé la vie du Führer et, malheureusement, il s'en est tiré avec seulement quelques égratignures et des brûlures. Plusieurs officiers et généraux de son entourage immédiat ont été tués ou blessés. Le principal auteur de l'attentat a été fusillé. Voilà tout de même la meilleure preuve que de nombreux officiers et généraux en ont assez de la guerre et aimeraient voir Hitler sombrer aux oubliettes afin de prendre la tête d'une dictature militaire, et ainsi, de conclure la paix avec les Alliés, de réarmer et de recommencer la guerre dans une vingtaine d'années. Peut-être que la Providence a fait exprès de traîner un peu avant de l'éliminer, car il est beaucoup plus facile et plus avantageux pour les Alliés de laisser aux Germains purs et sans tache le soin de s'entre-tuer, les Russes et les Anglais auront d'autant moins de travail et pourront se mettre d'autant plus vite à la reconstruction de leurs propres villes.

Mais nous n'en sommes pas encore là, et rien ne me fait moins envie que d'anticiper sur ces glorieux événements. Pourtant, tu peux constater que ce que je dis ne contient que la vérité et toute la vérité ; pour une fois, je ne suis pas à clamer des idéaux grandioses.

Hitler a encore eu la bonté d'annoncer à son peuple fidèle et affectionné que tous les militaires doivent à partir d'aujourd'hui obéir à la Gestapo, et que tout homme ou tout soldat sachant que son supérieur a pris part à cet attentat lâche et méprisable a le droit de le flinguer !

Ça va être du joli. M. Dufuté a mal aux pieds à force de marcher, son chef, l'officier, le rabroue. Dufuté prend son fusil et crie : « Alors, comme ça, tu as voulu tuer le Führer, voilà ta récompense ! » Une détonation, et ce chef orgueilleux qui a osé passer un savon à Dufuté a franchi le seuil de la vie (ou serait-ce plutôt de la mort) éternelle ! A la fin, on verra ces messieurs les officiers faire dans leur culotte de peur chaque fois qu'ils rencontreront un soldat ou prendront le commandement, parce que les soldats auront leur mot à dire et plus de pouvoir qu'eux. Tu arrives un peu à me suivre, ou est-ce que j'ai encore sauté du coq à l'âne ? Je n'y peux rien, je suis bien trop gaie pour respecter la logique, à l'idée qu'en octobre je pourrais bien retourner m'asseoir sur les bancs de l'école ! Oh ! là ! là ! n'ai-je pas dit à l'instant qu'il ne faut jamais anticiper ? Ne m'en veux pas, ce n'est pas pour rien que j'ai la réputation d'être un paquet de contradictions !

Bien à toi,

Anne M. Frank

MARDI 1er AOÛT 1944

Chère Kitty,

« Un paquet de contradictions » sont les derniers mots de la lettre précédente et les premiers de celle-ci. « Un paquet de contradictions », peux-tu m'expliquer claire- ment ce que cela veut dire ? Que signifie « contradic- tion » ? Comme tant d'autres mots (on peut l'expliquer de deux manières), il a deux sens : contradiction extérieure et contradiction intérieure. Le premier, c'est tout simple- ment ne pas s'incliner devant les opinions des autres, en savoir plus, avoir le dernier mot, bref tous ces affreux défauts qu'on me connaît bien, le second, les autres n'en savent rien, c'est mon secret à moi.

Je t'ai déjà raconté plusieurs fois que mon âme est pour ainsi dire divisée en deux. D'un côté se logent ma gaieté exubérante, mon regard moqueur sur tout, ma joie de vivre et surtout ma façon de prendre tout à la légère. Par là, je veux dire que je ne vois rien de mal à flirter, à donner un baiser, à serrer quelqu'un dans mes bras, à dire une blague de mauvais goût. Ce côté est plus souvent à l'affût et refoule l'autre côté qui est bien plus beau, plus pur et plus profond. C'est vrai finalement, le beau côté d'Anne, personne ne le connaît et c'est pourquoi si peu de gens peuvent me supporter. Évidemment, je suis un clown amusant pour un après-midi, après quoi tout le monde a eu sa dose pour un mois.

En fait, exactement ce qu'un film d'amour peut être aux yeux de gens profonds, une simple distraction, un divertissement occasionnel, une chose vite oubliée, pas mauvaise mais pas bonne non plus. Cela m'est très désa- gréable d'avoir à te le dire, mais pourquoi ne le ferais-je pas, puisque je sais que c'est la vérité ? Mon côté insou- ciant, superficiel, devancera toujours mon côté profond et c'est pourquoi il aura toujours le dessus. Tu ne peux pas t'imaginer combien de fois j'ai essayé de repousser, de changer radicalement, de cacher cette Anne, qui n'est que la moitié de celle qui porte le nom d'Anne, je n'y arrive pas et je comprends aussi pourquoi.

J'ai peur que tous ceux qui me connaissent telle que je suis toujours ne découvrent mon autre côté, le côté plus beau et meilleur. J'ai peur qu'ils se moquent de moi, me trouvent ridicule, sentimentale, ne me prennent pas au sérieux. J'ai l'habitude de ne pas être prise au sérieux, mais seule l'Anne insouciante y est habituée et arrive à le supporter, l'Anne profonde n'en a pas la force. Quand il m'arrive vraiment de me forcer à soumettre la gentille Anne aux feux de la rampe pendant un quart d'heure, celle-ci se rétracte comme une sensitive dès qu'elle doit ouvrir la bouche, laisse la parole à Anne numéro 1 et a disparu avant que je ne m'en aperçoive.

En société, la douce Anne n'a encore jamais, pas une seule fois, fait son apparition, mais dans la solitude, elle l'emporte toujours. Je sais exactement comment j'aimerais être, comment je suis en réalité... à l'intérieur, mais malheureusement je ne le suis que pour moi-même. Et c'est sans doute, non c'est certainement pour cette raison que je prétends avoir une nature intérieure heureuse, tandis que les autres gens voient en moi une nature extérieure heureuse. A l'intérieur, l'Anne pure me montre le chemin, à l'extérieur, je ne suis rien d'autre qu'une petite chèvre turbulente qui a arraché ses liens.

Comme je l'ai déjà dit, je ressens toute chose autrement que je ne l'exprime et c'est pourquoi j'ai la réputation d'une coureuse de garçons, d'une flirteuse, d'une madame je-sais-tout et d'une lectrice de romans à l'eau de rose. Anne joyeuse s'en moque, rétorque avec insolence, hausse les épaules d'un air indifférent, fait semblant de ne pas s'en soucier, mais pas du tout, Anne silencieuse réagit complètement à l'opposé. Pour être vraiment franche, je veux bien t'avouer que cela me fait de la peine, que je me donne un mal de chien pour essayer de changer, mais que je dois me battre sans arrêt contre des armées plus puissantes.

En moi une voix sanglote : « Tu vois, voilà où tu en es arrivée, de mauvaises opinions, des visages moqueurs ou perturbés, des personnes qui te trouvent antipathique, et tout cela seulement parce que tu n'écoutes pas les bons conseils de la bonne moitié en toi. » Ah, j'aimerais bien écouter, mais je n'y arrive pas, quand je suis calme et sérieuse, tout le monde pense que je joue encore la comédie et alors je suis bien obligée de m'en sortir par une blague, sans même parler de ma propre famille qui pense qu'à coup sûr je suis malade, me fait avaler des cachets contre la migraine, et des calmants, me tâte le pouls et le front pour voir si j'ai de la fièvre, s'enquiert de mes selles et critique ma mauvaise humeur ; je ne supporte pas longtemps qu'on fasse à tel point attention à moi, je deviens d'abord hargneuse, puis triste et finalement je me retourne le cœur, je tourne le mauvais côté vers l'extérieur, et le bon vers l'intérieur, et ne cesse de chercher un moyen de devenir comme j'aimerais tant être et comme je pourrais être, si... personne d'autre ne vivait sur terre.

Bien à toi,

Anne M. Frank

Ici se termine le journal d'Anne Frank.

Épilogue

Le 4 août 1944, entre 10 heures et 10 h 30 du matin, une voiture s'arrêta devant l'immeuble du Prinsengracht 263. Un Oberscharführer-SS en uniforme, Karl Joseph Silberbauer, en descendit, accompagné par au moins trois Hollandais au service de la police allemande, en civil mais armés. Il ne fait aucun doute que la cachette a été dénoncée. Les soupçons ont tout de suite porté sur le magasinier W.G. Van Maaren. Cependant, les deux enquêtes menées après guerre n'ont pu apporter suffisamment de preuves pour le poursuivre devant les tribunaux.

La police allemande arrêta les huit clandestins, y compris Viktor Kugler et Johannes Kleiman — par contre, Miep Gies et Élisabeth (Bep) Voskuyl ne furent pas interpellées —, et emporta tous les objets de valeur, ainsi que l'argent qui restait.

Kugler et Kleiman furent emprisonnés le jour même à la maison d'arrêt de l'Amstelveenseweg, pour être transférés un mois plus tard à celle du Weteringsschans à Amsterdam. Le 11 septembre 1944, on les emmena au camp de transit de police à Amersfoort, sans procès. Le 18 septembre 1944, Kleiman fut relâché pour des raisons de santé. Il décéda en 1959 à Amsterdam. Kugler réussit à s'échapper le 28 mars 1945, peu avant son transfert en Allemagne au titre du « travail obligatoire ». Il devait émigrer au Canada en 1955 et mourir en 1981 à Toronto.

On apprenait la mort d'Élisabeth (Bep) Wijk-Voskuyl en 1983 à Amsterdam. Miep Gies-Santrouschitz vit à ce jour à Amsterdam avec son mari. Après leur arrestation, les clandestins restèrent pendant quatre jours à la maison d'arrêt du Weteringsschans à Amsterdam, avant d'être transportés au camp de transit spécialement conçu pour les juifs néerlandais à Westerbork. Le 3 septembre 1944, ils partirent en déportation avec le dernier convoi vers les camps d'extermination à l'Est, direction Auschwitz en Pologne, où ils arrivèrent trois jours plus tard. Là, Édith Frank mourut le 6 janvier 1945 de famine et d'épuisement. Hermann Van Pels (Van Daan), d'après les constatations de la Croix-Rouge néerlandaise, fut gazé le jour même de son arrivée à Auschwitz, le 6 septembre 1944. Mais pour Otto Frank, il aurait été tué quelques semaines plus tard, en octobre ou en novembre 1944, peu avant la fermeture des chambres à gaz. Augusta Van Pels (Van Daan) fut transportée d'Auschwitz, *via* Bergen-Belsen et Buchenwald, à Theresienstadt, le 9 avril 1945. De là, elle a été certainement déportée ailleurs, où elle succomba. On ignore toujours le lieu et la date de sa mort. Margot et Anne furent déportées fin octobre au camp de concentration de Bergen-Belsen dans la Lande de Lüneburg. Les conditions d'hygiène étant catastrophiques, une épidémie de typhus y éclata durant l'hiver de 1944-1945, coûtant la vie à des milliers de prisonniers dont Margot et, quelques jours plus tard, Anne Frank. La date de leur mort se situe entre fin février et début mars. Les corps des deux filles se trouvent sans doute dans la fosse commune de Bergen-Belsen. Le 12 avril 1945, le camp de concentration fut libéré par les troupes anglaises. Peter Van Pels (Van Daan) fut, le 16 janvier 1945, déporté d'Auschwitz à Mauthausen (Autriche), où il succomba le 5 mai 1945, trois jours seulement avant la libération.

Fritz Pfeffer (Albert Dussel) mourut le 20 décembre 1944 dans le camp de concentration de Neuengamme ; il était arrivé *via* le camp de Buchenwald et celui de Sachsenhausen.

Otto Frank était le seul des huit clandestins à avoir survécu aux camps de concentration. Après la libération d'Auschwitz par l'armée russe, il gagna Odessa et, de là, Marseille, en bateau. Le 3 juin 1945, il retrouvait Amsterdam, où il vécut jusqu'en 1953, ensuite il s'établit en Suisse, à Bâle, où vivaient sa sœur et sa famille, ainsi que son frère. Il épousa Elfriede Geiringer, née Markovits, de Vienne, qui avait survécu à Auschwitz, mais avait perdu son mari et son fils au camp de Mauthausen. Jusqu'à sa mort, le 19 août 1980, Otto Frank vécut à Birsfelden près de Bâle où il se consacra au journal de sa fille Anne.

Postface

ANNE FRANK, LE SYMBOLE

Avant même d'ouvrir le *Journal*, nous connaissons le nom d'Anne Frank. Il a été donné aux quatre coins du monde à des rues, à des écoles. Une Fondation Anne Frank a été créée en 1957 afin de préserver l'immeuble où Anne Frank vécut dans la clandestinité avec sa famille et des amis pendant plus de deux ans, au 263 Prinsengracht, à Amsterdam. On peut y visiter la fameuse « Annexe ». Environ 600 000 visiteurs s'y rendent chaque année. Cette fondation tente par ailleurs de combattre le racisme, le fascisme et l'antisémitisme, en s'inspirant des idéaux tels qu'ils ressortent du *Journal de Anne Frank*[1]. Le *Journal*, qui a été rédigé en néerlandais, dont le titre d'origine est *Het Achterhuis*[2], en est à sa quatre-vingt-deuxième édition et a été vendu aux Pays-Bas à plus de 800 000 exemplaires depuis sa parution en 1947. Traduit dans plus de cinquante-cinq langues ou pays[3], le *Journal* s'est vendu dans le monde à plus de vingt millions d'exemplaires, dont plus de deux millions pour la traduction française, texte de l'ancienne édition. Des adaptations cinématographiques et théâtrales ont vu le jour et ont grandement contribué à la renommée mondiale du *Journal* qui fait l'objet de nombreuses études mais aussi de nombreuses attaques. Pourquoi un tel impact ?

---

1. *Journal de Anne Frank*, Calmann-Lévy, 1950.
2. Littéralement : « la maison de derrière », ce qui a été traduit en français par l'Annexe.
3. Une édition yiddish a également été publiée dans quatre pays.

Sans doute la réponse réside-t-elle en partie dans les propos que tint à la B.B.C. en mars 1944 le ministre néerlandais de l'Enseignement, des Arts et des Sciences, M. Bolkestein, exilé à Londres avec le reste du gouvernement. Selon lui, les œuvres des historiens s'attachent à décrire et à analyser les événements, les décisions de chefs d'État et de généraux, les stratégies politiques et militaires, elles rendent compte des pertes humaines et matérielles. Pour comprendre ce qu'avait été la vie de tous les jours pendant les hostilités et l'occupation, il fallait créer après la guerre un organisme chargé de rassembler les témoignages des gens ordinaires. Cette idée devint une réalité en 1947 avec la création du *Rijksinstituut voor Oorlog Documentatie* (R.I.O.D.) dont nous serons amenés à reparler. Le *Journal de Anne Frank* allait permettre de prendre une plus juste mesure de ce qu'avait été la guerre à l'échelle d'un individu et de ses proches.

La Seconde Guerre mondiale est le conflit le plus meurtrier que l'humanité ait jamais connu : de 42 à 50 millions de morts, dont cinq à six millions de Juifs [1]. Ces personnes avaient toutes un nom, une famille, un passé, mais la plupart d'entre elles sont restées et resteront dans l'anonymat. Anne Frank a un visage, une voix. Cette jeune fille vive, spontanée, confie à un journal sa vie de tous les jours comme l'ont fait tant d'autres adolescentes avant elle. Seulement, Anne est juive, c'est la guerre et elle se cache. En commençant la lecture de son journal, on sait déjà qu'elle sera arrêtée et ne reviendra pas. On fait connaissance avec un d'entre les millions d'individus innocents anéantis par un régime totalitaire responsable du génocide le plus massif de l'histoire. Ce témoignage parfois drôle, parfois déchirant, d'une enfant bouillonnante de vie et pleine de talent, obligée de se dissimuler avec sa famille pour échapper à la déportation, est devenu un symbole des victimes de la barbarie nazie.

---

1. Les estimations concernant le nombre des morts au cours de la dernière guerre sont très problématiques, surtout si on y inclut les victimes des camps de concentration. En effet, les Juifs morts en déportation ne peuvent être comptabilisés comme *victimes* de la guerre. Ils furent *tués* par l'Allemagne nazie et le IIIe Reich.

ANNE FRANK,
LA JEUNE FILLE ET SA FAMILLE

Rien n'est plus éloquent pour connaître Anne Frank que le *Journal* lui-même. Quelques précisions biographiques et historiques permettront de mieux comprendre ce qu'elle et sa famille ont vécu.

La famille Frank fuit l'Allemagne nazie

Anne Frank est née le 12 juin 1929 à Francfort-sur-le-Main. Son père, Otto Frank, et sa mère Édith Holländer, tous deux Allemands d'origine juive, avaient une autre fille, Margot, née le 16 janvier 1926. Les Frank vécurent à Francfort jusqu'en août 1933. Otto, qui venait à contre-cœur de prendre la direction d'une banque familiale, jugea le moment opportun pour émigrer avec les siens. La situation s'aggravait en Allemagne. Le pays avait été durement touché par la crise économique. Les remaniements territoriaux ainsi que les réparations de guerre infligés à l'Allemagne après la défaite de la Première Guerre mondiale avaient fait naître un sentiment d'humiliation, un esprit nationaliste et revanchard. Dans sa volonté de réaffirmer l'identité allemande en agitant la peur du Juif et du communiste, le parti national-socialiste avait su exploiter le mécontentement ambiant et l'antisémitisme latent. En janvier 1933, Hitler arrive au pouvoir. Dès lors, le nouveau chancelier va s'employer à appliquer les principes du livre qu'il a rédigé en prison en 1923, *Mein Kampf*. L'Allemagne doit être débarrassée de tous ceux qui n'appartiennent pas à la race pure, la race aryenne. Les partis sont interdits, un régime de terreur s'installe. Les Juifs sont mis au ban de la société ; dépouillés de leurs droits et de leurs biens, isolés du reste de la population, ils seront ensuite déportés, comme tous ceux qui ne correspondent pas à l'idéal nazi. Quant au problème du chômage, Hitler a entrepris de le régler par une politique industrielle résolument créatrice d'emplois ; les chômeurs sont autant de travailleurs disponibles qui lui fournissent une main-d'œuvre formidable pour concentrer ses efforts sur la préparation de la guerre.

Au moment où Otto Frank décide d'émigrer, le sort réservé à la communauté juive ne fait plus de doute pour lui. Déjà la ségrégation a commencé à l'école, les magasins juifs sont boycottés, les Juifs perdent leurs emplois. Aussi Otto Frank part-il pour Amsterdam en éclaireur afin de trouver un logement et de régler certaines questions administratives. Il a des relations dans cette ville, ses affaires l'ayant déjà amené à y travailler. Sa famille le rejoint après un séjour à Aix-la-Chapelle, chez la grand-mère maternelle d'Anne. La grand-mère paternelle d'Anne émigrera elle aussi et ira se fixer à Bâle.

La famille s'installe aux Pays-Bas

Les Frank occupent un appartement de la Merwedeplein, dans le sud d'Amsterdam. Otto Frank crée sa propre société, une entreprise spécialisée dans le commerce de pectine, un produit servant à la préparation de confitures. Plus tard, il diversifie son activité en vendant également des épices. Anne et Margot s'adaptent rapidement à la vie néerlandaise. Très vite, elles acquièrent à l'école une bonne maîtrise du néerlandais, et c'est d'ailleurs dans cette langue qu'Anne rédige son journal. Le père avait une pratique suffisante de la langue dans le cadre de ses activités. Leur mère, qui demeurait au foyer, semble avoir éprouvé, à cet égard, de réelles difficultés, d'autant que les Frank fréquentaient surtout d'autres Allemands réfugiés en Hollande pour les mêmes raisons qu'eux.

Otto Frank avait vu dans les Pays-Bas, qui étaient restés neutres durant la Première Guerre mondiale, une terre d'asile, un État à l'abri de la menace nazie. Puis la guerre éclate, les Pays-Bas sont envahis et capitulent presque aussitôt. Au début de l'occupation, la vie de la famille Frank se poursuit normalement. Mais se succèdent bientôt des mesures, au départ anodines, ensuite de plus en plus rigoureuses, contre les Juifs. Pour Otto Frank, déjà témoin de cette escalade en Allemagne, il n'y a plus de doute, il faut se cacher, car il est trop tard pour émigrer à nouveau.

Il fait néanmoins une dernière tentative en janvier 1942. Avant qu'on lui interdise d'exercer son métier, Otto Frank demande à des amis et collègues de lui servir de prête-noms, afin de ne plus être officiellement propriétaire et directeur de son entreprise. Il s'adresse à Jan Gies, le mari de sa secrétaire Miep, ainsi qu'à MM. V. Kugler et J. Kleiman. Otto contourne de cette manière une mesure engagée en octobre 1940 visant, pour des raisons évidentes, à recenser les Juifs propriétaires ou directeurs d'une société. Il conserve, contrairement à de nombreux autres Juifs, sa source de revenus. La sonnette d'alarme retentit lorsque Margot reçoit une convocation des S.S. Nous connaissons la suite des événements, puisque Anne Frank les évoque en détail dans le *Journal*.

La famille se cache à l'Annexe

Petit à petit, dans l'immeuble qui abritait ses bureaux, Otto Frank avait discrètement aménagé ce que l'on a appelé l'Annexe et qui est en fait une partie du bâtiment donnant sur la cour. On accédait à l'Annexe par le palier du deuxième étage. La porte menant à l'Annexe fut ultérieurement camouflée par des rayonnages pivotants (« la porte-bibliothèque » dont parle Anne dans le *Journal*). Anne Frank décrit la composition de l'Annexe et du reste de l'immeuble dans le *Journal*, mais il convient d'ajouter que les fenêtres de la partie avant du bâtiment, d'où on aurait pu apercevoir l'Annexe, étaient recouvertes d'un papier noir servant à protéger les épices de la lumière. L'Annexe surplombait un jardin. Les voisins situés à l'arrière de l'immeuble pouvaient donc voir cette partie du bâtiment, mais les Frank avaient, dès leur arrivée, fixé des rideaux, ce qui ne risquait pas d'éveiller de soupçons, la défense passive obligeant les civils à voiler les fenêtres de façon à ne laisser filtrer aucune lumière la nuit. Les voisins pouvaient croire qu'il s'agissait d'entrepôts. Les risques majeurs étaient donc le bruit, ou encore une lumière ou une ombre apparaissant derrière les fenêtres en dehors des heures de bureau. D'autre part, l'approvisionnement présentait un danger, tout d'abord parce que l'obtention et le transport de la quantité de nourriture nécessaire à la survie de huit personnes ne passaient pas inaperçus, mais aussi parce qu'un contact avec des résistants était indispensable pour obtenir des tickets de rationnement.

Otto Frank avait mis plusieurs personnes dans le secret. Son plan aurait échoué sans le dévouement de MM. J. Kleiman et V. Kluger, de la secrétaire Miep Gies et de Bep, une autre secrétaire. La plupart sont nommés, dans le *Journal* d'Anne, par des pseudonymes.

Anne Frank avait établi une liste de correspondances, en vue d'une éventuelle publication (à ce sujet, voir l'Avant-Propos, page 7).

Les « protecteurs » permirent aux habitants de l'Annexe de vivre presque confortablement dans leur cachette en leur fournissant des vivres et des vêtements, mais aussi en leur apportant des nouvelles du dehors, des livres, des revues, et surtout un grand soutien moral. C'est grâce à Miep que le *Journal de Anne Frank* put être préservé. Dans son ouvrage, *Elle s'appelait Anne Frank* [1], Miep Gies nous raconte en toute humilité le rôle qu'elle a joué auprès des clandestins, puis l'importance qu'Anne Frank devait prendre dans sa vie.

La convocation des S.S. envoyée à Margot précipita le départ pour l'Annexe. Les Frank s'y installèrent le 6 juillet 1942. Ils furent rejoints en août par M. et Mme Van Pels et leur fils Peter, puis en novembre par le dentiste, M. Pfeffer. Anne Frank a décrit la vie et les habitants de l'Annexe avec suffisamment de détails et d'esprit dans son journal pour qu'il soit superflu de rien ajouter. Le récit de Miep Gies rétablit quelque peu l'équilibre face aux féroces traits de plume d'Anne sur certains des compagnons que lui imposait la circonstance.

La famille vécut à l'Annexe pendant plus de deux ans, une période relativement importante car rares sont les cas où les Juifs parvenaient à rester cachés longtemps aux Pays-Bas. Le pays, de par sa configuration, offrait peu de possibilités à ceux qui cherchaient à se soustraire aux recherches. Dans les villes, le risque de dénonciation était

---

1. Miep Gies : *Elle s'appelait Anne Frank*, Calmann-Lévy, 1987.

élevé. Durant sa clandestinité, Anne Frank, outre son journal, écrivait de petites histoires dont certaines ont été traduites en français sous le titre *Contes d'Anne Frank*[1].

L'arrestation et la déportation

Le 4 août 1944, une voiture s'arrête devant l'immeuble du 263, Prinsengracht. Un Autrichien du nom de Silberbauer en descend, suivi de plusieurs Hollandais. Il s'agit de policiers du *Sicherheitsdienst*, le service de renseignements et d'espionnage des S.S. Lorsque Silberbauer entre dans la maison, il semble savoir précisément où il doit se rendre. Il se dirige droit vers la « porte-bibliothèque » pivotante qui cache la porte d'accès à l'Annexe, et exige qu'on l'ouvre. C'est ce qui fit croire plus tard à une dénonciation. Les soupçons portèrent sur un magasinier du nom de Van Maaren — mentionné dans le *Journal* sous les initiales V.M. — mais rien ne put jamais être prouvé. Ce magasinier avait remplacé le père de Bep — le M. Vossen du *Journal* — qui était tombé gravement malade.

Silberbauer posta quelques hommes dans l'Annexe en attendant l'arrivée d'un véhicule plus grand pour emmener les clandestins ainsi que MM. Kugler et Kleiman. Alors qu'il interrogeait Otto Frank, Silberbauer vit une sacoche en cuir dont il vida le contenu par terre, sans doute dans l'idée de trouver des bijoux. Mais elle ne contenait que des feuilles de papier. Il s'agissait d'une partie du journal d'Anne. Après le départ de la police, Miep Gies ramassa tous les papiers qu'elle put trouver et les mit sous clef dans son bureau. Plus tard, elle envoya le magasinier Van Maaren récupérer d'autres affaires avant qu'une entreprise de déménagement de triste renommée, choisie par les Allemands, la société Puls, ne vienne vider l'Annexe de ses meubles. Miep ne sortit les écrits d'Anne de son tiroir que pour les confier à Otto Frank lorsque

---

1. *Contes d'Anne Frank*, Calmann-Lévy, 1959, et Le Livre de Poche, 1991.

celui-ci, seul survivant de la famille, revint du camp d'Auschwitz [1].

Par miracle, Miep Gies ne fut pas arrêtée [2]. Les revers militaires de l'Allemagne se faisaient sentir et il régnait un grand désordre chez l'occupant. Miep raconte comment elle prit le risque de se rendre au quartier général du *Sicherheitsdienst* à Amsterdam et d'intercéder auprès de Silberbauer en lui proposant de l'argent afin d'empêcher la déportation des personnes arrêtées. Son intervention ne servit à rien. Les données recueillies par la Croix-Rouge néerlandaise ont permis d'établir ce que ces personnes sont devenues. M. Kugler et M. Kleiman furent envoyés dans un camp à Amersfoort, aux Pays-Bas. Ils connurent des sorts différents mais tous deux survécurent à la guerre. Les familles Frank et Van Pels, ainsi que M. Pfeffer, furent d'abord déportés au camp de Westerbork, dans l'Est des Pays-Bas, près de la frontière allemande. Puis ils furent transportés dans le dernier train qui partit de Westerbork en direction d'Auschwitz, où ils arrivèrent dans la nuit du 5 au 6 septembre 1944. M. Van Pels fut gazé quelques semaines après son arrivée. M. Pfeffer, lui, mourut le 20 décembre dans le camp de Neuengamme. Mme Van Pels est décédée en avril ou en mai 1945, après avoir été transférée d'un camp à un autre, et son fils Peter est mort le 5 mai 1945 au camp de Mauthausen. La mère de Margot et d'Anne mourut à Auschwitz-Birkenau le 6 janvier 1945. Ses filles furent, quant à elles, transférées à la fin du mois d'octobre ou au début du mois de novembre 1944 à Bergen-Belsen, où elles moururent du typhus [3] en février ou en mars 1945. Dans son livre, *Les Sept Derniers Mois d'Anne Frank* [4], une amie d'école, Hanneli Gosslar, la « Lies » à laquelle Anne fait référence de façon

---

1. Miep ne donna le manuscrit à Otto (sans l'avoir lu) qu'après avoir été sûre de ne pouvoir le remettre à Anne.

2. Probablement parce qu'elle était autrichienne comme Silberbauer et que les Allemands étaient alors moins méfiants à l'égard des femmes.

3. Il est probable mais non certain qu'Anne Frank mourut du typhus. Cependant sa faiblesse joua vraisemblablement un rôle fort déterminant dans son décès.

4. Hanneli Gosslar : *Les Sept Derniers Mois d'Anne Frank*, Stock, 1989.

tristement prémonitoire dans sa lettre à Kitty du 27 novembre 1943, raconte comment elle a croisé Anne dans le camp de Bergen-Belsen, aux derniers jours de sa vie.

Le retour d'Otto Frank

Otto Frank, resté à Auschwitz, fut libéré par les Russes le 27 janvier 1945. Il arriva le 3 juin à Amsterdam. Durant ce long périple, il rencontra Elfriede Geiringer-Markovits, qui plus tard devait devenir sa femme. Elle avait été déportée de Westerbork à Auschwitz avec sa famille [1]. Seule sa fille lui restait. De retour à Amsterdam, Otto tâcha d'exaucer le souhait d'Anne. Il parvint à faire publier le *Journal*.

Otto Frank, retiré en Suisse depuis 1953, est mort le 19 août 1980.

LA GUERRE AUX PAYS-BAS

La capitulation

Les Pays-Bas furent un des premiers pays à être envahis par les Allemands et un des derniers à être libérés. Après l'invasion de la Tchécoslovaquie, de la Pologne et de la Finlande, Hitler lance l'offensive le 10 mai 1940 contre la Belgique et les Pays-Bas. L'armée néerlandaise, mal équipée, prise de court car l'ennemi viole la neutralité du pays et s'engage vers le nord alors que personne n'avait envisagé qu'il passe au nord des Ardennes, se révèle impuissante face à l'aviation et aux blindés allemands. Le pays capitule au bout de cinq jours. Le centre de Rotterdam est totalement détruit. La reine des Pays-Bas, Wilhelmine, ainsi que sa famille, se réfugie à Londres de même que le chef du gouvernement, Gerbrandy, et ses ministres, qui tenteront d'organiser la résistance et s'adresseront au peuple néerlandais à la B.B.C. sur Radio Orange.

---

1. Le mari et le fils d'Elfriede Geiringer-Markovits sont morts probablement tués à Mauthausen.

La collaboration

En 1931, Anton Mussert crée le *National Socialistische Beweging* (N.S.B.), le parti national-socialiste néerlandais. C'est dans ce vivier de sympathisants du nazisme que l'occupant trouvera des individus prêts à collaborer. Le 11 septembre 1940, Mussert forme la section néerlandaise des S.S. On a vu, en ce qui concerne Anne Frank, que des hommes de cette section participeront à l'arrestation de sa famille et de ses amis. Des Néerlandais se porteront également volontaires pour aller se battre sur le front de l'Est.

L'occupation

L'occupant met en place une structure qui lui permettra de diriger et de contrôler l'ensemble du pays. Arthur Seyss-Inquart, un juriste autrichien d'abord gouverneur général en Pologne, est nommé le 29 mai commissaire du Reich aux Pays-Bas. Il est chargé de faire appliquer les consignes provenant des autorités allemandes par l'intermédiaire de fonctionnaires néerlandais déjà en place avant la guerre, les secrétaires généraux, qui sont chacun responsables d'un ministère. Après la guerre, Seyss-Inquart sera condamné par le tribunal de Nuremberg comme criminel de guerre et exécuté en 1946. L'Autrichien Hanns Rauter est nommé chef suprême de la police et des S.S. Lui aussi sera jugé et exécuté après la guerre. La France, en ce mois de juin, signe l'armistice avec l'Allemagne.

Dès le mois d'octobre 1940, des mesures qui préparent une persécution méthodique des Juifs sont mises en œuvre. Tout Néerlandais âgé de plus de quatorze ans doit détenir une carte d'identité. Chaque fonctionnaire doit remplir un formulaire spécifiant s'il appartient ou non à la « race aryenne » et s'il est marié à une personne juive. Les fonctionnaires juifs sont tenus de fournir les noms de leurs parents et de leurs grands-parents, et de préciser s'ils disposent de revenus propres. Ils perdent tous leur emploi, ce qui suscite des protestations au sein de diverses communautés religieuses et chez les étudiants. En janvier

1941, on impose aux Juifs de s'inscrire séparément sur les registres d'état civil. Ainsi commence, comme quelques années auparavant en Allemagne, un processus d'isolement de la population juive. En février, les autorités allemandes exigent la création d'un *Joodsche Raad* (Conseil juif), constitué de personnalités juives chargées d'appliquer les mesures qu'impose l'occupant. Ces personnalités croient pouvoir atténuer l'effet de ces décisions, mais il n'en sera rien. Leur attitude pendant la guerre a été très controversée. Le 22 et le 23 février, comme un sympathisant nazi a été mortellement blessé au cours d'une bagarre, les Allemands font en représailles une rafle dans le quartier juif. Quatre cents Juifs seront arrêtés puis déportés dans le camp de concentration de Mauthausen. Seuls deux d'entre eux survivront. L'annonce de ces arrestations avait provoqué des grèves massives, notamment chez les cheminots, mais le mouvement est vite interrompu par l'occupant. En mars 1941, la radio néerlandaise devient exclusivement un instrument de propagande nazie. En juin, les partis politiques sont interdits. Il n'existe qu'un seul parti, le N.S.B. En juillet 1941, un J est imprimé sur les cartes d'identité des Juifs. Les mesures de ségrégation s'accentuent. Anne les évoque dans son journal. Le couvre-feu est instauré, les Juifs n'ont plus le droit de fréquenter les lieux publics ou de se rendre chez des non-Juifs. Les entreprises sont « aryanisées », autrement dit le personnel juif est remplacé, les directeurs et les propriétaires sont dépossédés de leur fonction et de leurs biens. Puis, après avoir recensé et isolé les Juifs, les autorités allemandes vont entreprendre de les déporter.

Le 20 janvier 1942 a lieu la Conférence de Wannsee réunissant les dirigeants allemands. Le sort des Juifs y est évoqué ; il s'agit d'organiser la *Endlösung der Judenfrage* (la « solution finale de la question juive »). Pour les nazis, la « question » est préoccupante. Ils ne savent que faire des Juifs, dont le nombre augmente à mesure que l'Allemagne occupe de nouveaux territoires. Un durcissement des mesures résultera de cette conférence. Les nazis s'appliqueront à déporter les Juifs restés en liberté, à soumettre les Juifs déjà internés et en état de travailler à des conditions très dures annihilant leur chance de survie, et, enfin, à liquider tous les autres, autrement dit à anéantir les personnes d'origine juive. Les répercussions ne tarderont pas à se faire sentir aux Pays-Bas.

C'est également en janvier qu'ont lieu les premières déportations de Juifs au camp néerlandais de Westerbork, le camp où Anne Frank, sa famille et ses amis, allaient d'abord être internés. Les autorités allemandes tentent par ailleurs de regrouper l'ensemble des Juifs résidant aux Pays-Bas à Amsterdam, où vivaient déjà 80 000 Juifs avant la guerre. Les opérations commencent ce mois-là. En mai 1942 est institué le port de l'étoile jaune, obligatoire pour tous les Juifs âgés de plus de six ans. Le Conseil juif est chargé de la distribution des étoiles. A partir de juillet, celui-ci doit également s'assurer que chaque semaine 4 000 Juifs partent pour Westerbork. Lorsque les Juifs se présentent en nombre insuffisant, les Allemands font des rafles pour en trouver d'autres. On peut se faire une idée précise de la vie dans le camp de Westerbork et de la frayeur qui précédait le départ hebdomadaire de chaque convoi à destination d'Auschwitz, de Sobibor, de Theresienstadt ou de Bergen-Belsen, en lisant les *Lettres de Westerbork*, de Etty Hillesum[1]. Etty travaillait pour le Conseil juif. Elle fut finalement internée à Westerbork puis déportée à Auschwitz où elle mourut en 1943.

Sur les 140 000 Juifs aux Pays-Bas avant la guerre, parmi lesquels se trouvaient 24 000 réfugiés, 107 000 seront déportés. Seulement 5 000 Juifs reviendront des camps. Aux Pays-Bas, environ trois Juifs sur quatre ont péri victimes du régime nazi. En novembre 1944, Himmler, alors chef des forces armées de l'intérieur, donna l'ordre d'arrêter les gazages et de détruire les chambres à gaz afin d'éliminer toute trace de l'anéantissement des Juifs[2]. L'Armée Rouge, qui poursuivait sa progression vers l'Ouest, risquait de découvrir ces preuves accablantes des crimes nazis. Aussi commencent, à partir de ce moment, les déplacements de déportés d'un camp à l'autre, en direction de l'Ouest. Les déportés doivent effectuer de longues marches et meurent souvent d'épuisement ou sont

---

1. Etty Hillesum : *Lettres de Westerbork*, Le Seuil, 1988.
2. Voir Raul Hilberg, *La Destruction des Juifs*, Fayard, 1988, p. 848.

achevés par leurs gardiens. Ce fut le sort de Peter Van Pels. C'est ce qui explique par ailleurs le transport d'Anne et Margot à Bergen-Belsen. Le 27 janvier 1945, les troupes russes libèrent le camp d'Auschwitz. Un des survivants est le père d'Anne, Otto Frank.

En mai 1943, tous les hommes âgés de 18 à 35 ans doivent s'inscrire pour le travail obligatoire en Allemagne. Un grand nombre de personnes tentent d'entrer dans la clandestinité. Les fugitifs se cachent souvent à la campagne. Le problème se pose pour certains des « protecteurs » des habitants de l'Annexe. Le même mois, les autorités allemandes exigent des étudiants qu'ils signent une déclaration d'adhésion à la politique menée par l'occupant. Toujours en mai 1943, un groupe de résistants tentera de détruire les archives du bureau d'état civil à Amsterdam, sans grand succès. Anne évoque ces événements dans son journal.

L'année suivante, le 6 juin 1944, les Alliés débarquent en Normandie. Pour Anne et les autres clandestins, qui entendent la nouvelle à la radio, la libération ne saurait tarder. Mais les Alliés allaient perdre la bataille d'Arnhem, une ville située à l'est des Pays-Bas, et le pays dut traverser le rude hiver de 1944-1945, durant lequel 22 000 personnes moururent de faim et de froid. Il fallut attendre le 5 mai pour que les troupes d'occupation se rendent. Le 8 mai, la capitulation de l'Allemagne marquait la fin du IIIe Reich.

LES THÈMES DU *JOURNAL*

Anne Frank commence à se confier à son journal le 12 juin 1942, le jour de ses treize ans, et y écrit pour la dernière fois le 1er août 1944. Le *Journal de Anne Frank* est un double témoignage. Tout d'abord, il reflète l'expérience d'une jeune fille apprenant à mieux se connaître et découvrant le monde qui l'entoure. On assiste à la maturation physique et psychologique d'une enfant qui devient adolescente. La petite fille en liberté qui parle de ses camarades de classe, de ses pitreries, de ses admirateurs, de ses jeux, est bien loin de la jeune fille qui, le 15 juillet 1944, trois semaines avant son arrestation, s'interroge sur la nature de l'homme et réaffirme sa foi dans un monde meilleur. Le *Journal* contient également les réflexions d'une adolescente sur une période de l'histoire, sur la guerre. Dans cet univers clos qu'est l'Annexe, Anne se tourne vers l'extérieur et, paradoxalement, élargit son champ de vision, en s'instruisant, en s'informant sur les événements du dehors. Ces deux aspects du *Journal*, l'un introspectif et l'autre social, se juxtaposent dans les lettres d'Anne de façon parfois touchante. Son ton reste souvent très enfantin, impulsif, lorsqu'elle se sent incomprise, puis devient beaucoup plus adulte, réfléchi, dès qu'elle aborde des questions philosophiques. Sa curiosité, son naturel, sa spontanéité nous livrent par instants le spectacle d'un individu totalement désarmé, parfois profondément découragé, qui s'exclame en janvier 1943 : « Juifs aussi bien que chrétiens attendent, le monde entier attend, et beaucoup attendent la mort. » Elle ne perd pourtant ni ses espoirs, ni son esprit combatif. « Il ne sert à rien de rester sombres comme nous le sommes maintenant, ni à nous-mêmes, ni à ceux qui sont en danger », ou encore, « il m'est absolument impossible de tout construire sur une base de mort, de misère et de confusion... quand je regarde le ciel, je pense que tout ça changera et que tout redeviendra bon », s'exclame-t-elle. Anne amuse. Elle remarque les petites manies et les faiblesses de chacun, depuis Hermann Van Pels, qui pour le moindre rhume « se gargarise... se désinfecte les dents, la langue... », jusqu'aux effarouchements d'Augusta Van Pels, en passant par les tendances à pontifier de Fritz Pfeffer qu'elle appelle l'« honorable pédagogue », ou encore les petits noms que se donne le couple Van Pels. Son don de l'observation et sa psychologie parfois très fine donnent lieu à des passages au style tranchant, au ton caustique. Anne ironise. La description d'Hitler allant féliciter ses soldats blessés en est un exemple grinçant. Anne émeut. Il n'est que de constater sa joie et sa peur à l'idée éventuelle de sortir pour se faire examiner les yeux — elle s'empresse d'aller chercher un manteau devenu trop petit — ou encore sa panique quand, alors qu'à la suite de terribles bombardements en juillet 1943, elle remplit une valise, sa mère lui demande : « Où veux-tu fuir ? »

Anne, avec son regard innocent, nous fait part de son profond étonnement face aux agissements d'êtres brutaux qu'elle n'était pas préparée à comprendre. Elle exprime sa compassion pour ceux qui souffrent. Elle rêve, elle s'insurge. Cette jeune fille à la personnalité attachante nous fait partager deux années de sa vie. Dans ses écrits reviendront sans cesse les mêmes thèmes. Aux interrogations habituelles d'une adolescente se mêle l'angoisse d'une recluse.

La claustration et la peur

Peu après son arrivée, Anne confie à son journal : « Je me sens oppressée... par le fait de ne jamais pouvoir sortir et j'ai grand-peur que nous soyons découverts et fusillés. » Un an plus tard, elle avoue que son souhait le plus cher serait « d'être chez moi, de pouvoir circuler librement, d'être dirigée dans mon travail, donc de retrouver l'école ». La vie des clandestins s'organise autour d'un schéma structuré. Dès son arrivée, Dussel (F. Pfeffer) est d'ailleurs initié au fonctionnement de l'Annexe. Ce schéma répond donc à des exigences précises : ne pas se faire prendre, rester silencieux et invisible, mais aussi poursuivre une vie à peu près normale, permettant la cohabitation de huit personnes en situation d'attente permanente dans un espace relativement réduit. Aussi les détails de la vie quotidienne — les chicaneries domestiques, les histoires scatologiques, l'alimentation, les occupations de chacun — occupent-ils une place importante dans le *Journal*. Des échappées se présentent régulièrement : les visites des « protecteurs », les nouvelles de la B.B.C., pour Anne et Peter la fenêtre du grenier, d'où ils regardent le ciel, et pour Anne et Margot la fenêtre du bureau de devant, d'où elles regardent la rue. Au sentiment de claustration des clandestins s'ajoute la peur d'être découverts. Les cambriolages, la maladie, la dépendance vis-à-vis des « protecteurs » ou même du marchand de légumes, qui se fait arrêter, les bombardements, sont autant de causes d'angoisse. Anne est au courant des rafles, elle sait que les Juifs sont déportés à Westerbork.

Elle a même entendu parler des chambres à gaz à la B.B.C. Pourtant c'est sur cette toile de fond cauchemardesque qu'Anne affirme sa personnalité et projette son avenir.

Ses ambitions

Anne est ambitieuse. Elle ne se satisfait pas de l'image de la femme que lui présente Mme Frank, qui à son avis se cantonne dans un rôle d'épouse et de mère, ou encore Mme Van Daan (Van Pels), qu'Anne juge sotte, vaniteuse et trop coquette avec son père. Anne s'écrit, vindicative : « J'irai bien plus loin que Mère, je ne resterai pas un être insignifiant, j'aurai ma place dans le monde. » Anne s'est déjà tracé une voie. Elle confie à son journal que son désir le plus cher est de « devenir un jour journaliste, et plus tard écrivain célèbre ». Elle ajoute qu'elle envisage de « publier un roman sur l'Annexe » et qu'elle a encore bien d'autres projets. Anne trouve dans l'écriture un grand réconfort. Cette occupation la distrait et la soulage. Le journal qu'a tenu Anne l'a certainement aidée à mieux supporter les circonstances en lui permettant de s'isoler et de prendre du recul.

Son rapport avec les autres

Anne observe en elle une dualité : Anne « la superficielle » et Anne « la tendre ». Elle s'attriste de constater qu'elle ne parvient pas à exprimer ses sentiments, à se faire connaître sous ce qu'elle estime être son vrai jour, celui qu'elle préfère. Elle s'en veut de sa maladresse et se sent incomprise de tous. Elle s'exclame, furieuse : « J'ai toujours été le clown de la famille. » Pourtant, lorsque, en présence de Peter, elle sent son masque disparaître, elle craint que cet autre aspect de sa personnalité ne déplaise. Au cours des nombreux passages où elle se débat dans ses propres contradictions, Anne reste pourtant lucide. Elle comprend ce qui la trouble, sans avoir pour autant l'expérience lui permettant de savoir que l'âge, la maturité, apporterait une réponse à la plupart des questions qu'elle se pose sur elle-même.

La première cible de sa rancœur est sa mère qui, à son avis, est incapable de comprendre ses aspirations et ses émotions. Anne en veut à sa mère d'être ce qu'elle-même se refuse à devenir. Elle s'indigne de la vision traditionaliste de Dussel et de Mme Van Daan, qui s'étonnent de ses lectures et lui disent : « Tu en sais trop long à ton âge... dépêche-toi de... décrocher un mari. » Elle se révolte contre les règles de bienséance imposées aux jeunes filles et ne voit pas pourquoi elle n'irait pas rejoindre Peter dans sa chambre le soir.

Anne s'entend mieux avec sa sœur, qui est à ses yeux un idéal de perfection. La différence d'âge entre les deux sœurs rapproche pourtant Margot de sa mère. Néanmoins, les bouleversements physiques que connaît Anne lui font partager une certaine intimité avec Margot. Il existe par ailleurs quelques occasions où la jeune génération fait bloc face aux adultes. Anne s'exclame, plus généralement : « Existent-ils, les parents capables de donner entière satisfaction à leurs enfants ? » Elle ne veut plus être considérée comme « le bébé et le chouchou ». Elle adopte souvent une attitude revendicatrice, s'estimant suffisamment adulte pour ne plus entendre de critiques sur sa conduite : « Je sais ce que je veux, j'ai un but dans la vie, je me forme une opinion, j'ai ma religion et mon amour », ou encore, de façon plus amusante : « J'ai mon idéal, j'en ai même plusieurs. » Anne se trouve ainsi fréquemment en conflit, cherchant à prouver aux autres qu'elle vaut mieux que l'opinion qu'à son avis ils ont d'elle. Elle manque d'assurance mais retrouve courage auprès de son père, qu'elle adore et dont elle parle souvent en des termes oniriques, et de Peter, le premier à qui elle ouvrira son cœur. Le regard de Peter lui fera prendre davantage conscience de la force et de l'énergie qu'il y a en elle, de ce qui la distingue d'une autre, de ce qui compte réellement pour elle. Ce sont également ses sentiments pour Peter, dont la résignation la déçoit, qui permettront à Anne de mieux définir ce qu'elle recherche chez l'homme qui partagera éventuellement sa vie. Anne juge le caractère, les motivations et le comportement de chacun selon une éthique rigoureuse, certainement imprégnée des principes libéraux de son père et de l'influence religieuse de sa mère.

La religion

Anne estime que, sur le plan individuel, chacun doit tenter de s'améliorer. Elle se reproche ses emportements, ses maladresses, son égoïsme, son insouciance : « Il m'arrive de penser que Dieu veut me mettre à l'épreuve... le principal, c'est de devenir sage. » Anne éprouve une grande culpabilité vis-à-vis de ceux qui souffrent. Elle s'en veut de jouir d'un certain confort tandis que d'autres vivent un enfer : « S'il m'arrive de rire, je m'interromps avec effroi, mais faut-il donc que je pleure toute la journée ? » Elle plaint Peter de ne pas avoir la chance de croire en Dieu. « L'humanité serait belle, si chacun craignait Dieu. » Anne fait cependant une distinction essentielle et instinctive entre sa foi, son sentiment d'être juive et la religion. Elle ne remet jamais en question sa foi, par contre elle déteste dire les prières que lui impose sa mère. Quant à son sentiment d'appartenance à la communauté juive, il évolue au fil du *Journal*. Anne éprouve une solidarité grandissante vis-à-vis de sa communauté en raison des graves événements dont elle est témoin et victime. Elle se révolte face à la sauvagerie d'individus comme Rauter. « On mène ces gens à l'abattoir », s'écrie-t-elle. Mais si, au départ, son appartenance est un état de fait, elle devient pour ainsi dire volontaire. Anne reproche à Peter d'attacher peu de valeur à ses origines, et lorsqu'elle entend dire que l'on reproche aux Juifs de donner sous la torture le nom de ceux qui les ont protégés, elle se demande ce qu'auraient fait d'autres à leur place. Elle déplore de devoir admettre un « vieil adage : "La mauvaise action d'un chrétien, il en reste responsable lui-même — la mauvaise action d'un Juif retombe sur tous les Juifs" ».

LA GENÈSE
DU *JOURNAL DE ANNE FRANK*

Quand le père d'Anne rentra de déportation, il chercha à savoir ce qu'étaient devenues sa femme et ses filles. Il gardait espoir de les revoir. Puis il apprit le décès de sa femme. Plusieurs mois s'écoulèrent avant qu'il n'eût connaissance de la mort de ses filles. Lorsque la nouvelle lui parvint, Miep Gies sortit du tiroir de son bureau le journal d'Anne qu'elle avait réussi à sauver. Elle le confia à Otto Frank. Celui-ci s'absorba dans sa lecture et décida d'en traduire quelques extraits en allemand pour la grand-mère paternelle d'Anne. Il fit également lire des extraits du *Journal* à des amis qui, émus, lui conseillèrent de tenter de le faire publier. La recherche d'un éditeur se révéla difficile, jusqu'à ce que Jan Romein, un célèbre historien et critique néerlandais, entre en possession du manuscrit. Il fut bouleversé et publia un article élogieux dans le quotidien *Het Parool*, en avril 1946. Convaincu qu'Anne aurait pu devenir un écrivain de talent, il voyait dans le fait qu'elle ait été tuée, que son talent ait été anéanti, la preuve que la bataille était perdue, que l'humanité n'avait pu se défendre de ses instincts destructeurs, qu'il fallait rester vigilant. Les éditions Contact s'intéressèrent alors au texte et le *Journal* d'Anne parut en 1947 sous le titre *Het Achterhuis*. La traduction française, *Journal de Anne Frank*, fut publiée en 1950. Le texte que nous pouvons lire dans la présente édition propose la version définitive en langue française du *Journal*.

En effet, *Het Achterhuis* ne correspond pas à proprement parler au manuscrit d'Anne Frank. Anne Frank a consigné son journal sur plusieurs supports : trois carnets et des feuilles volantes, qui ont été préservés, et probablement d'autres carnets qui n'ont pas été retrouvés. Le premier carnet, un album à carreaux rouges et blancs, Anne l'avait reçu pour son anniversaire, le jour de ses treize ans.

Pour aboutir au manuscrit, Otto Frank a dû procéder à une sorte de compilation de deux versions du journal de sa fille. En effet, les écrits que laissait Anne ne pouvaient être publiés en l'état. Elle avait tenu son journal sur les carnets. Toutefois, en entendant l'allocution du ministre Bolkestein à la B.B.C., qui avait souligné à quel point le témoignage de gens ordinaires serait précieux, elle s'était décidée à remanier elle-même son journal en vue d'une éventuelle publication[1]. Aussi a-t-elle commencé, deux mois et demi avant son arrestation, une seconde version du journal, celle-ci étant rédigée sur les feuilles volantes. Elle a débarrassé cette version de détails qu'elle jugeait anodins, de passages où elle parle de ses sentiments envers Peter ou encore des réflexions désagréables à l'égard de sa mère. Il ne faut pas oublier qu'Anne Frank s'est cachée pendant deux ans, de l'âge de treize ans à l'âge de quinze ans, des années particulièrement marquantes où l'on passe de l'enfance à l'adolescence. Anne Frank s'est donc en quelque sorte autocensurée dans cette seconde version. C'est pourtant cette version qu'Otto Frank a reprise pour *Het Achterhuis*, sans doute parce qu'il estimait qu'aux yeux de sa fille il s'agissait d'un texte plus abouti.

Une autre raison explique son choix : la première version d'Anne est incomplète. Elle s'interrompt le 5 décembre 1942 pour reprendre plus d'un an après, le 22 décembre 1943. Or la seconde version couvre cette période ; elle reprend sans doute également des carnets égarés où était consignée la partie intermédiaire manquante de la première version. Cependant, la seconde version est elle aussi incomplète, car Anne Frank a été arrêtée avant de pouvoir finir sa réécriture. Là où il manque des éléments, Otto Frank s'est vu obligé de puiser tantôt dans la première version, tantôt dans la seconde. Il se sert parfois de la liste de noms qu'avait faite Anne Frank, en vue de la publication du journal, pour donner un pseudonyme à chacun des personnages. Il supprime certains passages, notamment lorsqu'il les estime trop intimes, quelques-uns ayant trait à la sexualité par exemple ou aux camarades de classe d'Anne, d'autres étant insultants à l'égard de

---

1. L'édition définitive du *Journal*, ici publiée, contredit cette version. En outre, selon une correspondance du Dr Vincent C. Frank-Steiner, c'est Otto Frank et non Anne qui entreprit de supprimer de nombreux passages du *Journal*.

certaines personnes : Édith Frank ou le M. Dussel du *Journal*. Il arrive même à Otto Frank d'ajouter des parties du texte qu'Anne avait choisi de supprimer pour donner une image plus fidèle de sa fille, quelques lettres sur Peter en particulier.

Il existe une autre édition du journal d'Anne Frank, intitulée *Les Journaux de Anne Frank*[1], qui présente les différentes versions du journal *in extenso* et permet donc de comparer la version sur les carnets, la réécriture d'Anne sur les feuilles volantes et le texte publié sous le titre *Journal de Anne Frank*. De cette édition, il ressort nettement qu'Anne Frank n'avait pas dès le départ structuré son journal de façon systématique. En effet, dans un premier temps, Anne n'avait pas encore choisi de rédiger son journal sous forme de lettres. Elle commence par s'adresser directement à son journal. Au bout de deux mois, elle écrit ses premières lettres, adressées à différents interlocuteurs, puis, beaucoup plus tard, elle choisit Kitty pour confidente. C'est ce qui donne cette forme aboutie au *Journal de Anne Frank*, qui est davantage le produit d'une adolescente de quinze ans que celui d'une enfant dont la maturité se développe peu à peu.

La nouvelle version ici publiée restitue de nombreux passages absents de la version de 1947.

L'AUTHENTICITÉ DU *JOURNAL*

Le *Journal de Anne Frank* a fait l'objet de nombreuses attaques mettant en cause son authenticité, sans doute parce qu'il a valeur de symbole et que, ce faisant, l'on pense pouvoir revenir sur un fait établi : le génocide des Juifs pendant la Seconde Guerre mondiale. Ces attaques tirent partie de l'impression de flou que pouvait susciter une étude superficielle de *Het Achterhuis* du point de vue de son contenu et de sa genèse. Dès 1957, on avançait dans le journal suédois *Fria Ord* que Meyer Levin, un critique américain auquel Otto Frank avait initialement confié l'adaptation théâtrale du *Journal*, en était le véritable auteur. Cet argument devait être repris en 1967 dans

1. Calmann-Lévy, 1989.

la revue américaine *The American Mercury*. Meyer Levin avait eu des démêlés judiciaires avec le père d'Anne, car ce dernier, jugeant son travail insatisfaisant, avait décidé de rompre son contrat avec lui et s'était vu contraint de le dédommager. La somme versée avait été invoquée comme preuve que Meyer Levin avait bel et bien rédigé le *Journal*. Dans un ouvrage intitulé *Anne Frank's Diary — A Hoax* (« Le Journal d'Anne Frank — une supercherie »), publié par l'éditeur suédois Bible Researcher en 1978, Anne Frank devient une toxicomane parce qu'elle dit prendre de la valériane tous les jours, et son *Journal* le premier porno enfantin à cause des passages où elle explique ses sentiments envers Peter. En France, Robert Faurisson, défenseur de thèses révisionnistes niant l'existence des chambres à gaz et donc l'extermination des Juifs, est l'auteur d'un article paru en annexe du livre de Serge Thion intitulé *Vérité historique ou vérité politique ?*[1] Dans cet article, il affirme que le *Journal de Anne Frank* est une supercherie et que, selon tout vraisemblance, Otto Frank en est l'auteur. Plusieurs arguments sont avancés. Robert Faurisson s'étonne notamment du bruit que faisaient les habitants de l'Annexe et d'autres indices qui auraient pu attirer l'attention des voisins. Il fait remarquer que l'écriture d'Anne, tantôt en script, tantôt en cursive, présentait de fortes dissemblances, que son style ne témoignait pas toujours du même degré de maturité, que certaines dates ne se recoupaient pas. Plusieurs arguments contenus dans les nombreux articles et pamphlets visant le *Journal de Anne Frank* avaient fini par ébranler des personnes qui n'avaient aucune raison de douter de son authenticité. Ainsi, en Allemagne, l'hebdomadaire *Der Spiegel* publiait en octobre 1980 un article s'interrogeant sur des inscriptions au stylo à bille en marge du manuscrit d'Anne Frank, stylo qui n'était pas encore commercialisé à l'époque de la guerre. Il s'avéra que ces annotations au stylo avaient été apposées par l'expert chargé d'examiner le journal et non pas par Anne Frank, mais le mal était fait.

---

1. Serge Thion : *Vérité historique ou vérité politique ?* Éditions La Vieille Taupe, 1980.

A sa mort, Otto Frank légua l'ensemble des écrits d'Anne à l'Institut national néerlandais pour la documentation de guerre, le R.I.O.D. Face aux attaques mettant en cause l'authenticité du journal, le R.I.O.D. estima qu'au vu de l'aspect quasi symbolique du *Journal* et de son intérêt historique, il devenait indispensable de dissiper les doutes. On sait que les imprécisions ne manquaient pas. Le journal était écrit sur plusieurs carnets et des feuilles volantes. Anne Frank avait elle-même rédigé deux versions. Il y avait eu plusieurs dactylographies qui ne suivaient pas intégralement le texte original. Des modifications, des ajouts ou des suppressions avaient été apportés par le père. Par ailleurs, des corrections avaient été introduites par des personnes auxquelles Otto Frank avait demandé de relire le journal, craignant de ne pas maîtriser suffisamment le néerlandais pour repérer les fautes d'orthographe et de grammaire de sa fille. En outre, l'éditeur néerlandais avait lui aussi modifié le texte en retirant certains passages à caractère sexuel jugés à l'époque trop choquants, ceux où Anne parlait de ses règles par exemple. Les différentes traductions présentaient, quant à elles, des disparités. Dans la traduction allemande apparaissaient des inexactitudes, certains passages avaient été supprimés afin de ne pas offenser le lecteur allemand. La traduction avait été faite à partir d'un texte dactylographié qui n'était pas le texte définitif ayant servi de base pour *Het Achterhuis.* Dans la traduction américaine, certains passages retirés dans l'édition néerlandaise avaient été au contraire réinsérés. Plusieurs expertises du texte manuscrit avaient eu lieu, plusieurs procès avaient été engagés, en réponse aux attaques contre le journal. Jamais il ne s'était dégagé un tableau clair de la situation, même si l'issue des procédures judiciaires et des investigations donnait raison à Otto Frank. La publication du R.I.O.D., *Les Journaux de Anne Frank*, dont il a déjà été question et où sont présentées les différentes versions du journal, propose dans une imposante préface une vue globale, détaillée et éclairante, de la question. Elle a d'ailleurs fourni la majeure partie des informations ayant permis de constituer le présent dossier. Une analyse du papier, de l'encre et de la colle des carnets et des feuilles volantes y montre que les matériaux correspondent à ceux utilisés à l'époque de la guerre ou de la période qui précède. Une expertise graphologique comparant d'une part les écrits qui constituent le journal d'Anne, et d'autre part des cartes postales ou autres productions de la main d'Anne Frank, y révèle que l'ensemble provient de la seule et même personne. L'analyse et l'expertise sont réalisées par le Laboratoire judiciaire national néerlandais. Le reste de la préface des *Journaux de Anne Frank* traite de chaque aspect mal éclairci du journal. Les recherches du R.I.O.D. allaient enfin permettre de démontrer le non-sens des attaques contre le *Journal* et d'établir de manière rigoureuse son authenticité.

Isabelle ROSSELIN-BOBULESCO.

Composition réalisée par NORD COMPO

Achevé d'imprimer en juin 2006 en France sur Presse Offset par

BRODARD & TAUPIN

GROUPE CPI

La Flèche (Sarthe).
N° d'imprimeur : 34917 – N° d'éditeur : 72035
Dépôt légal 1re publication : avril 1971
Édition 28 – juin 2006
LIBRAIRIE GÉNÉRALE FRANÇAISE – 31, rue de Fleurus – 75278 Paris cedex 06.